KB157762

중국의 권력투쟁사·2
- 개혁개방 이후부터 후진타오정권까지

김 정 계 지음

중국의 권력투쟁사·2
- 개혁개방 이후부터 후진타오정권까지

김 정 계 지음

평민사

서 언

본서는 중국이 개혁개방 이후 현재에 이르기까지 개혁개방정책을 둘러싸고 각 정치계파 간에 벌였던 권력투쟁의 역사를 노선과 정책 및 엘리트의 성분을 중심으로 실증적 자료에 근거하여 알기 쉽게 정리한 것이다.

1978년 12월 당 11대3중전회에서 덩샤오핑(鄧小平)을 중심으로 한 개혁세력이 예젠잉(葉劍英) 등 군 원로 세력과 제휴함으로써 마오쩌둥(毛澤東)의 추종세력인 화궈펑(華國鋒) 일파는 몰락의 길을 걷게 되고, 덩샤오핑은 자신이 구상한 개혁개방정책을 추진하기 시작한다. 따라서 1978년 11대3중전회는 중국공산당사에 있어서 '돌아갈 수 없는' 노선의 획기적인 전환을 가져왔다. 이때부터 중국은 이른바 개혁개방기에 접어들게 된다.

덩샤오핑이 구상한 개혁개방정책은 과거 마오쩌둥 시대와는 달리 중국의 모순을 생산관계의 '불평등'이 아닌 '생산력의 저발전'에서 찾았고, 따라서 국가발전의 목표를 '계급투쟁'에서 '경제건설'로 옮겨 놓았다. 그리고 정치적 안정의 기조 위에 경제법칙에 따른 경제운용을 천명함으로써 이른바, 중국특색 있는 지난 사회주의(1개 중심, 2개 기본점)의 틀을 마련한 것이다. 여기서 '1개 중심'은 바로 '경제건설'을 의미하며, 2개 기본점은 한편으로 '개혁개방'을 표방하면서 다른 한편으로 '4개 원칙'-사회주의 노선, 인민민주주의 독재, 공산당 영도, 마르크스 레닌주의·모택동사상-을 견지하자는 것이다.

이러한 노선의 전환과 개혁정책을 추진함에 있어 "마오쩌둥의 사상과 실천이 모두 옳았으므로 그것을 그대로 고수해야 한다"고 주장하며 개혁에 반기를 든 집단을 '양개 범시파라 부른다. 그들은 화궈펑 중심의 문혁의 수혜세력들이었다. 그리고 덩샤오핑이 주장하는 개혁개방정책에 동의하면서도 그것보다 4개 원칙을 더욱 강화할 것을 주장하는 집단을 보수파라고 부른다. 천윈(陳雲)-리펑(李鵬) 등을 중심으로 한 과거 계획경제체제운영에 익숙한 사람들이다. 또한 개혁개방의 속도와 범위를 놓고, 경제체제뿐만 아니라 정치체제 개혁도 함께 속도를 내어야 한다고 주장하는 자들을 급진개혁파라 부르고, 이와는 달리 정치안정 없이는 경제발전을 이룰 수 없다는 기조 하에 정치체제 개혁의 서행을 주장하는 집단을 온건개혁파라고 한다. 전자의 경우가 후야오방(胡耀邦)과 자오쯔양(趙紫陽)을 지지하는 신진 지식분자들이었으며, 후자의 경우는 장쩌민과 같은 정치적 온건 세력이었다.

그러나 장쩌민 정권 출범 이후 원로 세력들의 쇠잔과 함께 중국 정단은 보수와 개혁, 급진개혁과 온건개혁과 같은 정치노선 중심의 계파보다는 온건개혁 세력 내에 '상하이방', '칭화방', '공청단', '태자당' 등과 같은 비공식적 연고 집단으로 나뉘어 정책대결을 벌이고 있다. 즉 정치적으로 동부 개방지역에서 성장한 상하이방이나 태자당은 성장드라이브 정책을 선호하는가 하면, 주로 내륙 비발전지역에서 경력을 쌓은 공청단 출신들은 균형적 발전을 강조한다.

요컨대, 본서는 11대3중전회 이후 덩샤오핑이 이상과 같은 개혁개방정책을 추진해 나감에 있어 위에서 열거한 여러 계파 간의 갈등과 저항을 어떠한 전략으로 돌파했으며, 그럴 때마다 마르크스-레닌주의와 마오쩌둥사상을 중국적 현실에 어떻게 변용시켜왔나를 살펴보았다. 그리고 덩샤오핑 이후 그들의 후계자들 -장쩌민과 후진타오 정권-은 개혁개방의 후과와 부작용을 어떠한 정책으로 치유해 나가고 있는가를 알기 쉽게 풀어 쓴 것이다.

따라서 본서는 다음과 같이 7개 장으로 구성되어 있다.

제1장에서는 4인방 제거 후, 덩샤오핑을 중심으로 하는 개혁파와 이에 저항하는 화궈펑 중심의 '범시파' 간에 전개된 권력투쟁의 역사를 고찰해 보았다. 1976년 9월 9일 마오쩌둥(毛澤東)은 혁명의 일생을 마

감했고, 그 후 한 달도 채 못 미친 1976년 10월 6일 4인방을 체포하는 '10월 정변'이 일어났다. 4인방 집단의 축출로 생긴 중국 정치권력의 공백에는 3개 세력이 권력을 분점하는 형세가 되었다. 화궈펑(華國鋒)을 중심으로 한 마오쩌둥 추종세력(범시파)과 국방부장 예젠잉(葉劍英)을 중심으로 뭉쳐진 군부의 지도자 그룹(중도 우파), 그리고 덩샤오핑(鄧小平) 중심의 당·정·군 실무 개혁세력이었다. 본장에서는 이들 세 계파간에 벌인 갈등과 제휴, 그리고 재갈등의 투쟁사를 살펴보았다.

제2장에서는 덩샤오핑이 군부의 힘을 빌려 화궈펑 세력을 물리친후, 개혁개방정책의 추진을 위해 간부4화정책을 채택하고, 그로 인하여 군부의 원로간부들이 본의 아니게 퇴진의 찬 서리를 맞게 되자 그들 원로집단이 개혁에 반기를 들게 되는 것과, 개혁개방의 부작용을 비판하며 저항하는 보수파의 반격, 그리고 이들 두 그룹의 반격으로 후야오방이 총서기직에 실각되는 과정까지를 다루었다.

제3장에서는 후야오방의 후임 총서기가 된 자오쯔양과 그의 감호인인 덩샤오핑이 보수파의 공격에 대항하여 밀고나간 개혁정책과 그에 대한 보수파의 재반격으로 야기된 민주화 운동, 즉 6.4톈안먼 사태를 둘러싼 보/혁간의 대립상황과 결과에 대하여 살펴보았다. 그리고 장쩌민(江澤民)의 총서기 발탁 배경과 개혁정책의 후퇴에 대한 덩샤오핑의 <남순강화> 개시까지를 살펴보았다.

제4장에서는 장쩌민이 총서기직을 승계한 후, 표류하던 중국의 개혁개방정책에 다시 불을 지펴 개혁을 가속화시킨 덩샤오핑의 이른바 <남순강화>의 정책적 함의와 그것을 강력히 밀고나간 장쩌민-주룽지(朱鎔基) 체제 및 보수파 대열의 침체에 대해 살펴보았다. 특히 이즈음 보수파의 대부인 천윈 등 원로들이 세상을 떠나고, 양상쿤(楊尙昆)-양바이빙(楊白冰)으로 이어지는 군부 세력이 약화됨으로써 장쩌민정권이 공고화 되는 과정을 살펴보았다.

제5장에서는 덩샤오핑 사망(1996년 2월 19일) 후 처음 열린 제15차

당 대회 전후, 중국 정치노선의 정착과정과 정책방향 및 최고지도층 구성의 변화와 각 계파 간에 전개된 정책 갈등을 동태적으로 살펴보았다.

제6장에서는 장쩌민이 당 총서기를 물러난 후 후진타오(胡錦濤)가 권력을 승계하는 과정에서 일어난 계파간의 갈등과 타협에 대해 살펴보았다. 장쩌민은 퇴임하면서도 그의 지도사상인 '3개 대표론'을 <당헌>에 삽입하였고, 당정 최고직(총서기와 국가주석)은 내놓으면서도 군권(중앙군사위원회 주석)만은 포기하지 않았는데, 이러한 과정에서 일어난 보수파의 공격 및 군권 승계과정에서 야기된 여러 문제들을 동시에 다루었다. 장쩌민의 이른바 3개 대표론은 공산주의 이론에서 본다면 혁명적인 노선전환으로 볼 수 있으며, 그것은 급속한 경제발전→급속한 도시화 및 매스커뮤니케이션의 발전과 교육수준의 향상 등으로 폭증한 인민의, 특히 선진 계층(기업가 및 지식인)의 정치참여 욕구를 정치체계 내로 흡수함으로써 정치적 안정을 기하겠다는 의도였음을 논의했다. 그리고 권력이 장쩌민 중심의 제3세대로부터 후진타오를 필두로 한 제4세대로 이동되기는 했지만, 여전히 상하이방을 주축으로 한 장쩌민세력의 건재와 이를 배경으로 한 쩡칭훙과 후진타오의 정책대결 등을 살펴보았다.

제7장에서는 제2기 후진타오정권을 구성하는 집권세력이 추구하는 정책과 그러한 정책에 대한 비공식적 집단 간의 대립과 공생관계를 논의해 보았다. 후진타오는 '과학발전관'을 <당헌>에 삽입하는데, 그것의 제기 배경과 실천방향을 살펴보았다. 그리고 이러한 정책의 추진은 바로 개혁개방 이후 성장일변도의 경제발전정책에서 한발 비켜서서, 경제발전과 동시에 빈부경차·부정부패·환경오염 등 성장의 부작용으로 야기된 여러 가지 심각한 문제에 대한 처방도 함께 강구하여 지속가능한 균형발전을 이룩하겠다는 지도부의 의지의 표현이었다. 이러한 정책의 실천을 위해 당 지도부는 어떻게 구성되었으며, 그들 간의 대립과 공생관계를 동시에 다루었다.

최고지도층 구성에 있어서 절묘하게 각 비공식 집단(상하이방, 태자당, 칭화방, 퇀파이)이 견제와 균형을 유지하도록 진용이 구축되었으며, 물론 그들 조직 간에 있어 당이나 정부의 주요 정책을 놓고 상호 대립과 경쟁을 벌일 수도 있겠지만, 그들 비공식적 그룹의 인적 구성 자체가 과거의 파벌(派系)과는 달리 상호 중복되거나 연계되어 있기 때문에 배타적인 갈등보다는 협조적인 경쟁관계를 유지할 수밖에 없다고 본다. 특히 그들 중 4.5~5세대 지도자들은 연령으로 보아 2012년까지 안정적으로 정권을 유지하는 것이 그들 조직이나 개인의 현실적인 목표(차기 집권)가 될 수 있기 때문에 더욱 그러하다.

　본서에 나오는 지명이나 인명은 모두 중국식 발음으로 썼다. 항시 그러하듯이 본서에 인용된 번역자료 등에 마지막 손질이 미흡하여 다소 통일되지 않은 용어나 익숙하지 않은 표현들이 있을 것이라 본다. 너그러운 이해와 질정을 바라면서 본서가 중국에 관심 있는 모든 분들께 개혁개방 이후 그 정책의 추진을 둘러싸고 계파간에 벌인 중국 권력투쟁의 발자취를 이해하는 데 보탬이 되기를 바란다.

2009년 5월
저자

차 례

제6장 제4세대 중심 후진타오 정권의 출범과 장쩌민의 퇴진

제7장 제2기 후진타오 정권,
새로운 정치세대의 대립과 공생

제1장 마오쩌둥 사후 화궈펑과 덩샤오핑의
권력투쟁
─ 노선의 대전환(1978~1982년)

제1절 4인방 제거 후 지도층의 분열과 연합

　1976년 9월 9일 마오쩌둥(毛澤東)은 혁명의 일생을 마감했고, 그 후 한 달도 채 못 미친 1976년 10월 6일 4인방을 체포하는 '10월 정변'이 일어났다.

　마오쩌둥은 그의 죽음이 임박하자 "자네가 맡으면 마음이 놓이네(你辦事, 我放心)."라는 한 마디 유언으로 화궈펑(華國鋒)을 후계자로 지목했다. 마오쩌둥 사망 직전 중국은 크게 마오쩌둥을 추종하는 세력과 그에 적대적인 실무집단으로 양분되어 있는 가운데, 마오쩌둥을 추종하되 중립을 유지하는 군부 원로집단으로 나누어져 있었다. 마오쩌둥 추종집단은 문혁 때 권력을 쟁취했거나 이익을 얻은 이른바 문혁 수혜세력이다. 이들은 또 문혁공로자 집단으로 강경 좌파에 속하는 '4인방' 집단과 문혁 후 마오쩌둥에 의해 발탁된 화궈펑 중심의 문혁우파 신진그룹으로 나누어져 있었다.

　4인방집단과 화궈펑을 필두로 한 신당권파는 어찌 되었던 문혁 수혜자들로 마오쩌둥 생존시만 해도 공동의 운명체였다. 하지만 마오쩌둥이 사라진 후, 권력승계를 두고 4인방 집단과 화궈펑 집단 간에는 불꽃 튀는 대립과 충돌이 일어난다. 같은 문혁지지파이지만 그 공로로 보나 성향으로 보나 훨씬 강경한 입장에 있던 4인방집단이 볼 때에는 화궈펑의 고공 출세는 눈에 가시 같은 존재였다. 마오쩌둥이 사망할 당시 화궈펑은 당 중앙위원회 제1부주석 및 국무원 총리 등 지도적 지위에 올라 있었다.

4인방이 언제 공격해 올지 모르는 위협 속에서 화궈펑은 그들 적대세력을 제거할 결심을 한다. 그리고 1976년 10월 4일 예젠잉(葉劍英)·리셴녠(李先念) 등 평소 4인방의 태도를 못마땅히 여기던 군부 원로세력과 제휴하여 왕훙원(王洪文)·장춘차오(張春橋)·장칭(江靑)·야오원위안(姚文元) 등 4인방을 체포했다. 이때 덩샤오핑(鄧小平) 중심의 문혁 피해세력 역시 화궈펑 편에 가세한다.

따라서 4인방 집단의 축출로 생긴 중국 정치권력의 공백에는 아래와 같은 3개 세력이 권력을 분점하는 형세가 되었다. 첫째 그룹은 화궈펑을 중심으로 한 신진 당권파로 마오쩌둥 추종세력이었다(범시파). 그들은 선양(瀋陽)군구 사령관 리더성(李德生), 베이징(北京)군구 사령관 천시롄(陳錫聯) 등 수도 중심의 군부세력과 우더(吳德)·지덩구이(紀登奎) 등 지방당료 및 공안부서의 왕둥싱(汪東興), 그리고 모범노동자의 상징인 천융구이(陳永貴)·니즈푸(倪志福) 등을 축으로 뭉쳐진 세력이었다. 이들은 마오쩌둥에 의해 발탁된 문혁 수혜 세력이면서도 4인방과는 경쟁관계에 있었다.

둘째 세력은 국방부장 예젠잉을 중심으로 뭉쳐진 군부의 지도자 그룹이었다(중도 우파). 제2야전군 출신인 리셴녠·류보청(劉伯承) 장군, 장팅파(張廷發)·쉬샹첸(徐向前)·겅뱌오(耿飈)·녜룽전(聶榮臻) 장군과 후보위원인 사이푸딩(賽福鼎) 등 주로 장정세대 군 원로급들이다. 이들은 문혁 때 겨우 명맥을 유지했거나 피해를 본 인물들이다. 예젠잉(75.1~78.3)은 4인방 체포 당시 국방부장이었다.

셋째 세력은 덩샤오핑 중심의 당·정·군 실무그룹으로 개혁을 지지하는 세력이었다. 당 10대3중전회[1]에서 덩샤오핑의 복권을 적극적으로 지지했던 웨이궈칭(韋國淸)·쉬스요(許世友) 상장(3성 장군)과 우란푸(烏蘭夫)·팡이(方毅)·위추리(余秋里)·펑충(彭冲), 그리고 후보위원인 자오쯔양(趙紫陽)·천무화(陳慕華) 등을 들 수 있다. 이들 그룹은 대부분 류사오치(劉少奇)의 후광을 받았거나 저우언라이(周恩來)의 비호와 덩샤오핑 밑에서 국무원의 업무에 종사하던 실무관료들로 문혁 피해자였거나, 아니면 문혁에 가담했으나 린뱌오(林彪) 및 장칭과는 대립적인 관계에 있었던 인물들이다.

이들 세 계파간의 세력관계를 보면 화궈평과 덩샤오핑 일파가 대립하는 가운데 예젠잉 등 군부가 견제와 조정 역할을 하면서 일시적 타협을 통하여 상호간의 정치적 지위를 유지하고 있는 형세였다. 세 세력은 모두 문혁으로 이지러진 정치·경제·사회·문화 등 모든 부문의 재건을 위해 사회주의를 현대화해야 한다는 데는 공감하면서도 그 이념적 바탕과 정책추진의 방법상에 있어서는 의견이 대립되는 상태였다.

화궈평과 덩샤오핑은 문혁의 수혜자(受惠者)와 피해자(被害者)인 것 외에도 근본적으로 많은 차이점을 갖고 있었다. 즉 화궈평 중심의 문혁 수혜세력(문혁우파, 범시파)은 마오쩌둥 무과오론(無過誤論)[2]을 주장하면서 '좌'적 사상을 견지하려 한 반면,[3] 덩샤오핑 중심의 문혁 피해세력(개혁파)는 '실천이 진리를 검증하는 유일한 기준'이라는 '실천론'적 입장에서 마오쩌둥의 공과(功過)를 올바르게 판별하여 평가하여야 한다는 입장을 견지했다. 즉 전자는 문혁노선의 전면적인 부정을 원치 않았고, 후자는 마오쩌둥 절대화에 반대하는 입장(해방사상 견지)에 서게 된다.

---

1) 중국공산당 제10기 전국대표대회 제3차 중앙위원회 전체회의의 약칭.
2) '兩個凡是'라고도 하는데, 즉 毛주석의 '정책'과 '지시'가 모두 옳았다는 의미임.
3) 1977년 2월 7일 화궈평이 중공의 3대 대중매체인『人民日報』,『解放日報』,『紅旗)』에 공동사설로 주장한 것이다(『人民日報』, 1977年 2月 7日). 이에 대하여 실각 중이던 덩샤오핑은 4월 10일 당 중앙에 보낸 편지에서 이를 '양개범시'라고 비판했다.

인사면에 있어서도 전자는 4인방세력에 대한 타격 범위를 줄여 문혁파를 수용하는 방향으로 추진하였다. 하지만 덩샤오핑은 문혁에 대한 부정적인 태도를 취함과 함께 4인방 세력의 전면적인 숙청을 주장하였다. 정책면에 있어서도 화궈펑은 무리한 신약진정책을 추구하였고, 후자는 '실사구시'(實事求是)⁴⁾의 정신에 입각하여 모든 정책을 현대화의 방향으로 조정할 것을 촉구하였다. 문화대혁명 때 권좌에 오른 세력들이 전자에, 대약진정책(1957~1960) 실패 후 조정기 동안 (1960~1965) 경제위기를 극복하는 데 실무를 맡았던 그룹이 후자의 편에 있었던 것은 결코 우연이 아니었다. 마오쩌둥의 유훈정치를 정통성(주 무기)으로 생각하고 있던 화궈펑으로서는 신약진정책은 이념상 피할 수 없는 선택이었다.

그리하여 4인방 체포 후, 1년이 못되어 '반(反) 4인방'의 정치연맹은 급격히 화궈펑을 옹호하는 '범시 옹화파(凡是擁華派)'와 덩샤오핑을 옹호하는 '실무 옹덩파(實務擁鄧派)'로 분열되어 갔다. 이들은 태생적으로 상생할 수 없는 집단으로 서로를 인정하려 들지 않았다. 하지만, 일단 4인방세력을 숙청한 상태에서 그들 연합 세력은 우선 정치를 안정시키고 권력을 재분배할 필요가 있었다. 그래서 예젠잉은 덩샤오핑이 화궈펑의 권력승계(마오쩌둥 생전 후계자 지명)를 받아들이도록 하는 한편, 화궈펑으로 하여금 덩샤오핑의 모든 직위에 대한 복권을 허락토록 하는 중재안을 던졌고, 그것을 받아 드리도록 압력을 가했다.

1977년 7월에 소집된 중공 10대3중전회⁵⁾에서 당은 화궈펑에 대한 중앙위원회 주석 및 중앙군사위원회 주석직 임명(1976년 10월 7일 정

---

4) '實事求是'란 원 뜻은 "연구를 할 때는 반드시 충분한 사실의 근거를 찾아서 그러한 사실에 근거하여 진실된 결론을 도출하여야 한다"는 것이다(『漢書』「河間獻王傳篇」). 중국의 현실정치에 있어서 마오쩌둥은 마르크스·레닌주의를 중국의 현실에 변용하는 그의 「實踐論」에, 그리고 덩샤오핑은 마오쩌둥의 「실천론」을 원용하여 마오쩌둥의 유산을 청산하고 개혁의 당위성을 주장하는 명분으로 '실사구시'를 내세웠다.

5) 중국공산당 제10기 전국대표대회 제3차 중앙위원회 전체회의 약칭.

치국 확대회의의 결정)을 추인하고, 덩샤오핑으로 하여금 화궈펑에 대한 지지를 승낙케 함과 동시에 화궈펑에게는 덩샤오핑의 이전의 모든 직위(당 중앙위원·정치국위원 및 그 상무위원·중앙위원회 부주석·중앙군사위원회 부주석·국무원 부총리·해방군 총참모장 등)에 복귀시켜 주도록 했다. 그래서 11차 당 대회6)는 무리 없이 1977년 8월에 개최되었고, 화궈펑·덩샤오핑·예젠잉을 대표로 하는 3대 세력을 안배하는 바탕에서 지도층을 개편하였다.

<표 1-1> 4인방 제거 후 중국공산당 11대1중전회의 계파별 분포(1977)

	<구>	<신>		
		화궈펑파 (문혁수혜 그룹)	예젠잉파 (문혁생존그 룹)	덩샤오핑파 (문혁피해그룹)
중앙정 치국 상무위 원	1마오쩌둥★×, 2저우언라이☆×, 3왕훙원☆▼, 4캉성☆×, 5예젠잉☆, 6리더성☆, 7주더☆×, 8장춘차오▼, 9동삐우×	1화궈펑★ 5왕둥싱 ☆ ○	2예젠잉☆, 4리셴녠☆○	3덩샤오핑☆ ▲
중앙정 치국 위원	웨이궈칭, 류보청, 장칭▼ 쉬스요, 화궈펑, 지덩구이, 우더, 왕둥싱, 천융구이, 천시롄, 리셴녠, 야오원위안▼	지덩구이, 리더성, 우 더, 천융구이, 천시롄, 니 즈푸○	류보청, 장팅 파▲,경뱌오 ▲, 녜룽전▲, 쉬상첸▲	웨이궈칭, 쉬스 요, 우란푸, 팡 이▲,쑤전화○, 위추리▲,펑충▲
중앙정 치국후 보위원	우궈이셴▼, 쑤전화, 니즈푸, 사이푸딩		사이푸딩	천무화▲, 자오쯔양▲

주: ▼실각, ×사망, ▲신임(재발탁), ★당주석, ☆당부주석, ○단계 승진.
　숫자는 당 서열.

화궈펑이 중앙위원회 주석을 맡고, 예젠잉·덩샤오핑·리셴녠·왕둥

---

6) 중국공산당 제11기 전국대표대회의 약칭, 11대라고도 함.

싱 등 4명은 각각 중앙위원회 부주석에 선임되었다. 그리고 이들이 중앙정치국 상무위원회 구성 멤버가 되었다. 이 밖에 기타 정치국위원 및 그 계파별 안배는 <표 1-1>과 같다.[7]

특이한 것은 왕훙원·장춘차오·장칭·야오원위안 등 4인방세력이 축출되고, 그 공백에 덩샤오핑파와 예젠잉파 인물이 대거 발탁된 반면, 화궈펑파는 현상을 유지하는 선이었다. 결국 11차 당 대회는 문혁좌파(4인방세력)의 전멸과 문혁우파(화궈펑파)가 현상을 유지하는 선에서 문혁피해자세력인 덩샤오핑 그룹과 중도적인 예젠잉세력이 권력을 회복한 대회였다. 중앙위원회의 경우도 4인방 추종세력인 위원 및 후보위원 114명이 청소되었다.

또 동 대회는 <당헌(黨章)>을 개정하여 '집단지도체제'를 강화하였다. 이는 마오쩌둥에게 권력이 집중됨으로 야기되었던 폐해를 없애기 위해 취한 조치였다. 개정 <당헌> 제11조는 다음과 같이 규정하였다.

"당의 각급 위원회는 집단지도와 개인의 책임분담을 결합한 원칙에 따라 운영한다. 일체의 중요 문제는 집단의 정치경험과 지혜에 의거하여 집단이 결정하여야 하며, 동시에 개인으로 하여금 그들의 역할을 발휘하도록 해야 한다" 이 규정은 겉으로는 집단지도체제로 포장했지만, 현실적으로는 당 주석인 화궈펑의 독주를 사전에 방지하겠다는 의도로 볼 수 있겠다.

이처럼 중국공산당은 제11차 당 대회를 통해 계파간에 정치권력을 재분배하고 <당헌>을 개정하여 집단지도체제를 도입하는 등 타협을

---

7) 덩샤오핑파로 분류된 쉬스요는 문혁피해자는 아님. Parris H. Chang은 쑤전화를 예젠잉파로 분류하고 있음(Parris H. Chang, "Chinese Politics: Deng's Turbulent Quest," *Problem of Communist*, Jan.~Feb. 1981, pp. 1~21). Richard C. Thornton은 위추리, 광이, 쑤전화를 예젠잉 계열로 보고, 류보청과 겅뱌오를 덩샤오핑 계열로 분류하였다(Richard C. Thornton, *China, A Political History, 1917~1980*(Boulder, Clorado: Westview Press, 1973), pp. 398~400).

모색했다. 하지만 그들 세력, 특히 화궈펑과 덩샤오핑을 대표로 하는 양대 세력은 정책노선으로 보나 인맥구조로 보나 함께 할 수 없는 입장에 있었다.

덩샤오핑은 이미 1977년 7월, 복권되자마자 바로 세력 확장에 전력을 투구했다. 먼저 그는 지지자들을 요직에 안배하는 작업부터 착수했다. 그 중 가장 중요한 인사는 1977년 10월, 후야오방(胡耀邦)을 중앙당교 부교장에 발탁한 일이다. 당시 중앙당교 교장은 화궈펑이었고 제1부교장은 범시파의 왕둥싱이었다. 후야오방의 부교장 기용은 화궈펑과 왕둥싱을 견제하기 위한 방략이었다. 또 12월에는 후야오방을 당의 중앙조직부장으로 발탁함으로써 당의 인사권을 장악하였다. 후야오방은 덩샤오핑과 함께 두 번이나 숙청을 당했던 인물이다. 반면, 범시파의 귀위펑(郭玉峰)은 조직부장에서 밀려났다. 중국공산당 조직에 있어서 중앙당교는 고급간부를 배양하거나 재교육시키는 당의 최고 훈련기관이며, 중앙조직부는 당의 조직관리 및 고급간부의 인사 전반을 관장하는 당의 막강한 실무 권력기구이기 때문에 그것의 접수는 대단히 주요한 의미를 가진다.

특히 복권되어 인민해방군 총참모장직을 되찾은 덩샤오핑은 군내 세력 확보를 위해 곧 자신의 측근들(문혁피해자)을 군 요직에 배치하였다. 웨이궈칭 장군을 인민해방군 총정치부 주임에 임명하여 군의 선전도구를 장악하고, 린뱌오에 대항하다 파면된 전 국방부 부부장 겸 총참모장 뤄루이칭(羅瑞卿) 대장을 군사위원회 비서장에 기용했다. 그리고 조선지원군 사령관과 해방군 부총참모장 및 베이징군구 사령관을 역임하고 문혁 때 박해를 받은 제2야전군(정치위원, 덩샤오핑) 출신 양융(楊勇) 상장(3성 장군)을 부총참모장에 복직시키는 등 재빠르게 그 세력을 확장해 갔다.8)

이밖에 덩샤오핑은 한편으로는 4인방세력의 청소에 공세의 고삐를

---

8) Jung-Yueh Huang, "Military Cadre Problems," *Studies on Chinese Communism*, 15 (August 1980), p. 117.

제1장 마오쩌둥 사후 화궈펑과 덩샤오핑의 권력투쟁 19

당기고, 문혁파 잔여세력에 대한 전면적인 타격을 가했으며, 다른 한편으로는 후야오방을 통해 문혁 피해자들의 명예를 회복시키고, 그들의 복직을 알선하는 작업을 대대적으로 추진하였다. 후야오방은 문혁 피해자들에 대한 명예회복 작업과 지방 지도자들을 정돈하는 일을 동시에 추진하여 지방의 각급 간부들에 대한 대대적인 물갈이를 단행했다. 척결된 간부들의 절반이상은 문혁기간 중 급조된 신간부 또는 '양개범시'를 지지한 노간부들이었다. 1977~1980년 기간 중 절대다수의 성 당위 제1서기가 교체되었고, 기타 성급 지도자의 대부분도 물갈이 되었다. 겨우 쓰촨(四川)성의 자오쯔양, 장시(江西)성의 장웨이칭(江渭淸), 산둥(山東)성의 바이루빙(白如冰) 등 세 사람의 성 당위 서기만 유임되었다. 그들은 1975년 덩샤오핑에 의해 임명된 간부들이다. 지방 간부에 대한 대대적인 물갈이 이후 범시파의 지방세력은 일시에 무너져 더 이상 화궈펑의 지도적 지위를 지탱해 줄 수 없었다. 이처럼 덩샤오핑은 인사교체를 통해 문혁피해 원로간부들을 자기편으로 끌어들이는 한편, 적대 세력을 과감히 척결한 바, 그것은 덩샤오핑의 권력쟁취에 큰 힘이 되었다.

그리고는 후야오방의 주도 하에 1978년 5월 『광명일보(光明日報)』에 「실천은 진리를 검증하는 유일한 표준」이라는 평론을 발표케하여 화궈펑의 '양개범시' 방침에 칼날을 들이 대었다. 이 글은 네 개 부분으로 구성되었다.

첫째, 진리를 검증하는 것은 오직 사회 실천일 뿐이다.
둘째, 이론과 실천의 통일은 마르크스주의가 가장 기본원칙이다.
셋째, 혁명지도자는 실천을 통하여 진리를 검증하는 본보기가 되어야 한다.
넷째, 어떠한 이론도 모두 계속하여 실천의 검증을 받아야 한다.

이는 바로 마오쩌둥의 결정과 지시가 모두 옳았다고 한 '양개범시'

방침에 대한 비판임과 동시에 비록 마오쩌둥의 결정과 지시라 할지라도 실천을 통하여 검증되어야 함을 강조한 것이다. 이 한 편의 글은 바로 현대 중국의 제1차 '사상해방선언서'라 할 수 있을 정도로 전 중국인민의 사상해방을 고무시키는 메시지였다. 사상해방과 민주화는 현실적으로 1949년 이래 정치적으로 억울하게 희생을 당한 사건을 바로잡아 줄 것을 요구하여 많은 지식인들과 청년 대중들의 지지를 받았으며, 사상언론 면에서는 공개적으로 언론·출판·파업의 자유와 헌법상의 권리를 보장할 것을 요구하는 계기가 되었다. 또 정치적으로는 덩샤오핑 등 개혁파의 등장을 앞당겼다.

이처럼 덩샤오핑세력 문혁피해자 집단이 화궈펑 등 신당권파에 공격의 고삐를 조이고 있는 가운데, 비교적 중립적인 입장에서 서 있던 예젠잉 중심의 군부 원로들 대다수는 마침내 덩샤오핑의 입장을 지지하는 태도를 취했다. 11개 대군구 중 베이징과 신장(新疆)군구를 제외한 9개 대군구의 사령관과 정치위원들도 덩샤오핑의 입장을 지지하고 나섰다. 또 1978년 6월 『해방군보(解放軍報)』는 「마르크스주의의 하나의 기본이 되는 원칙」이라는 제하에 "실천은 혁명이론으로서 인도되어야 하며 이론의 지도가 없는 실천은 맹목적인 실천이다. 마르크스·레닌주의·마오쩌둥 사상은 우리가 활동하는 데 있어서 없어서는 아니 될 지침이다. … 그러나 마르크스-레닌주의·마오쩌둥 사상 그 자체는 실천에 의해 증명되어야 한다'고 주장함으로써 덩샤오핑의 '실사구시' 이론에 동조하였다.9)

예젠잉도 1978년 12월 11대3중전회에서 "마오쩌둥은 중국공산당의 혁명투쟁에서 많은 과오를 범했다. … 마오쩌둥 사후에도 우리 당의 공작은 성공적으로 수행되고 있다. 이것은 마오쩌둥 없이도 우리의 공작을 완수 할 수 있다는 것을 증명하는 것이다'라는 발언을 했다. 또 그는 1979년 9월 11대4중전회에서 건국 30주년 경축사를 통해 마

---

9) 『解放軍報』, 1978年 6月 24日.

오쩌둥 개인은 여섯 가지의 착오를 범했다고 했다. ① 1957년 반우파 투쟁의 확대, ② 삼면홍기운동, ③ 1959년 반우경기회주의 투쟁 전개, ④ 문화대혁명 발동, ⑤ 계급투쟁 확대, ⑥ 잘못된 개인숭배 조성 등이 마오쩌둥이 저지른 착오라고 비판했다. 군의 버팀목으로 4인방 체포의 1등 공신인 예젠잉의 이러한 발언은 마오쩌둥 추종세력의 영향력을 약화시킬 수밖에 없었다.

이와 같이 덩샤오핑은 '실천은 진리를 검증하는 유일한 표준'이라는 명제를 내걸고 마오쩌둥 사상을 우회적으로 비판하기 시작하였으며, 대부분의 군부지도자들로부터 지지를 얻어내는 데 성공했다. 모든 것은 실천에 의해 증명된다는 마오쩌둥의 「실천론」을 근거로 마오쩌둥이 추진한 정책을 비판함으로써 마오쩌둥의 유훈에 의해 지명된 화궈평 체제를 뒤흔든 것이다.

1978년 12월 11대3중전회에서 화궈평은 착오를 인정하고 사상이론의 주도권을 내놓게 된다. 이른바 덩샤오핑 노선의 승리였다.

제2절 덩샤오핑-예젠잉 연합과 화궈평 세력의 퇴패
  : 11대3중전회-4중전회

1978년 12월 당 11대3중전회가 소집되었다. 이 회의에서 예젠잉 등 군 원로 세력이 덩샤오핑의 손을 들어 줌으로써 문혁 우파인 화궈평 세력은 몰락의 길을 걷게 된다. 11대3중전회는 실질적으로 군 원로인 예젠잉을 비롯하여 덩샤오핑·리셴녠·천윈(陳雲) 등 원로 간부들이 주재한 회의였으며, 화궈평은 주석이었지만 이미 힘이 빠져있었다. 이 회의의 성과는 오랫동안 미해결상태에 놓여있던 문혁 및 그 이전의 '좌'적 착오를 바로잡고, 전 당의 공작의 중점을 '사회주의 현대화 건설'로 전환한 것이다. 이 회의를 통해 당 노선의 혁명적인 전환을 가져왔다. 11대3중전회의 역사적 의의에 대해서 중국공산당은 스스로 다음과 같이 평가했다.[10]

첫째, 당의 정확한 사상노선을 새롭게 확립하였다. 회의는 마오쩌둥의 결정과 정책이 모두 옳다는 '양개범시'를 비판하는 한편, 오직 전 당과 전 인민은 마르크스주의와 마오쩌둥 사상의 지도하에 사상을 해방하고, 새로운 상황·새로운 문제를 연구하여 모든 것은 실제로부터 출발하여 이론을 실제와 결부하는 이른바 '실사구시'의 원칙을 견지하면 '4개 현대화'의 방침을 정확하게 실현하고, '생산력 발전'에 부적합한 '생산관계'와 '상부구조'를 정확하게 개혁할 수 있을 것이라 했다. 이로서 문혁 및 그 이전의 '좌'적 착오를 바로잡고, 당의 정확한 사상노선의 기초를 확립하였다.

둘째, 당의 정확한 정치노선을 복구하고 확립하였다. 그동안 공산당의 기본임무는 정치노선상 사회주의건설이 중심이냐? 계급투쟁을 중심으로 하느냐가 논쟁의 핵이었다. 그러나 3중전회에서는 '계급투쟁'을 중심으로 하는 정치노선을 종식시키고, 정치노선의 중점을 '사회주의현대화 건설'로 바꾸어 놓았다. 그리고 이미 11차 당 대회에서 제의한 '4개 현대화'의 실현을 금후 전 당의 장기적인 중심임무로 재천명하고, 11차 당 대회와 제5기 전인대(전국인민대표대회의 약칭)까지 답습해 오던 소위 '프롤레타리아 독재하의 계속혁명 견지'를 폐기하였다.

셋째, 국민경제의 극심한 불균형을 해소하고, 농업을 신속히 발전시켜 나갈 것을 촉구하였다. 정치 사회의 안정 유지와 객관적 경제법칙에 따른 경제운영, 이 두 가지 조건이 바로 국민경제 발전의 기본전

___

10) 1981년 6월 당 11대6중전회는 <건국 이래 당의 약간의 역사문제에 관한 결의>를 통하여 11대3중전회의 역사적 의의를 다음과 같이 총결하였다. 田克勤·于文藻 主編, 『中國共産黨七十年 1921~1991』(長春: 吉林文史出版社, 1991), pp. 560~562.

제임을 확인했다. 농업생산성의 발전을 위해서는 농민의 적극성을 끌어낼 수 있는 소유제, 경영방법, 시장 등 인센티브의 마련이 관건이라고 보고 이의 개혁을 주장하였다.

넷째, 사회주의 민주제도와 법제를 강화하였다. 민주집중제의 원칙에 근거하여 문혁 때 파괴된 국가의 각급 기구를 복구하고 인민의 민주적 권리를 법제에 의해 보장할 것을 강조하였다. 무정부적 질서파괴행위를 배척하고 법제에 의한 정치 및 사회적 안정을 강조하였다. 그리고 그동안 자행되었던 과오를 법적 근거에 의해 시정하고, 중요 간부의 공로와 과오, 시비를 바로 잡도록 하였다.

다섯째, 당의 정확한 조직노선을 새롭게 확립하였다. 문혁으로 당의 정상적인 기제가 완전히 파괴되었고, 특히 당 중앙의 집단지도체제는 개인숭배체제로 변질되었다. 따라서 본 회의에서는 당이 민주집중제와 집단지도체제의 원칙을 견지할 것을 결의하고 당규와 <당헌>을 건전하게, 당의 기율을 엄하게 하며, 개인적 카리스마와 개인숭배를 배척할 것을 결의하였다. 모든 당직자는 당의 기율을 준수하고 이유여하를 불문하고 당기에 따라 상벌을 받도록 했다. 그럼으로써 당과 국가기제의 정상적인 운영을 위한 기초를 마련하게 되었다.

이처럼 11대3중전회는 중국공산당사에 있어서 '돌아갈 수 없는' 노선의 획기적인 전환을 가져온 대회였다. 중국의 모순을 생산관계의 '불평등'이 아닌 '생산력의 저발전'에서 찾았고, 따라서 국가발전의 목표를 '계급투쟁'에서 '현대화 건설'로 옮겨 놓은 것이다. 그리고 정치적 안정의 기조 위에 경제법칙에 따른 경제운용을 천명함으로써 이른바, 중국특색 있는 사회주의(1개 중심, 2개 기본점)의 틀을 마련한 것이다.

3중전회는 또 '우경번안풍 반격(反擊右傾翻案風)' 운동과 1976년 톈안먼사건에 관한 문건 및 펑더화이(彭德懷)·타오주(陶鑄)·보이보(薄一波)·양상쿤(楊尚昆) 등을 처벌한 사건을 취소하는 결정을 내렸다.[11)
11대3중전회에서 결국 화궈평의 양개범시 노선은 덩샤오핑의 정치노선과 사상노선에 의해 와해되었다. 하지만, 화궈펑과 그의 지지 세력은 여전히 당내의 직위를 유지하고 있었기 때문에 화궈펑의 노선과 영향력이 완전히 무너진 것은 아니었다. 그리하여 덩샤오핑은 중앙정치국위원과 중앙위원을 증원시키는 방법을 통하여 그의 지지자들(해방간부)을 당의 핵심부에 끌어들임으로써 화궈펑 세력을 제압하는 한편, "개인은 집단에 복종하고, 하급은 상급에 복종하며, 전체는 중앙에 복종한다"는 당의 조직원칙(집단지도체제)을 강조하고, 화궈펑(당주석)은 그 집단지도자 중의 한 사람뿐임을 선언함으로써 화궈펑의 위세를 꺾는 전략을 구사했다.

당시 당 중앙에 증보된 '해방간부' 출신 덩샤오핑 지지자들은 다음과 같다.

첫째 당 제7기 및 8기(상무위원, 당 부주석) 중앙정치국위원 겸 국무원 부총리(1949~1966년)를 역임하면서 조정정책의 실무를 맡았고, 문혁 중 실각되었던 천윈을 중앙정치국 상무위원 겸 중앙위원회 부주석으로 복귀시켰다.

둘째 덩잉차오(鄧穎超, 저우언라이의 처)와 후야오방, 그리고 왕전(王震)을 중앙정치국위원으로 기용하였다. 왕전은 문혁시 덩샤오핑·후야오방 등 실무개혁파의 구명운동을 벌였던 군 원로이다.

셋째 황커청(黃克誠)·쑹런충(宋任窮)·후차오무(胡喬木)·시중쉰(習仲勛)·왕런충(王任重)·황훠칭(黃火靑)·천자이다오(陳再道)·한광(韓光)·저우후이주(周惠九) 등 9명을 중앙위원으로 증원하기로 하고 장차 당 12차 대회에서 추인받기로 하였다. 이들은 모두 문혁 때 박해를 받은 간부들이다.

넷째 중앙기율검사위원회를 재조직하였다. 문혁 때 파괴된 동 기구를 당 11차 대회에서 복구키로 결정했다. 100명으로 구성된 중앙기율

---

11) 이 사건에 대해서는 김정계, 『중국의 권력투쟁사: 1949~1976』(서울: 평민사, 2002) 참조.

검사위원회에 천원을 제1서기, 덩잉차오를 제2서기, 후야오방을 제3서기로 선출하였다. 그리고 황커청을 상무 부서기로, 왕허서우(王鶴壽) 등 11명을 부서기로 발탁했다.

연이어 단행된 당 중앙의 요직에도 덩샤오핑계 인사로 채워나갔다. 당 중앙 비서장 겸 선전부장에 후야오방을, 부비서장에 마오쩌둥과 저우언라이의 비서출신으로 친 류사오치·덩샤오핑 계열인 후차오무를, 부비서장 겸 중앙판공청 주임에 야오이린(姚依林)을 기용하고, 쑹런충을 당 중앙조직부장으로 임명했다. 쑹런충은 후야오방의 동향으로 덩샤오핑계 제2야전군 출신이다. 반면, 화궈펑계의 왕둥싱은 중앙판공청 주임직에서 해임되었다.

새로 기용된 중앙정치국위원은 물론, 중앙위원들 대부분은 문혁 중 박해를 받았거나, 덩샤오핑과는 친밀한 관계를 유지해 온 인물들이다. 새 정치국위원들의 프로파일을 보면 그것이 더욱 명백해진다.

▶ 저우언라이의 처, 친 덩샤오핑계 덩잉차오

덩잉차오(鄧穎超, 1904~1992)는 전 국무원 총리 저우언라이의 처이며, 훗날 국무원 총리가 된 리펑(李鵬)의 양모이다. 그녀의 본적은 허난(河南)성 광산(光山)이지만, 광시좡족(廣西壯族)자치구 난닝(南寧)에서 태어나 톈진(天津)제1여자사범학교를 졸업했다. 재학시절 저우언라이 등과 진보단체인 <각오사(覺悟社)>를 조직하여 톈진애국학생운동을 전개한 학생운동의 지도자 중 한 사람이다. 1925년 공산당에 입당하여 병중에도 장정에 참가하여 당 중앙국 비서장, 정치국 비서, 기요과장 등 요직을 맡았다.

신중국 성립 후 혼인법 개정을 주도하였고, 전국부녀연합회 명예주석이 되어 공산주의 여성운동의 지도자적 역할을 했다. 그는 저우언라이의 정치생활에 지대한 영향을 끼친 현대 중국의 여걸 중의 1인이다. 덩샤오핑과 저우언라이의 관계와 마찬가지로 덩잉차오는 덩샤오핑과 가까운 사이였다. 그녀는 슬하에 자식이 없었으며, 리펑 이외에도 많은 혁명동지의 자녀들을 데려다 거두었다.

▶ 공청단의 대부, 제2야전군 출신 덩샤오핑의 오른팔 후야오방

후야오방(胡耀邦, 1915~1989)은 주로 공산주의청년단에서 성장한 친 덩샤오핑 계열 인사다. 후난(湖南)성의 한 가난한 농가에서 태어난 그는 14세 때 정강산(井岡山)으로 들어가 홍군의 유명한 '소홍귀(小紅鬼)'가 되었다. 소홍귀에 대해서는 에드가 스노우의 『중국의 붉은 별』에 잘 묘사되어 있다. 1930년 중국사회주의청년단(공청단의 전신)에 가입하여 아동단장이 되었고, 1933년에 공산당에 전입하였다. 1934년 사회주의청년단의 중앙 비서장으로 장정에 참가하였으며, 장정 후에도 청년단 간부로 활약하였다. 중·일전쟁 중 항일군정대학(제2기생)을 졸업한 후 모교에 남아 정치부 부주임을 맡았다. 그 후 계속해서 군대의 정치장교로 일했다. 즉 당 중앙군사위원회 정치부 조직부장(중앙군사위원회 주석 마오쩌둥, 정치주임 왕자샹王稼祥), 제18집단군 총정치부 조직부장, 기열요(冀熱遼, 허베이河北·러허熱河·랴오닝遼寧)군구 정치부 주임 대리, 진찰기(晉察冀, 산시山西·차하얼성·허베이)군구(사령관 겸 정치위원, 녜룽전) 제4종대 정치위원(사령관 양청우楊成武) 등을 거쳤다. 이들 부대는 나중에 류보청 사령관과 덩샤오핑 정치위원이 이끄는 제2야전군에 편입 되는데, 이때부터 후야오방은 덩샤오핑 직속의 고위 정치군인으로 성장했다.

신중국성립 후, 후야오방은 덩샤오핑의 고향인 쓰촨성에서 과도적 지방행정 책임자로 3년을 보내고 1952년 당 중앙청년공작위원회 제1서기가 되어 베이징에 진입하였다. 그 후 1950년대 초중반은 중국신민주주의청년단 중앙서기처 서기 등 청년단 고위간부로 활약했다.[12) 1956년 당 중앙위원으로 발탁된 이후 다시 한 번 당 중앙서기처 총서기 덩샤오핑의 측근이 되었다. 1965년 당 중앙 서북국 제3서기, 곧

---

12) 사회주의청년단을 1949년 4월 중국신민주주의청년단으로 개칭하고, 1957년 다시 공산주의청년단으로 개칭했다. '공청단'으로 약칭.

산시(陝西)성 당위원회 제1서기를 거쳐 그 해 말 베이징으로 돌아와 공청단(공산주의청년단의 약칭) 제1서기가 되었다.

문혁이 발발하자 공청단 중앙은 해체되고 후야오방의 모든 직위도 해제되었으며, 혹독한 박해를 받았다. 1973년 덩샤오핑이 복권되자 후야오방도 중국과학원 부비서장직을 맡아 중국과학원의 재건을 위해 활약했다. 하지만 덩샤오핑이 '우경번안풍'으로 몰려 비판을 받고 다시 실각되자 후야오방도 덩과 운명을 같이했다.

4인방 체포 후 1977년 7월 덩샤오핑과 함께 복권된 후 1977년 10월 중앙당교 부교장에 발탁되어 공안파 계열의 화궈펑 교장과 왕둥싱 부교장을 견제하는 역할을 하였고, 12월 당 중앙조직부장이 되어 문혁기에 축출되었던 간부들을 신속히 복직시켜 이들을 정치세력화 하는 데 전력을 기울였다. 1958년 5월 11일에는 『광명일보』(光明日報)에 「실천은 진리를 검증하는 유일한 기준」이라는 사설을 통하여 전국적인 진리검증의 논쟁을 벌여 마오쩌둥의 절대적 권위를 뒤흔들었다.

▶ 제1야전군 펑더화이 계열의 무골, 문혁 중 원로간부의 보호막 역할을 한 왕전

왕전(王震, 1908~1993)은 후난성 류양(瀏陽)현 출신으로 1925년 황푸군관학교(黃浦軍官學校)를 수료했다(제3기). 그는 12세에 군대의 잡무병으로 들어갔으나 1년 후에 철도 잡역부로 자리를 옮겨 1928년 창사(長沙) 철도노조 집행위원의 자격으로 창사노동자 폭동에 참가했다. 동시에 공산당에 입당하였다. 왕전은 혁명전쟁시기 주로 정치군인으로 활약했고, 장정 중 선봉부대의 사령관으로 활약, 그 이름을 떨쳤으며, 또 후방의 '군공(軍工)생산운동'을 통해 군수품 공급에 크게 공헌하였다. 당시 그는 허룽(賀龍) 휘하의 여단장이었다. 일본이 패망한 후 1945년 중원군구 부사령관(사령관 리셴녠)을 거쳐, 제1야전군(군단장 펑더화이) 제1병단 사령관이 된 후 바로 신장을 진격하여 국민당군 신장부대의 투항을 접수하고 신장을 평정하였다. 그 후 왕전은 신

장군구 부사령관(사령관 펑더화이) 및 서북군 정치위원, 신장성 인민 정부위원 및 동 재경위원회 주임직을 겸임하는 등 신장의 당·정·군의 대권을 한 몸에 장악하였다.

1950년 한국전쟁의 발발로 서북군구 사령관인 펑더화이 장군이 조선지원군 총사령관으로 임명되자 왕전은 서북군구 부사령관으로서 사령관직을 대리했다. 당시 그는 '신장생산건설병단'을 창설하여 신장주둔군의 식량자급과 퇴역군인의 취업문제를 해결하였다. 1953년 한국전쟁 휴전성립 후 철도병 부대를 창설하여 동 부대의 사령관직을 맡아 철도건설에 공헌했고, 그 후 인민해방군 부총참모장(겸임)에 발탁되었다. 1955년 상장계급을 수여받고, 1956년후 국무원으로 자리를 옮겨 농업간척부 부장이 되어 전국 각지에 간척사업을 추진하여 전업군인들의 일자리를 마련해 주었다.

문혁시기 왕전은 홍위병과 농업간척부대의 조반파에 의해 '허룽 장군의 좌우수'로 지목되어 비판을 받았지만 타격은 크지 않았다. 왕전을 비판한 죄상 중에는 신장에서 투항한 국민당군을 우대하고 우파분자를 보호했다는 내용이 포함되어 있었다. 이것은 왕전이 투항병들의 생활을 보살펴 주고 그들에게 신장의 석유를 생산토록 전업시켰기 때문이며, 또 반우파 투쟁 때 우파시인 아이칭(艾青)과 딩링(丁玲) 등 지식인을 보호해 주었기 때문이다. 문혁기간 중 왕전은 린뱌오 및 4인방세력과 끈질긴 투쟁을 벌이며 원로 간부들을 보호했고, 특히 4인방 축출 후 덩샤오핑·천원 등 원로들의 명예를 회복하고 그들로 하여금 당·정 업무를 주재토록 하는 데 크게 힘썼다. 왕전은 후야오방과 동향 출신이다.

결국 11대3중전회를 계기로 지도사상이나 인적 구성으로 볼 때 덩샤오핑 세력 우세로 판도가 바뀌게 된 것이다. 이는 1979년 9월에 열린 11대4중전회에서 재입증된다.

군부를 대표하는 예젠잉은 10월 1일 건국 30년 기념연설에서 전술한 바와 같이 마오쩌둥의 착오를 시인함과 동시에 문혁을 부정하는 발언을 했고, 이 회의에서 덩샤오핑 계열의 펑전(彭眞, 7~8기 정치국 위원)과 자오쯔양이 정치국위원에 증보되었다. 문혁 때 숙청되었던 루 딩이(陸定一), 왕허서우, 류란보(劉瀾波), 류란타오(劉瀾濤), 안쯔원(安子文), 리창(李昌), 양상쿤, 저우양(周揚), 홍쉐즈(洪學智), 펑전, 장난샹(蔣南翔)과 보이보 등 12명의 친 덩샤오핑 계열의 실무 중진급 인사들이 대거 11대4중전회에서 중앙위원에 증원되었다. 따라서 중앙(정)위원 중 문혁 때 박해 받은 자들이 무려 97명이나 되었다.13) 물론 <당헌> 규정(11기 <당헌> 제10조)에 따라 당 12전대(1982년)에서 추인키로 한 인선이다. 하지만 규정을 무시하고 3년이나 앞당겨 자파 세력 중심의 인선을 단행한 것으로 보아 이미 덩샤오핑이 권력을 장악하였음을 입증하는 것이다.

▶ 쓰촨성 농촌개혁에 성공, 덩샤오핑의 신임이 두터운 자오쯔양

11대4중전회에서 정치국위원에 발탁된 자오쯔양은 1919년 허난성 출신으로 중학교를 졸업한 후, 1932년에 사회주의청년단에 가입하였다. 1938년에 공산당으로 전입한 이후 주로 지방 당료로서 일해 왔다. 1965년 광둥(廣東)성 당위 제1서기에 발탁되었으나, 다음 해에 문혁이 일어나면서 주자파로 몰려 물러났다. 린뱌오 숙청 후 복권되어, 1975년 덩샤오핑의 고향인 쓰촨성 당위 제1서기가 되었다. 4인방 제거 후 자오쯔양의 대담한 농촌경제개혁은 덩샤오핑의 관심을 끌게 되었고, '쓰촨성의 경험'은 전국의 모범이 되었다. 11기 정치국 후보위원을 거쳐, 1980년에 중앙정치국 상무위원 겸 국무원 총리로 발탁되었다. 특히 자오쯔양은 당 11기 기간 중 정치국 후보위원에서 그 상무위원(부주석)까지 세 단계나 수직 상승한 것으로 보아 덩샤오핑의 신임이 두터웠던 것으로 보여진다.

---

13) 『人民日報』, 1979年 9月 29日.

제3절 범시파 '小4인방'의 숙청과 개혁파의 급부상
: 11대5중전회~11대6중전회

1. 덩샤오핑에 대한 군부의 지지와 화궈펑 세력의 몰락

　1980년 당 11대5중전회에서 1981년 6중전회에 이르는 기간 동안 덩샤오핑은 강렬한 공세를 취하여 이데올로기, 제도개혁, 인사교체 등 세 가지 측면에서 화궈펑의 반격역량을 약화시켰다.

　먼저, 이데올로기면에서 덩샤오핑은 마오쩌둥이 친히 결정한 류사오치 사건을 바로잡고, 류사오치의 명예를 회복시켰다. 그것은 한편으로는 류사오치의 정치적 지위와 그 노선(실용주의)의 복원을 의미하는 것이었지만, 다른 한편으로는 마오쩌둥의 지위와 노선을 부정하는 것으로 바로 화궈펑이 지지하는 마오쩌둥 옹호론을 비판하는 것이었다. 즉 덩샤오핑은 류사오치를 올려 세우는 방식으로 자신의 노선을 합리화하여 그 세력을 확대하고 화궈펑의 힘을 약화시켜 나갔다. 그리고 당 제12기 전국대표대회를 앞당겨 소집키로 결정하였다. 주요 목적은 덩샤오핑의 시간표에 따라 당·정·군의 각 계통과 조직을 전면적으로 접수(탈권)한 후에 새로운 정치 강령을 제시하고, 마오쩌둥과 화궈펑 시대의 종결과 동시에 덩샤오핑 시대의 개막을 선언하고자 하는 데 있었다.

　하지만 예젠잉 원수와 친 덩샤오핑 계열로 알려진 쉬스요 장군도 마오쩌둥의 착오에 대한 규정은 인정하면서도 마오쩌둥 사상이 부정되거나 공개적으로 비판되는 것에는 반대하였다. 전술한 바와 같이 예젠잉은 이미 1979년 9월 11대4중전회에서 "마오쩌둥 사상은 바로 중국혁명에 있어서 마르크스·레닌주의의 보편적 진리를 중국적 현실에 적용함으로써 생긴 산물"이라고 정의하고, 마오쩌둥의 과오와 문혁은 비판했지만, 마오쩌둥 사상 자체를 비판하지는 않았다. 이처럼 예젠잉이 마오쩌둥 개인과 마오쩌둥 사상을 분리하여 마오쩌둥의 과오는 인정하면서도 마오쩌둥 사상만은 옹호하는 이중적인 태도를 견지한 이유는 1945년 이래 중국공산당의 지도사상으로 뿌리내려진 마오쩌둥 사상을 전면적으로 부정할 경우 초래될지도 모르는 정국의 동요를 원치 않았기 때문이다.

이밖에 쉬샹첸 원수·샤오커(蕭克) 군사학원 원장·장팅파 공군사령관·예페이(葉飛) 해군사령관은 물론, 문혁 수혜자인 리더성 심양군구 사령관까지도 마오쩌둥의 군사사상을 비판했다. 하지만 그들도 마오쩌둥 사상만은 부정하지 않았다.14) 그것은 마오쩌둥 비판을 통해 과거 노선으로부터 정책전환의 정당성을 확보하면 되는 것이지, 결코 중국 혁명과정에서 형성된 '마오쩌둥 사상'을 부정함으로써 중국공산당의 정통성이 훼손되어 사상적 혼란이 초래되어서는 안 된다는 점에 기인한 것이다.

이와 같이 군부는 범시파를 비판하고 덩샤오핑에 협력하면서도 마오쩌둥 사상을 견지함으로써 덩샤오핑 일파의 지나친 마오쩌둥 비판이나 문혁의 부정에 대해서는 반대하였다. 군의 고위 간부는 물론, 덩샤오핑의 복권을 지지했던 일부 군 지도자들 역시 마오쩌둥에 대해 개인적인 충성심을 품고 있었고, 군 간부 중의 다수는 자의든 타의든 1967년 문혁에 관여했던 자들로서 문혁수혜세자들이었다. 따라서 덩샤오핑 일파가 문혁을 전면 부정하고 문혁기간 중의 그들의 역할을 모독하려는 것에 대해 불만을 갖지 않을 수 없었던 것이다.15)

사실상 그때 이미 덩샤오핑은 이데올로기 영역에 있어 승리할 수 있는 상황에 있었다. 하지만 덩샤오핑은 마오쩌둥을 평가하는 태도에 있어서 군의 입장을 받아들여 '전반적인 부정'으로부터 '부분적인 부정'으로 조정하였다. 즉 '착오 제1, 공로 제2'에서 '공로 제1, 착오 제2'

---

14)『人民日報』, 1981年 4月 11日.
15) 송인영,『중국의 정치와 군』(서울: 한울아카데미, 1995), p. 128.

로 조정하였다. 이러한 조정은 덩샤오핑이 이데올로기 투쟁의 우세를 놓쳤기 때문에 취한 태도라기보다는 반대로 중간 세력을 흡수하여 전체적인 통합의 상처를 줄이기 위해 취한 책략이었다. 이미 약화된 반대파의 숨통을 완벽히 틀어막아 지나친 반감을 불어 일으킬 필요가 없었기 때문이다. 따라서 마오쩌둥 개인과 문혁은 부정되었지만, 마오쩌둥사상은 현재까지도 <당헌>상 '4항 기본원칙 견지'에 포함되어 통치이데올로기로 건재하고 있다.

다음, 지도체제개혁 및 정치생활면에 있어 당은 중앙서기처를 복원하고 <당내 정치생활에 관한 약간의 준칙>을 제정하였다. 중앙서기처는 실무파인 덩샤오핑(총서기)이 장악하고 있다는 이유로 문혁 중 폐지되었던 중앙위원회(주석) 산하 최고 당 행정기구다. 그리고 간부제도개혁에 있어서 '간부4화'-혁명화·연소화(年輕化)·지식화·전문화(專業化)의 기준을 수립하고, 당 11차 대회에서 마오쩌둥이 제시한 '후계자의 다섯 가지 조건'(간부 선발 기준)16)과 대체하는 준비를 하였다.

나아가 인사면에 있어서 화궈펑파를 퇴출시키고 자파 인사를 기용하는 방식으로 기반을 다져갔다. 11대5중전회에서 덩샤오핑은 마오쩌둥의 추종자이며 화궈펑의 지지자인 왕둥싱 중앙위 부주석·우더 전인대 상무부위원장 겸 베이징시 당위 제1서기·천시롄 부총리 겸 베이징군구 사령관·지덩구이 부총리 등 이른바 '소4인방'을 정치국위원은 물론 일체의 당·정 직무로부터 퇴출시켰다. 반면, 이 회의에서 덩샤오핑의 심복인 후야오방과 자오쯔양을 중앙정치국 상무위원에 발탁하였다. 복원된 중앙서기처 총서기에 후야오방을 기용하고, 완리(萬里)·왕런충·팡이·구무(谷牧)·쑹런충·위추리·양더즈(楊得志)·후차오

---

16) 간부선발에 있어서 반드시 당의 정치성(덕)과 업무능력(재)에 근거하여 충원하여야 하되, 보수사상, 本位主義(자기본위 주의), 자격론, 重才輕德(업무능력만 중시하고 정치성이 얕은 것), 任人唯親(능력과 관계없이 자기와 가까운 사람만 임용) 등에 반대하는 원칙을 견지하는 것(曹志, 『中華人民共和國人事制度槪要』(北京: 北京大學出版社, 1985, 210).

무·야오이린·펑충 등 10명을 그 서기로 임명하였다. 이들 서기는 모두 덩샤오핑과 깊은 관계를 맺어온 문혁 피해자들이다.17) 따라서 11대5중전회에서 화궈펑은 4명의 자파 지도자를 잃었으며, 당무의 실질적인 집행기관인 서기처에도 한 사람의 자파 세력을 끼워 넣지 못했다. 결국 중앙서기처의 복구는 당 주석인 화궈펑의 손발을 자르는 꼴이 되고 말았다. 비록 당의 주석이긴 했으나 화궈펑은 일상의 당무에 대한 어떠한 실질적인 영향력도 행사하지 못하게 된 것이다. 이는 예젠잉 등 군 원로들의 지지를 얻어낸 덩샤오핑 등 개혁파가 화궈펑이 이끄는 범시파와의 권력투쟁에서 완전 승리하였음을 입증하는 것이다.

이어 1980년 8월에 개최된 제5기 전인대 제3차 회의에서 덩샤오핑은 정치제도의 개혁을 통하여 당·정 지도체제를 분리하고 화궈펑(당주석)에게 그가 겸직하고 있는 국무원 총리에서 사임할 것을 요구하였다. 동시에 덩샤오핑 본인과 리셴녠·천윈·쉬샹첸·왕전·왕런충과 천융구이도 겸직하고 있던 부총리직을 사임하였다. 반면, 덩샤오핑 계열의 핵심인물인 자오쯔양을 국무원 총리로 발탁하였다. 그리고 자파 세력인 장아이핑(張愛萍)·황화(黃華)·류징런(劉靜仁) 등을 부총리로 기용했다. 화궈펑과 천융구이가 국무원에서 물러남으로써 국무원에서의 화궈펑 세력은 완전히 청소되었다. 이에 앞서 천시롄과 지덩구이는 이미 1980년 4월에 면직되었다. 결국 국가 최고행정기관에서도 총리와 부총리는 덩샤오핑 계열과 중도세력의 인사들로 채워졌다.

요컨대, 덩샤오핑은 다음과 같은 아주 기술적 방법으로 화궈펑과 그 추종세력을 무력화시켜 간 것이다.18)

---

17) 『解放軍報』, 1980年 3月 2日.
18) Richard D. Nethercut, *Leadership in China: Rivalry, Reform and Renewal*, 余仁 譯, "中共的領導: 對抗·改革與革新," 『中國大陸研究論文選輯』 (臺北: 中國大陸教學研究資料中心), p. 229.

첫째, 덩샤오핑과 그의 추종제력은 일련의 우회적이고 이론적인 글을 통하여 화궈펑의 개인숭배 사상 및 사적인 권력승계와 급속한 권력접근을 비판하는 한편, 간접적이고도 공개적으로 화궈펑의 정통성과 그가 겸직하고 있는 여러 직위에 도전하였다.

둘째, 덩샤오핑은 중요 직위에 있는 화궈펑의 추종 세력을 제거하고, 자신의 지지자로 대체해 나갔다. 필요시에는 일시적인 타협의 방법을 병행했다.

셋째, 친 자파 언론매체를 이용, 화궈펑의 정책적 오류를 선전하여 그 지위를 약화시키는 활동을 전개하고 이에 대한 당 중앙의 승인을 얻어내는 전략을 구사하였다.

넷째, 화궈펑이 평판이 좋지 않은 문혁 극우파와의 연합을 회피하는 전략에 대해 못 본 척하고, 더 이상 후자에 대해 타격을 가하는 운동을 벌이지 않았다. 그럼으로써 화궈펑과 문혁 극우파 간에 적대관계를 유지케 하였다.

그리고 마지막으로 중요한 전략은 군부세력과의 타협 및 공생을 통해 화궈펑 일파를 고립시켜 간 것이다. 덩샤오핑이 군 원로들의 협력을 얻을 수 있었던 것은 두 가지로 요약할 수 있다.

첫째, 덩샤오핑은 자신의 군 인맥 및 경험을 십분 활용하여 군과의 유대관계를 유지하는 한편, 군에 대한 지배권을 다지는 데 전력을 다했다. 반면, 군대 경험이 없는 화궈펑은 군대 내 확실히 신뢰할 만한 자파 인맥이 거의 전무했으며, 군의 욕구를 이해하는 면에 있어서도 덩샤오핑을 따라 잡을 수 없었다. 앞서 언급한 바와 같이 덩샤오핑은 해방군 총참모장에 복직하자마자 웨이궈칭을 총정치부 주임에 임명하고, 뤄루이칭을 군사위원회 비서장에, 그리고 양융 장군을 부총참모장에 임명하는 등 자파 인사를 군 요직에 배치함으로써 군내 실권을 장악하였다. 또 문혁 때 숙청된 군 간부들을 복직시키는 한편, 4인방에 협조했거나 자신의 정책에 반대했던 군 간부들을 숙청했다. 1978년부

터 1980년 사이에 11대 대군구 사령관 중 선양(瀋陽)군구의 리더성을
제외한 10명의 사령관과 11개 군구의 전 정치위원을 교체했다. 28개
성급 군구 가운데 22개 군구의 지도자들도 자파 세력으로 채워갔다.

둘째, 덩샤오핑의 실용주의 정책노선이 군의 현대화를 지지하는 간
부층의 호응을 받았다. 실제로 덩샤오핑은 군의 직업화와 전문화의
필요성을 절감하고, 권력을 장악하는 과정에서 그것을 실천함으로써
군의 신뢰를 얻었다. 1980년 자신이 맡고 있던 인민해방군 총참모장
직을 직업군인인 양더즈 장군(당시 쿤밍昆明군구 사령관)에게 물려주
는 한편, 다수의 원로 군 간부들을 현직에서 물려나게 했다.

덩샤오핑이 구사한 이들 모든 행동은 화궈펑을 침몰시키기 위한 방
략이었다. 화궈펑이 장악하고 있던 각종 직위를 해제하는 것을 포함
하여 점차적으로 화궈펑의 당 서열을 격하시키고 당이 공개적으로 화
궈펑을 비판케 하는 전략이었다. 1981년 6월, 11대6중전회는 바로 그
것의 종결이었다.

2. 화궈펑의 당 주석 사임과 후야오방의 등장

11대6중전회는 화궈펑의 운명이 결정되는 회의였다. 이 회의에서
당은 마오쩌둥의 공과(功過)에 대한 평가를 중심으로 신중국 건립 32
년간의 경험적 교훈을 총결(<건국 이래 당의 약간의 역사문제에 관한
결의>)하였으며, 다른 한편 당 중앙의 지도체제를 과감히 개편하였다.
회의는 화궈펑의 당 중앙 주석과 중앙군사위원회 주석직 사임을 승인
하고, 동시에 화궈펑이 내 놓은 당 주석은 후야오방이 승계했다. 이로
서 화궈펑은 공식적으로 당 서열 1위에서 밀려난 것이다. 이는 1980
년 11월에 소집된 중앙정치국회의에서 이미 결정된 사실이다.

최고 실권자 덩샤오핑이 후야오방을 총서기로 발탁한 배경에는 크
게 두 가지 이유 때문으로 볼 수 있다.

첫째, 덩샤오핑과 후야오방 간에 장기간에 걸쳐 맺어진 인간관계를 들 수 있다. 후야오방은 중·일전쟁 초기 덩샤오핑이 군대의 총정치부 부주임으로 활동할 당시 그 직속인 총정치부 조직부장으로 근무했으며, 국공내전기에는 자신의 부대(화북 제18병단)가 제2야전군에 편입되자 다시 정치위원인 덩샤오핑 밑에서 일했다. 그 후 덩샤오핑의 고향이며 덩의 관할(서남군정위원회)하에 있던 쓰촨성의 행정지도자가 되었다. 1952년에는 덩샤오핑(당 중앙서기처 총서기)의 후광으로 공산주의청년단(공청단으로 약칭) 중앙위원회 주석에 임명되어 이후 14년간 공청단 공작을 담당하면서 뛰어난 조직력을 발휘하여 덩의 두터운 신임을 얻었다.

둘째는 덩샤오핑이 후야오방의 조직 및 업무능력을 높게 평가한데다 후야오방이 그동안 구축한 공청단 인맥이 필요했기 때문이었다. 후야오방에게 맡겨진 최초의 역할은 문혁 당시 실각된 간부들의 복권과 복직을 알선하는 일이었다. 그러나 노간부나 구간부들만으로는 문혁파 세력과의 대결이 어려웠기 때문에 덩샤오핑은 이에 대항할 수 있는 새로운 중·청년 간부집단으로서 후야오방의 공청단 인맥이 필요했던 것이다. 후치리(胡啓立)·우쉐첸(吳學謙)·왕자오궈(王兆國)·리루이환(李瑞環) 등 청년간부들은 공청단계의 지도급 엘리트였고, 훗날 중국 최고지도부의 반열에 올라서게 된다.

마지막으로, 그의 군부 내 지지기반이 약하기 때문에 역린의 우려는 없었기 때문이다. 후야오방 역시 혁명전쟁시기에는 군에 활동한 적이 있지만, 1952년 군직을 떠난 후 30여 년간 한 번도 군과 직접 관계되는 일을 한 적이 없었다. 그래서 예젠잉 등 군 원로들도 그의 총서기직을 반대할 필요가 없었으리라 짐작된다. 물론 군부 내 세력기반의 취약이 훗날 후야오방이 실각되는 가장 중요한 원인 중의 하나가 된다.

중앙군사위원회 주석직은 덩샤오핑이 선임되었다. "권력은 총검에서 나온다"는 마오쩌둥의 말을 차치하고서라도 덩샤오핑은 군권을 장악함으로써 명실상부한 최고 실권자가 되었다. 그리고 자오쯔양 국무원 총리를 당 부주석에 올리고, 반면 화궈펑을 당 중앙 부주석으로 끌어내렸다. 이밖에 6중전회에서 문혁 피해자인 시중쉰이 중앙위원회 서기처 서기에 기용되었다.[19] 동시에 이 시기를 전후하여 덩샤오핑은 이미 11개 1급 군구를 포함한 성급 군구의 수뇌부를 자파 세력으로 교체했다. 이로써 4인방과 연합했거나 화궈펑을 지지하는 군의 실세는 거의 사라졌다.

11대6중전회 이후 당 서열(정치국 상무위원)은 중앙위원회 주석 후야오방, 부주석 예졘잉·덩샤오핑·자오쯔양·리셴녠·천윈·화궈펑 순으로 배열되었다. 이른바 덩샤오핑-후야오방-자오쯔양을 연결하는 개혁파가 당·정·군의 지도권을 장악하게 된다. 추락되고 있는 화궈펑 세력을 제외하고는 모두 문혁에 등을 돌린 사람들이다.

결국, 11대3중전회를 전환점으로 화궈펑-예졘잉-덩샤오핑을 핵심으로 한 연합체제는 종언을 고하고, 덩샤오핑·후야오방·자오쯔양·천윈 중심의 개혁파와 예졘잉·리셴녠 중심의 중도(군 원로) 세력 간의 연합 전선이 구축된 것이다. 하지만 예졘잉은 후야오방의 총서기 발탁을 대단히 불만스러워 했고, 펑전(부위원장)의 전인대 상무위원장(전임, 예졘잉) 승계에 대해서도 강력히 저지한 것으로 전한다.[20] 그러나 결국 1983년 6월 제7기 전인대에서 펑전이 예졘잉의 전인대 상무위원장직을 승계했다. 따라서 6중전회 때부터 사실상 중앙 권력구조는 덩샤오핑-후야오방-자오쯔양을 핵심으로 한 새로운 지도층이 당과 행정과 군을 장악하였다. 즉 후야오방은 당 중앙의 일상업무를 주재하고, 자오쯔양은 정권부문의 행정을 관장하였으며, 덩샤오핑은 군사계통을 지휘하면서 후야오방-자오쯔양 체제의 감호인이 되었다.

---

19) 李谷城, 『中共黨政軍結構』(香港: 明報出版社, 1990), p. 139.
20) 『聯合報』, 1981年 9月 11日.

<표 1-2> 11대1중전회와 11대6중전회간의 권력구조변화

	11대1중전회(77.8)	11대6중전회(81.6)	탈락 또는 퇴임
중앙위원회 주석단	<주석> 화귀펑 <부주석> 예졘잉,덩샤오펑,리셴녠, 왕둥싱	<주석> **후야오방** <부주석>**자오쯔양,화귀펑**,예졘잉,덩샤오펑,리셴녠	<주석> 화귀펑 <부주석> 왕둥싱(80.2)
중앙정치국 상무위원	화귀펑,예졘잉,덩샤오펑,리셴녠,왕둥싱	예졘잉,덩샤오펑,**자오쯔양**(80.2),리셴녠,**천윈**(78.12), 화귀펑	왕둥싱(80.2)
중앙정치국 위원 <후 보 위원>	화귀펑,웨이궈칭,우란푸,팡이,덩샤오펑,예졘잉,류보청,쉬스요,지덩구이,쑤전화,리셴녠,리더성,우더,위추리,왕둥싱,장팅파,천융구이,천시롄,경뱌오,네룽전,니즈푸,쉬상첸,평충 <후보>천무화,자오쯔양,사이푸딩	화귀펑,웨이궈칭,우란푸,팡이,덩샤오펑,예졘잉,류보청,쉬스요,쑤전화,리셴녠,리더성,위추리,장팅파,천융구이,경뱌오,네룽전,니즈푸,쉬상첸,평충,**덩잉차오,후야오방,왕전,자오쯔양,평전** <후보>천무화,사이푸딩 ▲	왕둥싱,지덩구이,우더,천시롄(80.2) <후보>자오쯔양
중앙위원회 서기처 (80.2복원)		<총서기>**후야오방** <서기>**완리,왕런충,팡이,구무,쑹런충,위추리,양더즈,후차오무,후야오방,야오이린,평충,시중쉰**	
중앙군사위원회	<주석>화귀펑 <부주석>예졘잉,덩샤오펑,류보청,쉬상첸,네룽전	<주석>**덩샤오펑** <부주석>예졘잉,류보청,쉬상첸,네룽전	<주석>화귀펑
중앙기율검사 위원회 (78.12신설)		<제1서기>**천윈** <제2서기>**덩잉차오** <제3서기>**후야오방** <상무서기>**황커청**	

주: 짙은 색 글자체 명은 신임. ▲표는 승진.

화궈펑과 덩샤오핑 간의 정치적 투쟁의 특징은 린뱌오나 4인방 제거 때와는 달리 당 대회를 통해 평화적으로 집단 간의 갈등을 해소함으로써 위기상황이 존재하지 않았고, 또한 화궈펑 계열에 대한 신체적 물리적 재재도 가하지 않았던 것이다. 덩샤오핑의 개혁노선은 기능집단인 경제 각료, 지식인, 특히 정치안정과 경제발전에 호의적인 군부의 지지를 받았고, 농촌개혁에 대한 농민의 지지, 지방의 경제자율권 부여로 인한 지방 당정지도자들의 지지 등 폭 넓은 세력기반을 구축하였다. 반면에 마오쩌둥의 유훈에 따라 선출된 후계자라는 정통성 이외에는 권력기반이나 정치경륜이 적은 화궈펑의 범시파는 덩샤오핑의 집요한 도전에 압도당할 수밖에 없었던 것이다.

3. 4개 현대화와 간부 4화정책 추진

화궈펑 세력을 권력의 중심으로부터 밀어 낸 덩샤오핑과 군부 원로 연합세력은 중국사회의 주요모순이 '생산관계(계급투쟁)'에 있다는 마오쩌둥의 노선과는 달리 인민의 필요와 욕구에 부응하지 못하는 '생산력의 저발전'에 있다는 데 공통의 인식을 갖게 된다. 따라서 그들 연합세력은 '4개 현대화의 실현'을 국가발전목표로 삼고 개혁·개방정책을 추진하되, 4항 기본원칙(사회주의노선 경지, 프롤레타리아독재의 견지, 공산당의 지도 견지, 마르크스·레닌주의·마오쩌둥 사상의 견지)[21]을 견지할 것을 강조했다.

구체적으로 경제발전전략의 원형을 1950년대 말 대약진정책의 실패에 대한 대안으로 제시되었던 조정정책에서 찾고 있었다. 당시 덩샤오핑은 중국이 당면한 가장 긴급한 과제는 경제회복에 있다고 판단하

---

21) '4항 기본원칙'은 1979년 3월 30일 덩샤오핑이 당 이론공작회의에서 밝힌 문건이다(鄧小平, 『鄧小平文選』 第2卷 第2版, 北京: 人民出版社, 1994, pp. 158~184).

고, 이를 위해 농민과 노동자의 생산의욕을 고취하여 생산성을 향상시키는 방법으로 물질적 자극 방법과 과학적이고 합리적 관리 방법을 과감히 도입해 나갔다. 덩샤오핑은 조정정책의 기조 위에 우선 두 가지 방향에서 개혁을 추진하였다.

그것은 먼저, 인구의 절대 다수(80%)를 차지하고 있는 농촌의 개혁(농가청부생산제)을 통한 농민의 경제적·정치적 안정을 기하고, 그리고 지역간의 불균형 발전전략을 통하여 교통이 발전한 동남부 연해지역을 우선적으로 발전시키는 전략을 택하였다. 즉, 과거의 '균부론'(均富論)에서 '선부론'(先富論) 전략으로 전환하였다. 그리하여 대내적으로는 인민공사를 해체하기 시작했고, 대외적으로도 중·소관계의 개선을 위한 여건을 마련하였으며, 중·미관계 개선을 비롯하여 4개 현대화의 실현을 위한 자본과 기술의 필요에 따라 대(對)서구 외교에 있어서도 개방정책으로 방향을 전환했다.

동시에 개혁·개방을 끌고 갈 간부층을 양성하는 방안으로 '간부 4화정책'-혁명화·연소화·지식화·전문화-을 추진했다. 1982년 2월, 당 중앙은 <노간부 퇴직제도 건립에 관한 결정>을 제정하여 간부의 퇴·휴직연령을 규정하였다. "당 중앙, 국가기관 부장·부부장, 성·시·자치구제1서기·서기·성정부 성장·부성장 및 성·시·자치구 기율검사위원회와 법원·검찰원 주요 책임 간부의 책임자는 65세를 초과해서는 아니되며, 그 부직은 일반적으로 60세를 넘어서는 아니된다"고 규정했다. 하지만, <노간부 퇴직제도 건립에 관한 결정>을 공포하여 예외 규정도 마련했다. 즉 "…이미 퇴직 연령에 도달했더라도 조직의 비준을 거치면 일정 기간 퇴·휴직을 하지 아니하고 지도 업무를 계속할 수 있다"고 규정한 것이다. 이 예외 규정으로 노간부들의 간부제도(연령) 개혁안에 대한 저항을 줄였을 뿐 아니라, 덩샤오핑 자파 세력 역시 조직의 비준을 거쳐 유임을 계속할 수 있었다.

또한 덩샤오핑·예졘잉·천윈 등 원로간부들에 대해서는 연령제한의 적용을 받지 않게 하는 규정을 두어 퇴로를 열어 놓았다. 즉 당과 국가 지도자 중 퇴·휴직 연령의 경계선을 조금 초과한 원로 혁명가의 경우, 그들의 풍부한 경험과 능력과 덕망 및 신체조건을 고려하여 현재는 물론, 금후 일정 기간 당과 국가의 중추적 지위에 남아있게 하는 예외규정을 두었다. 새로 마련한 퇴·휴직 제도는 결국 당과 국가의 지도급 간부들에게는 적용되지 않았다. 이는 1980년대 노인정치의 출현을 가져오게 한 원인이다. 다음 절에서 다시 거론하겠지만, 노간부 퇴직제도에 대한 이러한 개혁안은 당시 덩샤오핑 일파(이른바 개혁파)와 예졘잉·리셴녠 등 군 원로들 사이에서 자신들의 이해타산에 입각한 봉합된 절충안이었다고 보겠다.

제2장 덩샤오핑의 개혁 돌파정책과 보수파의 반격
(1982~1987년)

제1절 12대1중전회와 덩샤오핑-후야오방 체제의 공고화

1982년 9월에 소집된 제12차 당 대회와 제5기 전인대(1982. 11~12)는 화궈펑 세력의 종언을 선언함과 동시에 덩샤오핑-후야오방-자오쯔양 체제에 정통성을 부여한 당과 국가의 정치적 행사였다.

당 부주석인 덩샤오핑은 당 12차 대회 개막연설에서 이번 대회는 1945년 이래 가장 중요한 대회라고 전제하고, 1980년대 국가목표로 '사회주의 현대화', '조국 통일', '반패권주의'를 들었다. 그리고 이들 국가목표의 달성을 위한 지침으로서 당·정·군·경제 기구 및 체제의 개편, 간부의 혁명화·지식화·연소화·전문화, 사회주의 문화의 확립, 당풍의 쇄신과 진작을 강조했다.

한편 당 주석 후야오방은 <정치보고>를 통하여 "새로운 경제현대화 시대가 개막되었으며, 중국은 최근 수년 동안 마오쩌둥이 남긴 개인숭배와 독선주의를 하나하나 극적으로 변화시켜 왔으며, 10년간의 문화혁명으로 인한 사회적 혼란을 종식시켰다'고 선언했다. 특히 '계급투쟁'을 낡은 노선이라고 맹렬히 비판하고 중국에서 계급투쟁은 더 이상 주요모순이 아님을 강조하였다. 그는 또 제11차 당 대회는 지난

1966년 마오쩌둥이 시작한 문혁에 종지부를 찍는 데는 긍정적인 역할을 했지만, 화궈펑이 마오쩌둥의 잘못된 이론과 정책을 옹호하고 개혁을 반대함으로써 부정적인 영향을 끼쳤다고 지적했다. 이로써 화궈펑 세력의 잘못을 비판함과 동시에 화궈펑 세력의 종언을 선언했다. 그리고 후야오방은 12대 신 <당헌>제정을 제의하면서 이는 1977년 11차 당 대회에서 개정한 <당헌> 가운데 '좌파적 요소'를 제거하고 "1945년의 7대 <당헌>과 1956년의 8대 <당헌>의 우수한 점을 계승, 발전시킨 것이라고 하였다.[1]

1982년 12대 <당헌>의 특징은 '사회주의 민주화'와 '체제개혁'의 기본정신을 반영한 것으로 개혁파의 정책의지를 표현한 것이라고 보겠다. 그것은 첫째, 9대·10대·11대 <당헌>이 중국공산당을 '프롤레타리아 정당'이며, '프롤레타리아 계급조직의 최고 형식'이라고 규정하여 계급정당으로서의 당의 성격을 강조한데 반해, 12대 <당헌>은 당의 성격을 '노동자계급의 선봉대'인 동시에 '중국의 각 민족과 인민의 이익을 충실히 대표'한다고 규정함으로써 계급의 이익과 함께 전체 인민의 이익을 동시에 추구함을 명문화하였다.

둘째, 1956년 8대 <당헌>과 같이 마르크스·레닌주의는 물론 마오쩌둥사상을 공산당의 행동지침으로 삼는다고 규정하긴 했으나, 마오쩌둥사상에 대한 새로운 해석(재해석)을 내렸다. 즉 "마오쩌둥 동지를 주요 대표로 한 중국공산당인은 마르크스·레닌주의의 보편적 원리와 중국혁명의 구체적 실천을 결부시켜 마오쩌둥사상을 만들었다. 마오쩌둥사상은 마르크스·레닌주의를 중국에서 운영 발전시킨 것이며, 실천을 통해 입증된 중국혁명과 건설에 관한 정확한 이론 원칙과 경험의 총괄이며, 중국공산당의 집단적 지혜의 결정이다'라고 규정함으로써 지도자로서의 '마오쩌둥'과 중국공산당의 지도이념으로서의 '마오쩌둥사상'을 분리시켰다. 그리고 당의 사상노선으로서 '실사구시'를 강조하

---

1) 胡耀邦, "全國開創社會主義現代化建設的新局面,"『紅旗』18(1982), p. 24.

였다. 이처럼 덩샤오핑 중심의 개혁파는 마오쩌둥사상을 그의 개인적 사상이라기보다는 '마르크스·레닌주의를 중국의 혁명과 사회주의 건설에 적용하는 역사적 과정에서 얻어진 중국공산당의 집단적인 지혜'로 보고 여전히 공식 이데올로기로 표방한 반면에, 실제적으로는 그 내용을 과거와 달리 해석하였다. 즉, 마오쩌둥과 마오쩌둥사상을 분리하여 마오쩌둥의 착오는 비판했으나, 아무도 마오쩌둥사상은 부정하지 않았다. 이는 마오쩌둥 비판을 통해 과거 노선으로부터 정책전환의 정당성을 확보하면 되는 것이지, 결코 중국혁명과정에서 형성된 중국 공산주의(마오쩌둥) 사상을 부정함으로써 중국공산당의 정통성이 훼손되어 사상적 혼란이 초래되어서는 아니 된다는 점에 기인한 것이다.

셋째, 9대·10대·11대 <당헌>에서 강조되었던 마오쩌둥의 '계속 혁명론'과 '계급투쟁론'을 삭제하고, 중국의 주요 모순을 나날이 증가하는 인민의 물질문명에 대한 수요와 사회생산 간의 모순(생산력의 저발전)에서 찾는 한편, 당의 공작의 중점을 사회주의 현대화와 경제 건설의 추진에 두었다.

넷째, 12대 <당헌>은 4항 기본원칙 -사회주의 노선, 인민민주독재, 공산당의 지도, 마르크스·레닌주의 및 마오쩌둥 사상의 견지를 재확인하고 공산당이 지도핵심이라는 점을 명확히 하고 있지만, 10대 <당헌>의 '당의 일원화 지도'와 11대 <당헌>의 '당의 절대 지도' 규정은 삭제하였다. 그리고 당의 지도는 주로 정치, 사상, 그리고 조직 지도에 국한시키고, 입법·행정·사법 등 다른 부문의 활동에 대해서는 자율성을 보장해주어야 한다고 하고, 당은 헌법과 법률의 범위 내에서 활동할 것을 규정하였다. 따라서 당·정분리와 법치정신을 강조한 것이 주요한 특징 중의 하나다.

다섯째, 12대 <당헌>은 1956년의 8대 <당헌>과 마찬가지로 집단 지도체제에 의한 당내 민주주의(민주집중제)를 강조하고 개인숭배와 개인독재를 배격하였다. 그리고 각급 간부들의 '종신제'를 부정하였다.
2)

이러한 <당헌>의 기본정신에 따라 당 기구 및 지도층의 개편이 있었다. 그 주요 골자를 요약하면 다음과 같다.3)

첫째, 제7차 당 대회(1945. 6)에서 채택한 당 중앙위원회 주석과 부주석제를 폐지하고, 중앙위원회 총서기제를 복원하였다. 중앙위원회 주석제를 폐지한 것은 과거 문혁의 발생이 어느 특정인(마오쩌둥)에 권력이 과도하게 집중된 결과에서 연유한 점을 감안하여 개인숭배의 가능성을 배제하려는 데 주목적이 있었다. 신 <당헌>에 의한 총서기는 과거 당 주석과는 달리 단지 중앙정치국 및 그 상무위원회 구성의 일원으로 그 회의를 소집하고, 그들의 집단지도체제 하에 중앙서기처의 업무를 주재하는 책임을 질 뿐이다. 형식상으로 총서기와 기타 정치국 상무위원과의 지위는 평등하다.

둘째, 당 중앙고문위원회를 신설하여 정책건의와 정책의 자문역을 맡게 하였다. <당헌> 제22조는 당력이 20년 이상이며, 당에 대한 공헌이 있고, 비교적 풍부한 지도공작 경험과 당 내외에 비교적 높은 위신을 가진 원로급 간부들로 중앙고문위원회를 구성, 이들로 하여금 당 중앙에 대한 정치적 보좌 및 정책자문 역할을 하도록 규정하였다. 이는 간부의 노화현상을 해소하면서 그들의 경험을 충분히 활용하겠다는 목적으로 신설된, 원로원적 성격을 띤 당 기구다. 그러나 실질적으로는 원로들을 제2선으로 물러서게 함으로써 야기되는 그들의 불만을 최소화하기 위해 만든 임시방편적인 기구였다. 이들 노인들의 역량이 쇠잔된 1992년 당 14차 대회에서 이 기구가 폐지된 것은 이를 입증해 준다.

셋째, 11대에서 복원된 중앙기율검사위원회를 강화하기로 하였다. 이는 당권 강화와 문혁세력의 척결을 위한 의지의 표현이라 보겠다.

넷째 당 중앙군사위원회의 존재를 명문화하였다. <당헌> 제21조는 "당의 중앙군사위원회 구성은 중앙위원회에 의해 결정되며, 중앙군사

---

2) 김정계, 『21C 중국의 선택』(서울: 평민사, 2000), pp. 81~82.
3) 위의 책, pp. 82~83.

위원회 주석은 반드시 중앙정치국 상무위원회 위원 중에서 선출하여야한다'고 규정하였다. 이는 덩샤오핑의 중앙군사위원회 주석직을 합리화시키기 위한 의도적 조치라고 볼 수 있겠다. 당의 최고지도권을 갖는 당 주석(또는 총서기)이 최고군사지도권을 갖는 것이 관례이기 때문이다.

12대1중전회에서는 위와 같은 <당헌>의 취지에 따라 다음과 같이 지도부를 개편하였다. 먼저, 총서기는 후야오방이 선임되었다.

중앙정치국 상무위원에는 당 총서기 후야오방, 전인대 상무위원장 예졘잉(1978~1983), 당 중앙군사위원회 주석 덩샤오핑, 국무원 총리 자오쯔양, 그리고 리셴녠과 천윈이 겸직하였다(전원 유임). 직무 분담의 원칙에 따라 주요 국가지도자가 중앙정치국 상무위원을 겸직하였다. 화궈펑을 제외하고는 모두 유임되었다.

중앙정치국위원의 경우, 이상 상무위원 이외, 완리 · 시중쉰 · 왕전 · 웨이궈칭우란푸 · 팡이 · 덩잉차오(여) · 리더성 · 양상쿤 · 양더즈 · 위추리 · 쑹런충 · 장팅파 · 후차오무 · 녜룽전 · 니즈푸 · 쉬샹쳰 · 펑전 · 랴오청즈(廖承志) 등이 선임되었다. 그리고 야오이린 · 친지웨이(秦基偉) · 천무화(여)가 후보위원에 당선되었다.

중앙정치국 구성원 중 유임자는 후야오방 · 예졘잉 · 덩샤오핑 · 자오쯔양 · 리셴녠 · 천윈(이상 상무위원) · 왕전 · 웨이궈칭 · 우란푸 · 팡이 · 덩잉차오 · 리더성 · 위추리 · 장팅파 · 녜룽전 · 니즈푸 · 쉬샹쳰 · 펑전 등인데, 이들은 대부분 덩샤오핑파 내지 예졘잉파로 분류되는 인사들이다. 반면 화궈펑과 천융구이 등 문혁 수혜세력은 정치국에서 완전히 제거되었다. 쉬스요 · 평충 · 경뱌오 등도 4인방 타도 후 비록 덩샤오핑에 협조하긴 했으나, 문혁 초기 마오쩌둥에 맹종한 인사이었기에 2선으로 물러났다.[4] 제2야전군 사령관 출신 군 원로인인 류보청은 노

---

4) 쉬스요는 신설된 중앙고문위원회 부주임, 경뱌오는 동 상위 겸 6기 전인대 상무부위원장, 그리고 쉬스요와 부침을 함께해 온 평충은 전인대 상무부위원장으로 자리를 옮겼다.

령을 이유로 자진 퇴임한 케이스며, 쑤전화(蘇振華) 해군제독은 사망하였다. 완리를 비롯해 시중쉰·양상쿤·양더즈·쑹런충·후차오무·랴오청즈 등은 12기에 새로 기용된 정치국위원이다. 그리고 후보위원의 경우 문혁 협조자로 예젠잉에 의탁해 있던 사이푸딩[5]은 탈락되고, 천원계열 보수파의 야오이린과 덩샤오핑 계열 제2야전군 출신 친지웨이(베이징군구사령관, 2야)가 기용되었다. 천무화는 유임되었다.

중앙서기처의 경우 총서기제는 폐지하고, 완리·시중쉰·덩리췬(鄧力群)·양융·위추리·구무·천피셴·후치리·야오이린이 선임되고, 후보서기에는 차오스(喬石)와 하오젠슈(郝建秀)가 발탁되었다. 신임 6명은 평균연령이 65세이며, 이 중 3인은 후야오방의 측근들이다. 허베이성 당위 제1서기 천피셴, 중앙판공실 주임 후치리, 그리고 섬유공업부장 하오젠슈는 문혁 전 후야오방이 공청단 제1서기 시절, 그 밑에서 함께 일한 적이 있는 친후야오방계 인사들이다.

중앙군사위원회의 경우 주석에는 덩샤오핑이 연임되고, 부주석에는 예젠잉·쉬상첸·녜룽전 등이 유임되고 상무부주석에 양상쿤이 발탁되었다. 류보청 장군은 정치국위원과 함께 은퇴했다. 예젠잉·쉬상첸·녜룽전 등은 국방부장 및 총참모장 등 군의 핵심 요직을 거친 군원로들이다. 하지만 이들은 이미 연로하여 실질적인 군사업무는 양상쿤이 총괄하였다. 양상쿤은 덩샤오핑과 동향(쓰촨성) 출신으로 덩과 가까운 사이다. 해방군 총참모장에는 양더즈(1980.3~1987.11)를 유임

---

5) 사이푸딩(賽福鼎)은 1915년생, 위구르족 출신으로 중국과 소련이 신장의 주권을 놓고 쟁탈전을 벌일 때 중국에 편향, 중용된 신장 지방세력의 간판격이다. 소련 중앙시아대학 정치학과를 졸업했다. 문혁시 마오쩌둥이 신장(新疆)을 기반으로 한 허룽·왕전·왕언마오(王恩茂) 등 제1야전군 세력을 꺾기 위하여 린뱌오의 오른팔 격인 룽수진(龍書金)을 신장에 파견, 사이푸딩의 협조 하에 신장위구르자치구 인민혁명위원회를 건립하게 하였다. 그로 인하여 사이푸딩은 신장 당·정·군의 제1인자가 되었고, 당 중앙위원, 중앙정치국 후보위원에 승진하는 등 출세가도를 달렸다. 그러나 덩샤오핑 체제 출범 이후 문혁중의 그의 행동으로 인하여 찬 서리를 맞는다(김정계, 『중국의 최고지도층: Who's Who』, 서울: 평민사, 1990, pp. 131~134 참조).

시키고, 총정치부 주임은 웨이궈칭 대신 위추리(1982.9~1987.11)를 기용하였다. 그리고 총후근부 부장에는 홍쉐즈(1980.1~1987.11) 장군을 유임시켰다. 이들 해방군 3총부 책임자들은 모두 해방군 내 덩샤오핑 노선의 충실한 집행자들이다.

신설된 중앙고문위원회는 덩샤오핑이 그 주임직을 맡고, 보이보·쉬스요·탄전린(譚震林)·리웨이한(李維漢) 등이 자리를 옮겼다. 그리고 중앙기율검사위원회는 천윈이 그 제1서기에 유임되고, 황커청과 왕허서우가 각각 상무부서기와 상무위원에서 제2부서기와 상무부서기로 승진했다.

이밖에 새로 당선된 중앙위원회 위원과 후보위원 39명 다수가 '간부4화'의 기준에 의해 발탁된 중·청년간부였다. 16대(2002년) 중앙정치국위원이 된 왕자오궈(41세)를 비롯해 리수정(李淑錚, 53세) 당 중앙대외연락부 부부장·하오젠슈(46세) 중앙서기처 후보서기·리펑(53세) 수력전력부 부부장·리루이환(47세) 톈진시 당위 서기·쑹젠(宋健, 50세) 우주공업부 부부장·정광디(鄭光迪, 47세) 교통부 부부장·천광이(陳光毅, 49) 간쑤(甘肅)성 부성장·위전우(于振武, 51세) 군구 공군사령관·후핑(胡平, 52세) 푸젠(福建)성 성장·리후이펀(李慧芬, 42세) 톈진무선전기연합공사 부서기 등 그들 대부분은 후야오방에 의해 발탁된 이른바 '제3세대'간부였다. 16대(2002년) 당 총서기 후진타오 역시 당시 후보 중앙위원의 명단에 포함된 공청단 출신 청년간부였다. 당시 후진타오는 39세로 최연소 후보위원이었다. 이처럼 개혁지향적인 청년간부들의 대량 기용과 동시에 문혁이념을 지지한 중앙위원 또는 그 후보위원은 모두 탈락되었다.

<표 2-1> 12대1중전회의 중공 지도층의 변화

	11대6중전회(81.6)	12대1중전회	탈락 또는 퇴임
중앙위원회 주석 ↦총서기	<주석> 후야오방 <부주석>자오쯔양, 화궈펑	후야오방	
중앙정치국 상무위원	후야오방,예젠잉,덩샤오핑,자오쯔양,리셴녠,천윈,화궈펑	후야오방,예젠잉,덩샤오핑,자오쯔양,리셴녠,천윈	화궈펑
중앙정치국 위원 <후보위원>	웨이궈칭,우란푸,팡이,류보청,쉬스요,쑤전화,리더성,위추리,장팅파,천융구이,경뱌오,네룽전,니즈푸,쉬샹첸,펑충,덩잉차오,왕전,평전 <후보> 천무화,사이푸딩	**완리,시중쉰**,왕전,웨이궈칭,우란푸,팡이,덩잉차오,리더성,**양상쿤,양더즈**,위추리,**쑹런충**,장팅파,**후차오무**,네룽전,니즈푸,쉬샹첸,평전, **랴오청즈** <후보> **야오이린,친지웨이**,천무화	화궈펑,류보청,쉬스요, 쑤전화(사망),천융구이,경뱌오,평충,
중앙서기처 (80.2복원)	<총서기>후야오방 <서기>완리,왕런충,팡이,구무,쑹런충,위추리,양더즈,후차오무,후야오방,야오이린,평충,시중쉰	<총서기>직 폐지 <서기>완리,시중쉰,**덩리췬,양융**,위추리,구무,**천피셴,후치리**,야오이린 <후보서기>차오스,**하오젠슈**	<서기>왕런충,팡이,양더즈▲,쑹런충▲,후차오무▲,후야오방▲,평충
중앙군사위원회	<주석>덩샤오핑 <부주석>예젠잉,덩샤오핑,류보청,쉬샹첸,네룽전	<주석>덩샤오핑 <부주석>예젠잉,쉬샹첸,네룽전,양상쿤(상무부주석)	<부주석>류보청
중앙기율검사위원회 (78.12복원)	<제1서기>천윈 <제2서기>덩잉차오 <제3서기>후야오방 <상무서기>황커칭	<제1서기>천윈 <제2서기>**황커칭** <상무서기>**왕허서우**	

주: 짙은 색 글자체 명은 신임. ▲표는 승진.

〈표 2-2〉 중공 제12기 중앙정치국위원의 배경(1982)

이름	생년	본적(출생지)	학력(전공)	군대경력	주요경력	겸직(1982~)
후야오방★	1915	후난	항일군정대	2야, 정위*	공청단1서기, 당선전·조직부장, 산시(陝西)1서기	당총총서기
예젠잉★	1897	광둥	윈난강무당, 소련동방대	4야,사령(원수)*	부평시장·주석, 국방부장, 인대위원장	중앙군사위부주석
덩샤오핑★	1904	쓰촨	프랑스,소련동방대·중산대	2야,사령,정위*	당 중앙비서장,부총리,재정부장,정치국위원,부주석	중앙군사위주석, 고문위주임,
자오쯔양★	1919	허난	중졸	정위	공청단,광둥,쓰촨1서기,부총리	국무원총리·정제체제개혁위주임
리셴녠★	1909	후베이	항일군정대	2야,사령*	후베이서기,재정부장,부총리	국가주석
천윈★	1905	장쑤	소련데닌대	정위*	중앙조직부장,총공회·장쑤서기,정치국위원	중앙기율검사위1서기
왕전	1908	후난	항푸군관학교	1야,사령,정위(상장)*	부총참모장,당교교장,농간부장,부총리	중앙고문위부주임
웨이궈칭(장족)	1913	광시	홍군대,베트남	사령(상장)*	주월군사고문,광둥1서기	전인대상무부위원장,
우란푸(몽고족)	1906	몽고	소련중산대	정위,사령(상장)	중앙민족대학장,네이멍구1서기,부총리	국가부주석
팡이	1916	푸젠	중졸,베트남	3야,정치주임	상하이부시장,대외경제부장,국제위주임,서기처서기,부총리	국무위원·과기위주임
덩잉차오	1904	허난	톈진1사범	—	부녀위원회서기,전인대부위원장,중앙기율검사위2부서기	전국정협주석
리더성	1916	허난	고등군사학원	2야,사령(소장)*	한전부군단장,베이징군구사령관,충정치부주임	선양군구사령관
위추리	1914	장시	항일홍군대	1야,정위,사령(중장)*	석유공업부장,국계위주임,부총리	서기처서기,충정치부주임

주 : ★표는 정치국 상무위원. *표는 장정경험자임. 절은 새 글자체 맞은 신임

이름	생년	본적(출생지)	학 력(전공)	군대 경력	주요 경력	겸 직(1982-)
장팅파	1918	푸젠	당교	사령,정위(소장)*	한전부군단장,공군참모장 겸 부사령관	공군사령관
네룽전	1899	쓰촨	파리대,벨기에 Charleroi대(화학),소련동방대	정위,사령(원수)*	총참모장직대,부총리,科技委주임,인대부위원장	군위부주석
니즈푸	1933	상하이	엽대대학	-	공회대표,베이징정서기·혁위주임	
쉬상첸	1901	산시	타이위안(太原)사범,황푸군관학교	2야,사령,정위(원수)*	총참모장,전인대부위원장,8기정치국위원,부총리	군위부주석
펑전	1902	산시	사범학교	사령,정위	조직부장,베이징정서기,시장,서기처서기,전국인대상무부위원장	중앙정법위서기,전국인대상무부위원장
완리	1916	산둥	쿼푸사범	2야,정위	안후이·베이징정서기,철도부장,경제관리실무임	서기처서기,부총리
시중쉰	1913	산시 陝西	리정(立誠)중학	1야,정위*	선전부장,부총리,광둥서기,인대부위원장	서기처서기
양상쿤	1907	쓰촨	상하이대,소련중산대	정위*	당판공청주임,광둥서기,전인대부위원장	군위상무부주석
양더즈	1910	후난	향일군정대,난정군사학원		구방부 부부장,서기처서기	총참모장
쑹런충	1909	후난	홍군대	2야,정위,사령(상장)*	제2,7기 공업부장,정협부주석,조직부,서기처서기	중앙군수당공작지도위고문
후차오무	1912	장수	정화대,저장대	-	마오저둥비서,인민일보·신화사장,신화과학원명예원,부부장,사회과학원장,서기처서기	사회과학원명예원장
랴오청즈	1908	광둥	일본와세다대학	*	신화사장,대외연락부부장,화교위원회(僑) 務委주임 1983사망	

이상 중공 제12기 최고지도층 인사의 특징은 다음과 같다.6)

첫째, 화궈펑을 제외한 중앙정치국 상무위원 전원(6명)과 정치국위원 19인 중 12인이 유임(68.0%)되었다. 이는 당시 화궈펑 세력 제거가 비교적 조용히 이루어졌음을 입증해 준다. 후보위원을 포함한다면 19명이 유임되었다. 이 가운데 6명은 이미 80세를 넘었고, 5명이 70대 후반이었으며, 새로 충원된 7명의 위원들 역시 그렇게 젊은 편은 아니었다.

둘째, 따라서 정치국위원의 연령을 보면, 평균연령 72.0세로 11기보다 6.5세나 높아졌다. 이는 비교적 젊은 층 문혁수혜세력이 퇴출되고, 11대 이후 문혁피해 원로들의 복권이 대대적으로 이루어진 때문이다. 정치국 상무위원만의 평균연령을 보면, 비교적 젊은 화궈펑이 퇴출되고 4명(71세 이상)의 상무위원이 유임됨으로 인해 73.9세나 되었다. 이는 11기 보다 2세나 노령화 된 것이다. 간부의 연소화는 성급 및 부급 이하 또는 후보중앙위원급에만 적용되고 중앙의 지도급 인사에게는 적용하지 않았음을 알 수 있다. 이것은 핵심 권력기구에 대한 인사개편에는 간부의 연소화 정책이 실효를 거두지 못했다는 것을 의미한다.

셋째, 학력의 경우, 11기에 비해 군사학교 출신(9명)이 비슷한 수준을 유지한 반면, 대졸 정도 학력 소지자(9명)는 증가되었다. 그리고 해외 경험자(9명) 역시 11기(6명)에 비해 증가되었다. 이는 문혁 때 숙청된 혁명 1~2세대 당·정·군 원로들이 대거 복권했기 때문이다. 당·정 원로들은 주로 프랑스·독일 등 유럽 및 소련에서 공산주의 이론을 공부한 자들이다.

넷째, 군대 경력자를 보면, 21명(84%)으로 8대(1956) 이후 최고조에 달한다. 이 역시 군 원로들의 복권 때문이다. 현역의 경우 양더즈 장군(상장, 총참모장 겸임)과 친지웨이 중장(베이징군구 사령관)이 각

_____

6) 중앙정치국위원 중 그 후보위원은 통계에서 제외되었음.

각 위원과 후보위원에 수혈된 반면, 쉬스요 상장은 탈락했다. 이밖에 현역군 장성인 위추리 중장, 공군사령관 장팅파 소장과 심양군구 사령관 리더성 소장 등은 유임되었다. 그리고 과거 계급을 수여받은 왕전(상장)·웨이궈칭(상장)·우란푸(상장) 등은 유임되고, 쑹런충(상장)이 새로 기용되었다. 이밖에 군직을 맡은 덩샤오핑(중앙군사위원회 주석), 양상쿤(중앙군사위원회 상무부주석), 그리고 중앙군사위원회 부주석 예젠잉·쉬상첸·녜룽전 원수 등은 모두 유임되었다.

마지막으로 이들의 계파별 세력 분포를 보면, 4인방 타도 후 당권파 세력이었던 화궈펑 계열은 모두 말끔히 청소되었다. 문혁에 편승했지만 제2야전군(덩샤오핑계) 출신인 리더성 장군과 노동자 대표인 니즈푸는 유임되었다. 예젠잉 계열도 8명에서 류보청이 퇴임하고 쑤전화가 사망했으며 경바오의 탈락으로 5명(예젠잉, 리셴녠, 장팅파, 쉬상첸, 녜룽전)으로 줄었다. 반면, 덩샤오핑 계열은 크게 늘어났다. 신임 정치국위원인 완리·양상쿤과 친지웨이(후보) 및 서기처의 후치리·차오스·하오젠슈 등은 개혁정책을 적극 지지하는 청년간부들이다. 따라서 개혁파 덩샤오핑 계열이 절대적 우위를 견지함으로써 그 권력기초가 더욱 공고하게 된 것이다. 신임위원들의 프로필을 보면 이들은 거의 모두 문혁피해자로 친 덩샤오핑-후야오방 계열 인사라는 것이 그것을 입증해 준다.

▶ 제2야전군 계열, 덩샤오핑의 4동 동지 완리

완리(萬里)는 1916년 산둥성 취푸(曲阜)의 빈농 출신으로 취푸사범학교를 졸업했다. 1936년 중국공산당에 입당, 1949년 덩샤오핑(정치위원) 휘하 제2야전군을 따라 양쯔강 도하 작전에 참가, 난징공략에 성공했다. 1950년 서남지역 진군 후 서남군정위원회 공업부 부부장·부장(주임, 류보청)을 역임하면서 서남지역 재건에 힘썼다. 1953년 정무원 건축공정부 부부장에 발탁된 이후 국무원 도시계획부장, 베이징시 부시장 겸 당위 서기(시장 겸 제1서기, 펑전) 등을 역임하면서 베이징시 10대 건축물 공사와 수도건설의 총책을 맡았다. 인민대회당은 그의 지휘 하에 건설되었다.

문혁이 발발하고 덩샤오핑이 실각하자 '반혁명분자'로 몰려 홍위병의 타격을 받았다. 1975년 저우언라이의 와병 중 덩샤오핑이 국무원의 일상 업무를 관장하게 되자 완리는 덩샤오핑에 의해 철도부장에 기용되어 문혁으로 파괴된 철도업무체계를 구조조정(整頓)하였다. 그러나 1975년 4인방에 의해 전개된 '우경번안풍'운동으로 덩샤오핑이 주자파로 몰려 공격을 받자, 완리는 교육부장 저우룽신(周榮鑫), 과학원부원장 후야오방 등과 함께 덩샤오핑의 추종자로 몰려 공격을 받고 1976년 경공업부 부부장으로 강등되었다.

4인방 몰락 후 덩샤오핑에 의해 안후이(安徽)성 당·정·군 1인자가 되어 인민공사의 비능률성을 타파하고 농업청부생산제를 실시하여 쓰촨성의 자오쯔양과 함께 개혁의 모범지도자가 되었다. 1979년 완리는 후야오방·자오쯔양·펑원린(馮文林) 등과 함께 덩샤오핑의 이론('실천으로 진리를 검증하는 이론')을 지지, 당내 극좌파의 공격을 격퇴하는 데 공헌했다. 1980년 이러한 그의 공을 인정받아 당 중앙서기처 서기, 국무원 부총리에 발탁되었고, 자오쯔양과 함께 국가농업위원회 주임을 겸직하면서 중국농업개혁의 견인차 역할을 하였다.

완리는 인맥으로 보아 덩샤오핑의 4동 동지[7]로서 끝까지 덩샤오핑에 대한 의리를 버리지 않았던 사람이다. 완리를 서남에서 베이징으로 끌어 올린 것도, 문혁 후에 철도부장으로 발탁한 것도 모두 덩샤오핑이다. 완리는 인맥 못지않게 유능하고 활동적인 행정가이기도 하다.[8]

---

7) 덩샤오핑이 활동한 산시·허베이·산둥·허난(晉冀魯豫) 지역에서 덩샤오핑의 지휘 하에 활약한 간부를 칭함.
8) 1987년 중앙정치국위원에 연임되고, 전인대 상무부위원장에 당선되는 등 덩샤오핑 정권의 정치적 버팀목 역할을 하였다. 1989년 미국 방문중, 톈안먼사태를 맞아 잠시 학생시위를 지지함으로써, 귀국시 바로 입경하지 못하고 장쩌민에 의해 상하이에 억류되기도 했다. 그러나 그는 착오를 스스로 시인, 덩샤오핑과

▶ 공청단 출신, 펑더화이 계열 제1야전군 출신 시중쉰

시중쉰(習仲勛)은 1913년 산시(陝西)성 출신으로 고향에서 중학을
졸업한 후 공청단에 가입함으로써 혁명 활동을 시작하였다. 15세에
공산당에 입당, 1930년대 초에는 동향인 류즈단(劉志丹)·가오강(高崗
등과 섬감변구(산시·간쑤陝邯邊區)소비에트를 건립하였고, 허룽, 가오
강, 펑더화이(1야전군)장군 등의 휘하에서 활약하면서 서북지방의 해
방에 공헌한 바 크다.

건국 후 당 중앙선전부장, 국무원 비서장, 부총리(46세)를 역임하는
등 성장일로에 있었으나, 1964년 라이벌이었던 캉성(康生)의 시기로
'류즈단(劉志丹)사건'의 주모자로 몰려 당내 모든 직무로부터 해임되었
다. 이 사건은 캉성 등 극좌파가 시중쉰이 그의 상사인 류즈단의 위
업을 기리는 소설 『류즈단』9)을 통하여 류즈단의 공적을 선전함으로써
'펑더화이-황커청사건'을 합리화하고 '펑더화이 사건'을 번복시키려는
음모가 깔려 있다고 주장하며 시중쉰을 공격한 사건이다. 이후 그는
문혁 때 또 한 번 혹독한 비판을 받고 18여 년간 비참한 생활을 하
였다. 그의 군력을 보면 제1야전군계의 류즈단·펑더화이·허룽 등과
밀접한 관계가 있으며, 특히 내전 중 서북군 시절에는 펑더화이(사령
관)와 시중쉰(정치위원)은 운명을 함께하는 관계에 있었다. 따라서 펑
더화이의 숙청은 바로 그의 운명을 결정지을 수밖에 없었다. 1979년
복권되어 광둥성 성장·제1서기를 거쳐 정치국위원에 중용되었다.10)

▶ 덩샤오핑의 동향, 소련유학파 출신 양상쿤
양상쿤(楊尙昆)은 1907년 덩샤오핑과 동향인 쓰촨성의 부유한 대지

의 우호관계를 지속해 갔다.
9) 류즈단의 동생 류징판(劉景範)과 그의 처 리젠퉁(李建同)이 공저한 책.
10) 1982년 중앙정치국위원이 되긴 했으나, 간부의 연소화정책에 밀려 전인대 상
　무부원장직을 끝으로 정계를 은퇴하였다. 당 13전대 전야에는 한때 당 총서기
　설까지 나돌기도 했다(『明報』, 1988년 3月 28日). 2007년 가을 제17기 중공
　중앙정치국 상무위원에 당선된 된 시진핑(習近平)은 시중쉰의 아들이다.

주의 가정에서 태어났다. 형제 모두가 상하이(上海) 또는 해외에서 고등교육을 받았으며, 양상쿤은 상하이대학을 거쳐 모스코바 중산대학에서 유학했다. 그는 혁명전쟁시기 군단 정치위원으로 펑더화이·린뱌오·녜룽전 등과 어깨를 겨룬 원수급 인물이다.

1930년대 초 천사오위(陳紹禹)파로서 국제파의 입장에서 많은 글을 발표하여 마오쩌둥 노선을 비판하였다. 그러나 장정 도중 마오쩌둥 노선으로 전향하였다. 따라서 1942년 옌안(延安)정풍운동 때 어떠한 영향도 받지 않았으며, 문혁 직전까지 당 중앙에서 마오쩌둥의 심복으로 활약했다. 즉 1943년 당 중앙통일공작부 부장, 1945년 이후 당 중앙 직속기관 당위 서기, 당 중앙군사위원회(주석, 마오쩌둥) 비서장을 거쳐, 1953~1965년 당 중앙판공청 주임을 역임하는 등 당 중앙의 주요기밀공작을 담당했다.

그러나 문혁이 발발하자 국제파의 잔류 반혁명분자로 몰려 타도의 대상이 되었다. 당시 양상쿤의 죄목은 '펑더화이·루딩이·뤄루이칭·양상쿤 반혁명집단의 괴수로 반마오쩌둥 음모를 획책하고 소련과 결탁하여 당의 기밀을 팔아먹고 마오쩌둥사무실(당 중앙판공실)에 도청장치를 설치했다는 것이었다. 문혁이 종결되고 덩샤오핑이 실권을 장악한 1978년 11대3중전회에서 복권되어 해직 직전의 근무지 광둥성 당위 제2서기로 복직하였다. 문혁 10년은 성장일로에 있던 양상쿤에게 있어서는 더없이 귀중한 시간을 앗아간 실로 악몽같은 세월이었다.

양상쿤은 덩샤오핑과 동향일 뿐 아니라, 같은 소련유학파 동학으로서 중앙판공청 주임시절 중앙서기처 총서기 덩샤오핑과 상호 신뢰하는 긴밀한 사이었다. 따라서 등소평이 권력을 장악하자 양상쿤은 당 중앙위원(11대4중전회), 전인대 상무부위원장(1980), 중앙군사위원회 상무위원 겸 비서장(1981) 등 잃었던 명예를 하나하나 회복했다.[11]

---

11) 양상쿤은 1982년 이후 당·국가중앙군사위원회 부주석, 동 상무부주석, 동 제 1부주석 등 최고군사지도자 및 국가주석(1988)에 선임되는 등 중국의 최고지 도자 중의 한 사람이 되었다. 군의 제2인자로 한때 덩샤오핑의 후계자로 지목

▶ 순수 무골출신 후야오방과 군정대학 동기 양더즈

양더즈(楊得志)는 1910년 후난성의 가난한 농가에서 태어났다. 1927년 그의 형과 함께 마오쩌둥이 일으킨 후난성 '추수폭동'에 참가함으로써 혁명대열에 끼어들었다. 그 후 불과 4년 만에 일개 병사에서 연대장(사령관 주더, 총정치위원 마오쩌둥)까지 오르게 된 용맹스런 군인이다.

그의 전력을 보면, 장정 중 양쯔강 대도하 작전에 참가하여 국민당군의 포위망을 돌파함으로써 홍군의 전멸위기를 모면케 하는 데 크게 공헌하였고, 1947년 진찰기(晉察冀)야전군 사령관(정치위원, 뤄루이칭)이 되어 스자좡(石家庄)시를 탈환하였으며, 1948년 국민당 푸쭤이(傅作義)의 정예부대 35군단을 포위 섬멸함으로 베이징진격의 길을 열었다. 그리고 한국전쟁 중 지원군 부사령관(사령관, 펑더화이)이 되어 임진강 돌파작전을 강행하였으며, 1979년 곤명군구 사령관으로 중·월전쟁을 총지휘하여 이를 승리로 이끌었다. 전쟁이 있는 곳에 언제나 양더즈가 있었다. 이들 전투에서 그는 유감없이 그의 장군적 재질을 발휘하였고, 이로 인해 중국군수뇌부로부터 두터운 신뢰를 받았다.

양더즈는 1937년 옌안항일군정대학을 졸업(2기, 후야오방, 위추리, 쑤전화 등과 동기)했고, 1955년에 상장계급을 수여받은 후 1958년 난징군사학원을 수료했다. 졸업과 동시에 지난(濟南)군구 사령관이 되었으며, 마오쩌둥사상의 실천을 위해 중대에 하방되어 1개월간 사병생활을 하기도 했다.

문혁이 발발하자 문혁의 추진파 왕샤오위(王效禹, 적극적인 문혁파인 캉성의 비서)와 산둥성 혁명위원회를 설립하여 그 부주임·주임을 거쳐 산둥성 당위원회 제1서기를 역임하였다. 당시 쉬스요·천시롄·

되기도 했다. 그러나 1989년 6.4사태 때 그의 동생 양바이빙과 함께 취한 무력 강경진압노선은 단기적으로는 덩샤오핑 체제의 정치적 안정을 가져왔으나, 그것은 훗날 자신에게 크나큰 정치적 부담을 안겨주었다. 1997년 베이징에서 병사하였다.

황융성(黃永勝)·추후이쥐(邱會作)·우파셴(吳法憲)·리쥐펑(李作鵬) 등 친린뱌오 계열 군인들이 대거 중앙정치국에 입국했으나, 그는 그 대열에서 비켜 서 있었다. 양더즈는 한국전쟁과 월남전을 경험하면서 군대의 정규화·현대화가 절실함을 체감하였고, 이를 몸소 체현하려고 노력한 순수 무골이다. 그래서 1980년 덩샤오핑에 의해 인민해방군 총참모장 겸 국방부 부부장, 당 중앙서기처 서기에 발탁되었다.

▶ 제2야전군 출신, 친 덩샤오핑 계열 쑹런충

쑹런충(宋任窮)은 1909년 후난성에서 태어나 중학교 졸업 후 곧바로 공청단에 가입하였다. 쑹런충은 후야오방·왕전·왕서우다오(王首道) 등과 동향(후난성 류양) 출신이며, 특히 총서기 후야오방과는 밀접한 관계에 있었다. 군 경력으로 보면 쑹런충은 제2야전군 계통에 속하며, 류보청 사령관-덩샤오핑 정치위원 휘하에서 사단 정치위원을 거치는 등 덩샤오핑과 비교적 가까운 관계였다.

건국 후 난징(南京)·윈난(雲南)·서남 등에서 군사관제행정의 지도적 역할을 했다. 1955년 상장계급을 수여받고, 1956년 이후 중앙정치국 후보위원, 제2기계공업부장, 당 중앙 동북국 제1서기, 심양군구 제1정치위원, 정협 부주석 등을 역임했다. 그러나 문혁이 발발하자 덩샤오핑과 긴밀히 내왕한 이유로 실각되었다가 비교적 늦게 복권되었다.

1978년 이후 제7기계공업부장 및 당 중앙위원이 되었고, 후야오방 후임의 당 중앙조직부장이 되어 문혁의 후유증을 효과적으로 치유하였다. 그리고 11대6중전회(81.6)에서는 중앙서기처 서기에 발탁되어 당 총서기 후야오방의 최측근으로서 당 중앙의 일상 업무를 보좌하였다.

▶ 공청단 계열 공산주의 이론가, 마오쩌둥의 개인 비서 출신 후차오무

후차오무(胡喬木)는 1912년 장쑤(江蘇)성 옌청(鹽城)출신으로 칭화

(淸華)대학을 졸업했다. 그는 『중국공산당 30년사』를 쓴 저명한 공산주의 이론가이다. 대학 재학 중 공청단에 가입하여 공청단 베이징시 위원회 위원 및 동 조직선전부장으로써 베이징항일운동을 이끌었다. 1935년 공산당에 입당하고 중·일전쟁이 발발하자 서북청년구국회 선전부장이 되어 애국청년운동을 주도했다. 1941년 당 중앙서기처 비서로 발탁되어 마오쩌둥의 개인비서 역할을 했다. 1943년 당 중앙선전위원회(서기, 마오쩌둥)가 설립되자 동 위원회 비서로 기용되어 중앙선전부·해방일보사·신화사·중앙당교·중앙공작문화위원회·출판국 등의 공작을 관장하였다.

1946년 신화사통신사 및 인민일보사 사장을 겸임하였고, 건국 후 당 중앙선전부 부부장(부장, 루딩이), 신문총서 서장이 되어 신생중국의 입(대변인) 역할을 했다. 1956년 중앙서기처 후보서기에 승진하는 등 장래가 촉망되었으나, 문혁이 발발하자 공청단 출신으로 후야오방과의 관계가 깊다는 이유로 비판의 대상이 되었다. 1974년 복권되어 덩샤오핑의 묵계 하에 <전당·전국 각 활동의 총강을 논함>(1975)이라는 글을 발표하는 등 선전활동을 재개했으나, 4인방에 의해 '3주 독초'(三株毒草)로 비판을 받았다. 덩샤오핑이 다시 실각되자 그 역시 공격을 받았으나, 4인방이 축출되자 다시 복권되어 1978년 중국사회과학원 원장을 맡아 덩샤오핑의 이론을 합리화하고, 선전하는 선봉 역할을 하였다. 11대3중전회에서 중앙위원, 1980년 중앙서기처 서기로 기용되어 당 중앙의 이데올로기·선전업무를 관장하면서 덩샤오핑과 후야오방(당총서기)의 오른팔 역할을 하였다.

▶ 공청단 출신 화교, 외사통 랴오청즈

랴오청즈(廖承志)는 1908년생으로 본적은 광둥이나, 일본 도쿄에서 태어난 화교다. 그는 쑨원(孫文) 밑에서 국민정부의 요직을 역임한 혁명가인 랴오중카이(廖仲愷, 국민정부위원 겸 재정부장)와 어머니 허샹닝(何香凝, 제2기 전인대 상무부위원장)사이에서 태어난 엘리트 집안 출신이다. 청년 시절 쑨원과 쑹칭링(宋慶齡) 및 그의 부모의 영향으로 반제국주의·반봉건·반군벌의 혁명운동에 적극적으로 투신하였다.

초기에는 국민당에 입당하였으나, 1927년 장제스(蔣介石)의 '4.12정변' 후 공산당으로 전향(1928년)하였다. 대학시절(광저우廣州 링난대, 일본 와세다대학)부터 노동운동을 주도했으며, 중·일전쟁기에는 주로 당의 선전공작(당 중앙 선전부 부부장, 신화사통신 사장 등 역임)에 종사했다.

건국 후에는 통일전선공작(당 중앙통전부 부부장) 및 외사(당 중앙 대외연락부장)·화교(화교사무위원회 주임) 부문에서 다재다능한 그의 역량을 발휘하였다. 그리고 공청단 중앙서기처 서기(1953년)를 맡으면서 후야오방과 밀접한 관계를 맺었다. 그는 5개 국어에 능통하고, 시사, 서화, 연극에도 조예가 깊은 그야 말로 박학다식한 통일전선·대외공작의 베테랑이다.

이상과 같이 덩샤오핑이 이끄는 개혁파는 당 제12전대에서 화궈펑 세력을 제거하고 당내 실권을 장악하는 데는 성공했다. 그러나 위 정치국위원의 계파적 성분에서 본 바와 같이 개혁파가 당과 국가의 지배권을 완전히 장악한 것은 아니다. 정치국 상무위원 중 3명은 친 덩샤오핑 계열이었지만, 나머지 3명은 보수적 색채가 강한 천윈(중앙기율검사위원회 제1서기), 국가주석으로 내정된 리셴녠, 그리고 군부를 대표하는 예졘잉이었으며, 정치국위원 중에도 그들과 뜻을 같이하는 원로(쉬샹첸, 녜룽전, 장팅파 등)들이 건재하고 있었다. 그리고 덩샤오핑이 이끄는 범개혁파 중에는 천윈과 야오이린 등 관료(주로 국가계획위원회) 출신 보수세력이 포함되어 있었다. 정치국 상무위원회와 정치국에 덩샤오핑의 진정한 지지자는 미세한 다수를 점하고 있었다. 사실 노간부들은 비록 화궈펑의 '양개범시'에는 반대했지만, 마오쩌둥에 대한 반대자는 광범치 않았다. 이는 덩샤오핑의 마오쩌둥 평가와 반좌경 사상을 가로 막는 장애였다. 특히 군부에 그러한 세력이 가장 강했다. 예를 들자면, 쉬스요와 웨이궈칭은 원래 덩샤오핑의 복권을 주장한 해방군 내 옹덩파(擁鄧派)였지만, 화궈펑 세력이 척결된 이후에는 개혁을 반대하는 대표적 인물이 되었다. 간부종신제 폐지와 화궈펑 퇴출이라는 두 의제에 대해서도 예젠잉과 리셴녠 등의 관점과 덩샤오핑의 생각은 일치하지 않았다. 그래서 심지어 11대6중전회는 연기되기도 했다. 당시 많은 노간부들은 지도체제의 개혁과 간부종신제의 폐지에 대해 반대했던 것으로 알려지고 있다.

실제로 12전대를 전후해 12대 <당헌>개정과 계파간의 이익 안배를 놓고 벌어진 권력투쟁의 흔적을 곳곳에서 볼 수 있다. 결국 12대 <당헌>도 정치타협의 산물이다. 덩샤오핑이 1982년 8월 11대7중전회에서 의도하던 <당헌> 수정 초안은 변경될 수밖에 없었다. 12전대에서 통과된 <당헌> 중 "중앙위원회는 바로 전국대표대회 폐회 기간 중 당의 최고지도기관이다. 중앙고문위원회는 중앙위원회의 정치상의 조언자와 참모이며 중앙위원회 지도하에 업무를 진행한다. 중앙기율검사위원회는 당의 중앙위원회 지도하에 업무를 진행한다"(제43조)는 규정은 수정 원안이 아닌 타협의 산물이다. 덩샤오핑이 제의한 본래의 수정안은 중앙위원회·중앙기율검사위원회·중앙고문위원회, 이 세 기구를 상호 견제와 균형을 이루도록 하는 내용이었다. 그러나 저항에 부딪쳐 실현에 옮기지 못했던 것이다.12)

동시에 <당헌> 수정 초안에 들어 있던 간부 임기·연령제한 관련 규정도 원안대로 통과되지 못했다.13) 1982년 2월, 당 중앙은 <노간부

---

12) 1980년 8월, 덩샤오핑은 당과 국가지도체제개혁안을 제의했다. 당 중앙조직에 있어서 중앙위원회와 중앙정치국에 권력이 집중되는 원 체제를 폐지하고, 중앙위원회·중앙고문위원회·중앙기율검사위원회가 수평적 상호 견제와 균형을 유지하며, 세 기구 모두 전국대표대회에 책임을 지는 기구로 개설할 것을 희망했다(蔡又沉, "鄧派的所謂<庚申改革>綱領," 『匪情硏究』 第24卷 第10期, 1981年 10月, p. 29; p. 32).

13) <당헌> 수정 초안에는 연령규정을 다음과 같이 제한하였다. 중앙위원 평균연령은 반드시 55~65세이어야 하고, 성 당위 상무위원의 평균연령은 55세, 직할시·주 당위 상무위원의 평균연령은 50세, 그리고 현 당위 상무위원의 평균연

퇴직제도 건립에 관한 결정>을 제정하여 퇴·휴직연령을 규정하였다. "당 중앙, 국가기관의 부장·부부장, 성·시·자치구의 제1서기·서기, 성정부의 성장·부성장 및 성·시·자치구 기율검사위원회와 법원·검찰원의 주요 책임 간부 등은 65세를 초과해서는 아니 되며, 그 부직(副職)은 일반적으로 60세를 넘어서는 아니 된다'고 규정했다. 하지만, <노간부 퇴직제도 건립에 관한 결정>을 공포하여 예외 규정을 마련했다. 즉 "…이미 퇴직 연령에 도달했더라도 조직의 비준을 거치면 일정 기간 퇴·휴직을 하지 아니하고 지도 업무를 계속할 수 있다'고 규정한 것이다. 이 예외 규정으로 노간부들의 간부제도(연령) 개혁안에 대한 저항을 줄였을 뿐 아니라, 덩샤오핑 자파 세력 역시 조직의 비준을 거쳐 유임을 계속할 수 있었다. 또한 덩샤오핑·예젠잉·천윈 등 원로간부들은 연령제한의 적용을 받지 않게 함으로써 퇴로를 열어 놓았다. 즉 당과 국가 지도자 중 퇴·휴직 연령의 경계선을 조금 초과한 원로 혁명가의 경우, 그들의 풍부한 경험과 능력과 덕망 및 신체조건을 고려하여 현재는 물론, 금후 일정 기간 당과 국가의 중추적 지위에 남아있게 하는 예외규정도 두었다. 새로 마련한 퇴·휴직 제도는 결국 당과 국가의 지도급 간부들에게는 적용되지 않았다. 이는 1980년대 후기 노인정치의 출현을 가져오게 한 원인이다. 노간부 퇴직제도에 대한 이러한 개혁안은 당시 덩샤오핑 등 개혁파와 예젠잉·리셴녠 등 혁명원로들 사이에서 자신들의 이익과 권력에 근거하여 벌어진 투쟁의 산물이었다고 보겠다. 사실 당시 덩샤오핑의 권력은 예젠잉과 리셴녠 등이 정치국 상무위원회에 건재해 있었기 때문에 완전한 것은 아니었다. 따라서 지도자의 퇴·휴직제도 개혁의 강력한 추진으로 발생할 저항력을 덩샤오핑이 지나칠 수 없었고, 권

령은 45세를 초과하지 못하도록 규정하였다(龍飛, "對中共改革幹部隊伍結構的研究", 『匪情硏究』 第23卷 第8期, 1980, p. 44; Melanie Manion, *Retirement of Revolutions in China: Public Policies, Social Norms, Private Interests*, Princeton, New Jersey: Princeton University, 1993, p. 55).

력기반이 연약한 후야오방·자오쯔양 등 후계자들 역시 흔들림 없는 개혁노선을 확보할 수 없었다.

덩샤오핑은 11대7중전회에서 노간부들의 집요한 저항으로 타협안을 통과시킨 후, 정치국 확대회의에서 "중앙고문위원회 설립은 간부직무 종신제로부터 퇴직제도로 가는 하나의 과도적 방법이다. 이 방법은 과도기를 순조롭게 하는 것"이라고 했다. 중앙고문위원회의 설립은 실제적으로 덩샤오핑의 입장에서 볼 때는 개혁에 장애가 되거나 그 속도에 제동을 거는 원로지도자들을 조용히 몰아내고자 하는 의도에서 추진된 것이다.

하지만 11기 정치국위원 중 노령을 이유로 스스로 퇴임한 자는 류보청 원수 한 사람 뿐이었고, 예젠잉·쉬상첸·녜룽전 등 80세 이상의 군 원로들은 모두가 정치국에 남는 것을 선택했으며, 중앙고문위원회에 들어가는 것을 거부했다. 원로들의 퇴진을 유도하기 위하여 고문위원회를 신설하였음에도 불구하고 쉬스요·겅뱌오 등 겨우 2명의 정치국위원만이 영예로운 퇴진의 길을 택했다.

예젠잉은 1982년 9월 6일 전당대회에서 연설을 통해 "자신은 노쇠하고 병들고 약하기 때문에 여러 번 지도부의 직책에서 사임하려고 했으나 당이 자신의 사임을 승인하기 전에는 죽는 그날까지 최선을 다해 봉사할 것임"을 강조함으로써 덩샤오핑의 압력에도 불구하고 당의 최고지도부에 남아있기를 고수했다. 천원 역시 "현 지도부 내에서는 노장과 소장 간의 격차가 있기 때문에 원로 동지들이 한꺼번에 지도부에서 은퇴하는 것은 혼란의 여지가 있으며, 여건에 따라 일부는 남아 있어야 한다"는 요지의 연설을 했다.[14] 리셴녠은 중앙고문위원회 설립에 대하여 '독단과 성급함에 대항하여 스스로의 입장을 지키도록' 젊은 동지들에게 신랄히 경고했다. 결과적으로 중앙고문위원회의 실제 기능이 특별한 엘리트의 은퇴를 용이하게 해 준다는 것과는

---

14) 『人民日報』, 1982年 9月 7日.

거리가 멀게 되었다. 지도자들에게 있어서 종신직을 부여하는 과거 관례에 비추어 볼 때, 생존 시 권력을 내놓는 것은 실제적으로 불명예로 받아들여졌다. 이러한 이유 때문에 덩샤오핑이 고령의 노간부들에게 전문가이며 개혁적인 젊은 세대에 권력을 양보케 설득하는 일은 매우 어려웠고, 저항 또한 클 수밖에 없었다.

제2절 국가체제의 정비와 반(反) 개혁세력의 숙정

새로운 <당헌>의 정신에 따라 1982년 12월 헌법을 개정하였다. 새 헌법은 국가체제를 정비하고 새로운 정책방향을 제시하였다. 1982년의 헌법은 개정의 차원을 넘은 제정 헌법이나 다름없었다. 1954년의 헌법정신을 살려 '사회주의 민주정신'을 신장하기 위한 규범적, 제도적 개혁의지를 반영하였다.[15]

첫째, 1982년 헌법은 공산당의 지도를 포함한 이른바 '4항 기본원칙'의 견지를 재확인하면서도 공산당의 지도권은 헌법을 초월할 수 없도록 하여 당의 절대 지도와 일원화 지도에 헌법적인 제한을 가하였다.

둘째, 제도적 차원에서 문혁기간 중 폐지되었던 국가기구를 복구하고, 권력의 집중을 방지하기 위한 제도적 장치로서 국가기구의 권한을 재조정하였다. 따라서 류사오치 타도 후 폐지했던 국가 주석제를 복원하고 국가 중앙군사위원회(당 군사위원회 위원과 동일인이 겸직)를 신설하여 인민해방군의 지도권을 당으로부터 국가로 이관하였다. 그리고 전국인민대표대회의 위상 제고를 위해 그 상무위원회의 권한

---

15) 김정계(2000), 앞의 책, pp. 86~87.

을 강화하였다.

셋째, 주요 간부의 임기제와 '2회 이상 계속 연임 불가 조항을 신설하였다. 하지만 연령제한 규정은 두지 않았다. 그럼으로써 보수 원로들의 불만과 저항을 줄이고, '지도간부 종신제'의 철폐를 주장하는 개혁파의 의지를 반영하였다.

그리고 정책적으로 시장경제를 발전시키기 위한 단초로서 새 헌법에서는 사회주의 소유제의 완화를 명시하였다. 즉 새 헌법은 공유제를 견지하고 국영경제를 확고히 보장하면서도 법률이 허용하는 범위 안에서 사회주의 경제를 보완하기 위하여 개인 경제를 허용한다고 규정하였다. 이는 '계획경제를 주로 하고 시장경제를 보조로 하는 원칙'을 경제체제개혁의 목표로 확정함으로써16) 사회주의 경제와 시장제도의 불상용이라는 사회주의경제의 전통적 관념을 깨게 된 12대 정신과 맥을 같이 하였다.

1983년 6월, 제6기 전인대는 새 헌법에 따라 신임 국가주석과 부주석에 각각 리셴녠과 우란푸를 선출하고, 전인대 상무위원장에는 전임 예젠잉의 반대를 무릅쓰고 친 덩샤오핑계로 1960년대 초 조정정책을 함께 추진했던 펑전으로 교체했다.

▶ 보수그룹의 원로, 재정통 리셴녠

리셴녠(李先念, 1909~1992)은 후베이(湖北)성 홍안(紅安)의 한 가난한 농가에서 태어나 1927년의 황마(黃麻)농민폭동에 가담함으로써 혁명의 생애가 시작되었다. 1929년 장궈타오(張國燾) 휘하 홍4군에 참가하였으나, 장정 후 장궈타오와 마오쩌둥의 노선대립이 벌어졌을 때 마오쩌둥을 적극 지지함으로써 마오쩌둥의 충실한 지지자가 되었다. 그곳에서 항일군정대학과 중공중앙마르크스 레닌학원을 수료한 후, 중·일전쟁 중 신4군(군단장 천이陳毅, 정치위원 류사오치) 제5사단장

---

16) 1982년 〈中華人民共和國憲法〉 第15條 참조.

겸 정치위원으로 승진하였다. 국민당과의 최후의 결전을 벌일 당시에
는 류보청 장군(제2야전군)의 부관으로서 정치위원 덩샤오핑 등과 대
별산구에 진입했다.

건국 후 1949~1954년 대부분의 시간을 후베이의 당·정·군의 최
고 지도자 및 중남군정에서 보냈다. 특히 중남군정위원회의 위원 및
부주석, 당 중앙 중남국 제3부서기 재직시에는 린뱌오(주석, 제1서기)
와 예젠잉(대리서기)의 밑에서 주로 중남지역의 경제건설에 헌신했다.
중앙으로 진입한 후 그는 바로 국무원 부총리 겸 재경위원회 부주임
(주임, 천윈), 그리고 재정부장이 되었으며, 1954년 10월 다시 국무원
재무판공실 주임에 발탁되어 재정부·양식부(糧食部)·상업부·대외무
역부·중국인민은행과 전국소비자조합을 종합 관리하는 재정 및 무역
부문의 사령탑이 되었다.

그는 군력이 화려했지만, 군대의 최고위직에는 오르지 못했다. 그
원인은 일찍이 그가 장궈타오(張國燾)의 부하였기에 계파를 중시하는
군대 내에서 이미 그 기반을 잃었기 때문이다. 1977년 당 11대1중전
회에서 정치국위원 겸 당 부주석 자리에 오른 후 1982년 당 11대1중
전회에서 정치국 상무위원이 되었다.

▶ 개혁입법을 주도한 베이징 당위 서기 출신 펑전
펑전(彭眞, 1902~1997)은 산사성에서 태어나, 1929년까지 베이징·
톈진·허베이성 등지에서 노동운동과 학생운동을 지도하였다. 1929년
당내 분쟁문제에 연루되어 10년형을 선고받고 장정이 끝난 1935년에
출옥하였기 때문에 장정에 참가하지 못했던 지도자 중의 한 사람이다.
출옥 후 당 중앙 북방국 조직부장에 임명되어 서기 류사오치를 도와
화북지역의 백구의 지하공작을 지도하였다. 1945년 당 중앙조직부장
을 거쳐 동북국 서기 겸 동북민주연합군 정치위원이 되어 건국의 1등
공신이 되었다.

건국과 동시에 베이징시의 당위 서기로 입경하여 17여 년간 베이징

의 당·정 지도자로 군림하였다. 당 7~8기 중앙서기처 서기 겸 정치국위원이 되어 최고지도층에 진입하였으나 문혁 때 류사오치, 덩샤오핑 등과 함께 '주자파(走資派)로 몰려 심한 박해를 받았다. 4인방 제거 후 복권되어 <82헌법>제정을 주도하였고, 제6기 전인대 상무위원장에 올라 개혁입법의 제도화에 기여한 바 크다.

한편 국무원의 경우 총리는 자오쯔양이 그대로 유임되었으며, 부총리는 1982년 5월에 임명된 완리·야오이린을 유임시키고, 리펑·톈지윈을 새로 기용하였다. 국방부장 역시 겅뱌오(예젠잉 계열)로부터 장아이핑 장군으로 교체함으로써 국가 및 군정지도체제에도 덩샤오핑-후야오방에 대한 도전의 싹을 잘라 버렸다. 장아이핑 장군은 덩샤오핑과 동향인 쓰촨성 출신으로 후야오방의 텃밭인 공청단 중앙국 비서장 및 제3야전군 참모장 출신이다. 해방군 부총참모장 및 국방과학위원회 주임을 등 군 요직을 거친 순수 무골 출신으로 1980년 덩샤오핑에 의해 국무원 부총리에 발탁된 바 있다.

이처럼 덩샤오핑 세력이 당 12차 대회와 제6기 전인대에서 당과 국가 및 군대 체계에서 우위를 확고히 다져갔다. 그러나 문혁 및 범시파 세력이 완전히 제거된 상태는 아니었다. 따라서 덩샤오핑은 한편으로는 후야오방을 시켜 '제3세대' 육성계획을 수립, 중·청년간부를 체계적으로 발탁하고, 다른 한편으로는 숙당공작을 발동하여 문혁 지지자들이 정치무대에 복귀하는 것을 철저히 차단하였다.

1983년 6월, 후야오방 총서기는 당 중앙공작회의에 '제3세대' 육성에 관한 정책을 제의하고 동년 9월 당 중앙은 '간부4화'의 단계적인 계획을 하달하였다. 제1단계는 현재 진행 중인 기구개혁을 통해 전국 각급·각 부문별 '지도급 간부4화'의 기초를 다지고, 제2단계는 1985년 말 이전까지로 기본적으로 '신·노 간부 교체'를 실현하며, 제3단계는 1990년 말 이전으로 전국 각급·각 부문별 지도급 간부의 4화를 실현하여 비교적 완벽한 제도를 건립하고 지도간부의 합리적 구조를 유지한다는 내용이었다.[17] 1983년 11월 후야오방은 일본 도쿄 방문시 기자들에게 다음과 같이 말했다. "우리는 현재 '제3세대'를 건립하고 있다. 덩샤오핑 등과 같은 70세 이상을 1세대라 부르고, 나와 자오쯔양으로 대표되는 사람들을 2세대라 하며, 몇몇 45세 내지 갓 50세가 된 간부층을 제3세대라 부른다. 우리는 내년에 1천명의 제3세대를 선발하여 중앙의 1급, 성과 시의 1급 및 지구의 1급 지도급 간부로 보낼 것이다"[18]

다른 한편, 1983년 10월 11일과 12일, 12대2중전회를 소집하여 <중공중앙 숙당(整黨)에 관한 결정>을 통과시키고 반대세력의 숙정작업에 들어간다. 숙당작업은 같은 해 겨울부터 전면적으로 시작하여 3년간 추진한다고 선포하고, 중앙숙당공작지도위원회를 구성했다. 그 주임을 후야오방이 맡고, 완리·위추리·보이보·후치리·왕허서우를 부주임으로 임명하였다. 그리고 왕전·양상쿤·후차오무·시중쉰·쏭런충 등 중진 원로를 고문으로 위촉하였다.

위 <결정>에 명시한 숙당의 임무는 다음과 같은 것이었다.

① 사상통일: 전 당의 사상과 정치를 고도로 통일시키고 일체의 '4항 기본원칙'에 대한 위반사항과 11대3중전회 이래 당 노선의 좌(左)적, 우(右)적 착오를 바로잡는다.

② 당풍 정돈: 각종 직권을 이용하여 개인적 이익을 취하는 행위를 시정하고, '당과 인민에 대해' 책임을 지지 않는 관료주의를 반대한다.

③ 기율 강화: 민주집중제의 조직원칙을 견지하고 무조직·무규율적인 가부장제를 반대한다.

④ 조직 정화: <당헌>에 따라 반당(反黨)·해당(害黨)행위를 한 자를 정리하여 제명, 출당 조치한다.

---

17) 曹志, 앞의 책, pp. 229~230.
18) 『人民日報』, 1983年 11月 27日.

공포된 당 중앙의 자료에 의하면, 숙당의 이유를 당원의 사상 불순·부정한 작태·기율의 해이 및 당의 조직 불순이라고 하였으나, 사실상 이들 문제는 당내 계파간의 권력투쟁과 밀접한 관계가 있었다. 말하자면 숙청의 대상으로 삼고 있는 네 번째 항은 이른바 '3종인'(三種人)을 지칭한다. 3종인이란 '린뱌오·장칭 등 반혁명집단에 추종하여 조반으로서 높은 지위에 올라 있는 자, '구타·파괴·강탈 분자 등 문혁 잔재'와 그리고 '파벌의식이 강한 자'를 의미한다. 이밖에 '3중전회의 노선에 완강히 항거하는 자', '경제와 기타 형사상 심각한 범죄행위를 저지른 자' 등을 포함하여 '5종인'이라 했다.

이밖에 『덩샤오핑문선』과 『당원 필독』 및 『13대1중전회 이래 중요문헌 팸플릿』 등 3권의 책자를 학습문건으로 삼았다. 1983년에서 1985년까지 2단계로 나누어 숙당작업은 추진되었다. 제1기는 중앙 1급, 성·시 및 자치구 등 지방1급, 해방군 각 총부·각군 병종·각 대군구의 1급 지도기관 중의 당 조직을 먼저 구조 조정(정돈)하였다. 제2기는 1984년 겨울부터 시작하여 기타 모든 당 조직을 숙정하였다.[19] 당시 숙당의 목적은 정치적으로 덩샤오핑이 장악한 당 중앙과 정책노선을 달리하는 자를 숙청하기 위한 결정이었다. 여기서 말하는 당 중앙과 정책노선을 달리하는 자라 함은 '좌'적으로 마오쩌둥의 문혁 교조주의를 견지하는 입장을 의미하며, '우'적으로 덩샤오핑의 이른바 '부르주아지 자유화(자유와 민주)를 더욱 과도하게 요구하고 공산당의 지도를 반대하는 입장을 의미하였다.[20] 말하자면 개혁에 장애가 되는 구세력과 급진적인 진보세력을 청소하는 데 숙당의 목적이 있었다.

그러나 실제적으로 주요 숙당대상은 다음과 같은 부류였다. 하나는 문혁기에 입당한 1천 8백만 명 당원으로 전체 당원의 40%에 해당하

---

19) 中共中央文獻硏究室 主編, 『十二大以來重要文獻選編』 上冊(北京: 人民出版社, 2000). p. 400.
20) 鄧小平, "關於思想路線上的問題的談話," 『中共11屆3中全會以來中央首要講話及文件選編』 上(臺北: 中央硏究雜誌社, 1984), p. 879.

는 숫자였다. 그들은 문혁의 아픔을 느끼지 못한 기득권층으로 화궈 펑이 그 대표였다. 다른 하나의 부류는 문혁기에 박해를 받지 않았던 자들은 아니지만, 그들의 보수적인 사상이 쉽게 바뀌기 어려운 기득 권자들로 주로 군대간부층이 그 근간이었다. 예젠잉이 그들의 상징이 었고, 마오쩌둥이 바로 그들의 기치였다.21) 이 부류의 인사들 중, 개 혁에 대해 완고히 저항하는 자는 극소수였고, 심기가 불편했지만 감 히 내 놓고 반대하지는 못하지만 기회가 오면 항시 부화뇌동할 수 있 는 인사들이 다수였다. 이른바 '중간파' 인사들이었다. 개혁파는 이들 의 본심을 훤히 들여다보고 있었다. 말하자면 기회가 오면 언제든지 정권에 위협을 가할 수 있는 세력임을 알고 있었다. 때문에 대규모 숙당을 결정했던 것이다. 그래서 그들의 저항 또한 만만치 않았다. 특 히 군대 내 기득권층의 저항이 컸다. 1985년 후야오방은 그때까지 1 만 여명의 당 간부들이 숙청되었다고 했다. 이처럼 덩샤오핑은 당의 숙정운동을 통하여 문혁의 잔재를 제거하고 중국공산당을 마오쩌둥의 당으로부터 자신의 사상이 담긴 당으로 개조해 나갔다.

제3절 정신오염 청소운동을 둘러싼 보 / 혁 간의 대립

개혁·개방 이후 중국은 눈부시게 발전했다. 특히 외국자본과 기술 의 도입을 위하여 건설한 선전 등의 경제특구는 경제발전에 크게 기 여한 바가 있다. 하지만 보수적인 중공 지도자들의 입장에서 볼 때에 는 그 부작용도 컸었다. 특구에는 바로 서구식 간판, 영어 광고판이 즐비하게 되었고, 젊은 여성의 비키니 스타일 포스터가 출현하기에

---

21) 牧夫, "淸黨: 爲接班人掃淸道路," 『七十年代』 總166期(香港: 七十年代雜誌社, 1983年 11月), p. 46.

이르렀다. 중산복(中山服)을 대신하여 양복이 보급되었고, 여성은 화장을 하고 머리에 파마를 하였으며, 마침내는 매춘부가 되살아나고 마약까지 들어오게 되었다. 이러한 움직임은 중국전역에 순식간에 확산되었다.

중·일전쟁에서 목숨을 걸었고 국공내전을 승리로 이끈 혁명원로들에게 있어서는 자신들의 피땀 어린 역사와 공적이 불명예와 상처를 입었다고 생각했다. 그들은 서구의 풍속과 문화를 정신오염으로 보고 이를 철저히 청소하지 않으면 자신들이 이룩한 중국공산주의 혁명에 큰 오점을 남긴다고 생각하고 이를 적극 배격하기에 이른다. 그 중에서도 전인대 상무위원장 펑전과 중앙정치국위원 겸 중앙당교 교장 왕전, 당 중앙고문위원회 부주임 보이보 및 중앙정치국위원 후차오무, 그리고 당 중앙선전부장 덩리췬 등이 특히 강경한 입장을 취했다. 덩샤오핑도 그들의 입장에 동조하였다. 1983년 가을 덩샤오핑은 <사상전선 강화공작>에 관한 연설을 통해 '정신오염'문제를 제기하고, 중국 이론계 및 문학예술계에 온존하는 심각한 정신오염현상에 우려를 표했다.

덩샤오핑의 '정신오염'에 대한 문제 제기 후, 가장 먼저 공격을 퍼부은 자는 펑전이었다. 그는 한 당외 인사 좌담회에서 정신오염은 아주 심각한 문제라고 강조하면서 중국공산당의 이론전선과 문학예술전선에 존재하고 있는 심각한 정신오염문제를 꼬집었다. 정신오염문제의 위해성을 절대로 낮게 평가해서는 아니 되며 그것은 당과 국가 및 민족전선의 운명을 결정하는 문제와 밀접히 관련이 있는 것이라고 했다.[22] 왕전 역시 '중국과학사회주의학회'에 참석하여 '오염문제'를 제기하고, '사회주의 소외론'(異化論)을 비판했다.[23] 이러한 지도층의 정신오염에 대한 문제제기는 전국적인 여론을 형성하였으며, 덩샤오핑의

---

22) 彭眞, "黨外人士座談會講話"『人民日報』, 1983年 10月 24日.
23) 王震, "淸醒認識當前思想論戰形勢,堅決防止和淸除各種汚染,"『人民日報』, 1983年 10月 24日.

연설문은 11월 초에 전 당의 학습 구독서로 배포되었다.

문화부장 주무즈(朱穆之)는 정신오염을 두 가지 부류로 구분했다. 하나는 마르크스주의를 이탈하여 추상적으로 인간의 가치 및 인도주의와 이른바 사회주의 소외론을 선전하는 부류이며, 다른 하나는 문학예술작품이나 연기 중에 음란하고 색정적인 행위·폭력과 살인 등 황당무계한 짓을 떠벌리는 것과 먹고 마시고 놀아나며 즐기는 썩어빠진 부르주아지의 생활방식을 선전하는 것 등이라고 했다.24) 『중국청년보』 역시 두 부류로 분류하였다. 하나는 퇴폐적인 외설 서적·그림·테이프·녹음 등이며, 다른 한 부류는 문학 및 예술부문에서 부르주아지 자유화·정신문화의 상품화 등을 표현하는 것이라 했다.25)

그러나 정신오염청소운동에 있어서 외설적인 서적이나 그림 등의 청소는 껍데기에 불과했고, 실제적인 운동의 목표는 자신과 다른 사상에 대한 공격에 맞추어졌다. 즉 사회주의 소외론이 비판의 중심에 있었다.

이 운동 아닌 운동으로 직접적인 공격은 문학예술계 인사들에게 가해졌다. 문학예술계 대표인 저우양 및 『인민일보』 부편집장인 왕뤄수이(王若水)가 가장 먼저 더욱 많은 공격을 받았다. 저우양이 비판을 받은 것은 그가 동년 3월 16일 『인민일보』에 발표한 마르크스 서거 1백주년을 기념하는 논문이었다. 이 논문은 저우양이 문혁을 심각히 반성하는 측면에서 작성한 글로써 다음과 같은 내용을 강조하였다. ① 마르크스주의는 일종의 발전적인 학설로 그것은 객관적 상황에 따라 변화하면서 발전한다. ② 중국공산당은 마르크스주의이론에 대한 인식 부족을 솔직히 시인해야 한다. ③ 마오쩌둥사상은 시의에 부합하지 못하였다. ④ 문혁은 문화와 동떨어진 행동이었다. 비록 부정적인 일일지라도 개방된 안목을 가지고 접근해보아야 하며, 스스로 고착된 상태로 마음의 문을 닫지 말아야 한다. ⑤ 그리고 가장 민감한

---

24) 朱穆之, "要採取措施淸除文化界的精神汚染,"『人民日報』1983年 11月 3日.
25) 評論員, "汚染須堅持,生活要美化,"『中國靑年報』, 1983年 11月 17日.

것으로 이 논문에서 특별히 언급한 '사회주의 소외'문제였다. 그는 직설적으로 현재 중국사회주의는 경제·정치·사상 영역에서 모두 이미 소외현상이 발생했다고 했다. 경제영역에는 과거 적지 않게 어리석은 짓을 저질렀고, 민주와 법제의 불건전 및 인민이 부여한 권력의 남용은 정치적 소외현상이며, 개인숭배는 사상적 소외현상의 가장 전형적인 양상이라고 하면서 "소외현상을 인정하는 것만이 소외를 극복할 수 있다"고 했다.26)

왕뤄수이 역시 저우양과 같은 견해였다. 그는 1980년 6월, 「소외문제를 논함」이라는 제목으로 '소외'에 관한 글을 발표했다. 그는 그 글에서 당시 중국사회주의사회에 존재하고 있던 개인숭배·관료주의 및 경제의 퇴보 등 각종 사회주의의 소외현상에 대해 언급했다.27) 정치적 소외현상의 경우, 지도급 간부는 여전히 인민의 감시 하에 있지 않으려 하고, 반대로 늘 인민을 감독하려한다. 문혁시기에 추종한 것은 마오쩌둥이었고, 현재 추종하는 것은 당 중앙으로 바뀐 것이 있다면 그 추종대상의 수가 늘어 난 것뿐이다. 경제적 소외현상의 경우, 과거 '서수동조(西水東調)'와 '윈난 삼림의 대화재' 복구공사를 예로 들어 빠른 시일 내에 건설 및 복구하려고 빠른 속도의 소외를 촉구하였다고 했다. 이밖에, 인도주의를 힘주어 변호하면서 인도주의는 부르주아지의 전리품이라는 보수주의자들의 관점을 부정하고 '사회주의적 인도주의'라는 신조어를 제시했다.

저우양과 왕뤄수이의 논문은 사실상 마르크스주의를 이탈한 것으로 개혁사상에 이론적 근거를 둔 것이었다. 사실에 근거하여 이론을 정립하고, 당시의 상황을 적절히 꼬집어 바로잡으려는 논조였기 때문에 많은 지식인들의 공명을 불어 일으켰다. 통계에 의하면 1980년대 이후 중국에서는 인도주의와 소외론에 관련된 논문만 6백 편 이상 발표

---

26) 陶君, "打擊異己思想的運動," 『爭鳴』 總74期(香港: 百家出版社, 1983年 12月), p. 55.
27) 王若水, "談談異化問題," 위의 책, pp. 69~72.

될 정도로 자유화의 풍조가 만연했다. 인간의 본성을 묘사한 논문을 합치면 그 수는 헤아릴 수 없었다. 이러한 글들의 대부분은 마르크스주의가 시대적 상황에 부합하지 못한 점을 비판했고, 중요한 것은 이러한 사조가 지식계 및 문학예술계 등 각계각층에 광범하게 확산되었다는 점이다. 이는 결국 덩리췬·왕전·슝푸(熊復) 등 보수파들의 강렬한 반감을 불어 일으켰다. 반감 속에는 이데올로기 견지라는 정치적 의지 이외, 강렬한 권력투쟁의 분노가 타오르고 있었던 것이다. 여기에 개혁론자들이 부르짖는 '소외론'의 실질은 덩샤오핑 개인의 권위(개인숭배)를 흔들어 놓았다.

그리하여 후야오방에 의해 주도된 급진적인 '우경화_자유와 민주사조는 비판을 면키 어려웠다. 따라서 정신오염 청소의 대상은 점차 포함되지 않는 것이 없을 정도로 늘어났다. 여성들의 서양식 머리 스타일(파마)이며 댄스를 포함해 심지어 사병이 지니고 있는 약혼녀의 사진까지도 오염의 일종으로 간주하여 청소의 대상이 되었다.

저우양은 보수파의 강력한 압력 하에 자아비판을 받았고, 인민일보 부편집장인 왕뤄수이는 잘못을 인정치 않고 그의 소신을 견지하다 해임되었다. 『인민일보』 사장 후쉬웨이(胡績偉)도 연대책임을 지고 중도하차하였다. 보수적인 친촨(秦川)을 사장으로 앉혔다. 동시에 적지 않은 지식인 및 문학예술부문 종사자들이 화를 입었다. 청소의 범위가 계속적으로 확대되자 사회전역에 불안과 공포의 분위기가 만연했고, 급기야는 개혁·개방정책에 대한 회의를 불러일으켰다.

이처럼 정신오염 청소운동의 확대가 개혁정책에 대한 부정적인 영향을 가져오자 후야오방은 이를 중지시키려 했고, 당은 부득불 방침을 바꾸지 않을 수 없었다. 당 선전부장이며 보수파의 선봉장인 덩리췬은 형사범은 정신오염에 포함되지 않고 정신오염의 결과라 했다. 또 농촌에 대해서는 정신오염문제를 거론하지 않겠으며, 외국으로부터 도입한 선진 과학기술 및 과학기술 전선은 정신오염의 대상이 아님을 선언했다. 이는 각계의 개혁·개방에 대한 회의, 공포와 저항의 목소리를 위무하고자 한 선언이었다.

덩샤오핑도 1984년 정초 선전경제특구를 방문하여 특구의 정당성을 강조했다. 이는 보수파가 반정신오염운동의 공격대상으로 경제정책까지 거론하면서 '오염을 창출하는' 경제특구를 비판한 데 대한 한계 설정이었다. 덩샤오핑은 정신오염문제를 반대하는 면에 있어서는 보수파와 같은 입장을 취했지만, 경제정책까지 파급시키는 데 있어서는 보수파와 입장을 달리하고 있었다. 즉 이데올로기적 측면에서의 오염은 철저히 반대하되 경제정책에 대해서만은 오염청소의 대상에 포함시켜서는 안 된다는 것이었다. 이어 당의 권위있는 이론가이며, 중앙정치국위원인 후차오무는 1984년 1월 3일, 중앙당교에서 이상과 같은 덩샤오핑의 의중을 종합한 <인도주의와 소외문제에 관하여>라는 연설을 통해 당 중앙의 공식입장을 표명했다. 이후 반정신오염운동은 차차 식어져갔다.

회고컨대, 중국의 정치운동은 그 배후에 언제나 첨예한 권력투쟁이 있었다. 이번의 반정신오염운동 역시 예외는 아니었다. 홍콩의 한 소식통에 의하면, 좌파 지도자 중 중앙선전부장으로 당의 입 역할을 한 덩리췬은 이 운동에서 그 활약이 돋보였다. 덩샤오핑·천윈이 당 12대2중전회에서 '정신오염의 청소'에 관한 중요 연설을 한 후, 덩리췬은 그가 장악하고 있던 선전부문을 이용하여 '정신오염 청소'문제를 대대적으로 여론화시켰고, 좌적 경향의 지도자인 펑전과 왕전을 끌어들여서는 '반우'에 집중하여 포문을 열게 만들었다. 이밖에 『홍기』잡지사 편집장인 슝푸 및 문화부장 허징즈(賀敬之) 등과 연계하여 대량의 글을 발표하고 조직을 확대해갔다. 그 최종 목적은 후야오방 및 그의 개혁정책을 반대하는 것이었다.

그래서 이들 보수파들은 가장 먼저 후야오방과 사적으로 아주 가까운 사이에 있는 저우양에게 칼을 뽑았다. 그가 발표한 소외론을 비판의 대상으로 삼아 후야오방의 개혁정책으로 인하여 나타난 문예계와 이론계 및 언론의 개방적인 사조에 대대적인 공격을 퍼부었다. 그럼으로써 후야오방의 위신에 타격을 가하고자 했던 것이다. 그러나 이 운동은 민심을 얻지 못했고, 정치·경제적으로 많은 부작용과 충격을 가져와 오히려 후야오방에게 반격의 기회를 주고 말았다. 운동이 일어난 1개월 후 후야오방·자오쯔양·완리는 바로 연명으로 덩샤오핑에게 반정신오염운동에 대한 의견을 쓴 편지를 보냈다. 당 내외 저항의 압력 하에서 당 중앙정치국은 1983년 11월 중순 긴급확대회의를 소집했다. 후야오방과 자오쯔양은 이 자리에서 '정신오염청소운동'의 확대에 반대하는 발언을 했다. 이 운동에 대한 저항이 가중되는 가운데 전개된 개혁파와 보수파 간의 투쟁은 결국 민심(개혁에 대한 열망)의 지지를 얻은 후야오방(개혁파)의 승리로 일단락 지어졌다.

이처럼 민심의 지지로 승리한 후야오방과 자오쯔양은 개혁·개방정책을 강력히 추진하는 한편, 그들의 세력권을 부단히 확대시켜갔다.

1984년 10월 12대3중전회를 개최하여 중국의 사회주의경제는 '공유제에 기초한 계획적 상품경제'이며 모든 경제활동은 가치규율에 기초하여 운용되어야 한다는 사실을 명확히 하였다. 이는 계획경제와 상품경제가 상호 모순된다는 사회주의경제의 전통적 관념에 대한 첫 돌파로 12대 정신을 진일보시킨 것이다. 즉 '계획적 상품경제론'이란 종래의 '계획경제'를 주(主)로 하고 '시장기능'을 종(從)으로 한다는 관념을 역전시켜, '시장조절을 주로 하고 계획경제를 종'으로 한다는 것이라고 말할 수 있을 정도로 상품경제의 위치가 강조되었다. 이로부터 중국의 체제개혁은 새로운 국면을 맞이하게 되었다.[28] 따라서 경제체제개혁의 중심 고리는 도시 공업부문기업의 활력을 증강시키는 데 두었다. 따라서 정부와 기업의 관계에 대해 금후 각급 정부 부문은 원칙상 직접 기업을 경영관리하지는 말아야 한다고 하여 행정수단에 의한 기업관리를 지양하는 방향으로 정부기능을 전환시켜 나갔다. 소수 부득이한 경우도 정부경제부문은 축소정비 및 권한의 하부 위임(簡政

---

28) 吳國衡, 『當代中國體制改革史』(北京: 法律出版社, 1994), pp. 139~148.

放權)의 정신에 따라 권력집중에 따른 폐해를 줄이고 기업과 기층의 자주경영과 활력을 증강시키도록 했다.29) 이러한 12대3중전회의 결정을 두고, 중국 언론계에서는 이른바 '중국식 사회주의'라 명명했다.

나아가 후야오방은 자신이 키워 온 공청단과 중앙당교, 그리고 사회과학원에서 맺었던 인맥관계를 활용하여 그 정치기반을 견고히 하고 있었다. 특히 후야오방은 1984~1985년 당내에서 그의 기반이 가장 취약했던 이데올로기 부문인 중앙선전부와 인민일보사의 책임자를 자파 세력으로 교체함으로써 그 영향력을 확대해 갔다. 중앙선전부장은 덩리췬으로부터 주허우쩌(朱厚澤)로 교체하고, 인민일보사 사장은 친촨으로부터 첸리런(錢李仁)으로 바꾸었다. 이밖에 후야오방은 당의 통전부장을 자파인 옌밍푸(閻明復)로 교체하고, 중앙판공청 주임에 공청단 출신 왕자오궈를 앉혔으며, 대외연락부장에 저우량(朱良), 조직부부장에 웨이젠싱(尉健行)을 부부장에서 승진시켰다. 그리고 조직부장 차오스를 중앙서기처 서기로 승진시켜 법정계통을 관장케 하고, 후야오방 자신은 직접 중앙서기처를 장악함으로써 그 권력기반을 튼튼히 하였다. 이처럼 후야오방은 1982년 '반정신오염'운동 때 보수파에 의해 '우경분자'로 몰려 밀려났던 많은 실무부서에 다시 자파세력 인사로 되돌려 놓았다.

그러나 이처럼 후야오방의 급속한 권력 확대에 대한 반대세력의 불만은 날이 갈수록 고조되고 있었다. 그것은 반(反)덩샤오핑세력은 물론 덩샤오핑세력 내에서도 야기되고 있었다. 천윈을 중심으로 한 계획경제에 익숙한 경제관료 출신들의 불만 표출이 그 대표다. 이들을 두고 보수파라 명명하는 바, 그들은 12대3중전회 이후 그 불만이 더욱 고조되어 덩샤오핑-후야오방-자오쯔양식의 개혁에 반대하는 소리를 높이기 시작했다. 보수파의 목표는 무엇보다도 후야오방체제의 급진적 개혁정책, 즉 정치적 우경화를 직접적으로 겨냥하는 것이었다.

---

29) 위의 책.

특히 총서기 후야오방이 1985년 7월, 보수파의 이론가인 덩리췬을 이데올로기 부문의 핵인 당 중앙선전부장직에서 물러나게 하고, 자파 세력인 주허우쩌로 교체한 것은 보·혁간의 갈등에 기름을 부은 격이었다. 1985년 중앙 지도층 내에서는 서방 제국의 영화나 노래 등의 유입을 용인할 것인가, 거부할 것이냐를 두고 의견 대립이 있었다. 당 중앙선전부장 덩리췬은 시장경제를 인정한다면 중국은 자본주의의 길을 걷고 만다고 주장하며 이를 거부했다. 그의 주장은 당내 좌파의 의견을 대변하는 것이었다. 덩리췬의 주장은 후야오방, 자오쯔양을 중심으로 한 주류 개혁파와 정면으로 대립되는 의견이었다.

이러한 의견 대립의 과정에서 덩샤오핑은 후야오방의 손을 들어 주었고, 1985년 7월 베이다이허에서 소집된 중앙정치국회의에서 덩리췬은 결국 면직되었다. 후야오방이 추천한 주허우쩌를 후임 중앙선전부장에 임명했다. 주허우쩌는 개혁·개방노선에 동조하는 구이저우(貴州)성 공산당 서기였다. 후야오방은 또 주허우쩌의 후임에 후진타오를 추천했다. 후진타오는 후야오방 계열 공청단 간부 출신으로 당시 나이 불과 42세, 중국 최연소 성급 당위 서기가 되었다.

주허우쩌는 후야오방의 사상개방 정책을 강력히 밀고나갔다. 그는 두 차례에 걸쳐 언론에 공개적으로 다음과 같이 몇 가지 지극히 도전적인 주장을 피력하였다. ① 마르크스주의는 중국에서 기원한 것이 아니다. 진보적인 외국문화를 받아들이지 않고 문을 걸어 잠그면 문화가 발전하기 어렵다. ② 사상문화에 대하여 '사상 반대운동'도 추진해야 한다. ③ 행정수단을 통해 예술창작활동에 간여하는 것을 반대한다. ④ 상품경제를 발전시킨다는 관념 하에 문화사업을 추진해야 한다. ⑤ 비(非)마르크스이론도 배워야 한다. ⑥ 필화사건을 조작하거나 고립된 사상관념의 변혁에 대한 논의를 반대한다.[30] 주허우쩌의

---

30) 朱厚澤, "文化氣氛和文化開放"『新華文摘』第8期(北京: 人民出版社, 1986), p. 312; 朱厚澤, "關於思想文化的幾點思考,"『新華文摘』第9期(北京: 人民出版社, 1986), p. 114.

입장은 중국사회과학계의 많은 학자 및 이론가들로부터 갈채를 받았다. 하지만 그것은 덩리췬을 대표로 하는 강경좌파의 원한을 사기에 충분했다. 훗날 후야오방의 실각과 동시에 주허우쩌도 경질되고 만다. 당 중앙선전부장이 자주 교체되는 일은 개혁과 부르주아지 자유화 반대 사이에서 되풀이되는 중국지도부 정책의 요동을 반영하는 것이다.

제4절 예젠잉 등 원로들의 퇴진과 불만고조

1985년 9월 16일~24일, 중공은 12대4중전회·전국대표회의 및 5중전회 등 3개 중요 회의를 연속하여 개최하였다. 4중전회는 전국대표회의를 소집하기 위한 준비 회의였으며, 전국대표회의는 새로운 인사의 단행과 <7.5계획>을 통과시키는 회의였다. 5중전회는 새로 구성된 중앙위원회의 기초 위에서 중앙정치국과 그 상무위원회 및 중앙군사위원회를 인선하는 회의였다.

당 전국대표회의의 소집에 관해서는 1984년 10월, 12대3중전회에서 이미 <당의 전국대표회의 소집에 관한 결정>을 한 바 있다. 그 주요 의제는 두 가지였다. 하나는 <국민경제와 사회발전 제7차 5개년 계획 요강에 관한 결정>을 토론하여 통과시키는 것이고, 다른 하나는 중앙위원회 구성원을 증원하는 인사에 관한 사항이었다.

사실상 이 전국대표회의는 비정규적인 회의였다. 말하자면 공식적인 규정에 근거한다면 소집해서는 아니 될 회의였다. 그러나 이 회의는 나름대로 배경과 숨은 목적이 있었다. "당의 전국대표대회는 매 5년마다 한 차례 소집한다"는 <당헌> 제18조의 규정에 의한다면, 당 13기 전국대표대회는 당연히 1987년 9월에 소집하여야 했다. 그러나 중공은 "당의 현급과 현급 이상의 위원회는 필요시에 대표회의를 소집, 시급히 해결해야 할 필요가 있는 중요문제를 토론하고 결정할 수 있다"고 <당헌> 13조의 규정에 근거하여 회의를 소집하였다. 회의의 의제와 결정사항을 보면 지도급 간부의 대대적인 교체와 수혈이 이 회의의 중심 의제였음을 알 수 있다.

9월 16일에 소집된 12대4중전회는 '전국대표회의'의 준비단계로 가장 이목을 끈 것은 중앙정치국의 예졘잉 상무위원을 포함한 왕전·웨이궈칭·우란푸·덩잉차오·리더성·쑹런충·장팅파·녜룽전·쉬샹첸 등 정치국위원을 포함한 64명의 원로 중앙위원과 리징취안(李井泉)·샤오징광(蕭勁光) 등 36명의 중앙고문위원회 위원, 황커청 등 31명의 중앙기율검사위원회 위원 등 노간부들이 집단적으로 사의를 표한 것이다. 9월 18일~23일에 개최된 전국대표회의에서는 이들 노간부들을 대신해 중앙위원 56명과 후보중앙위원 35명, 중앙고문위원회 위원 56명, 중앙기율검사위원회 위원 31명을 선임했다. 이어 다음날인 9월 24일에 열린 12대5중전회에서는 중앙정치국위원과 중앙서기처의 서기를 선임하고, 중앙고문위원회와 중앙기율검사위원회의 신임 성원들의 선임을 비준하였다.

12대5중전회에서 개편된 당 지도부는 <표 2-3>과 같다.

12대5중전회 인사의 특징은 첫째, 전례에 없는 대폭적인 인사교체였다. 정치국위원의 경우, 1982년 당선자의 거의 40%가 퇴진하였다. 후야오방·덩샤오핑·자오쯔양·리셴녠·천원(이상 상무위원), 그리고 팡이·위추리·니즈푸·펑전·완리·시중쉰·양상쿤·양더즈·후차오무(이상 위원), 친지웨이·천무화(이상 후보위원) 등은 유임되고, 10명의 군 원로들이 대거 퇴진하였다. 상무위원 예졘잉(85세)을 비롯해 왕전(74세)·웨이궈칭(69세)·우란푸(76세)·덩잉차오(78세)·리더성(66세)·쑹런충(73세)·장팅파(64세)·녜룽전(83세)·쉬샹첸(81세) 등이 퇴진하였다.

<표 2-3> 12대5중전회의 중공 지도체제의 변화

	12대1중전회(82.9)	12대5중전회 (85.9)	탈락 또는 퇴임
중앙위원회총서기	후야오방	후야오방	
중앙정치국상무위원	후야오방,예젠잉,덩샤오핑,자오쯔양,리셴녠,천원	후야오방,덩샤오핑,자오쯔양,리셴녠,천원	예젠잉
중앙정치국위원<후보위원>	완리,시중쉰,왕전,웨이궈칭,우란푸,팡이,덩잉차오,리더성,양상쿤,양더즈,위추리,쑹런충,장팅파,후차오무,네룽전,니즈푸,쉬샹첸,펑전,랴오청즈<후보>야오이린.친지웨이,천무화	완리,시중쉰,팡이,**톈지원,차오스,리펑**,양상쿤,양더즈,**우쉐첸**,위추리,후차오무,**후치리,야오이린**,니즈푸,펑전 <후보>친지웨이,천무화	왕전,웨이궈칭,우란푸,덩잉차오,예젠잉,리더성,쑹런충,장팅파,네룽전,쉬샹첸,랴오청즈(83,사망)<후보>야오이린 ▲
중앙서기처	<서기>완리,시중쉰,덩리췬,양융,위추리,구무,천피셴,후치리,야오이린<후보서기>차오스, 하오졘슈	<서기>후치리,완리,위추리,**차오스,톈지원,리펑**,천피셴,덩리췬,**하오졘슈,왕자오궈**	시중쉰,양융,구무,야오이린 ▲<후보서기>차오스 ▲
중앙군사위원회	<주석>덩샤오핑(82.9승계)<부주석>예젠잉,쉬샹첸,네룽전,양상쿤(상무부주석)	유임	
중앙고문위원회(82.9 신설)	<주임>덩샤오핑<부주임>보이보,쉬스요,탄전린,리웨이한	<주임>덩샤오핑<부주임>**왕전**(상무),보이보,쉬스요,**쑹런충**	<부주임>탄전린,리웨이한
중앙기율검사위원회	<제1서기>천원<제2서기>황커칭<상무서기>왕허서우	<서기> 천원<제2서기>**왕허서우**<상무서기>한광	<제2서기>황커칭<상무서기>왕허서우 ▲

주: 짙은 색 글자체 명은 신임. ▲표는 승진.

퇴진한 10명 중 덩잉차오를 제외한 9명은 대부분 친 예젠잉파 군 원로들이었다. 예젠잉 상무위원자리는 공석으로 남겨 두고 아무도 대체하지 않았다. 새로운 정치국은 10명이 퇴진하고 6명이 진입함으로써 25명에서 21명으로 감소하였다. 증보된 신임들은 제3세대 간부층이 주종을 이루었다.

새로 선임된 중앙정치국위원은 톈지윈(田紀雲, 56세, 부총리)·차오스(61세, 당 조직부장)·리펑(부총리, 57세)·우쉐첸(외교부장, 64세)·후치리(서기처 서기, 56세)·야오이린(부총리, 68세) 등으로 비교적 젊고 전문지식을 갖춘 간부들이다. 특히 서기처 서기로 발탁된 왕자오궈는 44세에 불과했다. 이들 중 톈지윈, 차오스, 리펑, 후치리(유임)는 중앙서기처 서기직도 겸임하게 되었다.

당 13기 이후 당·정·군 최고지도층의 일원이 된 딩관건(丁關根)·리톄잉(李鐵映)·쩌우자화(鄒家華)·웨이젠싱·푸취안요(傅全有)·츠하오톈(遲浩田)·쑹졘·리구이셴(李貴鮮)·첸치천(錢其琛) 등도 이때 중앙위원으로 발탁된 중·청년 간부들이다. 2002년 당 16기에 중국 최고지도자가 된 후진타오는 이때 후보중앙위원에서 중앙위원으로 승진했고, 15기~16기 정치국위원에 선출된 우방궈(吳邦國)·우관정(吳官正)·리창춘(李長春)·뤄간(羅干)·허궈창(賀國强)·류윈산(劉雲山)·장리창(張立昌) 등 세4세대는 이때 처음으로 후보중앙위원에 발탁되었다.

이밖에 리더주(李德洙)·쑨자정(孫家正)·자춘왕(賈春旺)·랴오후이(廖暉) 등 2007년 현재 제1선 지도간부에 재임 중인 자들도 1985년 처음으로 중앙위원에 진입했다. 이들 중 특히 루이싱원(芮杏文)·후진타오·주허우쩌·첸리런·롼충우(阮崇武) 등 다수가 후야오방의 공청단과 유관한 인사들이었다.[31] 결국 노간부들이 중앙위원회 및 정치국

---

31) 교체된 중앙위원회 위원과 후보위원의 명단은 劉金全·沈學明 主編, 『歷屆中共中央委員人名詞典』(北京: 中共黨史出版社, 1992), p. 15 참조.

과 그 상무위원회에서 물러나고 새로운 청장년간부들을 수혈하는 방법으로 개혁파가 대국을 장악하였다고 설명할 수 있다.

둘째, 정치국위원(정)의 평균연령은 12대1중전회의 72.0세에서 67.4세로 낮아져 연소화(후보위원을 포함할 경우 71세에서 69세로) 되었다. 정치국 상무위원의 경우는 예젠잉이 퇴진했지만 75세에서 74세로 겨우 1세 낮아졌다.

셋째, 군부 세력이 감소했다. 퇴진한 10명의 정치국위원 중 예젠잉(원수)·녜룽전(원수)·쉬샹첸(원수)·웨이궈칭(상장)·리더성(소장)·장팅파(소장) 등 6명은 건국 후 1955년 정식으로 계급을 수여받은 장성 출신 군 원로들이다. 반면 중앙정치국에 남은 4명의 군관계자(양상쿤 군위 상무부주석, 양더즈 총참모장, 위추리 총정부주임, 친지웨이 베이징군구사령관)는 모두 덩샤오핑 노선의 충실한 집행자들이었다. 뿐만 아니라, 덩샤오핑이 주석으로서 군의 통수권을 행사하는 당 중앙군사위원회의 4명의 부주석 중 양상쿤을 제외한 예젠잉·쉬샹첸·녜룽전 등 3명의 원수가 정치국위원을 사임한 것은 시사하는 바가 크다. 이들 3명의 원수는 군 경력에서 덩샤오핑을 능가하고, 당력에서도 덩샤오핑에 조금도 뒤지지 않는 인물들로서 덩샤오핑의 군사노선에 대해서 언제나 제동을 걸 수 있는 입장에 있었기 때문이다. 특히 최장로인 예젠잉은 덩샤오핑의 현대화노선에 비판적이었다.[32] 이런 점에서 볼 때 이들의 퇴진은 덩샤오핑의 개혁노선에 더 큰 힘을 실어주었다. 이는 개혁파가 군부의 정치간여를 대거 배제함으로써 후야오방과 자오쯔양의 후계체제를 순조롭게 진행하겠다는 의지의 표현으로 볼 수 있다. 하지만 군부지도자를 큰 무리 없이 배제할 수 있었던 것은 모두 덩샤오핑의 권위에 의지한 것으로, 후야오방과 자오쯔양의 조건(혁명경력과 군 경험 등)과 권모로 과연 순리적으로 군권을 접수·장악할 수 있을지는 매우 회의적이지 않을 수 없었다. 새로 선임된

---

32) 송인영, 앞의 책, p. 147.

중앙정치국위원 6명 중에는 군인이 1명도 포함되지 않았다.

넷째, 계파별 분포를 보면, 개혁파가 우세한 인사였지만, 군원로들이 퇴진한 공석에 보·혁간의 타협으로 권력을 안배한 흔적이 역력하다. 정치국위원 중 덩샤오핑·후야오방·자오쯔양·완리·톈지윈·차오스·양상쿤·우쉐첸·후치리·시중쉰·니즈푸 및 친지웨이는 비교적 개혁성향을 띤 인사였고, 천윈·리셴녠·후차오무·야오이린·팡이·펑전 및 천무화 등은 보수성향의 지도간부였다. 중앙서기처의 경우, 보수파의 진영으로는 덩리췬이 유임되고 야오린이 퇴진함과 동시에 리펑이 보완되었다. 반면 개혁진영에 있어서는 후치리·완리·천피셴이 유임되고 차오스·톈지윈·하오젠슈·왕자오궈 등이 대거 발탁되었다. 따라서 중앙정치국과 서기처 구성원의 수적인 비율로 볼 때, 개혁파가 우세를 점하였다고 하겠다. 특히 서기처에 개혁성향의 간부를 대거 포진시킨 점으로 볼 때, 실제적인 당무행정을 담당하고 있는 서기처를 중심으로 개혁정책을 펴겠다는 후야오방의 의지가 반영된 것으로 보여진다.

한편 중앙고문위원회는 덩샤오핑 및 보이보와 쉬스요가 각각 주임과 부주임직에 유임되고, 왕전과 쑹런충이 정치국에서 자리를 옮겼다. 예젠잉·쉬샹첸·녜룽전 등 군 원로들은 정치국에서는 물러났지만, 중앙군사위원회(주석, 덩샤오핑) 부주석직은 그대로 유지하였다.

신임 정치국위원의 보다 상세한 프로필을 보면 다음과 같다.

▶ 자오쯔양의 오른팔, 쓰촨성 재정청장 출신 재정통 톈지윈

톈지윈(田紀雲)은 1929년 산둥성 페이청(肥城)현 출신으로 11세 때 (1941년) '팔로군'에 참가하여 항일투쟁에 투신했고, 16세(1945년)에 중국공산당에 입당했다. 상업회계학교에서 1년 수학한 이후 부대를 따라 남북으로 전전하며 회계업무에 종사했다. 1949년 홍군을 따라 양쯔강을 건너 구이양(貴陽)에 진입, 1969년까지 구이양시 및 구이저우성에서 지방재정사무에 종사했다. 동 기간 혁명대학과 재경학교에서

마르크스주의 기본서적을 체계적으로 공부하였고, 이것이 훗날 그의 정치사상의 기초가 되었다.

1969~1981년 쓰촨성 혁명위원회 재정국 부국장·국장, 1979년 12월 쓰촨성 인민정부 재정청장 겸 동 당조 서기를 거치면서 당시 쓰촨성 당위 제1서기였던 자오쯔양의 측근이 되었다. 톈지윈은 자오쯔양의 개혁을 적극적으로 보좌하였고, 그로 인해 자오쯔양의 신임을 받게 되었다. 그것이 그의 중앙 진입의 계기가 된 것이다. 자오쯔양이 쓰촨성의 개혁정책을 인정받아 국무원 총리로 입각하자 톈지윈도 함께 재경관리 전문가로서의 능력을 발휘하는 기회를 만날 수 있었다. 즉 국무원 부비서장, 당 중앙위원, 부총리 겸 비서장 등으로 승진되면서 주로 국무원의 재정금융·대외무역 관련 업무를 관장하였다. 특히 경제특구의 관리는 그에게 부과된 가장 중요한 임무 중의 하나였다. 당 12대5중전회에서 자오쯔양의 적극적인 지지로 중앙정치국위원 및 중앙서기처 서기로 발탁되었다.[33]

톈지윈은 행정수단에 의한 경제 관리방법이 아닌, 경제적 수단에 의한 경제관리 방법을 적극적으로 모색함으로써 덩샤오핑으로부터도 높은 평가를 받고 있었다.

▶ 정보와 조직에 정통한 당 중앙판공청 주임 및 중앙조직부장 출신 차오스

차오스(喬石)는 1924년 저장성 딩하이(定海) 출신으로 화둥(華東)연합대학 문학부를 중퇴하였다. 1940년 8월 중국공산당에 입당하여 상하이시 중학교 지하당 지부 위원·서기가 되어 항일학생구국운동에

---

33) 1987년 후야오방 실각 이후 자오쯔양이 총리직을 사임하고 당 총서기직에만 전념하려 할 즈음, 자오쯔양은 후임 총리직을 놓고 톈지윈을 지지, 리펑과 총리직 쟁탈전이 암암리에 전개되었다는 후문도 있다. 이처럼 그는 개혁주도형의 자오쯔양 계열 사람이다. 덩샤오핑도 그의 개혁의지와 능력을 높이 평가하였으며, 이후 당 15기까지 중앙정치국위원 겸 전인대 제1상무부위원장직을 연임했다.

투신하였다. 1945년 항일전 승리 후 상하이 퉁지(東濟)대학 지하당 총지부 서기, 상하이학생위원회 총 연락책 등을 거치며 '내전반대, 평화요구'에 대한 학생청원운동을 주도하였다.

1949년 건국 후 계속 청년공작에 종사했으며, 1950년대 중반 이후 잠시 안산(鞍山)철강공사 기본기술처 처장, 간쑤성 주취안(酒泉)철강공사 설계연구원 원장을 거친 후, 1964년 당 중앙대외연락부에 근무하면서 국제관계 업무에 능력을 인정받아 국장, 부부장에 올랐다. 그러나 문혁 기간 중 9년간 그의 행적은 묘연하다. 1978년 3월 당 중앙대외연락부 부부장의 자격으로 동구를 방문하였으며, 1982년 4월 당 중앙대외연락부장으로 승진하였다. 동년 9월 당 12대에서 중앙위원 및 중앙서기처 후보서기에 당선되었고, 1983년 8월 당 행정의 핵심인 당 중앙판공청 주임으로 발탁되었다. 1984년 4월에는 다시 당의 기밀과 인사업무를 관장하는 중앙조직부 부장이 되었다.

차오스는 1982년 당 중앙대외연락부 부장직에 임명됨으로써 그의 이름이 외부의 주의를 끌기 시작했다. 이 시기는 중국이 개혁·개방을 시험하던 때라 당시 그가 중앙대외연락부 부장 및 중앙판공청 주임에 임명된 것으로 보아 그는 권력핵심의 심복이었음을 짐작할 수 있다. 그리고 당 중앙조직부장에 발탁된 점으로 보아 그는 덩샤오핑의 신임을 받고 있었던 인물임에는 틀림이 없다. 왜냐하면 중앙조직부는 전 당의 간부인사 등 주요 기밀 부문을 관장하는 부서이며, 차오스가 동 부장으로 재임한 15개월은 바로 중국에 대규모의 간부 노·청 교체가 이루어진 시기이기 때문이다.

이 시기 차오스는 스스로 주재하여 제정한 <성, 부급 제3세대 건설공작에 관한 보고>에 의해 대량의 중·청년 간부를 기용했다. 정확한 통계는 아니지만 차오스가 당 중앙조직부장 재임 시 교체, 기용한 중앙 및 지방의 당·정부·인민대표대회·정치협상회의의 부장(장관)급 이상 간부는 약 1백여 명, 부부장(차관)급 간부는 적어도 1천여 명이 넘은 것으로 알려지고 있다. 또 이를 기초로 1985년 9월에 개최된 당 전국대표대회에서는 56명의 중앙위원, 35명의 후보중앙위원 및 31명의 중앙기율검사위원회 위원을 증보했다. 1992년 10월의 당 14전대에서 당선된 신임 중앙위원 중 상당부분이 이때 증보된 인물들이 승진된 것이다.

특히 중공 제14기 중앙정치국 및 서기처와 중앙군사위원회에 진입한 후진타오, 리톄잉, 쩌우자화, 첸치천, 딩관건, 웨이졘싱, 우방궈, 츠하오톈, 푸취안요 등은 차오스의 기안에 의해 당시 중앙위원 혹은 중앙후보위원에 발탁된 인물들이다. 이들 중 웨이졘싱(14기 당 중앙정치국위원, 서기처 서기, 기율검사위원회서기)은 차오스가 중앙조직부장이 된 후 그 부부장으로 발탁한 사람이며, 또 차오스가 조직부를 떠날 때 그 후임으로 추천했던 사람이다. 원자바오(현 국무원 총리 겸 중앙정치국 상무위원)는 차오스가 그의 재능을 인정, 후야오방에게 추천하여 당 중앙판공청 부주임에 임명한 사람이다. 또 현 총서기 후진타오는 후야오방과 차오스의 추천으로 공청단 중앙 제1서기(전임 왕자오궈는 차오스의 후임 중앙판공청 주임이 됨) 및 구이저우성 당위서기가 된 사람이다.

따라서 당내에서 차오스만큼 인맥이 두터운 자도 드물다. 차오스는 덩샤오핑·천윈 및 원로들의 신임을 받을 뿐만 아니라, 후야오방·자오쯔양과의 관계 역시 원만한 편이었다. 특히 총서기 후야오방이 조직부장으로 발탁한 것으로 보아 후야오방과의 관계는 상당히 돈독하다고 보겠다. 1985년 당 중앙정법위원회34) 서기가 되고 중앙정치국위원 겸 중앙서기처 서기로 승진하였다.

---

34) 당 중앙 정법위원회는 국가(정부)부문의 공안(무장경찰포함) 법원·검찰·사법부·민정부를 관장하는 이외, 군사법원, 군사검찰원을 지도할 수 있는 권한을 장악하고 있는 당 중앙의 핵심부서이다. 특히 치안과 비밀공작(간첩, 반간첩, 중앙보위, 비밀조사)을 주임무로 하고 있는 무소불위의 막강한 조직이다.

▶ 저우언라이-덩잉차오의 양자, 소련유학파 테크노크라트 리펑

리펑(李鵬)은 1928년 상하이(원적, 쓰촨성 청두城都)에서 태어나 어린 시절 저우언라이와 그의 처 덩잉차오의 양자가 되었다. 친·외척할 것 없이 공산혁명의 피가 흐르고 있는 홍색가문의 자제다. 이른바 제1세대 '태자당(太子黨)'이다. 1931년 3세 때 공산당 청년지도자였던 아버지 리숴쉰(李碩勳)[35]이 국민당에 체포되어 하이난(海南)에서 처형당하자, 1931~1939년 리펑은 어머니 자오쥔타오(趙君陶)[36]의 품에 안겨 쓰촨으로 가 중국공산당 창당 공로자이며 교육자인 우위장(吳玉章)의 집에서 반년 간 머문 후, 우위장의 주선으로 저명한 교육자 타오싱즈(陶行之)가 건립한 충칭육재(重慶育才)학교에서 타오싱즈의 교육이론과 '평민교육'을 받으며 유년시절을 보냈다.

1939년 리펑의 어머니 자오쥔타오는 중공지하공작에 전념하기 위하여 리펑을 청두의 친척집에 기양시키는데, 당시 충칭 팔로군 행정실(辦事處) 책임자로 있던 저우언라이의 처 덩잉차오가 리펑을 충칭으로 데려와 양자로 삼았다(당시 11세). 1941년 충칭의 전세가 위급해지자

---

35) 리숴쉰(李碩勳)은 1921년(17세)에 중국사회주의청년단 창단공작에 참여했고, 그 후 천이 등과 함께 학생운동을 전개했다. 1924년 상하이대학 재학시절 중국공산당에 입당. 1927년 전국학생총회 회장 신분으로 '난창폭동((南昌起義)'의 주력이 된 국민혁명군 제25사단 당 대표(정치주임)가 되었고, 저우언라이·주더 등과 함께 난창폭동을 주도했다. 1931년 광둥성 당위 군사위원회 서기가 되어 하이난도에서 유격전을 지휘하다 그 신분이 노출되어(마카오어를 몰라) 국민당에 체포되어 처형당했다. 당시 그의 나이 28세였으며, 유족으로는 25세의 처 자오쥔타오와 3세의 리펑, 그리고 유복녀 리충(李瓊)이 있었다.

36) 자오쥔타오는 1927년 상하이 '4·12정변' 때 국민당에 의해 피살된 초기 중공지도자의 한 사람인 자오스옌(趙世炎)의 여동생이다. 자오스옌은 1920년 근공검학(勤工儉學)으로 저우언라이, 리푸춘(李富春), 리웨이한, 덩샤오핑 등 당대 거물급 중공지도자들과 함께 프랑스에 유학, 1921년 프랑스 공산주의 소조에 참가, 이들과 중국사회주의청년단을 조직했다. 1922년에는 중국공산당 재유럽 총지부를 결성 그 서기를 맡았고, 당시 저우언라이는 선전위원이었다. 따라서 자오스옌과 저우언라이의 관계는 생사지교(生死之交)의 관계였다. 귀국 후 1927년에는 중국공산당 제5기 전국대표대회에서 중앙위원으로 선출되는 등 그야말로 걸출한 중공 청년지도자였다. 하지만 그는 1927년 7월2일 상하이에서 국민당에 의해 피살되었다. 당시 나이 26세였다.

저우언라이는 리펑을 옌안으로 보내, 그곳에서 옌안중학과 옌안자연과학원(중공이 고급 공산당 간부의 자제를 교육시키기 위하여 특별히 건립한 최초의 대학), 그리고 장자커우(張家口)공업전문학교를 수학했다.

옌안자연과학원 재학 중인 1945년 공산당 입당했다. 그 후 저우언라이의 배려로 모스크바 동력대학(power Institute) 전력학과에 유학, 수력발전 전문가가 되었다. 당시 혁명열사의 자제로 옌안중학에 수학한 예쉬안핑(葉選平, 예졘잉 장군의 아들, 현 중국인민정치협상회의 부주석), 장난상(전교육부장) 등과 옌안자연과학원을 수학한 수백 명은 '옌안인맥'을 형성, 리펑의 든든한 정치적 기반이 되고 있다. 1948년 리펑과 함께 소련 유학을 떠난 학생 역시 모두 고급간부의 자제였다. 즉 예졘잉 장군의 사위 쩌우자화와 예졘잉의 딸 예추매이(葉楚梅, 쩌우자화의 처), 예팅(葉挺)의 아들 예정다(葉正大)와 예정밍(葉正明), 린뱌오의 조카 린한슝(林漢雄, 전 국무원 건설부장), 샤오징광 대장의 장자 샤오융딩(蕭永定, 전 경공업부 부부장), 런비스(任弼時)의 조카와 질녀인 린상(任湘)·린웨(任岳) 등이었다. 이들은 훗날 '리펑 내각' 출범 이후 그 주요 구성원이 되었으며 그 중 쩌우자화와 예추메이는 부부가 되었고, 리펑과 예정다는 사돈지간이 되었다.

리펑의 회고담에 의하면 자기는 소련 유학생으로 파견되는 것을 탐탁하게 생각하지 않았다고 했다. 왜냐하면 초기 중국공산주의 지도자인 왕밍(王明)·보구(博古) 등과 같이 소련 유학 후, '중국의 실세로부터 이탈'될까 두려워했기 때문이다. 리펑 등 고급간부 자제들이 유학생으로 선발되었을 때 런비스(任弼時)를 대표로 한 중공 대표단 일행이 그들을 방문, 학생들에게 소련에서 정치학을 전공하는 것을 찬성하지 않았다고 한다.

그 이유는 첫째 과거 소련에서 정치학을 공부한 유학생 출신들이 자주 교조주의의 착오를 범했고, 둘째 정치적 측면에 있어서 중국은 이미 성숙해 있으므로 소련에서 중공의 정치공작 간부를 배양할 필요가 없기 때문이라고 했다. 따라서 린비스는 재소 중국유학생은 소련에서 인문분야를 전공하지 말고 이공분야를 전공할 것을 요구했다. 그래서 리펑은 모스크바 Power Institue에서 수력발전학을 전공한 것이다. 소련 유학 중 막강한 배경을 업고, 재소련유학생회 당지부 서기 및 재소련학생총회 회장을 지냈다.

1955년 귀국 후 당시 중국 최대의 수력발전소인 지린펑만발전소(吉林豊滿發電廠)의 부소장 총공정사, 그리고 중국 최대의 화력발전소인 랴오닝성 푸신(阜新)발전소 소장을 역임함으로서 기층 공작의 경험을 쌓았다. 문혁기간 중에는 저우언라이 총리의 적극적인 추천에 의해 베이징시의 전력을 공급하는 베이징 전력공급국(供電局) 당위 대리서기·혁명위원회 주임 및 베이징전력관리국 당위 부서기·혁명위원회 부주임·부국장 당조서기·국장 등의 직에 있게 되어 문혁의 폭풍을 벗어날 수 있었다.

1979년 국무원 전력공업부 부부장을 맡음으로써 중앙무대에 발을 들여 놓았고, 이어 1981년 전력공업부 부장 승진, 다음 해 수리전력부(수리부와 전력공업부의 합병) 제1부부장, 9월 중공 제12기 중앙위원, 1983년 제6기 전국인민대표대회에서 국무원 부총리에 선임됨으로써 고급간부의 반열에 진입하였다. 리펑이 여느 유학생출신들과는 달리 문혁의 박해로부터 벗어났던 것이나 부총리에 승진하는 등 초고속 출세의 가도를 걷게 된 데에는 저우언라이 부부의 후원이 컸던 것으로 알려지고 있다. 저우언라이 부부는 혁명열사의 자제임을 들어 "우리의 자제는 마음을 놓을 수 있다"는 논법으로 리펑을 적극 추천하였다.

1984년 9월 리펑은 국무원 전자진흥지도소조 조장을 겸임하였다. 이때 부조장이던 장쩌민과는 서로 혁명열사의 자제라는 점과 유학파 테크노크라트인 점에서 의기가 투합하였다. 1985년 6월 국가교육위원회 주임직을 겸임했고, 동년 9월 당 12대5중전회에서 당 중앙치국위원 겸 중앙서기처 서기에 당선되었다.[37]

리펑은 1950년대 소련 유학을 통하여 '스탈린식 중앙집권적 계획체제'에 익숙해 있을 뿐만 아니라 오랫동안 보수파 원로들의 비호를 받아 성장한 관계로 자연히 보수원로의 대표격인 천원의 '새장 경제'(鳥籠經濟)를 옳게 받아들이고 행정적 수단을 동원하여 경제운용을 통제하려는 이른바 사회주의 경제체제를 맹신하는 스타일이다.

▶ 공청단 출신 간부, 외교의 베테랑 우쉐첸

우쉐첸(吳學謙)은 1921년 상하이에서 태어나 명문 지난(暨南)대학 외교학과를 졸업했다. 그는 차오스 등과 1938년 중공 지하당의 지도하에 상하이의 학생운동을 주도하였다. 1949년 이후 공청단 국제연락부장, 공청단 상무위원 등을 거치면서 공청단 제1서기 후야오방을 최측근에서 보좌한 공청단 출신 간부다. 그는 공청단시기에 청년대외협력공작을 통해 풍부한 국제경험을 익혔으며, 이를 바탕으로 1974년 당 중앙대외연락부 처장에 올랐다. 여기서 그 재능을 인정받아 국장, 부부장으로 승진하였다.

1982년 후야오방에 의해 공청단계 간부들이 대거 중용될 즈음, 외교부 부부장(부장, 황화, 그리고 부장으로 승진하였다. 이후 6여 년간 대륙의 개방외교를 요리한 중국외교의 사령탑 역할을 했다.[38] 상하이 학생운동 시절에는 차오스와 가까운 사이에 있었으며, 훗날 최고지도자가 된 장쩌민은 우쉐첸과 차오스의 지도하에 있었다.

---

37) 1987년 11월 중앙정치국 상무위원에 당선되어, 자오쯔양이 총리직을 사임하자 국무원 대리총리-총리(국가경제체제개혁위원회 주임 겸임)에 선임되는 등 그야 말로 초고속의 승진가도를 달리게 된다.
38) 우쉐첸은 비록 후야오방계열이나, 후야오방의 실각과는 관계없이 1987년에 중앙정치국위원에 연임되었고, 1987년 국무원 부총리에 승진하면서 당 중앙 외사소조 부조장(조장, 리펑)을 역임하면서 중국경제외교에 지대한 성과를 거두었다.

▶ 베이징대학 기계학부를 나온 공청단 출신, 후야오방의 오른팔 후치리

후치리(胡啓立)는 1929년 산시(陝西)성 출신으로 베이징대학 기계학부를 졸업한 테크노크라트다. 졸업 후 모교에 남아 공청단(당시 신민주주의청년단) 서기직을 맡으며 학생운동을 지도했다. 재학 중 공산당에 입당하였다. 1957년 이후 공청단 중앙위원회 후보위원·위원·중앙서기처 후보서기, 전국학생연합 주석, 전국청년연합 상무위원·부주석 등을 거치면서, 당시 공산당 외곽 청년단체를 이끌고 있던 후야오방 공청단 제1서기와 밀접한 관계에 있었다.

문혁이 발발하자 공청단 중앙서기처는 폐지되었고, 후치리는 '류사오치의 추종자로 지목되어 일체의 직위로부터 해임되었다. 1972년 복권되어 닝샤(寧夏)자치구의 기층행정업무를 경험하고, 4인방이 축출되자 칭화대학 부총장에 임명되어 공청단의 재건공작을 주도하였다. 1978년 공청단이 재건되자 동 중앙위원회 서기(제1서기, 한잉韓英)에 기용되어 후야오방의 후원 하에 문혁 때 파괴된 공청단의 체제를 재정비하는 데 힘을 쏟았다. 1979년 이후 전국청년엽합 주석, 톈진시장·동 당위 서기를 거쳐 1982년 후야오방에 의해 당 중앙의 핵심부서인 중앙판공청 주임, 중앙위원, 서기처 서기에 발탁되어 총서기 후야오방을 적극적으로 도와 문혁의 잔재세력을 청소하였다. 1984년 중앙숙당(整黨)공작지도위원회 부주임으로 기용되어 주임인 후야오방을 도와 당의 정풍운동을 주도, 덩샤오핑-후야오방 개혁·개방체제의 기반을 튼튼하게 하였다.

그의 경력에 나타난 바와 같이 후치리는 당의 외곽인 청년조직 지도공작에 반평생을 보냄으로써 후야오방의 오른팔이 되었고, 그동안 중국청년의 대표자격으로 외국 방문이 빈번함으로써 누구보다도 많은 해외경험을 쌓았다. 그리고 베이징대 기계학부를 졸업한 엘리트에, 기층 및 성급 지도자로서의 풍부한 경험을 다진 개명 엘리트다. 1985년 12대5중전회에서 간부 연소화 정책에 따라 일약 완리·위추리의 위로

뛰어 올랐고, 중앙서기처 서기직도 유임되는 영광을 얻었다.[39]

▶ 칭화대 출신 천윈 계열 보수파, 재경통 야오이린

야오이린(姚依林)은 1917년 안후이성 출신으로 명문 칭화대학에서 수학과 화학을 전공하였다. 대학재학 중 공산당에 입당하여 학생운동의 보스가 되었고, 펑전·저우샤오저우(周小舟)의 지휘하에 '12·9운동'을 이끈 주모자의 한 사람이다. 야오이린의 공산당 입당은 저우샤오저우의 소개로 이루어졌는데, 저우샤오저우는 천윈의 처 위뤄제(于若傑)의 스승이다. 1949년 건국이전까지 그는 류사오치-펑전(북방국) 라인하에 도시(백구)의 지하선전공작을 주도하였으며, 진찰기(晉察冀) 변구 공업국장·재무판공실 주임, 화북인민정부 공업국장 등을 지내면서 지방재무행정의 경험을 쌓았다. 또 1950년 상공업계 인사들과 접촉이 밀접하여 중국민주건국회 상무이사에 당선되어 통일전선공작에 참여하기도 했다.

건국과 동시에 그는 정무원 무역부 부부장에 발탁되었고, 상업부 부부장·당 중앙 재무부장, 재무판공실 부주임, 상업부장으로 승진하는 등 당·정의 재무행정업무에 종사했다. 1960년 이후 상업부장직을 무려 7년 이상 역임했다.

문혁시 '3반분자'로 몰려 홍위병의 비판을 받고 일체의 공직으로부터 파면되었다. 1973년 복권되어 국무원 대외무역부 부부장·부장, 당 중앙위원이 되었고, 1979년 부총리 겸 국무원 재경위원회(주임, 천윈) 위원 겸 비서장에 발탁되어 중국재경업무의 실질적인 조정자 역할을 했다. 그리고 당내 핵심적인 실무부서인 당 중앙 판공청의 주임(전임, 왕둥싱)을 겸임하면서 문혁 이후 파괴된 당 체제의 정비에 주력하였

---

39) 1987년 13대1중전회에서 중앙정치국 상무위원에 올랐으며, 한때 후야오방의 후계자로까지 지목되어 세인의 관심을 끌었다. 그러나 6.4사태 때 자오쯔양편에 섰다는 이유로 실각되었다. 그 후 1993년 국무원 전자공업부 부부장에 기용되어 재기하는 듯 했으나, 1998년 정협 부주석으로 물러났다.

다.

1980년 천원의 후원으로 중앙서기처 서기, 국가계획위원회 주임에 임명되어 중국경제를 주도했다. 1982년 대대적인 기구개혁과 인사개편이 있었으나, 야오이린은 완리와 함께 부총리에 유임되어 국가계획위원회 주임직을 두 차례나 거친 계획경제운영의 브레인이다. 1982년 중앙정치국 후보위원에 당선된 후 1985년 12대5중전회에서 중앙정치국위원에 당선됨으로써 중국의 최고지도층에 진입하게 되었다. 그는 천원의 소위 '새장 경제'의 신봉자로서 사회주의라는 테두리는 벗어나는 경제개혁은 반대하였다.[40]

요컨대, 신임 정치국위원 중 우쉐첸과 후치리, 그리고 왕자오궈 서기처 서기는 공청단 지도간부출신으로 후야오방과 가까운 사이이며, 하오젠슈·천피셴은 후야오방에 의해 발탁된 청·장년 간부다. 차오스는 당 조직의 귀재로 우쉐첸과는 당 중앙대외연락부에서 함께 일했고, 상하이 지하공작시절에 생사를 함께 한 인물이다. 톈지원은 자오쯔양(당시 쓰촨성 서기) 밑에서 능력을 인정받아 중앙에 진출하였고, 리펑은 저우언라이의 양자로서 덩잉차오(저우언라이의 처)와 천원의 적극적인 추천이 있었고, 야오이린은 천원의 사람으로 후보위원에서 승진되었다.

이상과 같이 1985년 9월, 전국대표회의를 전후 해 후야오방은 지도간부의 대대적인 교체를 통해 자파 세력을 대거 발탁하였다. 반면, 예젠잉을 필두로 한 100여명의 80~90대 원로정치인들, 특히 군출신 노

---

40) 1987년 11월 중공 13대1중전회에서 중앙정치국 상무위원에 발탁됨으로써 중국의 최고지도층의 일원이 된다. 1988년 부총리에 연임되어 제1부총리 역할을 하였으며, 당 및 정부내의 모든 경제계획과 운영을 책임졌다. 1989년 6.4사태 때 그는 온건 보수적 태도를 견지하여 급진개혁파인 자오쯔양·후치리 등의 실각과는 반대로 리펑·차오스 등과 함께 중앙정치국 상무위원직에 유임되었다. 그러나 1992년 14대1중전회에서는 보수파의 후퇴와 더불어 쑹핑과 함께 퇴진하게 된다. 17기 중앙정치국위원 겸 부총리가 된 왕치산(王岐山)은 그의 사위다.

간부들이 정치 일선에서 밀려났다. 이 일로 인해 후야오방은 직접 그의 지위를 위협받지는 않았지만, 정계에 많은 적을 만들어 버렸다. 특히 군부의 불만은 누증되고 있었다.

결과적으로 덩샤오핑-후야오방 체제는 '다수(예젠잉 등 군 원로)와 연합'하여 소수(화궈펑 세력)를 타도하고, '기구개혁'을 통해 자파 세력을 확대한 후 '간부4화(특히 연소화, 전문화)' 정책을 내세워 원로세력을 퇴출시키는 전략으로 그 정권 기반을 확실히 한 것이다.

물론 개혁파의 입장에서 볼 때는 개혁·개방정책을 지속적이고도 강력하게 추진하기 위해서는 개혁에 장애가 되는 인사구조(상부구조)를 과감히 척결하지 않을 수 없었다. 개혁 그 자체가 바로 정권존립의 정당성의 근거였고, 그를 추진하기 위해서는 그것에 걸맞은 인사구조가 필요했기 때문이다. 하지만 인사개혁에 대한 원로간부, 특히 퇴출된 군 원로들의 불만 야기는 필연적인 것이었다. 여기다 개혁·개방의 가속화와 정치적 개혁까지 범위를 확대하는 급진적인 개혁에 대해 위협을 느끼는 보수파의 반응은 격렬할 수밖에 없었다.

천원은 전국대표회의에서 공개적으로 덩샤오핑과 후야오방 등 당권파가 식량생산의 중요성을 무시하고 공업생산의 성장을 너무 급속히 추진하며, 시장의 기능을 지나치게 강조한 나머지 정치사상공작이 쇠락하고 민주집중제가 잘 견지되지 않고 있다고 비판하였다. 덩샤오핑-후야오방의 개혁노선에 대한 비판이었다. 이는 개혁파의 앞길에 결코 쉽지 않는 난관이 기다리고 있음을 의미하는 것이었다.

제5절 보/혁 간의 이론 대립과 갈등

1. 덩샤오핑과 천원 간의 이론 대립

덩샤오핑의 개혁은 이미 앞에서 소개한 바와 같이 사회주의체제의 보존 하에서 4개 현대화를 실현하는 것이다. 이러한 개혁책략은 한편으로는 현대화에 장애세력인 간부종신제와 같은 제도를 청소해야 했고, 다른 한편으로는 또 현존 체제의 기본 틀(1당 독재와 같은)을 보호해야만 했다. 덩샤오핑은 그래서 '1개 중심'(경제건설) '2개 기본점'(경제적으로 개혁·개방, 정치적으로 4항 기본원칙 견지)을 제의하여 이러한 변화와 불변의 모순을 해결하려 했던 것이다. 문혁의 잔재를 숙정한 후 개혁이 추진되는 과정에 있어서 지도자들 모두는 1개 중심의 건설에는 이의가 없었다. 하지만, 사회경제적 환경의 변화에 따라 개혁·개방의 속도와 범위 및 2개 기본점에 대한 견해차이로 인하여 노선 및 이론상의 충돌이 일어났다.

덩샤오핑과 천원을 대표로 하는 개혁파와 보수파 간의 의견(정책) 대립이 그것이다. 정치적으로는 덩-천 두 사람의 의견을 일치하였다. '4항 기본원칙'을 견지하자는 데에는 이견이 없었다. 경제적으로도 개혁에는 두 사람 모두 동의하였다. 다른 것은 덩샤오핑은 '백묘론 흑묘론'(白猫論黑猫論, 흰 고양이든 검은 고양이든 쥐를 잡는 고양이가 좋은 고양이다)자로 사회주의경제제도(계획)든 자본주의제도(시장)든 경제만 살리면 된다는 정책을 편 반면, 천원은 소련의 사회주의 경제이론에 충실한 자로 경제개혁을 추진하되 반드시 계획경제의 테두리를 벗어나서는 아니 된다는 주장이다. 이른바 '새장 경제'이론이다. 천원은 1982년 이런 말을 했다. "경제활성화라는 것은 계획지도하에서의 활성화이고, 계획지도를 벗어난 활성화이어서는 안 된다. 이것은 새와 새장의 관계와 같은 것이다. 새를 손아귀에 쥐어서는 안된다. 손으로 꽉 쥐어버리면 새는 죽어버린다. 새를 날려 보내서는 안 되며 새장 안에 둘 수밖에 없다. 새장이 없으면 새는 날아 가버린다'[41]

덩샤오핑과 천윈은 두 사람은 이처럼 고양이(猫)와 새(鳥)에 비유될 수 있었다. 문혁 전의 당 서열을 보면 천윈은 마오쩌둥, 류샤오치, 저우언라이, 주더에 이어 5번째였다. 덩샤오핑은 린뱌오에 이어 7번째였기 때문에 천윈이 앞서 있었다. 그러나 4인방 체포 후 덩샤오핑이 세 번째 복권된 후 그 서열은 역전되었다.

4인방 체포 후 덩샤오핑이 천윈과 손을 잡게 된 배경은 다분히 정치적인 성격을 띠고 있었다. 4인방 체포 후 문혁의 잔재를 척결하기 위해서는 천윈의 당내 위신과 경제에 대한 그의 경륜이 필요로 했기 때문이다. 그리고 천윈이 제의한 '조정·개혁·정돈·제고'의 '8자 방침'을 바탕으로 한 조정정책으로 위기에 처한 중국경제를 되살리는 정책을 펴기도 했다. 하지만 천윈의 경제사상은 1950년대 중기에는 먹혀들었지만, 1979년 이후에는 천윈의 이른바 '소련의 계획경제사상'은 이미 중국실정에 부합되지 못했다. 50년대는 중국의 경제는 그 규모도 적고 경제활동 역시 복잡하지 않았으며 경제관리의 방식 역시 상대적으로 간단했다. 하지만 1979년 이후 중국의 경제상황은 이미 50년대와는 크게 달라져 있었다. 그리하여 1981년에 와서는 개혁파는 다방면에 걸쳐 개혁조치를 취하였고, 특히 농촌의 사회주의소유제 개혁 실시 이후 천윈과 덩샤오핑 간에는 점점 틈이 생기기 시작했다. 1982년 말 '계획경제를 위주로 하고 시장경제를 보조로 하는' 이른바 '새장 경제' 이론의 제기는 바로 당시 개혁정책에 대한 불만의 구체적 표현이었다. 경제에 있어 상대적으로 보수적인 태도를 취하는 사람들이 모여 개혁정책에 이의를 제기하면서 천윈의 이론을 추종했고, 그들은 덩샤오핑-후야오방의 개혁정책에 대항하는 일군의 정치세력이

---

41) 가미무라 고지 지음, 송현웅 옮김, 『중국 권력핵심』(서울: 청어람미디어, 2002), p. 165.

되었다. 이른바 보수파 그룹이다. 야오이린, 쑹핑, 리펑 등은 그의 경제이론을 추종하는 자들이었다.

개혁파와 보수파간의 의견 대립은 전반적인 개혁개방정책은 물론, 경제특구문제 등 곳곳에서 불거졌다. 일반적으로 천윈은 농업을 중시하고 덩샤오핑은 공업을 중시하였다. 천윈은 '농업이 없으면 사회가 불안하고, 식량이 없으면 사회가 혼란해 짐(無農不穩,無糧則亂)'을 강조하면서 '균형적 발전(均富論)'을 강조하였다. 반면 덩샤오핑은 '공업이 없으면 부유해지지 않고, 상업이 없으면 활력이 없음(無工不富, 無商不活)'을 강조하면서 공업과 상업을 중시하는 '불균형적 발전전략(先富論)'을 주장했다.

구체적인 정책에 있어서 두 사람의 명백한 이견은 경제특구에 대한 관점에서 나타났다. 중국의 수많은 지도자들은 여러 차례 선전특구를 참관했지만, 천윈은 단 한번도 가지 않았다. 천윈은 이미 오래전부터 경제특구건설을 반대해왔다. 천윈은 1981년 12월, '성·시·자치구 당위 제1서기 좌담회' 석상에서 광둥·푸젠 두 성의 선전·주하이(珠海)·산터우(汕頭)·샤먼(廈門) 등 4개 경제특구의 시험운영을 거론하면서 그 이상의 확대를 반대하고 가공 및 합자경영의 국내 생산품에 주는 부작용을 꼬집었다. 1982년 10월 25일 국가계획위원회 책임간부들에 대한 연설에서도 다음과 같이 특구경제를 경계하는 발언을 했다. "현재 하고 있는 특구를 각 성이 모두 하려고 생각하고 입을 열고 있는데, 만약 그렇게 되면 외국자본가와 국내투기꾼이 모두 총출동하여 대대적인 투기가 극성할 것이다. 그래서 그렇게 할 수 없으며 특구에 대해 가장 먼저 해야 할 문제는 바로 특구의 경험을 종합적으로 평가해 보는 것이다'42) 하지만 1984년 초 덩샤오핑은 4개 특구를 시찰한 후, 그 성과에 만족하면서 다시 14개 경제특구를 더 건설할 것을 결정했다. 물론 그 뒤 천윈 등의 제지로 우선 8개시만 개방하다가 14개

---

42) 林理建, "鄧小平與陳雲的分岐," 『中國大陸』 第204期(臺北: 中國大陸問題硏究所, 1984年 8月), p. 4.

시로 확대했다.

1985년 6월 29일 천원은 '전국의 당풍 단정공작의 경험 교류회'에서 개혁의 잘못에 초점을 맞추어 서면 연설을 했다. "전 당원 동지들에게 우리는 사회주의국가이며 우리의 최종목표는 공산주의를 실현하는 것임을 명백히 하여야 한다. 사회주의 물질문명건설을 만약 사회주의 정신문명건설과 동시에 진행하지 않으면, 그것은 잘 되지 않을 것이며 심지어 사회주의 이상을 이탈할 것이다. 우리는 사회주의 4개현대화를 하고 있는 것이지 다른 것의 현대화를 하는 것은 아니다' 이는 공개적으로 경제특구 등 사회주의 노선을 이탈케 하는 개혁정책을 비판한 연설이었다.[43]

또 같은 해 9월 23일 전술한 바와 같이 당 전국대표회의에서 개혁의 속도가 너무 빠르고, 개혁의 부작용으로 나타난 황금만능주의 및 새로운 부정의 야기를 비판했다. 또 개혁의 성과에 대한 과대한 선전도 꼬집었다. 다음날 기율검사위원회 6차회의에서도 "현재 당과 사회적 기풍에 있어서 아직도 심각한 문제가 존재한다"고 신랄하게 꼬집고, "반드시 사상면에 있어서 정신문명을 경시하는 현상을 바로잡아야 하며, 자본주의의 썩어빠진 사상과 작풍의 침투를 엄중히 주의해야한다"고 했다. 그리고 마지막으로 '하이난도 자동차 사건과 그 사건속의 불법적인 외화 거래, 사기, 수뢰 등 부패문제를 거론했다.[44]

천원의 이러한 비판은 바로 개혁·개방으로 야기된 문제점과 부작용을 대변하는 것이었다. 실제로 경제개혁으로 당풍은 이전과 같지 않아 기율이 서지 않았고, 치안은 악화되었으며, 관료의 부패는 만연되고 물가는 상승하였다. 때문에 개혁파는 비록 당 전국대표회의를 통해 조직에 우세를 견지할 수는 있었으나 경제정책에 대한 보수파의 비판을 피하기 어려운 처지가 되었다. 보수파의 공격과 인민들의 불

---

43)『人民日報』, 1985年 7月 1日.

44) 陳雲, "中紀委6次會議全會上的講話,"『紅旗』 1985年 第19旗(北京: 紅旗雜誌社, 1985年 10月), p. 40; p. 41.

만, 이 이중의 압력에 개혁파는 개혁의 속도를 늦추는 정책으로 숨을 고르게 된다. 이른바 '신8자 방침'-공고·소화·보충·개선-으로 후퇴하게 되었다.

2. 자유주의사상의 고조와 보/혁 갈등

개혁·개방의 결과 야기된 부작용과 자유주의사상으로 정신문명을 강화하자는 당내의 목소리가 더욱 고조되고 있는 가운데, 마딩(馬丁)의 경제이론을 비판하는 '마딩 사건'과 류자이푸(劉再復)의 문예사상을 비난하는 '류자이푸 사건'이 터졌다. 정신오염 반대운동 후에 폭발된 사건이라 이 두 사건은 개혁파와 보수파 간의 정책 및 사상노선의 분규를 더욱 격화시켰다.[45] 자오쯔양·후치리와 후차오무·덩리췬 등 보·혁의 이론가들이 모두 말려 든 대결의 장이었다.

<마딩 사건>

1985년 11월, 난징대학 철학과 교수 쑹룽샹(宋龍祥)이 '마딩'이라는 필명으로 『공인일보』(工人日報)에 「현대 중국 경제연구의 10대 변화」라는 한 편의 이론적 성격을 띤 논문을 발표했다. 그것은 마르크스주의의 정치경제에 대하여 쓴 평론이었다. 여기서 그는 마르크스의 정치경제학은 이론적인 측면에서는 상당한 가치가 있지만, 실제의 모든 문제, 특히 사회주의건설과정에서 나타나는 새로운 문제를 모두 해결할 수 있는 것은 아닌 것으로 안다고 했다. 또 그는 그 논문에서 모든 문제는 "반드시 과학적인 방법으로 비판 및 분석해야 하고, 서구 경제학의 연구 성과를 거울로 삼아야 한다"는 등 서구의 경제이론과 주장을 수용할 것은 과담하게 제의했다. 비록 마딩의 글이 서구의 경

---

45) 兪雨霖, "中共13大後的思想·政策暨權力動向: 評估與展望," 『中國大陸研究』第 30卷 第6期(臺北: 1988), p. 10.

제이론도 수용하자는 주장이긴 했지만, 기본적으로는 마르크스주의이론의 틀을 벗어나 문제를 논의한 것은 아니었다.

마딩의 글은 일본과 미국 등 몇몇 신문에 전재되었다. 12월 19일, 뉴욕의 한 중국계 신문은 「공리주의를 포기하라-중국경제학 연구에 반드시 가져야 할 태도」라는 제목의 사설을 통하여 "현재 중국의 경제학 연구는 공리주의적이라 옛것을 배우고도 현실에 적용하지 못하는 융통성이 없는 것"이라고 하면서 마딩의 주장을 크게 비판했다. 그것은 1986년 3월 4일, 다시 『경제참고』와 보수 언론에 전재됨으로써 중국공산당 내부에 이론과 실천에 대한 분규와 대립이 재연되었다.[46]

3월 14일, 보수파의 외국기사 전재에 대한 반격이 시작되었다. 『인민일보』해외판에 마딩의 논조보다 더욱 대담한 한 편의 글이 발표되었다. 하오즈웨이(郝志偉)의 이름으로 발표된 이 글의 제목은 「마르크스주의 연구 중의 '돌파'」로 보수파의 공격에 대한 직접적인 반격이었다. 논리의 전개가 상식을 뛰어넘은 대담한 수준이어서 보수파를 크게 격노시켰고, 『인민일보』해외판을 회수하는 사건이 벌어졌다.[47] 이는 마딩 사건이 얼마나 치열한 사상 투쟁을 불러일으켰는가를 입증하는 것이다.

그 후 자오쯔양은 회의석상에서 개혁은 이론의 돌파를 통해 이끌어가야 하는데, 견해가 다르다고 해서 마음대로 '보수' 또는 '자유화'의 모자를 씌워서는 아니 되며, 대담하게 자유주의사상을 탐색하는 것을 오히려 격려하여야 한다고 했다. 이는 마딩과 같은 입장, 즉 자유화사상에 동조하는 발언이었다. 이어 4월 22일, 개혁파의 주요 이론가이며 선전가인 후치리(중앙정치국위원 겸 중앙서기처 서기)과 신임 당

---

46) 尹慶耀, "中共有馬列主義過時論," 『中國大陸』第27期(臺北: 中國大陸問題研究所, 1986年 7月), p. 6.

47) 邢國强, "中共思想路線與'雙百方針'," 『中國大陸研究』第28卷 第12期(臺北: 國際關係研究中心, 1986年 6月), p. 8.

중앙선전부장 주허우쩌는 공개적으로 마딩의 의견에 대해 찬동과 지지를 표했다. 이처럼 개혁파의 연속적인 방어와 반격으로 결국 보수파의 공세는 흐지부지해졌다.

마딩 사건 이후 홍콩의 한 소식통에 의하면, 뉴욕의 중국계 신문 사설의 개혁파에 대한 공격은 보수파 이론가인 후차오무가 자오쯔양을 겨냥한 공격의 화살이었으며, 덩리췬이 '고차원의 정신오염'이라는 이름으로 제6기 전인대 전야에 그것을 유포함으로써 개혁파에 일격을 가하고자 했던 것으로 전해진다.[48]

<류자이푸 사건>

류자이푸 사건은 중국 사상계를 뒤흔든 또 하나의 필화사건이다. 류자이푸는 당시 중국사회과학원 문학연구소 경선 소장이었다. 그는 초기에는 루쉰(魯迅)에 관한 연구를 했으며, '학문의 자유, 학문의 미덕, 학문의 개성' 등 16자 요강을 제창하여 중국 학술계의 개혁을 부르짖은 선구자다. 1984년~1985년 초 개혁파가 이데올로기 영역에 있어서 개혁을 추진하면서 후야오방의 요구에 따라 지식인 집단의 기관에 당위를 두지 않고 자체적으로 책임자를 선출하는 제도를 시범적으로 운영했다. 류자이푸는 그때 130여 명의 문학연구소 직원의 여론조사와 직접선거에 의해 소장에 뽑힌 사람이다. 당시 류자이푸는 부연구원 신분이었고 젊은 나이(1941년생)임에도 사회과학원의 첫 민선 소장으로 당선된 것이다. 사회과학연구소에서 민선소장을 선출한다는 것은 이데올로기면에서 완고한 보수파에게는 당의 지도를 포기하는 것으로 밖에 볼 수 없었고, 도저히 용납될 수 없는 일이었다. 따라서 지식인 집단의 책임자 경선제도는 보수파의 반대로 더 이상 확산되지 못했다. 이러한 류자이푸가 연구원의 이름으로 마르크스주의의 인간성 무시에 대한 비판과 언론의 과감한 개방을 주장하여 당시 문화예술계

---

48) 國安民, 『八十年代中共改革派之興起與變遷』(臺北: 中共研究雜誌社, 1993), p. 175.

의 폭넓은 지지를 받았다. 하지만 이는 보수파의 분노를 야기하였고, 보수파의 눈에는 가시가 되었다.

1986년 4월 『홍기』잡지 제8기에 중앙서기처 정책연구실 주임 천융(陳涌)이 「문예학 방법문제」라는 논문을 게재하여 류자이푸의 문예사상을 크게 질책했다. 마르크스·레닌·엥겔스의 논조를 인용하여 류자이푸를 '이중적인 성격이 조합된 인물'이라 하며 격렬히 비판했다. 논문 중 가장 주목을 끄는 것은 '유(唯)생산력론'에 대한 비판이었다. 그것은 생산력의 중요성을 강조한 덩샤오핑의 정책을 포괄한 것이었기 때문에 개혁정책에 대한 불만의 토로와 동시에 개혁파와의 투쟁도 불사하겠다는 의도로 보였다.

천융의 글이 발표된 후 곧 각계에서는 강렬한 반응이 일어났다. 중앙선전부장 주허우쩌는 특별히 정치협상회의에 제출한 류자이푸의 건의서를 각 성·시 및 자치구의 선전부장에게 발송하여 학습케 함으로써 천융의 글을 묵살했다. 그리고 당 중앙의 대변적 언론매체인 『인민일보』는 5월 12일과 19일 두 차례에 걸쳐 평론원의 이름으로 류자이푸의 견해를 지지하는 글을 발표했다. 결국 천융의 글은 보·혁간의 대립을 격화시키는 듯 했으나 각계의 저지로 마딩 사건과 마찬가지로 보수파의 패배로 끝났다.

이상 두 사건은 이데올로기면에 있어서 마르크스·레닌주의에 충실한 보수파의 개혁정책에 대한 불만과 저항 표출의 한 예라고 보겠다. 사실, 보수파의 입장에서 볼 때 후야오방의 급진적인 개혁정책, 즉 사상의 자유화와 민주화 정책은 마르크스주의를 이탈하는 것이었다. '4항 기본원칙'을 잘 견지하지 못하고 있다고 본 것이다. 이 점에 있어서는 덩샤오핑도 '정신오염청소운동'때와 같이 보수파와 생각을 같이하고 있었다고 보겠다. 그 후 몇 개월이 지나 후야오방은 실각하는 사태를 맞게 되는데, 지나치게 '편우' 경향을 수용한 것이 큰 이유 중의 하나였음은 그것을 잘 증명해 준다.

제6절 민주화 운동, 후야오방의 실각과 보수파의 득세

1. 정치체제개혁 논의의 재개와 학생민주화 운동

개혁정책과 사상의 자유화를 놓고 보·혁 세력이 격돌하고 있는 가운데, 1986년 9월, 12대6중전회가 개최되었다. 이 회의의 본래 의제는 '정치체제의 개혁'과 '정신문명 건설'이라는 두 가지 문제에 관한 것이었다. 회의에서 개혁파와 보수파는 '부르주아지 자유화 반대'라는 문구를 <사회주의 정신문명 건설 지도방침에 관한 결의>에 삽입하느냐의 여부를 놓고 격론이 벌어졌다.[49] 천원을 중심으로 한 후차오무·덩리쥔 등 보수세력은 '정치체제의 개혁'을 극력 저지하고, '부르주아지 자유화 반대'에 관한 문구를 반드시 <결의>에 삽입하여야 한다고 주장한 반면, 후야오방·완리 등 개혁파는 이에 반대 입장이었다. 특히 개혁파는 '부르주아지 자유화 반대'에 관한 정확한 개념정의가 없으므로 그것을 <결의>에 삽입하는 것은 좋지 않다고 했다. 논쟁이 그치지 않자 덩샤오핑은 <정치체제 개혁> 문제의 처리는 일단 유보하고, <사회주의 정신문명 건설 지도방침에 관한 결의>만 통과시키기로 하였다. 일단 보수파의 손을 들어 <결의>에 '부르주아지 자유화 반대'라는 문구를 삽입하는 한편, '사회주의초급단계론'을 언급하면서 좌파의 교조주의도 반대한다고 했다.[50] 그리고 1986년에 공포한 제2호, 제3호 문건을 근거로 덩샤오핑의 <부르주아지의 자유화에 반대한다>는 당시의 담화를 당 중앙에 넘겼다. 그러나 후야오방은 5개월간 그것을 보류해 두었다가 다음해 1월에 가서야 공포했다.

---

49) 吳家安, 『中共政權四十年的回顧與展望』(臺北: 國立政治大學國際關係研究中心, 1991), p. 56.
50) 張結鳳, "二至六號文件揭示當前形勢," 『百姓』第138期(香港: 1987年 3月), p. 4.

이러한 후야오방의 처사는 보수파의 비난을 면키 어려웠다. 보수파가 볼 때는 비록 "부르주아지의 자유화에 반대한다"는 문구가 <결의> 속에 담겨지긴 했지만, 후야오방이 '자유화' 인사를 저지하기는커녕, 오히려 그들을 지지하며, 정신오염·부르주아지 자유화에 대해 소극적으로 대처하는 등 계속하여 착오를 범하고 있다고 생각하지 않을 수 없었다.51)

　　12대6중전회에서 정치체제개혁 문제의 처리가 덩샤오핑의 중재로 유보되긴 했으나, 정치개혁에 관한 문제는 1986년 봄부터 제기되었던 문제다. 앞서 언급한 바와 같이 '마딩 사건' 및 '류자이푸 사건'이 도화선이 되었고, 덩샤오핑의 담화가 직접적인 계기를 제공했던 것이다. 덩샤오핑은 1986년 4월, '전국 성장회의'에서 정치체제개혁의 구상을 피력한 바 있다. 이어 1986년 6월 10일 덩샤오핑은 담화를 통하여 "정치체제를 개혁하지 않고서는 변화에 적응할 수 없으며, 개혁에는 정치체제에 대한 개혁이 포함됨은 물론이고, 정치체제에 대한 개혁은 개혁의 주요대상"이라고 역설하였다. 이어 6월 28일에는 "우리의 개혁이 성공하느냐 못하느냐는 결국 정치체제개혁에 달려있다. 만사는 사람이 하기 때문이다"라는 취지의 담화를 발표하였다. 그리고 6월 20일 또 '정풍운동 회의' 석상에서 "작금 당내에 만연하는 각종 부패현상은 우연한 일이 아니다. 그것은 현행 정치체제가 빚어 낸 부산물이다. 정치체제개혁부터 손보지 않으면 당내 부정의 풍토를 근절하지 못한다"고 했다.52)

　　이처럼 당시 정치개혁이 주 의제로 등장하게 된 배경은 개혁·개방 이후 경제개혁은 의욕적으로 추진되었다고 할 수는 있지만, 정치개혁은 답보상태에 있었기 때문이었다. 물론, 개혁 초기인 1980년 8월, 덩샤오핑이 <당과 지도체제의 개혁>에 관한 담화를 발표한 바는 있지

---

51) 위의 논문.
52) 『文匯報』, 1986年 7月 21日.

만 그것은 6년 동안 보수파의 저항으로 큰 진전이 없었다. 당내 보수파의 중심인물인 왕전·후차오무·덩리췬 등은 1981년부터 이미 '부르주아지 자유화 반대' 투쟁을 전개해 왔으며, 1983년부터는 '정신오염 청소운동' 등을 통하여 '4개 원칙'을 견지할 것을 주장하며 정치적 통제를 계속 강화해 왔다.

그리하여 덩샤오핑 자신이 시인한 것처럼 첫째, 경제개혁이 농촌에서 도시로 확산되는 과정에서 많은 장애에 부딪친 것은 사실이며, 이를 제거하기 위해서는 정치체제개혁이 필수적이었다. 즉 정치체제개혁 없이는 경제체제개혁을 성공적으로 추진할 수 없었다.[53] 둘째, 덩샤오핑 자신이 1980년 지도체제개혁을 제기한 이래 국무원의 기구개혁과 같은 일부의 행정개혁을 제외하고는 구체적으로 정치체제에 대한 개혁을 추진한 바는 없었다. 덩샤오핑이 정치체제개혁에 대해 구상하고 있던 핵심과제는 ① 당·정 분리를 통해 체제의 효율성을 제고하고, ② 행정권의 상당부분을 지방으로 하방하여 지방정부의 적극성을 고취하고, ③ 비대화된 조직과 기구를 간소화하며, ④ 간부를 4화-연소화·전문화·지식화·혁명화-하는 것 등이었다. 따라서 그가 말하는 정치체제개혁이란 경제체제개혁을 촉진하기 위한 조치가 대부분으로 일종의 행정개혁에 불과한 것이었다. '4항 기본원칙'을 뛰어 넘는 개혁은 아니었다.

위에서 언급한 바와 같이 1986년 들어 덩샤오핑은 정치체제개혁의 필요성을 재차 강조했으면서도 12대6중전회에서 논의 자체를 유보한 것은 보수파의 강렬한 반발 때문이었다. 하지만 덩샤오핑의 발언과 구상은 학계에 대단한 반향을 불러 일으켰고, 또 그것은 학생민주화 운동으로 확산되었다.

맨 먼저, 정치체제개혁에 대한 건의를 한 학자는 중국사회과학원

---

53) 鄧小平, 『現代中國的基本問題』(北京: 外文出版社, 1987), p. 255.

정치연구소 소장 옌자치(嚴家其)였다. 그는 1986년 6월, 권력분립과 견제와 균형, 인민의 실질적인 정치참여의 확대를 주장하였다. 또한 그는 정치개혁의 중심문제는 권력의 과도한 집중을 극복하는 데 있기 때문에 구체적으로 다음 4가지의 개혁이 이루어져야한다고 했다. ① 정부기관에 대한 비정부기관(특히 당)의 침해와 간섭, ② 당과 정부 권력의 하부 이양, ③ 인민의 정치참여 확대, ④ 당의 일원적 지도에 대한 개혁과 3권 분립 등이다. 옌자치는 정치개혁은 당의 지도를 벗어나서는 성공할 수 없다고 보고, 그것을 단계적으로 추진해야 하며 먼저 당과 행정의 분리, 당과 기업의 분리부터 착수해야 한다고 했다. 따라서 그는 정치체제개혁에 대해 비교적 신중하고도 온건적인 태도를 견지했다.

1986년 8월 행정학자인 탄젠(譚健)도 비슷한 개혁안을 내 놓았다. 그는 "권력의 합리적 분할과 견제와 균형의 원칙은 자본주의국가에서만 적용되는 것이 아니라 사회주의국가에서도 적용될 수 있다"고 주장하면서 "경제독점과 마찬가지로 정치권력의 독점은 절대 부패의 근원이 되기 때문에 절대 권력이 부패하면 절대 독재로 전락하는 것은 역사가 증명하는 법칙"이라고 역설하였다. 따라서 그는 정치개혁의 목표를 정치의 민주화, 공개화, 정책결정의 과학화, 법제화에 두었다. 정치개혁의 구체적인 내용은 당·정 분리, 행정개혁, 인민대표제도의 개선, 국가공무원제도의 도입 등 옌자치와 마찬가지로 비교적 온건한 입장을 취했다.

옌자치와 탄젠의 주장은 비록 정치개혁을 강력히 요구하면서도 사회주의제도 하의 당의 지도를 전제로 한 점에서 사회주의 정치제도 자체에 대한 도전은 아니었다. 즉, '4항 기본원칙의 견지'를 거슬리는 정도는 아니었다. 그러나 정치개혁에 대한 논의가 과열되는 과정에서 이른바 급진적인 개혁의 소리가 터져 나오기 시작했다. 당의 마르크스·레닌주의·마오쩌둥사상 연구소 소장 쑤사오즈(蘇紹智)와 팡리즈(方勵之) 등이 그 대표적인 학자다.

쑤사오즈는 중국 정치체제개혁의 주요 목표는 "파벌주의·특권남용·관료주의로 특징 지워지는 봉건잔재를 청산하는 한편, 민주집중제를 재검토하고 당으로부터 입법·사법기관을 독립시키는 데 있다'고 하였다. 그는 인민의 자유와 권리에 대해서도 "헌법에 규정된 자유와 권리가 보장되지 않는 한 구호만의 자유와 평등은 의미가 없다'고 하였다. 이처럼 그는 중국공산당 통치의 기본원칙인 민주집중제와 당의 지도(以黨領政) 및 인민민주독재를 부정하는 급진적인 주장을 서슴없이 하였다.

특히 안후이성 허페이(合肥) 소재의 중국과학기술대학 부학장인 물리학자 팡리즈는 1986년 상하이 자오퉁(交通)대학에서 행한 강연에서 권력분립과 다원적인 정치체제를 실현할 것을 주장하면서 민주주의란 투쟁을 통해서만 쟁취할 수 있으며 마르크스에서 마오쩌둥에 이르기까지 사회주의운동은 실패한 것이라 규정했다.

이처럼 1986년 당이 정치체제개혁에 대한 구상을 제기한 후, 지식인들은 마르크스주의에 대한 재평가를 요구하고 서양의 민주사조를 계몽 전파하는 한편, 정치개혁 없는 경제개혁은 영원히 성공할 수 없다고 하면서 대학가에 민주화의 불씨를 지폈다. 그리고 대학생들은 정치개혁·민선정부·민주화를 요구하는 시위를 전국적으로 전개하는 등 공산당의 권위에 도전하였다.

특히 상하이 자오퉁대학에서의 팡리즈의 연설은 마침내 그가 재직하고 있던 과학기술대학 학생시위의 도화선이 되었다. 물론 그 이전인 1985년 9월 18일, 선양의 대학생들이 반일(反日)의 이름으로 일본경제의 침략에 반대하는 구호를 내걸고 1980년 이래 최대 규모의 학생시위를 벌인 적이 있다. 그러나 그것은 규모가 크지 않아 얼마 안되어 진압되었다.

12월 5일, 중국과학기술대학 학생 1천여 명이 안후이성 인민정부와 허페이시 당위 청사앞에서 "우리는 민주주의를 요구한다. 민주주의가 없으면, 현대화도 없다'는 구호를 외치며 시위를 벌였다. 안후이성 정부가 성 인민대표대회 선거에서 구의 입후보자 명단에 그들이 지지한 대표(후보자)를 뺐었다는 것이 주된 이유였다. 이 소문은 눈 깜박할 사이에 전국적으로 퍼져 17개 시의 150여 개 대학으로 시위가 확산되었다.

12월 하순 상하이에서도 대규모 시위가 일어났다. 자오퉁대학, 푸단(復旦)대학과 퉁지(同濟)대학 학생들 6~7만 명이 거리로 뛰어나왔다. 그들은 민주개혁을 요구하고 우리에게 자유를 달라, 인사제도를 개혁하라, 공안원의 파시스트적 행동에 반대한다는 구호를 외쳤다. 이 밖에 푸저우(福州)대학·선전대학·윈난대학·중산(中山)대학·난징대학·난카이(南開)대학·베이징사범대학 등 전국의 대학 등에서 민주화와 자유화를 쟁취하기 위한 학생시위가 동시 다발적으로 터졌다. 학생시위 중 학생들이 요구한 구체적인 내용을 보면 크게 3가지다. 첫째 학내의 문제로 수업이 비민주적이다. 학비가 비싸다. 기숙사의 서비스가 열악하다는 것 등에 관한 것, 둘째 기층인민정부 선거의 절차에 관한 것, 셋째 정치체제개혁에 관한 것 등이었다. 처음에는 학비 및 기숙사 관리에 대한 교내의 사소한 불만에서 시작하여 신속하게 정치민주화의 요구로 에스컬레이터 되어 체제에 위협을 가해 왔던 것이다.

2. 보수파의 공격과 후야오방의 사임

이러한 학생운동(學潮)은 결국 보수파의 감정을 격화시켜 실권 개혁파에 대해 반격을 가할 수 있는 빌미를 제공하였다. 이는 마오쩌둥 사후 '범시론'과 '실천론'이 맞붙어 투쟁을 벌인 이후, 처음 맞는 당내 최대의 노선대립이자 위기였다.

특히 실권을 장악하고 있는 후야오방의 개혁(급진)정책에 대한 평전·리셴녠·덩리췬·리펑·야오이린 등 보수파의 공격은 집요하였다. 이때 이미 양 진영은 후야오방과 평전의 깃발 아래 서로 다른 논조로 첨예하게 대립해 오고 있는 상태였다. 보수파가 당의 사상노선은 당연히 '마르크스 레닌주의·마오쩌둥사상'으로 통일되어야 한다고 주장한 반면, 개혁파는 '11대3중전회 이래의 노선·방침·정책'으로 통일되어야 한다는 주장을 했다. 후자는 자유의 관점에서 비교적 대대적인 개혁, 즉 경제체제뿐만 아니라, 정치체제까지 포함한 전 분야의 개혁을 적극적으로 발 빠르게 추진할 것을 주장한 반면, 전자는 조건 및 환경의 정리·정돈을 내세워 부문별로 서행할 것을 주장했다. 보수파는 '4항 기본원칙'을 우선적으로 견지하면서 개혁·개방을 서행할 것을 강조하였기 때문에 그들은 방어적이면서 공격적인 성향을 보였다.

이러한 상황에서 덩샤오핑을 제외한 원로들은 대부분 보수적인 입장에 있었다. 이들은 장정을 통하여 중국공산당을 건설하고 국공전쟁을 승리로 이끌었으며, 문혁에 박해를 받았으며, 화궈펑을 타도하는 데 큰 역할을 한 혁명원로들이다. 그러나 이들은 개혁의 여파로 정치 일선에서 물러나 있었기 때문에 후야오방체제에 대한 불만은 고조되어 있을 수밖에 없었다.

그러던 중인 1986년 말, 마침내 학생시위는 중국공산당의 심장부인 수도 베이징에까지 확산되었다. 12월 23일에는 1천명이 넘는 칭화대학과 베이징대학 학생들이 총장과 공산당 서기를 상대로 민주, 인권에 관한 토론(辯論)을 요구하고, 교문을 나가 베이징 시내에서 대규모 시위를 벌였다.

보수파 원로들은 격노했다. 덩샤오핑도 예외는 아니었다. 덩샤오핑이 바라던 정치체제개혁의 범위(4항 기본원칙 견지)를 넘어선 것이다. 덩샤오핑이 구상하고 있던 정치체제개혁은 경제체제개혁에 장애가 되는 정부관리 메커니즘을 개혁하는 것이지 그 이상은 아니었다. 그런 점에서는 보수파 원로들과 뜻을 같이하였다.

하지만 후야오방은 학생들에게 관용적인 태도로 최대한 설득토록 지시했다. 피 끓는 청년 대학생들에게 있어서 그것은 오히려 학생시위를 용인하고 더욱 부추기는 꼴이 되었다. 그래서 사태는 수습할 수 없을 정도로 확산되었고, 더욱 격렬해졌다.

마침내 1986년 12월 25일 『인민일보』에 평론원의 이름으로 「정치 체제개혁은 오직 당 지도하에서만 추진할 수 있다」는 주제의 논문을 게재하여, 학생들이 바라는 급진적인 정치체제개혁의 요구에 제동을 걸었다. 또 12월 29일, 『인민일보』는 다시 평론원의 이름으로 「민주는 4항 기본원칙을 벗어날 수 없음을 말함」이라는 논문을 발표하였다. 두 논문 모두 공포적인 어투로 "학생운동은 '일부 생각이 없는 인간들'이 이용할 수 있는 빌미를 동원하여 '당의 지도'를 부정하려는 의도이며, 만약 정세를 잘못 파악하고 이에 편승하여 '대 민주'를 하겠다고 대중을 선동하면, 반드시 스스로 그 결과에 대한 책임을 져야 할 것"이라고 경고했다.

이와 동시에 중국 각지에서는 시위에 관한 규정을 제정하여 학생운동을 제지하였다. 12월 26일, 상하이시 공안국은 <집회 및 가두시위에 관한 임시 규정>을 공포하여 집회와 시위를 요구할 때에는 반드시 사전 허가를 받도록 하고, 만약 이를 위반한 자는 엄중히 처리한다고 규정하였다. 같은 날 베이징시 제8기 인민대표대회 32차회의에서는 <베이징시 가두시위에 관한 임시규정>을 통과시켜 집회 및 시위를 할 때는 반드시 5일전에 허가 신청을 하도록 제한하였다. 그 후 난징시·장시성·닝보(寧波)·원저우(溫州)·우한(武漢)·허페이 등지에서도 시위 및 집회에 관한 규정을 공포하여 집회 및 가두시위에 대해 엄격한 제한 조치를 취했다.[54]

12월 30일, 덩샤오핑은 후야오방·자오쯔양·완리·후치리·리펑과 허둥창(何東昌) 등을 불러 그들에게 학생시위를 평정하지 못한 점을 질책하고, 학생운동은 부르주아지 자유화 반대를 견지하지 못한 결과로 안다고 했다. 그리고 부르주아지 자유화 사상의 범람을 세차게 저

---

54) 珞璘, "大陸學潮事件的發展與影響," 『匪政硏究』 第30卷 第2期(臺北: 國防部軍事情報局, 1987年 2月), p. 127.

지해야 한다는 결론을 내렸다. 덩샤오핑은 직접 <부르주아지 자유화에 반대하자>는 담화를 발표했다.[55] 당시 대담의 내용은 훗날 당 중앙 <87년 1호 문건>으로 정리되었다. 이 대담에서 덩샤오핑은 후야오방을 질책한 것 이외, 팡리즈・왕뤄왕(王若望) 및 류빈옌(劉賓雁) 등 급진적인 지식인의 이름을 직접 거론했다.[56] 덩샤오핑은 '부르주아지 자유화 반대'의 중요성을 다시 강조함과 동시에 후야오방이 자유화에 반대하는 정책을 철저히 집행치 못하고 있음에 불만을 표시했다.

이처럼 1987년 1월부터 학생시위에 대한 규제의 강화와 덩샤오핑의 후야오방에 대한 질책으로 사태는 이외의 방향으로 반전되어 민주화운동이 바로 당내 권력투쟁으로 비화되었다. 1987년 1월 10일, 덩샤오핑이 직접 거명한 팡리즈・왕뤄왕 및 류빈옌 등 3명의 지식인은 '반(反)부르주아지 자유화'의 함성 속에 당의 지도를 부정하고, 사회주의제도를 모멸하고, 부르주아지 자유화를 고취하고, 자본주의의 길을 주장하고, 4항 기존원칙을 반대했다는 죄목으로 출당되었다. 중국과학기술대학 관웨이옌(管惟炎) 총장 역시 부총장인 팡리즈를 잘 통제하지 못하고, 동 대학생들의 행동이 전국적인 학생운동의 빌미를 제공하였다는 데 대한 책임을 지고 해직되었다.

펑전・왕전・보이보・후차오무・덩리췬・위추리・양상쿤 등 7인은 덩샤오핑에게 학생시위의 후과를 강력히 진언했고, 후야오방의 유연한 태도를 강력히 비판했다. 1987년 1월 15일부터 16일에 걸쳐 보이보의 요청에 따라 당 중앙은 정치국 확대회의를 소집했고, 보수파 원로들은 덩샤오핑에게 '자유화' 운동을 엄격히 처리하지 않고 오히려 그것을 동조하고 있는 후야오방 총서기를 파면토록 압력을 가하였다. 또 이를 계기로 당내 부르주아지 자유화의 성향을 지닌 지식분자를 숙정할 것을 강력히 제기하였다. 이틀간의 회의에서 원로들은 부르주아지

---

55) 鄧小平(1987), 앞의 책, p. 271.
56) 張結鳳, "一號文件撤起狂風巨浪, 『百姓』 第137期(香港: 百姓文化事業有限公司, 1987年 2月), p. 4.

자유화에 대한 후야오방의 관용정책을 격렬하게 규탄하고, 정치국 전원과 중앙서기처 서기 대다수가 일제히 후야오방에게 비판의 포문을 열었다. 첫 날 회의에서 침묵을 지킨 사람은 후야오방과 같은 공청단 출신인 왕자오궈 서기처 서기와 주허우쩌 중앙선전부장 두 사람뿐이었다. 정치국위원인 시중쉰(시진핑의 아버지) 한 사람만이 문화혁명식의 인신공격에 반대했다.

결국 동 중앙정치국 확대회의는 후야오방의 총서기 사임요청을 수락하고, 중앙위원 및 정치국 상무위원직을 정지시킬 것을 결정했다. 국무원 총리 자오쯔양이 총서기 대리직을 맡게 되었다. 이로써 후야오방 후계체제는 와해되었다.

총서기 후야오방의 죄명은 "당의 집단지도원칙을 크게 위반하고, 정치원칙상의 중대한 과오(失誤)를 저질렀다"는 것이었다.57) 보수파의 평전은 후야오방의 과오에 대해 첫째, 집단지도에 복종하지 않고 겸허하지 않았으며, 둘째, '4항 기본원칙'을 계속적으로 견지하지 않았다는 것으로 요약했다.58) 어찌 되었던 후야오방의 정치생명은 끝났고, 그것은 개혁의 최대의 좌절이었다.

후야오방의 실각은 위와 같은 공식 문건이나 반대파의 주장 이외, 개혁파와 보수파간의 정책노선상의 모순과 갈등을 배경으로 한 복잡한 권력투쟁의 산물이었다. 후야오방 실각 이유는 다음과 같이 요약할 수 있겠다.

첫째, 후야오방은 후치리·우쉐첸·주허우쩌·하오졘슈 등 공청단계통의 간부를 요직에 대거 발탁하여 자신의 실력을 다짐으로써 '비공청단계로부터 파벌을 조성한다는 의구심을 불어 일으켜 불만을 야기하였으며, 특히 노간부들은 신분에 위협을 느꼈다. 그리고 후야오방은 '간부 연소화' 정책을 추진하는 과정에서 '제3세대'의 구상을 제기하여 정책의 연속성을 확보한다는 명분하에 당 중앙의 3분의 1에 해당하는

---

57) 『北京日報』, 1987年 1月 17日.
58) 『文匯報』, 1987年 4月 9日.

원로들의 은퇴를 요구함으로써 노간부 위주의 보수파로부터 미움을 쌓았다. 1986년 후야오방은 이미 몇 차례 노간부의 조기 퇴직 및 휴직을 제의한 바 있고, 1987년 가을 당 제13차 전국대표대회(이하 13전대로 약칭) 때, 중앙위원은 60세, 정치국위원은 72세에 퇴휴하도록 엄격히 규정할 것을 계획했다. 그것에 의하면 덩샤오핑을 포함한 수많은 원로들은 모두 퇴휴 대열에 포함되며, 후야오방은 덩샤오핑이 맡고 있는 중앙고문위원회 주임과 중앙군사위원회 주석을 승계하는 것으로 되어 있었다. 때문에 원로들의 극도의 불만을 유발하였고 덩샤오핑도 후야오방이 자신을 밀어내고 권력을 독점하려는 생각을 하지 않나하는 의구심을 갖게 되었다.[59] 거기다 후야오방의 사상노선이 개방적이어서 보수파나 교조주의자들은 그것을 용납할 수 없었다.[60]

둘째, 후야오방의 군내 권력기반이 원체 허약했기 때문이다. 전통적으로 중국에 있어 "권력은 총구에서 나온다"는 말이 시사하는 바를 차치하고서라도 후야오방의 권력기반은 '공청단' 출신을 중심으로 한 신진 당·정관료 출신 이외는 거의 없었다. 특히 군대 계통의 인맥은 전무하였으며, 화궈펑과는 달리 당 대표직을 맡고 있으면서도 중앙군사위원회 주석직은 물론, 여타 군사 보직을 겸직하고 있지 않아 그의 군대 내 세력기반은 극히 제한적일 수밖에 없었다.

셋째, 따라서 덩샤오핑의 감호 하에 정권을 유지하고 있었다. 그러나 후야오방의 사상개방은 덩샤오핑의 허용 범위를 넘어 서고 있었다. 덩샤오핑의 사상은 시종 경제적으로 '반좌(反左)', 정치적으로 '반우(反右)' 정책을 견지하는 것이었다. 즉 덩샤오핑은 경제적으로는 개혁과 개방정책을 계속하여 추진해 나갈 것을 촉구하였으나, 정치적으로는 시종 보수적이어서 이 점에서는 보수파와 의견이 일치하는 입장이었다. 따라서 후야오방은 '4항 기본원칙'을 뛰어 넘는 한 더 이상 덩샤

---

59) 韓文甫, 『鄧小平傳-治國篇』(臺北: 時報文化出版文化公司, 1993), p. 714.
60) 張大雄, 『中共政治權力運作之硏究(1978~1992)-中共政治衝突與權力承繼之分析』(臺北: 國立政治大學碩士學位論文, 1992), pp. 117~118.

오핑의 감호를 받을 수 없었다. 그리고 후야오방이 계파를 만들어 너무 서두러 후계체제를 확립하려는 데 대해 덩샤오핑이 못 마땅히 생각한 것으로도 전한다.

넷째, 덩샤오핑은 보수파의 투쟁 목표가 자신을 조준할 것에 대해 위협을 느끼고 일시적으로 보수파와의 타협을 통해 정치적 안정을 기한 다음, 개혁·개방정책의 계속적인 추진을 위해 후야오방을 희생시킨 것으로도 본다.

이밖에 한 타이완의 학자는 덩샤오핑은 개혁파와 보수파간의 투쟁에 개입하지 않고, 중립적이고 초연한 입장을 취하거나 중재적인 입장을 견지함으로써 그들을 분열시켜 자신의 위치를 유지하고자 했기 때문이라고 주장했다.61)

3. 급진개혁의 퇴패와 보수파의 득세

후야오방의 퇴출에 대한 정치적인 배경은 이상과 같이 여러 가지가 이유가 있겠지만, 그 직접적인 동기는 정치체제개혁 문제의 논의에서 야기된 '부르주아지의 자유화' 문제이며, 더 큰 근본적인 원인은 후야오방 스스로 군대 내에 권력의 뿌리를 내리지 못한 탓이라고 보겠다. 이로 인해 결국 덩샤오핑이 점지하여 10여 년간 배양한 후계자를 자기 손으로 내쫓고 말았다.

1986년 12월11일부터 25일까지 학생시위가 확산될 무렵, 소집된 중앙군사위원회 확대회의에서 인민해방군의 수뇌부가 후야오방에 대한 지지를 거부했다. 이는 결국 덩샤오핑이 1978년 11대3중전회 이후 마오쩌둥 군사노선을 청산하고 자신의 군사노선을 정착시키려는 과정에서 후야오방에게 당 중앙군사위원회 주석직을 맡김으로써 군을 통

---

61) 吳家安, "胡耀邦下台的原因及其影響"『中國大陸研究』第29卷 第11期(臺北: 1988年 5月), p. 11.

솔하도록 하려던 덩의 원래의 계획이 군 원로들의 저항에 부딪쳐 좌절되었음을 의미한다고 보겠다.

중국 군부가 후야오방을 지지하지 않게 된 근본 이유는 덩샤오핑의 군사노선에 대한 반발과 후야오방에 대한 뿌리 깊은 불신 때문인 것으로 볼 수 있다. 문혁 및 화궈펑 세력을 격퇴하는 데에는 개혁파와 군 원로의 목적이 맞아 떨어졌고, 군의 현대화야말로 중국이 당면한 긴급과제라는 점에 대해서는 덩샤오핑과 군부의 의견이 일치하였음은 사실이라 하겠다. 그러나 중국의 한정된 자원과 후진적인 경제 및 기술수준으로 군사력을 양에서 질로 전환시킨다는 문제에 대해서는 양자 간에 합의가 이루어지지 못했던 것이다. 덩샤오핑은 미래의 전쟁을 제한 전쟁으로 보고 최소의 핵 억지력과 전략적으로 제한된 기습공격에 대응할 수 있는 군사력 구축을 기본전략으로 삼고 있었다.

이에 반해 대다수의 군 지도자들은 미래의 전쟁도 여전히 중국의 광대한 국토에서 전개되는 대규모 전쟁으로 보고는 중국의 현실적 조건 하에서는 현대전과 마오쩌둥식 인민전쟁의 전략전술을 배합하는 전략을 고집하였다. 그러나 덩샤오핑은 군내 보수파의 끈질긴 저항에도 불구하고 당정기구개혁과 더불어 군의 대대적인 개혁을 추진했다. 1985년 5월 23일~6월 6일 당 중앙군사위원회 확대회의를 소집하여 1985년·1986년 2개년 동안 1백만 명을 감군하고, 11개 대군구를 7개 대군구로 통폐합할 것을 결정하였으며, 이어 전술한 바와 같이 1985년 9월에 열린 12대4중전회와 5중전회, 그리고 13전대와 13대1중전회에서 군 원로들을 당의 최고지도부에서 퇴진케 함으로써 자신의 개혁정책에 가장 중요한 장애물을 제거하는 데 성공했다. 그리고 그러한 개혁은 물론 총서기인 후야오방의 손을 빌려 이루어졌다. 1985년 4월 19일 총서기 후야오방은 뉴질랜드 방문 중 1백만 감군계획을 토로했다. 이때 이미 중국은 당 내부 파벌난립·기구팽창과 조직이 중첩된 군대문제를 처리함으로써 후야오방-자오쯔양 등 개혁파가 권력을 순조롭게 장악하고 개혁정책을 순리대로 추진할 것을 보증

받고자 했던 것이다.

덩샤오핑이 군사개혁과 현대화 정책을 추진하는 과정에서 가장 큰 장애세력은 군내 좌파 세력이었다. 군내 좌파 세력들은 대개 정규적인 군사교육을 받지 못하고 전문지식과 작전능력도 부족하여 현대전에는 거의 무용한 중견간부들이거나 아니면 홍군 이래의 전력(戰歷)만 내세운 채 장기간 지도적 지위를 누려온 고참 간부들이 대부분이었다. 따라서 이들 대다수는 덩샤오핑의 군사개혁정책으로 말미암아 자신들이 지금까지 향유해 온 기득권을 상실할 위기에 처하게 되었기 때문에 개혁파의 군사노선에 저항하는 것은 지극히 당연한 일이었다. 1982년 개혁이 심화되면서 군내 좌파세력들은 이른바 '사회주의 정신문명의 건설'이라는 구호 아래 군대의 기강을 강화함으로써 군 개혁파를 견제하는 한편, 저항의 강도를 높여갔다. 그 좋은 예가 바로 당 12전대 직전에 일어난 '자오이야(趙易亞) 사건'이다. 1982년 8월 28일 군 기관지인 『해방군보』 고문 자오이야가 한 편의 논문을 동 신문에 게재했다.

그는 이 논문에서 "중국공산당이 부르짖는 것은 사회주의정신으로, 이는 자본주의문명과는 근본적으로 다르다"고 하면서 "사회주의정신을 계승하기 위해서는 혁명정신을 발양하고 사회주의의 길을 지키지 않으면 아니 된다"고 강조했다. 그리고 그는 '일부 동지들'이 공산주의의 이상을 저버리고 있다고 비난했다. 여기서 말하는 '일부 동지'란 덩샤오핑과 후야오방·자오쯔양 등 개혁파세력을 지칭하지만, 구체적으로 당 총서기 후야오방을 겨냥한 것이었다.

이 사건으로 1982년 9월 28일 자오이야의 논문을 게재한 데 책임을 지고 군대 내 출판공작의 총책인 인민해방군 총정치부 주임 웨이궈칭이 중도하차했다(위추리 정치국위원이 승계). 이후 군대 내 좌파세력을 약화시키기 위한 대대적인 인사이동이 있었다. 웨이궈칭은 원래 덩샤오핑과 아주 가까운 사이로 1976년 덩샤오핑이 실각한 후 재차 복권될 때와 그 후 덩샤오핑이 군부를 장악할 때 결정적인 도움을

준 사람이다. 그러나 이처럼 덩샤오핑의 측근인 웨이궈칭의 반발에서
볼 수 있듯이 군내 보수 세력의 반발은 생각보다 완강했다는 사실을
알 수 있다. 이러한 일련의 과정 속에 13대1중전회 인사 때 군부 원
로세력의 배제와 후야오방 계열 공청단의 약진은 권력투쟁에 불을 지
핀 것이었고, 그 피해는 결국 군부에 지지 세력이 없는 후야오방이
떠안게 된 것이다.

후야오방의 사임과 동시에 보수파에 가장 대항적이었던 공청단 출
신의 중앙선전부장 주허우쩌도 보수파의 논객으로 홍기잡지사 부편집
장인 왕런즈(王忍之)로 교체되었다. 신설된 신문총서 서장도 보수성향
의 쉬웨이청(徐惟誠)이 임명되었다. 중앙서기처의 경우 상무서기 후치
리가 시중쉰과 교체되었다. 그리고 후차오무가 문화선전의 총책이 되
었다. 이상 인사를 통해 보수파가 이미 선전도구를 기본적으로 장악
하였음을 알 수 있으며, 후야오방을 대표로 하는 공청단계가 찬 서리
를 맞고 있음을 알 수 있다. 보수파는 문화부문도 접수하였다. 2월 20
일, 중국작가협회 서기처 서기 탕다청(唐達成)은 인민문학의 주간인
류신우(劉心武)를 정직하고 조사한다고 선포했다. 후야오방과 가깝던
공안부장 위안충우도 물러나고, 공청단 출신 왕자오궈는 푸졘성 성장
으로 좌천되었다. 1987년 8월에는 쑤사오즈도 당에서 제명된 후 현직
에서 해임되었다.

이밖에 자유화·민주화를 고무하고 비교적 개방적인 신문인 『광저
우현대인보(廣州現代人報)』·『인민일보』·『상하이사회학보』·『선전청
년보』 및 선전의 『특구공인일보(特區工人報)』·『특구문학』 등은 모두
정간되어 조사를 받거나 책임자가 경질되었다. 잡지의 경우도 광저우
의 『남풍 창』·『공명(共鳴)』, 상하이의 『문예예술보』·광시의 『여성(余
城)잡지』·『법제문학 선수(選粹)』 등은 부분적으로 정간되거나 비판을
받았다. 이밖에 일부 서적 및 영화가 '부르주아지의 자유화'라는 죄목
으로 압류되었다.

다른 한편 보수파는 그 해 3월 중순, 펑전이 장악하고 있던 전인대

상무위원장직을 이용해 개혁입법인 <전민소유제 공업·기업법 초안>을 제6기 전인대 5차회의에 상정하지 않고 방치했으며, 따라서 이 법의 실시 3개월 후부터 시행하기로 되어 있던 <기업파산법> 역시 공전될 수밖에 없었다. 또 사회주의 이론의 기본서인 『자본론』도 다시 출판했다. 3월에는 <중국특색이 있는 사회주의 건설>이라는 덩샤오핑의 연설문을 증판하는 등 일련의 조치가 있었다. 이러한 조치들은 모두 개혁파를 옥죄는 보수파의 전략이었다.

덩샤오핑의 『중국특색이 있는 사회주의 건설』의 증판은 이를 입증해 준다. 사실 이 연설집은 1984년 이래 덩샤오핑의 중요 연설 20편을 증보한 것으로 내용 중 가장 주목을 끄는 것은 '학생운동과 후야오방의 문제'에 관한 것인데, 보수파는 바로 이 '역사적 문헌'에 근거하여 사건을 논하고, 그 영향력을 확대하려 한 것이었다. 이 연설집의 앞 판은 개혁파의 이론적 근거를 제공하는 지침서의 역할을 하였지만, 이제는 반대로 보수파의 개혁파에 대한 공격을 합리화하는 도구로 바뀌었다.

그리고 보수파는 동 회의 전야에 전국선전부장회의를 소집하여 '부르주아지 자유화 반대'에 대한 공작을 한 걸음 더 심화시켜나가는 것에 관해 집중적으로 토론을 벌였다. 여기서 참석자들은 부르주아지 자유화 투쟁이 얻은 성적은 아직 걸음마 단계에 불과하다는데 의견을 모으고, 이 투쟁을 더욱 흔들림 없이, 지속적으로, 건전하게 밀고 나갈 것을 다짐했다.62) 이어 보수파는 1987년 3월과 4월에는 <8호 문건>, <10호 문건> 및 <11호 문건>을 연속적으로 발표하여 문화예술 및 출판계에 대한 공세의 고삐를 늦추지 않았다.63) 원래 중국공산당의 전통에 의하면 한바탕 권력 투쟁의 뒤에는 선전·문화 부문의

---

62) 鐘濤, "1月評述,"『匪政硏究』第30卷 第4期(臺北: 國防部軍事情報局, 1987年 4月), p. 15.
63) 羅冰, "鄧力群誹謗爭鳴,"『爭鳴』總116期(香港: 百家出版社, 1987年 6月), p. 607.

교체가 이루어지고, 그것들을 통해 공세의 고삐를 당긴다.

이상과 같이 보수파는 이미 여론계를 통제하고, 신문·잡지·영화·서적 등을 장악했다. 그리고 당의 선전 도구를 이용, '부르주아지 자유화 반대'의 기치를 높이 들고 개혁·개방정책의 존망을 직접 위협했다.[64]

특히 13차 전당대회를 앞두고, 보수파는 부르주아지 자유화 반대를 앞세워 그 영향력을 십분 확장하여 개혁인사들에게 더 큰 타격을 가하고 13대 인사에서 그 세력을 최대로 확보하려 했다.

덩샤오핑이 볼 때, 이러한 보수파의 공세는 이미 덩샤오핑 자신의 권좌는 물론, 자신에 의해 추진된 경제개혁의 성과에까지 겨누고 있었다. 덩샤오핑은 보수파의 공격이 더 이상 경제체제개혁에까지 확전되어서는 아니 된다는 결심을 하게 되었고, 그리하여 1987년 1월, 당 중앙은 덩샤오핑의 뜻에 따라 <작금 부르주아지 자유화를 반대하는 약간의 문제에 관한 통지>를 공포, '부르주아지 자유화 반대'를 당내 문제로 엄격히 제한할 것을 선언하였다. 특히 그것을 중앙의 지도를 이탈하려는 것, 사회주의노선을 부정하는 사조에 한정함과 동시에 정치운동을 진행할 의사가 없음을 알렸다.[65] 나아가 덩샤오핑은 "정치사상 영역의 '우경착오'를 바로 잡는 것은 반드시 당의 11대3중전회 이래의 노선·방침·정책을 준거로 하여야 하며, '좌'가 '우'를 비판하는 것을 반드시 방지하여 부르주아지 자유화를 반대하는 것으로 인하여 개혁·개방·활력을 가로막는 것은 절대로 용납하지 못한다"고 천명하였다.[66] 이는 지속적인 개혁추진의 의지를 천명한 것이다.

이러한 상황에서 총서기 대리로서의 자오쯔양이 당면한 문제는 보

---

64) 부르주아지 자유화 반대운동에 대한 상세한 설명은 Merle Goldman, *Sowing the Seed of Democracy in China: Politica Reform in the Deng Xiaoping Era*(Cambridge: Harvard University Press, 1994), pp. 204~237 참조.
65) 童陽秀, 『中國共産黨八十年大事紀要』(北京: 黨建讀物出版社, 2002), p. 314.
66) 中共中央書記處研究室 編, 『保持改革·開放·搞活』(北京: 人民出版社, 1987), pp. 384~385.

수파가 주장하는'부르주아지 자유화의 반대'와 덩샤오핑의 지속적인 '개혁·개방' 의지의 양극적인 관계를 어떻게 풀어야할 것인가 하는 데 있었다.[67] 1월 29일, 자오쯔양은 음력 설날 신년교례회에서 '부르주아지 자유화 반대'에 대한 기본 입장을 천명하였다. 그것은 보수파에 대하여 '반좌(反左)'·'반경직화(反硬直化)'로 반격을 가하는 한편, 당 중앙에는 '11대3중전회 노선'을 견지할 것을 요구하는 것이었다. 그 내용은 2개 기본점(4항 기본원칙과 개혁·개방·활력)을 포괄하는 것이었다. "우리가 중국적 특색을 지닌 사회주의를 건설하는 것은 바로 이 두 기본점을 따르는 것이다. … 4항 기본원칙을 견지하는 것은 개혁·개방·활력의 근본을 보증하는 것이다. 만약 개혁·개방 및 활력을 보증하지 않으면, 중국적 특색을 지닌 사회주의를 말하지 못한다. 우리가 현재 부르주아지 자유화 사조가 범람하는 상황에 대하여 4항 기본원칙을 강조하면서 부르주아지 자유화 반대투쟁을 전개하는 것은 바로 11대3중전회의 노선을 정확히 전면적으로 관철하기 위한 것이지, 개혁·개방·활력에 영향을 미치자는 것은 절대로 아니다"[68] 또 "부르주아지 자유화에 반대하는 것을 방지하는 것은 소극적으로 좌경사상의 회귀를 방지하는 데 더욱 무게가 있다. 그러므로 부르주아지 자유화 반대투쟁은 엄격히 공산당 내에 한정하여 주로 정치사상 영역에서 정치원칙과 정치방향문제의 근본을 해결하는 데 착중(着重)해야지, 경제개혁정책이나 농촌정책에 연계시켜서는 아니 된다"고 했다.[69]

자오쯔양이 1987년 음력 설날 신년교례회에서 밝힌 부르주아지 자유화 반대에 대한 구체적인 한계는 다음과 같다.[70]

① 반자유화사상투쟁은 당 중앙과 정치사상영역 내로 엄격히 제한

67) 趙蔚, 『趙紫陽傳』(香港: 文化敎育出版社, 1988), p. 235.
68) 『人民日報』, 1987年 1月 19日.
69) 『人民日報』, 1987年 3月 26日.
70) 『人民日報』, 1987年 1月 30日.

한다.

② 농촌에서의 자유화 반대투쟁은 금지한다.

③ 기업과 기관은 정면교육만 실시할 수 있다

④ 비록 정치사상영역내라 할지라도 정치교육에 국한한다.

⑤ 폭풍우와 같은 단발적인 정치운동이나 대중운동으로 자유화의 사상을 청소해서는 아니 되며, 자유화 반대투쟁은 장기적인 과업이 되어야 한다.

⑥ 자유화 반대투쟁은 절대로 경제개혁과 대외개방정책에 영향을 미쳐서는 안 된다.

⑦ 소수 지식인 당원에 대한 숙정은 당이 이미 추진하고 있는 지식인 정책을 부정해서는 아니 된다.

그 해 봄, 후야오방의 실각을 유감스럽게 생각하는 자들의 발언이 나오고 있었다. 주의를 끈 것은 3월 29일 정치협상회의 부주석 저우페이위안(周培源)과 페이샤오퉁(費孝通)의 발언이었다. 저우페이위안은 정협의 한 외신기자 간담회에서 학생운동의 발생은 '부르주아지 자유화가 범람한 결과가 아니라, 그것은 아주 많은 원인이 있었던 것으로 안다고 했다. 동석했던 페이샤오퉁 역시 후야오방에 대해 긍정적인 평가를 하면서 그의 실각은 정말 놀라운 일이었다고 했다. 4월 4일 해방군 총참모장 쉬신(徐信) 역시 공개적으로 군은 후야오방의 중앙군사위원회 주석 선임에 대해 반대한 바 없다고 했다.[71] 따라서 후야오방의 '자유화'에 대한 죄명은 점점 누그러져 갔다.

나아가 1987년 4월 30일, 덩샤오핑은 스페인의 노동사회당 부당수를 접견하는 자리에서 "좌경은 중국에 많은 착오를 범했다. 십여 년간 '좌'적 사상을 바로잡는 것은 쉽지 않았다. 우리는 '좌'를 반대한다. 중국공산당 내의 좌경은 중국의 경제개혁을 위협하고 있다"고 했

---

71) 羅冰, "權力鬪爭新的一幕," 『爭鳴』 總115期(香港: 百家出版社, 1987年 5月), p. 9.

다.72) 덩의 이러한 명백한 태도의 변화는 주로 반(反)부르주아지 우파 (보수파)가 기업의 임금도급제는 사유제를 하자는 것이고, 공장장 책임제는 당의 지도를 폐지하는 것이고, 가정도급제는 집체경제의 기초를 파괴하는 것이고, 상품경제의 발전은 반드시 자본주의를 수반하고, 개혁·개방은 자본주의를 하자는 것이라고 비난하고, 심지어 개혁·개방정책을 부르주아지 자유화의 근원이라 하며 창끝을 이미 덩샤오핑의 개혁정책에 조준하고 있었기 때문이었다. 73) 따라서 덩샤오핑은 자신의 권좌와 경제개혁의 성과를 보호 유지하기 위하여 '반좌'의 명령을 다시 내리고, 자오쯔양을 대표로 하는 개혁파의 손을 들어주었다. 그 후 자오쯔양은 <5.13강화>를 발표하여 '부르주아지 자유화 반대'를 '반좌'로 바꾸어 놓았다. 그리하여 정치 분위기는 점차 완화되기 시작했다.74)

덩샤오핑의 반좌 발언이 있은 후, 1987년 5~6월 덩 자신과 자오쯔양이 여러 차례 외빈을 접견하는 자리에서 반좌의 논조를 재개하고, 개혁·개방의 중요성과 필요성을 역설했다. 이와 동시에 보수세가 비교적 엷은 『인민일보』·『공인일보』·『경제일보』 및 홍콩의 『문회보(文滙報)』 등이 일제히 사설과 평론을 연속적으로 발표하여 이에 호응했다. 순식간에 몇 개월 전과는 분명히 다른 분위기, 즉 개혁세력이 흡사 주류를 점한 것과 같은 느낌이 감지되었다. 이러한 분위기와는 달리 이데올로기면에 있어서는 여전히 보수파가 우세를 점하고 있었다. 따라서 개혁파는 13전대에 대비해 개혁의 이론적인 논거를 더 깊이 연구하기 시작했다. 1987년 6월 19~22일, 『인민일보』는 두 차례에 걸쳐 '사회주의초급단계론'에 관한 논문을 발표하는데, 이때 이미 개혁파는 사회주의초급단계론을 개혁의 기본 출발점으로 삼고자 결정한

---

72) 『香港文滙報』, 1987年 5月 1日.
73) 薩公强, "中共反對資産階級自由化鬪爭的前因與後果,"『中國大陸硏究』第30卷 第1期(臺北: 國際關係硏究中心, 1987年 7月), pp. 13~16.
74) 高皐, 『後文革史-中國自由化潮浪』下卷(臺北: 聯經事業出版公司, 1999), pp. 17~22.

것이라 보겠다.

자오쯔양은 덩샤오핑의 지원 하에 ‘부르주아지 자유화에 대한 반대’
의 범위와 ‘부르주아지 자유화 반대’에 대한 한계 및 ‘부르주아지 자
유화 반대’의 방지 이유를 분명히 함으로써 보수파의 의견을 부분적
으로 받아들이는 한편, 개혁·개방의 계속적인 추진에 대한 보수파의
동의를 얻어 낼 수 있었다. 따라서 12대7중전회에서는 12대6중전회에
서 보수파의 저지로 보류되었던 <정치체제개혁의 총체적 설계>를 13
차 전당대회의 <정치보고>에 삽입하는 데 성공했다.[75]

---

75) 李谷城, 앞의 책, p. 54.

제3장 자오쯔양의 개혁 가속화 정책에 대한 보수파의 재반격

제1절 '사회주의초급단계론'의 제기와 개혁의 가속화

 1987년 10월 25일~11월 1일 중국공산당 13차 전국대표대회가 개최되었다. 보수파와 개혁파는 이 회의에서 다음 두 가지 문제를 해결해야 했다. 그 하나는 노선문제였고, 다른 하나는 권력을 재분배하는 인사문제였다. 이 회의는 과거의 당 전국대표대회와 마찬가지로 당내 권력투쟁의 결과를 반영하는 것이었다.

 노선문제에 있어서 자오쯔양은 '사회주의초급단계론'을 내세워 개혁·개방정책의 정당성의 근거를 제시한 후 앞으로 개혁·개방을 더욱 심화시킬 것을 천명하고, 정치체제의 개혁을 통하여 개혁·개방을 뒷받침할 것을 강조하였다.[1]

 사회주의 이데올로기가 지배하는 중국공산당 지배체제에 있어서 가장 두드러진 특징의 하나는 바로 정책이나 노선에 있어서의 변화는 반드시 그것을 이론적으로 정당화하고 합리화해야 하는 것이다. 다시 말해, 새로운 노선이나 정책이 체제가 지향하는 이데올로기에 합당하다거나 적어도 상충되지 않는다는 것을 이론적으로 설명함으로써 그 노

---

1) 兪雨霖, 앞의 논문, p. 7.

선이나 정책을 정당화하는 것이다.

이러한 측면에서 사회주의초급단계론은 바로 덩샤오핑에 의해 추진되어 온 개혁·개방이 보수파의 저항에 직면하게 되자 그것을 돌파하고 정당화하기 위한 이론적 틀을 제기한 것이라 보겠다.

사회주의초급단계론은 1981년 7월, 당 중앙의 <건국 이래 당의 몇 가지 역사문제에 관한 결의>에서 처음으로 언급되었다. 이 <결의>는 중국은 이미 사회주의제도를 건립했다. 하지만 그것은 여전히 초급단계에 머물고 있으며 비교적 완전한 사회주의를 건설하기 위해서는 반드시 하나의 긴 과정을 거쳐야한다고 강조했다. 이 문제는 또 이듬해 9월에 소집된 당 12전대에서 다시 거론되었다. 이 대회에서 총서기 후야오방은 <정치보고>를 통하여 중국의 사회주의는 여전히 초급단계에 처해 있으며, 물질문명이 발달되지 못한 것은 사회주의 초급단계의 기본적 특징이라고 지적했다. 그 후 보수파의 반대에 직면하여 1986년까지 '초급단계론'에 대한 언급을 피해오다가 1986년 9월 12대6중전회에서 보수파가 고집한 "부르주아지의 자유화에 반대한다"는 문구를 <결의>에 삽입함과 동시에 '초급단계론'을 구체적으로 언급하게 되었다. 그러나 이듬해인 1987년 학생들의 시위로 인하여 후야오방이 사임하는 등 보수파의 공격에 의해 개혁파는 타격을 입게 되었다. 이러한 상황에서 덩샤오핑은 "'극우'도 반대하지만 '극좌'는 더더욱 반대하며, 자유주의사상 반대투쟁으로 인하여 개혁·개방에 손상을 입혀서는 아니 된다'고 역설함으로써 개혁의 흔들림 없는 추진의지를 밝혔다.

이에 당 총서기 대리직을 맡고 있던 자오쯔양은 1978년 3중전회 이래의 노선은 정확하였음을 주장했고, 당 13전대에서 자오쯔양은 <중국특색을 지닌 사회주의를 따라 진전하자>는 정치보고를 통해 사회주의초급단계론을 이후 모든 개혁·개방정책의 이론적 근거로 삼을 것임을 공식적으로 제기했고, 그것은 당론으로 채택되었다. 이로써 사회주의초급단계론은 공식화되었고 또 그것은 개혁·개방정책의 이론적 타당성과 이데올로기적 정당성을 밑받침 해주었다.

　사회주의초급단계론의 내용은 크게 3가지로 요약된다. 첫째 중국은 사회주의체제로서 반드시 이 체제를 견지해야 하고 이탈해서는 안 되며, 둘째 중국의 사회주의는 아직도 사회주의 초급단계이고 반드시 이 실제로부터 출발하여야 하며 이 단계를 뛰어 넘을 수 없다. 셋째 사회주의 초급단계의 기본과제는 생산력을 발전시키고 현대화의 실현을 가속화하는 것이다.

　이처럼 중국사회주의가 당면한 과제는 생산력을 발전시켜 현대화를 달성하는 데 있기 때문에 중국사회의 기본 모순은 계급간의 갈등이 아니라 점증하는 인민의 물질적 수요와 낙후된 사회생산력간의 간격이라고 규정하였다. 한편 경제가 발전되지 못한 국가에서 노동자계급이 정권을 장악한 경우에는 사회주의 초급단계 건설에 시일이 오래 걸린다. 따라서 중국사회주의의 경우도 장기간 초급단계를 거쳐야 한다는 논리다.

　자오쯔양은 따라서 생산의 사회화, 상품화는 뛰어넘을 수 없으며, 생산력의 큰 발전을 거치지 않고서도 발달한 사회주의에 도달할 수 있다고 생각하는 것은 혁명발전 문제에서 볼 때에 그것은 공상에 불과하다고 했다. 이러한 사회주의초급단계론의 주장은 경제현대화를 우선하려는 개혁파의 입장을 이론적으로 정당화 하는 데에 그 목적이 있었다고 볼 수 있다. 중국의 경제가 아직 낙후된 사회주의 초급단계에 있기 때문에 생산력의 발전을 위해서는 시장원리를 비롯한 자본주의 경제정책을 도입하는 것이 불가피하다는 논리가 성립하기 때문이다.

　자오쯔양은 또 <정치보고>를 통해 그의 정치개혁에 관한 구상도 발표했다. 그 내용은 이미 1986년 10월 12대6중전회에서 구상했던 것과 대동소이하였다. 사실, 1987년 8월 13일 덩샤오핑은 정치개혁의 필요성을 재차 다음과 같이 강조한 바 있으며, 자오쯔양은 덩샤오핑의 개혁의지를 당 대회에서 그것을 구체화한 것에 불과하다. "우리의 모든 개혁이 마지막에 성공하느냐 못하느냐는 바로 정치체제의 개혁

이 결정한다. 모든 일은 사람이 한다. …정치체제개혁은 응당 경제체
제개혁과 상호의존하며, 동반하는데, 오직 경제체제개혁만 하면 정치
체제개혁은 안되고, 경제체제개혁 역시 통하지 않는다. 왜냐하면 사람
의 장애에 부딪히게 되기 때문이다'

어찌 되었던 12대6중전회에 보수파의 반대로 <당헌>에 들어가지
못했던 <정치체제개혁안>이 당론으로 결정되고, '사회주의초급단계론'
을 <당헌>에 삽입하게 된 것은 개혁파의 큰 수확이었다고 하겠다.
따라서 13기 전국대표대회는 개혁·개방은 피할 수 없는 시대적 흐름
임을 이론적으로 정당화하고 합리화한 대회였다고 하겠다.

이어 13대1중전회에서 지도체제의 개편이 있었다. 당 기구를 축소
정비하고 다음과 같이 지도층의 인사를 단행했다(<표 3-1> 참조).

인사의 특징은 먼저, 자오쯔양을 당 중앙위원회 총서기로 선출한
것이다.

둘째, 중앙정치국 상무위원회의 경우, 자오쯔양의 유임(당무 총괄)과
동시에 차오스(63세, 기율·공안 총괄), 후치리(58세, 선전담당·서기
처 서기), 리펑(59세, 국무원 총리), 그리고 야오이린(70세, 경제총괄)
등 주로 50~60대의 신진인사들이 정치국위원에서 그 상무위원으로
승진하였다. 반면, 후야오방·덩샤오핑·리셴녠·천원은 퇴임하였다.
그리고 정치국위원의 경우, 펑전(86세)·양더즈(73세, 상장)·위추리(73
세, 중장)·시중쉰(74세)·후차오무(75세)·팡이(71세) 등 70~80대 원
로들이 퇴진하고, 리톄잉(51세)·리루이환(리루이환, 53세)·리시밍(李
錫銘, 51세)·양루다이(楊汝岱, 51세)·장쩌민(江澤民, 61세) 등 주로
50~60대 초반의 젊은 신인들이 기용되었다. 그리고 70세 이상인 신
임은 보수파의 쑹핑(宋平, 70세)과 후보위원에서 승진한 친지웨이(73
세)뿐이었다. 완리(71세)·톈지윈(58세)·양상쿤(80세)·우쉐첸(66세)·
후야오방(72세)은 유임되고, 58세의 딩관건은 후보위원에 발탁되었다.
대부분의 신임 정치국위원들은 후야오방에 의해 발탁된 제3세대 청년
엘리트들이었다.

<표 3-1> 13대1중전회의 당 지도체제의 변화

	12대5중전회(85.9)	13대1중전회(87.11)	탈락 또는 퇴임
중앙위원회총서기	후야오방(87,10해임)	**자오쯔양**	후야오방
중앙정치국상무위원	후야오방,덩샤오핑,자오쯔양,리셴녠,천윈	자오쯔양,**리펑,차오스,후치리,야오이린**	후야오방,덩샤오핑,리셴녠,천윈
중앙정치국위원 <후보위원>	완리,시중쉰,팡이,텐지원,차오스,리펑,양상쿤,양더즈,우쉐첸,위추리,자오쯔양,후차오무,후치리,야오이린,니즈푸,펑전,<후보>친지웨이,천무화	완리,텐지원,**장쩌민,리톄잉,리루이환,리시밍,양루다이**,양상쿤,우쉐첸,후치리,후야오방,야오이린,**친지웨이** <후보>**딩관건**	시중쉰,팡이,양더즈,위추리,후차오무,니즈푸,펑전
중앙서기처	<서기>후치리,완리,위추리,차오스,텐지원,리펑,천피셴,덩리췬,하오젠슈,왕자오궈	<서기>후치리,차오스,**루이싱원,옌밍푸** <후보서기>원자바오	<서기>완리,위추리,텐지원,리펑▲,천피셴,덩리췬,하오젠슈,왕자오궈
중앙군사위원회	<주석>덩샤오핑(82.9승계) <부주석>예젠잉,쉬샹첸,네룽전,양상쿤(상무부주석)	<주석>덩샤오핑 <제1부주석>**자오쯔양** <상무부주석>양상쿤 <위원>**홍쉐즈,류화칭,친지웨이, 츠하오톈, 양바이빙, 자오난치**	<부주석>예젠잉,쉬샹첸,네룽전
중앙고문위원회	<주임>덩샤오핑 <부주임>왕전,보이보(상무),쉬스요,쑹런충	<주임>천윈 <부주임>보이보,쑹런충	<주임>덩샤오핑 <부주임>왕전,쉬스요
중앙기율검사위원회	<서기>천윈 <제2서기>왕허서우 <상무서기>한광	<서기>**차오스** <부서기>**천줘린**陳作霖**,리정팅**李正亭**,샤오훙다**肖洪達	<서기>천윈 <부서기>왕허서우,한광

주 : 짙은 색 글자체 명은 신임 ▲표는 정치국상무위원으로 승진

셋째, 중앙서기처의 경우, 개혁파의 후치리·차오스는 유임되고, 루이싱원·옌밍푸가 서기로, 원자바오(溫家寶)가 후보서기에 발탁되었다. 반면, 완리, 위추리, 톈지원, 리펑, 천피셴, 덩리췬, 하오졘슈, 왕자오궈 등은 서기처에서 물러났다.

그리고 중앙고문위원회는 덩샤오핑이 물러나고 천원이 그 주임을, 그리고 보이보와 쑹런충은 그 부주임에 유임되고, 왕전과 쉬스요는 부주임직에서 물러났다. 천원이 중앙고문위원회로 자리를 옮기자 중앙기율검사위원회에는 제1서기직을 없애고 차오스가 서기를 맡아 당기를 맡도록 했다.

중앙군사위원회는 덩샤오핑이 계속하여 그 주석직을 장악하고, 자오쯔양과 양상쿤이 각각 제1부서기와 상무부서기(비서장 겸임)에 발탁되었다. 대신 예졘잉·쉬상첸·녜룽전 등 군 원로들은 퇴진했다. 덩샤오핑과 가까운 류화칭(劉華淸)·훙쉐즈 장군이 부비서장에 선임되었다. 그리고 덩샤오핑과 가까운 츠하오톈이 해방군 총참모장에 발탁되고, 양상쿤의 동생인 양바이빙이 총정치부 주임, 펑더화이-훙쉐즈 계열의 조선족 자오난치(趙南起)가 총후근부장에 기용되었다. 자오쯔양의 중앙군사위원회 제1부서기 선임은 후야오방 후계체제보다는 자오쯔양에게 군내 권력을 더욱 강화시켜 주겠다는 의도로 풀이된다. 덩샤오핑은 일반 당원의 신분임에도 불구하고 중앙군사위원회 주석직을 유지함으로써 당 총서기인 자오쯔양의 상급자가 되는 기이한 현상이 나타났다. 왜냐하면 당총서기 자오쯔양은 중앙군사위원회 제1부주석을 겸직함으로써 중앙군사위원회 주석인 덩샤오핑의 하급자가 되었기 때문이다.

인사개편 이후 중앙정치국 구성원의 배경을 보면 다음과 같다.[2]
첫째 17명 중 10명이 유임(58.8%)되고 7명이 신인, 청년층으로 수

---

2) 중앙정치국위원 중 그 후보위원은 통계에서 제외되었음.

혈된 반면, 70대 이상 원로층이 대거 퇴진함으로써 평균연령이 67.8세(후보위원 제외)로 낮아졌다. 12기(72.0세)에 비해 8세 가량 젊어졌다. 계속적인 세대교체(연소화) 정책의 결과다. 덩샤오핑(83세)을 비롯하여 천윈(83세)·리셴녠(78세) 등 70-80대의 원로들은 중앙정치국에서 물러났다. 그러나 이들 노인들은 완전히 정계를 은퇴한 것이 아니라 덩샤오핑은 중앙군사위원회 주석, 천윈은 중앙고문위원회 주임, 그리고 리셴녠은 중국인민정치협상회의 주석직을 그대로 유지함으로써 이른바 노인정치는 계속되었다. 이밖에 정치국에서 퇴진한 리더성·양더즈·위추리·후차오무 등 원로 간부들은 중앙고문위원회 위원으로 물러앉게 되었다.

둘째, 12기(40%)에 비해 대학 출신(11명)의 비율(64.7%)이 현격히 높아진 반면, 군사학교 출신(2명)은 대폭적으로 줄었다. 대졸자 중 인문사회계열 전공자(3명)가 현격히 감소된 반면, 이공계 전공자(8명)가 대폭 증가되었다. 이는 군 출신 원로간부들의 퇴출과 간부4화정책에 따른 전문 기술관료의 발탁에 기인한 것이다.

셋째, 군 경험자(군구 정치위원 포함)의 현황을 보면, 8명(47.1%)으로 12기의 21명(84%)보다 급격히 감소되었다. 하지만, 그것마저도 군계급 수여자, 순수 군인 출신은 친지웨이 1명 뿐이었다. 반대로 지방당위 서기의 입국이 늘어났다. 즉 베이징시의 리시밍, 상하이시의 장쩌민, 톈진시의 리루이환, 쓰촨성의 양루다이 등 4명이 그들이다.

끝으로 새로 구성된 13대1중전회의 중앙정치국위원의 계파별 성분을 보면, 일단은 개혁파가 보수파를 압도하였다고 보겠다. 정치국 상무위원의 경우 개혁파(자오쯔양-차오스-후치리)와 보수파(리펑-야오이린)의 구성비율이 3 : 2로 개혁파가 우위를 유지하였다. 리셴녠과 천윈 등 보수파 원로는 덩샤오핑과 함께 정치국 상무위원에서 물러났다.

<표 3-2> 중공 제13기 중앙정치국위원의 사회적 배경(1987)

이름	생년	본적 (출생지)	학력 (전공)	군대 경력	주요경력	겸직(1987-)
자오쯔양 ★	1919	허난	중졸	청두군구 정위	광둥·쓰촨1서기,경제체제개 혁위주임,부총리,총리	총서기,중앙군사 위부주석
리펑 ★	1928	쓰촨 (상하이)	소련Power Institude(전 기),工	-	전력공업부장,부총리,교육위 주임,서기처서기	국무원총리,경제 체제개혁위주임
차오스 ★	1924	저장	화둥연합대학	-	당 중앙대외연락부장·판공 청주임·조직부장	중앙서기처·기 율검사위서기
후치리 ★	1929	산시 (陝西)	베이징 대(기 계)	-	전국학생연합·청년연합회 장,톈진시장·서기	서기처서기
야오이린 ★	1917	안후이	칭화대(화학)	-	당 중앙판공청주임,서기처서 기	부총리·계획위 주임,
후야오방	1915	후난	항일군정대	2야,정위 *	공청단1서기,당중앙선전·조 직부장,총서기	
완리	1916	산둥	취푸사범	2야,정위	안후이·베이징서기,철도부 장,부총리,서기처서기	전인대상무위원 장
양상쿤	1907	쓰촨	상하이대,소 련 중산대	정위 *	당판공청주임,광둥서기,전인 대부위원장	국가주석,중앙군 사위부주석
톈지윈	1929	산둥	중졸(회계)	-	국무원비서장,서기처서기	국무원부총리
우쉐첸	1921	상하이	지난대(외교)	-	민청련주석,당 중앙대외연락 부장,	외교부장,부총리
장쩌민	1926	장쑤	상하이자오통 대(전력),소련 연수,工	-	외국투자관리위부주임,전자 공업부장,상하이시장	상하이서기
리톄잉	1936	후난	체코Charies 대(물리),工	-	랴오닝서기,전자공업부장,계 획위주임	국무위원,교육위 주임
리루이환	1934	톈진	베이징건공업 여대	-	노동모범,총공회상위,공청단 서기,톈진시장	서기처서기,톈진 서기
리시밍	1926	허베이	칭화대(건축 토목)	베이징군 구 정위	수리전력부부부장,성향건설 부장	베이징서기
양루다이	1926	쓰촨	고졸	청두군구 정위	쓰촨혁명위부주임·성장	쓰촨서기
쑹핑	1917	산시	칭화대(이공)	란저우군 구 정위	저우언라이비서,간쑤서기,계 획위주임,국무위원	당조직부장
친지웨이	1914	후난	항일군정대	2야,사령 (중장) *	한전군단장참가,국방위원, 베이징군구사령관,	중앙군사위원,국 방부장, 국무위 원

주: ★표는 상무위원, *표는 장정경험자임.

工은 공정사 또는 동력사 등 기술사 자격증 소지자 표시.

짙은 색 글자체 명은 신임.

정치국위원의 경우, 군계통의 양상쿤과 친지웨이는 덩샤오핑의 군 내 심복이며, 후야오방은 차치하고 유임된 완리와 톈지윈은 개혁파로 각각 덩샤오핑과 자오쯔양의 추종자이다. 신임 양루다이는 자오쯔양이 쓰촨성에서 발탁한 자오의 심복이며, 딩관건은 '철도도급제'를 성공시 켜, 덩샤오핑의 신임을 얻은 인물이다. 이밖에 리루이환은 모범노동자 로 공청단 출신이며, 장쩌민(온건개혁)·리톄잉(천원계열 온건보수)은 제3세대 유학파 테크노크라트로 혁명열사의 유예다. 쑹핑과 리시밍은 보수성향으로 분류되는 천원 계열 인사다. 문혁수혜 잔재세력인 노동 자 출신 니즈푸와 공산당이론의 전문가로서 보수적 색채가 강한 후차 오무와 팡이·양더즈·위추리·펑전 등은 탈락되었다.

특이한 것은 총서기직에서 해임된 후야오방이 당 13차 전국대표대 회에서는 거의 만장일치에 가까운 1,800표를 얻어 중앙위원에 당선되 었다. 연이어 개최된 13대1중전회 선거에서는 중앙위원 173명 중 166 명이 후야오방에게 찬성표를 던졌고, 반면 정치국 입국 내정이던 보 수파의 이론가인 덩리췬은 낙선했다. 나중에 판명되었지만, 후야오방 에게 반대표를 던진 7명에는 후야오방 자신도 포함되어 있었다.3)

신임 정치국위원들의 주요 프로필은 다음과 같다.

▶ 혁명열사의 자제 상하이 당위 서기 출신 온건개혁 테크노크라트 장쩌민

장쩌민(江澤民, 1926~)은 장쑤(江蘇)성 양저우(揚州) 태생으로 상 하이 자오퉁(上海交通)대학 전기과를 졸업했다. 1946년 4월 자오퉁대 학 재학 중 중국공산당에 입당했다. 소련 모스크바 스탈린자동차제조 창 및 루마니아 기계제조창에서 각각 1년간 자동차공업 및 과학기술 연수를 통해 동구의 선진기술을 접했다. 1956년 소련에서 귀국한 후,

---

3) 祁英力 著, 朴東燮 역, 『중국의 리더 후진타오』(서울: FKI미디어, 2003), p.141.

곧바로 중국 제1의 창춘(長春) 제1자동차제조창의 부총공정사 및 동력분창 창장을 거치는 등 지방 기층조직의 경험을 쌓았다. 1959년 9월 국무원 제1기계공업부산하 상하이전기과학연구소 부소장, 우한(武漢)열공(熱工)기계연구소 소장, 동 당위 대리서기를 거쳐 제1기계공업부 부장보(助理)로 승진하였다.

문혁 발발 후 '부르주아지 학술권위'라는 죄명으로 수난과 박해를 받았으나, 1970년부터 다시 지도적 직무로 복귀하였다. 1972년 중국 전가조(專家組) 부조장의 명의로 루마니아 기계제조창에서 1년간 근무, 귀국 후 제1기계공업부 외사국장직을 맡게 되었고, 이후 고속승진의 길을 걷게 되었다. 1976년 10월 '4인방' 분쇄 후 펑충, 니즈푸를 따라 상하이에 파견되어 상하이주재 중앙공작조 조원으로 활동하였고, 1980년 8월 국가수출입(進出口)관리위원회와 국가외국투자관리위원회 부주임4) 및 비서장을 거쳐, 1982년 5월 국무원 전자공업부 제1부부장과 동년 9월 중공 제12기 중앙위원에 당선됨으로써 당 중진의 반열에 진입하게 되었다. 1년 후인 1983년 6월 전자공업부장에 승진하여 1984년 9월부터 국무원 전자진흥지도소조(小組) 부조장을 겸임하면서 당시 동 소조 조장이었던 리펑과 함께 일했다.

1985 6월 국무원 전자공업부장에서 상하이시 당위원회 부서기로 이동되었고, 동년 7월 왕다오한(王道涵)에 이어 중국 최대의 상공업도시 상하이시장이 되었다. 그리고 1987년 11월(12대) 중국공산당 최고 지도기구인 중앙정치국의 위원에 발탁됨과 동시에 상하이시 당위원회 서기에 승진(전임서기 루이싱원은 당 중앙서기처 서기로 승진)하였다. 상하이시장직은 1988년 4월 부시장이었던 주룽지(朱鎔基)가 승계하였다.

장쩌민의 출신배경은 비교적 유복한 서향문제(書香門弟) 출신으로 공산주의 혁명열사 가문의 배경을 갖고 있다. 그의 생부는 평범한 일

---

4) 당시 국가수출입관리위원회 주임은 구무(谷牧)로, 그는 2007년 10월 당 중앙정치국 상무위원이 된 시진핑의 장인이다.

개 직원으로 정치와는 무관한 사람이었다. 그러나 장쩌민이 13세 되던 해 여섯째 숙부 장상칭(江上淸, 이미 전사) 밑으로 입양하면서 부터 그의 운명은 바뀌게 된다. 숙부(양부) 장상칭은 1930년대의 중국공산당원으로서 환(皖, 안후이성의 별칭)동북특위 위원, 신4군 위생부장 등을 거쳤으며, 당시 신4군 군단장 천이(전 외교부장 겸 8대 정치국위원), 부정치위원 탄전린(8대 정치국위원), 4사단장 장아이핑(국방부장), 5사단장 리셴녠(전 국가주석 겸 정치국 상무위원) 등 신4군 수뇌들과 긴밀한 관계에 있었다. 장상칭은 안후이, 장쑤성 일대에서 국공합작의 지방무장력을 건립 중·일전쟁에 큰 공로를 세우기도 했으나, 1939년 봄 장쑤성 옌청(籃城)전투에서 국민당군의 유탄에 맞아 전사했다.

사망한 숙부의 양자로 입양한 장쩌민은 신4군 소재지 옌청에서 항일소학교와 중학교를 졸업하였으나, 고등학교부터는 혁명열사의 혈육이었기 때문에 중공지하당의 배려로 상하이에 보내져 공부를 계속할 수 있었다. 장쩌민은 상하이 자오통대학 전기과에 입학하여 재학 중 비밀리에 중국공산당 지하당에 입당, 적극적으로 학생운동을 전개했다. 장쩌민이 상하이 자오통대학에서 지하당공작에 참가할 당시, 지하당 상하이학생위원회 서기는 우쉐첸(외교부장, 중앙정치국위원 겸 국무원 부총리)이었으며, 차오스(중앙정치국 상무위원 겸 기율검사위원회 서기)은 중공 상하이학생위원회 총책이었다.

청년 시절 장쩌민의 파격적인 도약에는 양부인 장상칭의 옛 상사 천이(당시 상하이군사관제위원회 주임), 리셴녠 등의 보살핌이 컸었다. 리셴녠과 장쩌민의 관계는 적어도 70년대 중기까지 거슬러 올라갈 수 있는데, 그가 1976년 4인방 분쇄 후 국무원 제1기계공업부에서 상하이주재 중앙공작원으로 파견된 것도 리셴녠(당시 중앙정치국위원)의 추천 때문인 것으로 전한다. 장쩌민이 중공 고급간부대열에 끼어든 것은 바로 이 시기부터이다.

장쩌민 자신 또한 본래 전형적인 지식분자였으므로 업무능력이 탁월하고 외국어 실력(영어, 러시아어, 루마니아어)이 능통한 테크노크라트다. 그러므로 부르주아지 자유화 사상이 짙은 대학생 및 지식인들과 접촉할 때는 노지식인의 자격으로 세론(世論)을 과감하게 설파하여 젊은 대학생들의 가슴을 뭉클하게 하곤 했다. 1986년 상하이학생시위가 발생했을 당시 장쩌민은 그의 모교인 상하이 자오통대학을 방문 민주주의 문제에 대해 대학생 이상의 지식으로 그들을 설복시킴은 물론 영어로 <링컨 대통령의 연설문>을 암송하는 등 민주문제를 신랄하게 현시하기도 했다.

요컨대, 장쩌민은 혁명열사의 집안에서 태어나 과학기술계 대학을 졸업한 청년간부로 '간부4화'의 요건 어느 것 하나에도 미흡한 점이 없었기 때문에 최고 지도부에 진입하게 되었고, 훗날 총서기에까지 오르게 된다.

▶ 당 원로의 자제 태자당 출신, 동구 유학파 테크노크라트 리톄잉

리톄잉(李鐵映, 1936~)은 중국의 원로정치인 리웨이한의 아들이다. 리웨이한은 중국공산당 창당의 주요 멤버로서 오랫동안 당내의 요직을 맡아 중요 혁명과업을 수행했다. 그는 당 중앙 통일전선부장직을 수년간 역임한 바 있으며, 또 전인대 상무부위원장, 정협 부주석 및 사망할 때까지 당 중앙고문위원회 부주임(1982~1984)으로서 활약하는 등 그 영향력은 상당히 컸다. 그는 1919년 근공검학의 일환으로 저우언라이·덩샤오핑 등과 함께 프랑스에 유학했으며, 그곳에서 저우언라이 등과 재유럽(在歐)중국소년공산당을 조직했다. 그 이전 1918년에는 마오쩌둥·차이허선(蔡和森) 등과 신민학회를 조직 중국공산당의 기초를 다졌다. 이처럼 리톄잉의 아버지 리웨이한은 중국공산당의 창건에 공헌한 바 크며 원로들과의 관계 또한 두터웠다.

따라서 리톄잉은 소위 고급간부의 자제 중의 노른자인 태자당의 한 사람이다. 리톄잉은 1936년 중국공산당이 옌안에 진지를 구축하고 있을 때, 바로 그 옌안에서 탄생(본적, 후난성 창사)하여 소년 시절 아버지의 슬하에서 그리고 옌안보육원에서 공산주의 사상을 도야했다.

그의 어머니는 1941년 독·소전쟁 시기 모스크바의 한 정신병원에서 독일군의 폭격으로 사망하였다. 1950~1955년 베이징사범대학 제2부속중학 재학시 중국공산당 입당, 베이징 러시아어 전문학교에서 러시아어 학습하였다. 그리고 혁명열사나 고급간부의 자제만이 갈 수 있는 동구권 유학을 떠난다.

1955~1961년 체코 Charles대학 물리학과를 졸업(고급공정사)했다. 1961년 귀국 후 대외비의 전자과학기술부문 연구소에 배치 연구활동에 종사했고, 그후 전자공업분야에 재직하면서 중국 제1의 '초고속전로계열의 집성에 대한 연구'와 제작에 참여했다. 이 연구로 1987년 '전국과학대상'을 수상하였고, 전자과학연구 방면에서의 업적을 인정받아 선양시 '모범노동자'가 되었다.

문혁개시 후, 홍색배경(부친)의 보호를 받은 '부르주아지 반동학술권위'로 몰려 비판을 받았으나, 저우언라이의 과학기술인 발탁정책에 의해 1972년 복권되어 국무원 제4기계공업부 1424실 부주임 및 1447소 총공정사(숫자명의 기구는 국무원 산하 특정연구의 임무를 띤 비밀기구로서 그 활동은 대외비임)가 되었다. 1978년 랴오닝성 선양시 과학기술위원회 부주임을 거쳐 1981년 선양시 당위 상무서기에 승진했다. 이때부터 리톄잉은 엔지니어로서의 역할을 벗어나 정계에 진출하게 되었다.

1982년 9월 '제3세대'간부 발탁(간부4화)정책에 의해 중공 제12기 중앙후보위원에 당선되고, 6개월 후 랴오닝성 당위 서기(문교담당)로 승진했다. 당시 그의 나이 47세로 중앙조직부장 쑹런충은 아주 좋은 인상을 가진 청년이라 하였고 총서기 후야오방 역시 고급간부의 자녀로서 맑은 표정이라 평가했다. 1984~1985년 하이청현(海城縣) 당위 서기를 겸임하면서 기층정치공작의 경험을 연마한 후, 1985년 6월 자오쯔양의 추천으로 국무원 전자공업부장 겸 동 당조 서기로 승진(전임부장, 장쩌민)하였다.

1987년 4월 전자공업부장 재직 동안 그는 '강력한 거시적 통제하에 미시적 개혁'을 주도, 천원의 '새장경제' 사상에 접근하였고, 따라서 천원 등의 추천으로 자오쯔양(천원 등 보수파는 자오쯔양의 급속한 개혁으로 인한 통화팽창을 질책)의 후임 국가경제체제개혁위원회 주임이 되었다. 동 위원회는 국무원 직속의 체제개혁에 관한 업무를 관장하는 부서로서 설립(1982.5)하여, 당시 국무원 총리 자오쯔양이 맡아서 개혁의 총체적 기획과 전국의 경제체제개혁에 대한 지도 및 협조업무를 담당하고 있었다. 이는 초(超)부급 단위로서 중국 경제개혁의 연도별 및 장기계획을 당·정 협의 하에 기획하고 조정하는 역할을 하는 기구였다. 1987년 11월 당 제13기 중앙위원에 당선되고, 이어 중앙정치국위원에 승진하게 되었다. 또 1988년 4월 제7기 전인대에서 국무위원에 선임되어 국가교육위원회 주임을 겸임(전임, 리펑)하게 되었고, 자신이 맡고 있던 국가경제체제개혁위원회 주임은 리펑에게 넘겨주었다. 아무튼 리톄잉은 '간부4화'의 요건-혁명화·연소화·지식화·과학기술화-을 빠짐없이 갖춘 엘리트다.

▶ 순수 노동자, 공청단 출신 톈진시 당위 서기 리루이환

리루이환(李瑞環, 1934~)은 톈진시 바오디(寶抵)현의 하잘 것 없는 빈농출신으로 일개 목공에서 중국공산당 최고권력의 핵심에 진입한 자수성가형 간부다. 1982년 톈진시장에 당선되었을 때, 그 스스로도 "목공이 시장이 된다는 것은 감히 상상조차 할 수 있었겠느냐"고 술회했다. 리루이환은 여느 중국의 제3세대 간부들처럼 특별한 인맥을 가졌거나 해외 유학파도 아닌, 노동인민가정 출신으로 그 스스로의 능력과 노력으로 오늘의 위치에까지 오른 순수 노동자 출신 간부이다. 1958년 베이징인민대회당 건조에 참여, 새로운 <척산법>을 개발하여 건설공사에 획기적인 공헌을 함으로써 당시 베이징시 당위 서기 겸 부시장이었던 완리로부터 그 능력을 인정 받아 공청단 제1서기 후야오방에게 추천됨으로 간부로 성장할 수 있는 길이 열렸다. 1964년 후야오방의 추천으로 공청단 중앙위원에 당선된 후 친 후야오방계 인사

가 되었다. 중국에서 교육영화로 널리 홍보되었던 '청년노반(靑年魯班)'은 바로 리루이환을 주인공으로 모범청년 노동자의 생활상을 주제로 한 것이다.

문혁 때 일시 '반혁명분자로 몰려 비판을 받았으나, 순수 노동자 출신이라는 그의 배경으로 1971년 이후 해방되었다. 이후 1979년까지 베이징시 건축위원회 부주임, 베이징시 총공회 부주임, '마오쩌둥기념당' 공사 현장 지휘부 당위 서기, 그리고 베이징시 건설위원회 부주임을 거치면서 베이징시의 기본건설을 지휘하였다. '4인방' 축출 후 공청단이 재건되자 완리 및 후야오방·후치리 등과의 옛 인연으로 착실히 성장, 1981년 공청단 상무위원 및 동 중앙서기처 서기가 된다. 그리고 동년 후치리가 톈진시 당위 서기 겸 시장이 되자 그를 따라 톈진시 당위 부서기 겸 부시장이 되었다.

1982년 마침내 후치리가 중앙정치국위원으로 발탁되어 중앙의 업무만 맡게 되자 그 후임으로 톈진시장이 되었다. 그가 톈진시장이 될 당시, 탕산(唐山) 대지진이 지난 지 이미 5년이 되었으나 톈진은 여전히 폐허 그대로였고, 십 수만의 난민은 방진(防震)막사에서 생활하고 있었으며, 교통은 문자 그대로 대혼란이었다. 여기서 그는 주택문제를 획기적으로 개선하고, 완허(灣河) 수도공사를 1년 6개월 앞당겨 완공함으로써 만성적인 식수난을 해결해 주었다.

이밖에도 그는 톈진시장 재임 중 물가를 안정시키고 교통을 원활하게 하였으며, 톈진의 문예를 진흥시키는 데 있는 힘을 다 쏟았다. 1986년 8월 덩샤오핑은 톈진 시정공정 및 톈진 신항구 확장건설, 톈진 고문화 복구현장 등을 시찰한 후 그 진척 상황에 크게 감동, 톈진을 전국도시건설계획의 모델로 삼도록 했다. 사실 이것이 리루이환이 중앙무대에 진입하게 되는 관건적 계기가 되었다.

1980년대 초 후야오방 총서기, 자오쯔양 총리의 개혁·개방체제가 구축되자 리루이환은 그들의 정책을 적극 지지, 경제개혁과 정치적 민주화를 소리 높여 외쳤다. 그러나 1983년부터 정신오염청소 및 부르주아지 자유화 반대투쟁 등 일련의 조치가 취해지기 시작하자 그는 당원의 청결을 강조하고 자본주의 계급사상의 전파를 방지하는 데 앞장섰다. 하지만 그는 공청단 출신 후야오방과 맥을 같이 해 왔고, 6.4 때는 물론 그 이후에도 후야오방·자오쯔양 라인의 사람들을 고무, 격려하는 태도를 견지해 왔다. 90년 3월『인민일보』논단을 통해 그는 가오디(高狄) 등 극좌 보수파를 신랄히 비판하면서 그들에게 다시는 '문혁'식의 투쟁을 전개하지 말 것을 요구했다.5)

▶ 쓰촨성 지방간부 출신, 자오쯔양의 오른팔 양루다이

양루다이(楊汝岱, 1926~)는 쓰촨성 인수현 출신으로 1952년 공산당에 입당한 후 줄곧 쓰촨성의 현급 간부로 근무해 왔다. 자오쯔양이 쓰촨성 당위 서기로 있을 때 발탁되어 쓰촨성 당·정지도자로 성장한 순수 지방간부 출신이다. 그는 자오쯔양이 전국적으로 가장 먼저 실시한 농업청부생산제를 도와 이를 성공하게 한 1등 공신이다. 따라서 자오쯔양이 중앙무대에서 최고지도자로 성장함에 따라 발탁된 순수 자오쯔양 사람이다.

▶ 칭화대 출신, 테크노크라트 리시밍

리시밍(李錫銘, 1926~)은 허베이성 출신으로 칭화대학 재학 중 공산당에 입당하여 당의 지하공작에 종사하였다. 1949년 스징산(石景山) 발전소에서 활동을 시작, 26여 년간 그 곳에서 전력부문 전문가로서

---

5) 6.4사태 이후 리루이환은 "6.4사건은 그 책임을 전부 학생과 군중에게만 돌릴 수 없다. 그 주요 책임은 중앙에 있다. 그리고 그 책임을 전부 자오쯔양에게만 덮어 씌워서는 안 된다. 왜냐하면 수많은 결정은 모두 당 중앙이 집단적으로 결정한 것이기 때문이다." 이처럼 리루이환은 6.4사태의 원인을 학생, 군중, 자오쯔양에게만 돌리는 태도에서 벗어나 양비론(兩非論)을 주장했다. 따라서 리펑 등 보수파와의 마찰은 불가피할 수밖에 없었다. 그 후 6.4사건의 처리문제를 놓고도 그는 그 많은 지식분자와 학생들을 모두 형사 처벌할 수 없으며, 역사의 심판이 필요함을 강조, 차오스와 일치된 의견을 제시하였다.

실무경험을 쌓았다.

문혁 중 류사오치파로 지목되어 비판과 박해를 받았지만, 발전소의 중요성(수도 전력 공급)이 감안되어 1970년부터 발전소의 당과 행정 책임자로 일할 수 있었다. 1979년 전력전문가인 리펑과 함께 전력공업부 부부장으로 승진하여 절친한 관계를 유지하였다.

1980년대 초 당 중앙이 국민경제의 전면적인 조정이라는 중요한 과제에 직면하자 리시밍은 자오쯔양이 직접 주관한 국민경제조정판공실에 6~7명의 부부장급과 함께 들어가 중국경제조정의 핵심적 역할을 하였다. 그 후 능력을 인정받아 신설 성향(城鄉)건설환경보호부 부장으로 승진하여, 환경보호위원회 부주임(주임, 리펑)을 겸직하고, 2년 후인 1984년에는 수도 베이징시 당위 서기로 발탁되었다.

▶ 칭화인맥의 핵심인사, 계획위원회 출신 보수파의 중간 보스 쑹핑

쑹핑(宋平)은 1917년 산시성 출신으로 베이징농업학원·칭화대 및 서남연합대학, 그리고 옌안중앙당교·마르크스 레닌학원 등을 수학한 이론가다. 쑹핑은 일찍이 저우언라이의 정치비서를 거친 중국에서 보기 드문 수재다. 따라서 쑹핑의 성장에는 저우언라이의 보살핌이 컸다고 보겠다.

1949년 건국 이후 동북총공회(하얼빈)의 간부직을 거쳐 국가계획위원회 노임계획국장 노동부 부부장·국가계획위원회 부주임 등으로 승진하였다. 문혁 중 고초를 겪었으나 1972년 저우언라이에 의해 복권되어 간쑤성 당위 제1서기로 기용되었다. 그 후 1981년 야오이린(주임)의 추천으로 국가계획위원회 부주임에 발탁되고 이어서 야오이린의 주임직을 이어받게 되는데, 야오이린과는 칭화대학 동문으로 절친한 관계였다.

야오린과 쑹핑은 칭화인맥의 중추로서 후배들을 잘 돌보았다. 간쑤성에서 기층업무에 종사하던 후진타오는 바로 쑹핑의 추천에 의해 중

앙 진출의 길이 열렸고, 훗날에도 후진타오의 든든한 후원자가 되었다. 1984년 리시밍 등과 함께 리펑이 이끄는 환경보호위원회 부주임직을 겸직하다가, 1987년 6월 당 중앙조직부장에 발탁된 계획위원회 출신 보수파의 중간 보스다.

▶ 4인방 체포의 공로자, 순수 무골 출신 친지웨이

친지웨이(秦基偉, 1914~)는 후난성 황안(黃安)현 빈농출신 순수 무골이다. 1931년 홍군에 참가 불과 4년만에 소대장·중대장을 거쳐 사단장까지 오르며, 사령관인 쉬샹첸으로부터 아낌없는 신임을 받은 유능한 군인이다. 장정 후 항일군정대학을 졸업하고 1939년부터 덩샤오핑(2야) 휘하에 들어와 1970년대에 이르기까지 줄곧 덩샤오핑계의 용장으로 활약했다.

1955년 계급 수여시 중장이 되었다. 한국전쟁시 지원군 15군단장이 되어 중부전선의 상감령 전선을 사수하면서 현대과학전의 다양한 경험을 쌓았고, 월남전 중 월맹 지원 기지로 활용한 쿤밍(昆明)군구의 사령관을 맡는 등 실전경험이 풍부하다.

문혁이 발발하자 류사오치의 앞잡이로 몰려 비판을 받고 쿤밍군구에서 베이징 '마오쩌둥사상학습반'으로 압송되어 사상개조를 받았다. 덩샤오핑 복권 후 청두군구 사령관이 되었고, 1975년 베이징군구 정치위원(사령관, 천시롄)으로 기용 되어 덩샤오핑·예졘잉을 도와 4인방을 체포하는 데 공을 세웠다. 그 후 베이징군구 사령관으로 승진하여 천시롄·우더(정치위원) 등 '소4인방'을 축출했다. 따라서 비록 연령아 높지만 계속 군직을 유지할 수 있었고, 국방부장이 된 것으로 보아 덩샤오핑의 군내 심복임에는 틀림없다.

이상 공산당 지도층의 인사개편을 볼 때 13기 전국대표대회는 개혁파의 승리라고 보겠다. 특히 덩샤오핑이 정치국에서는 물러났으나, 실질적으로는 군권을 그대로 장악하고 있는 반면, 보수파의 중심 원로인 천윈(중앙고문위원회 주임으로 전임) 및 리셴녠(국가주석, 1983~ 1988)·펑전(전인대 위원장, 1983~1988) 등이 덩샤오핑과 함께 정치국에서 동반 퇴진하게 된 것은 보수파로서는 큰 손실이 아닐 수 없다.

반면, 자오쯔양에게 후야오방과는 달리 중앙군사위원회 제1부주석을 겸직케 함으로써 개혁세력 후계자로서의 권력기초를 더욱 든든히 해 주었다. 다른 1명의 상무부주석 역시 친 덩샤오핑계의 쓰촨성 출신 양상쿤이 겸직하였다. 이외, 중요 당직인 중앙서기처 서기에 자파인 차오스가 유임되고 친 자오쯔양 계열인 후치리·루이싱원·옌밍푸가 발탁되었다. 차오스는 중앙기율검사위원회 서기도 겸직하였다.

이어 1988년 4월 제7기 전인대에서 국가지도층의 개편이 있었다. 국가주석은 덩샤오핑과 가까운 양상쿤(전임 국가주석, 보수파의 리셴녠)이 선임되고, 국가부주석은 보수파원로 왕전이 당선됨으로써 보·혁이 균형을 유지하였다. 그리고 전인대 상무위원장에는 덩샤오핑의 '4동 동지'이며 개혁대열인 완리(전임, 보수파 펑전)를 선임하는 한편, 국무원 총리는 보수계열의 리펑을, 그리고 제1부총리 역시 보수파의 경제통인 야오이린을 부총리에서 승진시켜 경제개혁의 속도를 조정케하였다. 이 밖에 2명의 부총리는 정치국위원인 톈지윈(유임)과 우쉐첸이 각각 겸직하였다. 두 사람은 각각 자오쯔양 및 후야오방과 가까운 개혁파 인사다.

이처럼 덩샤오핑은 간부의 연소화·전문화 정책을 통하여 자파 개혁세력을 대거 요직에 전진 배치함으로써 그가 구상한 바대로 개혁·개방을 적극적으로 밀고 나가고자 했다. 하지만 당·정의 신 지도부는 개혁파의 자오쯔양 총서기(당)에 보수파의 리펑 총리(국무원)를 안배함으로써 보·혁간의 균형도 고려하였다. 이는 개혁파가 제기한 정치체제개혁 및 사회주의초급단계론을 당론으로 확정하는 대신, 보수파에게 준 정치적 타협의 대가로 보여진다. 천윈 등 보수파의 지원을 받는 리펑이 정치국 상무위원에 이어 국무원 총리 및 국가경제체제개혁위원회 주임직을 맡게 된 것은 당시 대단한 뉴스였으며, 이후 더 큰 정치변화를 가져올 징조였다.

제2절 자오쯔양-리펑 체제 구축과 보/혁간의 재격돌

자오가 13대에서 총서기에 선출되고, 리펑이 자오의 총리직을 이어 받아 총리 대리로 선임(1987. 11. 6)됨으로써 보·혁간 권력투쟁의 주 역이 자오와 리펑으로 바뀌게 되었다. 물론 그 배후에는 덩샤오핑·천원·리셴녠·펑전·보이보 등 몇몇 원로들이 권력을 조종하고 있었다. 말하자면, 자동차의 앞좌석에 자오와 리펑을 앉혀놓고, 정치 현장에서 물러난 백전노장의 원로들은 뒷좌석에 앉아서 그것을 조종하는 꼴이 되었다.

개혁파의 입장에서 보면, 이번 인사국면에서 가장 먼저 당면한 문제는 경제개혁과 정치개혁의 모순이었다. 13전대에서 확정한 정치체제개혁안에 따르면 '당·정 분리'를 통해 당이 모든 것을 지도하는 병폐를 바꾸자는 것이었고, 경제체제개혁에 있어서 정치체제개혁을 동시에 진행시킴으로써 권력의 과도 집중을 피하자는 것이었다. 그러므로 경제대권을 주도하는 국무원 총리직을 사임한 자오쯔양이 만약 정치개혁이 요구하는 취지에 부응한다면 당연히 경제정책의 결정권은 국무원 총리 리펑의 손으로 넘겨주어야만 했었다. 하지만 자오가 국무원을 떠난 후에도 다년간은 경제체제개혁에 대한 결정권을 보수파 인사들에게 넘기는 것을 원하지 않았고, 심지어 국무원의 경제정책을 간여해 왔다.

당시 자오가 경제영역에 관여하고 있었다는 것은 『홍기』 잡지가 자오의 두터운 신임을 얻고 있는 양루다이 등과의 대담을 통해 작성한

한 글을 통해 알 수 있다. 그 글은 "당·정 분리를 실시할 경우, 지방 당위의 경제업무에 대해, 문제는 관여해야 하느냐 아니해야 하느냐가 아니고, 어떻게 관여하느냐가 문제다"라고 했다. 이 글에 의하면 지방의 당조는 여전히 경제공작을 관리하고 있었다는 것이며, 그것은 또 자오가 경제정책의 주도권을 포기하지 않겠다는 의도를 직접적으로 표현한 것이다.

이처럼 당시 경제정책은 자오쯔양 총서기 중심의 개혁파가 주도하였다. 개혁파는 13대 정신에 따라 사회주의상품경제를 발전시키기 위한 기능적 메커니즘으로서 '국가는 시장을 조정하고 시장은 기업을 유도하는 것임'을 구체적으로 제기하여 보수파들의 반대에도 불구하고 오히려 도시의 경제개혁을 가속화하고 시장경제체제로의 전환을 급진 전시켰다. 특히 자오쯔양을 중심한 개혁파는 시장경제적 요소의 도입을 통하여 정치적으로도 공산당 1당 독재를 수정·완화함으로써 경제적·정치적 개혁을 동시적으로 추진, 소위 고르바초프식 소련형의 개혁을 주창하게 된다.

그리고 자오쯔양은 "현 단계에서 시장경제를 실행하고 상품경제를 발전시키고 여러 가지 형태의 경제방식(소유제)을 함께 취하고 있는 것은 '사회주의 초급단계'의 요구에 부응하는 것으로 이를 자본주의 복원이라고 질책할 수 없다"는 논리를 펴 4항 기본원칙을 견지하면서 시장경제와 상품경제를 발전시켜 나갈 것을 촉구하였다. 이는 당시 보수파가 사회주의 상품경제 및 시장경제화는 부르주아지 자유화 경향이라고 개혁파를 격렬하게 공격한 것에 대한 방어적 전략이기도 하였다.

위에서 이미 언급한 바와 같이 사회주의 초급단계이론은 두 가지 의미를 포함하고 있었다. 하나는 중국은 이미 사회주의국가이므로 반드시 이를 견지하고 사회주의를 벗어날 수 없다는 것이다. 또 다른 하나는 중국은 아직 사회주의 초급단계에 처해 있으므로 반드시 현실적 상황에서 출발하여야 하지 이 단계를 뛰어 넘을 수 없다는 것이다. 즉 자본주의의 충분한 발전단계를 경유하지 않고 사회주의의 길로 간다는 것은 우경착오의 중요한 근원이 되며, 생산력의 거대한 발전 없이 사회주의 단계를 넘어간다는 것은 공상론으로 좌경착오의 근원으로 보았다.

1988년 3월 13대2중전회에서 자오쯔양은 경제의 안정보다는 고도성장에 중점을 둘 것임을 분명히 했다. 그는 고도의 경제성장을 위해 지역간의 격차가 확대될 가능성이 큼에도 불구하고 연해지역을 우선적으로 개발하는 대외지향형 경제발전전략을 제안하였다. 정치부문에 있어서도 당 13전대에서 제기했던 정치체제개혁의 구상에 따라 국무원의 기구개혁, 국가공무원제도 개혁, 국가기관내의 당조직(黨組) 폐지 등 당·정분리 정책을 신속하게 추진할 것을 주장했다. 사상공작부문에서도 개혁을 심화, 발전시키는 데 도움이 되는 방향으로 개조할 것을 촉구하였다.

그러나 1988년부터 정세는 자오쯔양에게 불리한 방향으로 급변하기 시작했다. 그 직접적인 원인은 급속히 악화되기 시작한 경제사정 때문이었다. 특히 물가의 앙등은 개혁파의 입지를 좁혀놓고 말았다. 자오쯔양이 무리하게 추진한 개혁·개방의 여파로 1988년 상반기부터 경제가 과열되어 건국 이후 최악의 인플레이션이 발생하기 시작했다. 1987년 물가상승률 7.3%에서 1988년에는 18.5%로 폭등했다. 12월에는 전년도의 같은 달에 비해 무려 21.6%를 기록하였고, 무역수지도 1988년 중반기 이후부터 적자가 급격히 누적되기 시작하였으며 이러한 사정은 1989년에 들어 더욱 악화되었다. 1989년 상반기의 물가상승률은 25%나 인상되어 사회불안의 기미까지 보이기 시작했다.

따라서 명목소득은 높아졌지만, 인민의 실질 생활수준은 하강함으로써 인민의 원성은 높아져 갔다. 11대3중전회 이후 10여 년간 누증된 개혁의 부작용과 서로 상승작용을 하여 사회적 부조리 및 부패의 만연, 빈부의 격차·인플레이션·민주화의 범람 등 각종 정치, 경제, 사회적 문제를 유발하였다. 물가문제가 단순한 경제문제가 아니라, 사회 및 정치문제로 비화된 것이다. 결국 개혁파에 의해 추진된 개혁정책은 '권력을 하방하면 바로 혼란해 짐(一放就亂)'을 야기하여 개혁 이래 개혁파는 최대의 위기에 직면하게 되었다.

하지만 자오쯔양은 경제체제개혁의 핵심은 가격개혁에 있음을 들어 다소간 부작용이 있음에도 불구하고 지금까지의 정책을 지속하려했다. 개혁파는 물가를 묶어 물가앙등으로 인하여 발생한 문제들을 털어 막는 한편, 보수파의 반격을 저지해 나가는 전략을 구사했다. 1988년 5월 중순에서 6월, 덩샤오핑도 장기적인 침묵을 깨고 여러 차례 공개적인 회합에서 자오쯔양을 중심으로 한 개혁파를 지지하는 다음과 같은 내용의 발언을 하였다. "우리는 개혁과 대외개방을 견지하여야 하고, 권력을 중앙이 회수하려 해서는 아니 되며 지방에 넘겨주어야(방권) 한다" "중국의 물가개혁은 과감한 행동으로, 모험적이긴 하지만, 중앙이 자신을 가지면 그것은 잘 할 수 있다" "현재 지나치게 물가를 털어 잡으려 하는 것, 그것이 바로 가장 큰 위험이다" "중국은 여전히 뚫어야 할 몇 가지 닫힌 곳이 있다. 가장 크게 닫힌 것은 가격과 임금제도로 그것을 종합적으로 정비하고 개혁해야 하며, …즉시 경험을 종합적으로 평가(총결)해 보아야 하지만, 절대로 후퇴해서는 안 된다" 덩샤오핑의 목적은 분명히 역공에 몰린 개혁파를 지지함으로써, 보수파의 맹렬한 공세를 저지하는 데 있었다.

덩샤오핑의 지지 발언이 있은 후 얼마동안은 1986년 '자유화 반대 투쟁' 때와 마찬가지로 개혁은 다시 생기를 찾고, 개혁파가 우세하는 듯하였다. 그러나 그해 8월의 베이다이허 회의 및 9월에 열린 13대3중전회에서 전세는 역전되었다. 특히 연말이 가까워질수록 물가는 건잡을 수 없이 폭등한데다 그것이 민심을 자극하고 있었기 때문이었다. 더구나 당이 우려한 것은 혹시나 이에 편승하여 학생들이 들고 일어날까 하는 문제였다.

따라서 8월15일~17일 사이, 베이다이허(北戴河)에서 제10차 정치국회의가 소집했고, 여기서 가격개혁을 2년간 연기하는 한편 긴축정책과 총수요 억제정책을 통하여 물가안정에 총력을 기울일 것을 당의 방침으로 확정했다. 즉 <물가·임금개혁에 관한 초보적 방안>을 통과시켰다.

내용은 6개 부분이었다. ① 가격·임금개혁의 필요성, ② 개혁은 따라야 할 주요원칙이 있어야 함, ③ 1989~1992년 개혁의 윤곽 구상, ④ 1989년 개혁의 초보 방안, ⑤ 개혁 중 부딪칠 수 있는 주요 위험과 기본 대책, ⑥ 개혁에 수반되는 위험과 주요 대책 등이 그것이다.6) 위 <방안>의 내용을 보면, 리펑을 대표로 하는 보수파가 주장한 완화정책이 우세를 점한 가운데 자오쯔양 일파가 일정 한도에서 물러선 것이다. 덩샤오핑은 비록 지속적으로 강력한 개혁을 주장해 왔지만, 일단 물가가 폭등하자 자오쯔양을 앞세워 추진한 개혁정책에 대한 지지 정도를 저울질하지 않을 수 없게 되었으며, 그 결과 그러한 <방안>이 통과된 것이다.

이어 당 지도부는 1988년 9월, 당 중앙공작회의를 소집하고 자오쯔양이 과거 몇 년간 견지해 온 '경미한 인플레이션은 생산을 자극할 수 있다'는 주장을 신랄히 비판했다. 그리고 1988년 9월 하순에 소집된 13대3중전회에서 보수파가 제기한 '경제안정'정책이 개혁파의 '개혁을 더욱 빠르게 심화시키자는 주장을 압도하였다. 따라서 회의에서 자오쯔양은 보고를 통하여 한편으로는 경제환경과 경제질서를 '치리정돈'(정비하고 바로 잡음)하고, 다른 한편으로는 개혁을 심화시키는 정책과 방침을 향후 2년간 개혁과 건설의 중점으로 삼을 것이라 했다. 그리고 이 회의에서 보수파가 지배하고 있는 국무원(리펑)이 제출한 "금후 5년 또는 비교적 장기간 물가상승을 통제해야 한다"는 건의를 받아들이고, <물가·임금개혁에 관한 초보적 방안> 및 당 중앙의 <기업의 사상정치공작에 대한 강화 및 개선에 대한 통지>를 통과시키는 등 이른바 '치리정돈'으로 정책의 전환이 이루어졌다.

---

6) 拳鼓, "剖析中共北戴河會議,"『中共硏究』 第22卷 第9期(臺北: 中共硏究雜誌社, 1988年 9月), p. 29.

한편 자오쯔양은 이 회의에서 정치국을 대표하여 최근 몇 년간의 경제과열과 격렬한 인플레이션을 시인하고, 시기를 놓쳤음을 인정하였다. 이후 보수파의 자오쯔양에 대한 압력은 더욱 가중되었고, 마침내 경제의 지도권을 내놓게 되었다. 원래 정치국 상무위원이 5개 전문소조를 분담했는데, 이 회의에서 원래 자오쯔양이 조장으로서 경제개혁을 관장하던 '중앙재경소조'를 폐지하기로 하였다. 따라서 자오쯔양의 조장직 역시 자동 폐기되고,[7] 그의 경제개혁에 대한 지도적 지위 또한 자동적으로 해제되었다. 이로써 사실 경제개혁의 전부라 할 수 있는 가격과 임금에 관한 정책결정권이 개혁파(당)의 손에서 보수파(국무원)로 넘어갔다. 천원의 지시에 따라 리펑 총리와 야오이린 부총리가 인플레이션과 경제질서를 '치리 정돈'하는 사무를 관장하게 되었다.

보수파의 자오쯔양에 대한 비판의 핵심은 경제실정과 사상공작의 경시 등 두 가지로 압축된다. 첫째 자오쯔양은 경제정책의 최고책임자로 인플레 등 경제의 과열현상에 대해 사전에 미리 대비하지 못했다는 점. 둘째 4항 기본원칙을 경시한 채, 부르주아지 자유화 경향을 보였다는 것이다. 이처럼 자오쯔양이 보수파들로부터 경제실책과 정치사상공작의 경시에 대해 맹렬한 책임추궁을 당함에 따라 개혁파의 입지가 흔들리면서 자오의 영향력이 크게 약화되었다.

결국 13대3중전회 이후 보수파는 노선과 권력투쟁에서 우위에 서게 되었고 개혁파가 장악하고 있던 경제정책 결정권을 다시 회수해 갔다. 개혁파와 보수파의 격론은 경제문제뿐만 아니라 교육문제에 관해서도 야기되었다. 1989년 4월에 열린 중앙정치국확대회의에서 교육문제에 대해 개혁파가 교육투자의 확대를 통한 교육환경개선을 주장한 반면, 보수파는 정치사상공작의 강화를 요구하는 등 당 내분은 더욱 격화되고 있었다.

보수파의 개혁파에 대한 공격은 개혁·개방에 대한 현실적 인식 차

---

7) 李谷城, 앞의 책, p. 162.

이뿐만 아니라, 덩샤오핑-자오쯔양 계열 당권파에 대한 천윈-리펑으로 연결되는 국무원과 중앙고문위원회 및 정책소외 그룹의 권력투쟁으로 이어졌다. 여기에 1989년 후야오방의 사망 및 이에 연계되어 폭발된 6.4톈안먼사태로 개혁파의 입지를 곤란케 하였으며, 그것은 자오쯔양 후계체제의 와해를 가져왔다.

제3절 6.4톈안먼사태와 자오쯔양의 숙청

1988년 후반 이후 중국에는 두 가지 극단적인 사상의 흐름이 대치하고 있었다. 하나는 민주화 및 자유화의 바람으로 경제체제개혁이 좌절의 위기에 직면하게 된 것은 정치적인 원인 때문인 것으로 보고, 그 해법으로 정치·경제·사회적으로 다원주의, 서구의 다당제와 의회제도를 적극적으로 도입할 것을 주장하는 부류였다. 다른 하나는 이와는 반대로 최근 일어나고 있는 모든 사회경제적인 문제의 근원은 개혁의 부작용에서 온 것으로 보고, 그것을 방지하기 위해서는 '4항 기본원칙의 견지'(치리정돈)를 더욱 강화해야 한다고 주장하는 부류였다.

이처럼 양 부류가 마주보고 달리는 열차처럼 첨예하게 대립하고 있는 가운데 민주화와 자유화를 주장하는 이른바 급진개혁세력들은 일부 지식인과 학생이 중심이 되어 다음 해(1989년) '5·4운동 70주년'과 '건국 40주년'을 기해 대규모 민주화운동을 준비하고 있었다. 말하자면, '개혁과 개방' 및 '치리와 정돈'(4항 기본원칙 견지)이라는 서로 다른 노선 간에 권력투쟁의 긴장이 고조되어 있는 가운데, 인민들의 관료부패에 대한 불만과 지식인들의 민주화·자유화 및 정치개혁에 대한 열기가 다시 기세를 올리기 시작한 것이다.

1989년 1월 6일, 팡리즈는 덩샤오핑에게 건국 40주년과 5 · 4운동 70주년을 기해 웨이징성(魏京生) 등과 같은 정치범들의 석방을 요청하는 한 통의 편지를 보냈다. 덩샤오핑이 반응을 보이지 않자 2월 16일에는 다년간 뉴욕에서 지내다가 베이징으로 돌아온 천쥔(陳軍)을 후원하는 지식인 33명이 팡리즈의 요청을 지지하는 공개서한에 서명했고, 이것을 전국인민대표대회 상무위원회에 보냈다. 3월에는 44명의 학자 및 과학자들이 정치범의 석방을 요구하는 청원서를 전인대 상무위원회에 제출했다. 다른 한편 2월 24일에는 조지 H. 부시 미국 대통령에게도 편지를 보내 성원과 지지를 호소했다. 그리고 팡리즈는 부시 대통령과의 면담도 요청했다. 이러한 호소는 중국 내외의 폭넓은 지지를 얻었다. 하지만 당 중앙은 외국의 성원에 대해 내정간섭으로 보고 접수를 거절했다.

그 달, 중국을 방문한 부시대통령에게 덩샤오핑은 왜 자신이 팡리즈의 요청을 받아들일 수 없었는지에 대해 다음과 같이 우회적으로 말했다. "중국은 안정을 필요로 해요. 중국의 인구가 얼마나 많은지는 당신도 잘 알 것입니다. 그들 모두 저마다의 의견을 갖고 있습니다. 당신이 오늘 시위하고 내가 내일 시위하면 우리는 1년 365일 시위만 하고 말 것입니다. 그러한 상황에서 경제발전은 어떻게 시키겠습니까?"

그의 이 말은 팡리즈의 부시 대통령과의 면담은 물론, 정치범의 석방 요청을 받아들일 수 없다는 말이나 다름없었다. 이러한 덩샤오핑의 민주화의 저지 발언과 행동은 곧바로 국내외여론의 초점이 되었다. 베이징의 몇몇 대학에서 학생들이 들썩이기 시작했다. 대학 내에는 1987년의 학생운동에 이어 이미 여러 가지 학생조직들이 구성되어 있었다. 이런 조직들은 대부분 '낭만파 시 낭송 클럽'이니 '외국 철학 살롱' 등의 이름을 가지고 있었지만, 사실은 모두 정치적 성격을 지니고 있는 조직으로 정치적 안전을 위해 흥분을 자제하고 있었을 뿐이었다. 기회만 오면 언제든지 폭발될 수 있는 태세를 갖추고 있었다.

후야오방의 갑작스런 죽음은 기폭제가 되었다. 1989년 4월 15일 전 총서기 후야오방이 정치국회의 도중 심장마비로 죽었다. 사망소식이 전해지자 바로 일대 혼란에 빠졌다. 사실 후야오방의 개혁정책은 많은 인민 및 지식인의 숭앙을 받고 있었기 때문에 그의 사망은 중국정치에 큰 충격이 될 수밖에 없었다. 특히 개혁의 열풍이 보수파의 공세로 코너에 몰리고 있는 상황에서는 더욱 그러하였다.

후야오방이 사망한 4월 15일, 베이징대학 학생들은 즉각 캠퍼스 내에 그를 애도하는 대자보를 붙였다. 연달아 전국의 여타 대학들도 대자보로 호응했다. 대자보의 내용은 후야오방을 애도하는 것으로부터 점차 시국에 대한 반성으로 바뀌어 갔고, 심지어는 정권을 비판하고 덩샤오핑 등 고위 지도자들에 따지면서 후야오방의 명예를 회복시켜 줄 것을 공개적으로 요구하였다. 장례식 날인 4월 22일까지 애도활동은 중단 없이 계속되었고, 베이징에서는 이미 여러 차례 시위가 벌어졌다. 2년 전 자신들이 벌인 시위 때문에 후야오방이 실각했다는 사실에 죄책감을 느꼈기 때문이었다. 17일 밤 베이징대학생들이 앞장서서 교문을 나섰고, 인민대학생들 역시 이에 호응했다. 그날 밤만도 대학생 및 군중을 합쳐 약 2만여 명이 집회에 참가했다. 4월 22일, 인민대회당 안에서 장례식이 진행되는 동안 10여개 대학 10여만 명의 학생들이 톈안먼 근처에 집결하여 구호를 외치고 노래를 불렀다. 학생들 대부분은 그날 밤 늦게 해산했지만, 일부는 그들의 요구를 들어줄 때까지 광장에 남기로 결정했다. 이제 그들의 요구사항에는 후야오방의 복권뿐만 아니라 연설의 자유, 민주적 선거, 정치범 석방, 부패관리의 엄단, 리펑과 기타 보수파들의 파면 등 광범위한 문제까지 포함되었다.

장례식이 있은 후 23일~25일, 베이징의 각 대학교의 학생들은 연대하여 연합회를 조직하고, 무기한 수업거부를 선언했다. 상하이·톈진·난징의 각 대학들도 즉각 호응했다. 이에 조금 앞서 시안(西安)·창사 등지에서는 폭력적인 진압사건이 알려지면서 학생운동은 걷잡을 수 없는 상황으로 빠져들었다.8) 결국 후야오방을 추도한다는 이름으로 열린 집회가 당 중앙을 향하여 민주화를 요구하였고, 이것은 1개월 이상 지속되어 반부패, 반덩샤오핑 운동으로 확전되어 간 것이다.

4월 24일, 자오쯔양 총서기가 예정대로 김일성의 초청으로 북한을 방문하고 없는 사이 리펑 총리는 양상쿤 국가주석이 참석한 가운데 정치국 상무위원회를 소집하여 비상사태를 논의했다. 리펑은 정치국 상무위원으로 자오쯔양 다음 서열에 있었다. 당시 국가주석 양상쿤, 전국인민대표대회 상무위원장 완리 등은 정치국 상무위원이 아니었기 때문에 당 서열상으로는 리펑의 후순위였다. 이 회의에서 학생운동을 비난하는 결정이 내려졌다. 그리고는 리펑과 양상쿤은 덩샤오핑의 자택을 찾아 그동안의 상황을 보고하고 자문을 구했다.

덩샤오핑은 자신까지 공격의 목표가 되고 있다는 양상쿤·리펑 등의 학생운동에 관한 보고를 청취한 후, 그들의 결정을 지지하면서 학생운동을 '젊은 말썽꾸러기들의 폭동(動亂)'으로 규정하였다. 4월 26일 리펑의 주도하에 덩샤오핑의 승인을 얻은 『인민일보』는 "반드시 기치를 선명하게 폭동을 반대하여야 한다"는 사설을 통하여 '이 운동은 심각한 정치투쟁의 한 장'이라고 규정했다.9) 즉 "학생운동이 단순한 학생시위가 아니라 심각한 정치적 폭동이며, 공산당 지도부와 사회주의체제를 전복시키려는 목적을 가지고 있다'고 했다. 상하이시 당위원회(서기, 장쩌민)에서도 이러한 당 중앙의 방침에 따라 『세계경제보도』 편집장 친번웨이(欽本位)를 후야오방에 대한 추도기사와 관련하여 해임하고 동 주간지를 폐간해버렸다. 『세계경제보도』는 개혁파 지식인들의 입장을 대변하는 주간지로 4월 24일자 기사에서 후야오방 추도 좌담회의 내용을 보도하면서 1987년 1월 후야오방 총서기의 해임을 비판하는 글을 게재했다.

---

8) 王震邦, "從四·一五至六·四," 『神州悲劇的沈思』(臺北: 中正書局, 1989), p. 95.
9) 『人民日報』, 1989年 4月 26日.

「4.26 사설」의 '폭동' 규정 및 『세계경제보도』에 대한 제재 등 일련의 강경조치는 상황을 진정시키기는커녕 더욱 악화시키고 말았다. 학생시위의 화약고에 기름을 뿌리는 격이 되었다. 다음 날, 학생들은 '폭동' 규정에 반발하여 자신들의 행위를 '애국운동'이라고 규정하였으며, 시민들의 동참을 호소했다. 베이징대학·칭화대학 학생들은 혈서를 쓰면서 끝까지 항쟁할 것을 다짐했다. 그리고 여타 대학들도 이에 호응, 20여만 명이 운집하여 톈안먼을 향해 가두시위를 하기 시작했다. 교기·학과 기 등과 '자유·민주·인권·과학·법제'와 '타도 간부의 부패', '신문의 자유' 등을 쓴 표어를 치켜들고 평화적인 가두시위를 벌였다. 자오쯔양이 알지도 못하고 승인하지도 않은 상태에서 리펑이 『인민일보』 사설을 준비했다는 것이 이유 가운데 하나였다. 4월 28일에는 기존 학생연합회를 관제조직이라 하여 배척하고 베이징시 대학생자치연합회를 결성하여 정부당국과의 대화를 요구하였다.

자오쯔양은 4월 30일 베이징에 귀임했고, 그와 리펑 사이에는 실제로 모종의 불화가 있는 것 같았다. 자오쯔양이 평양에서 덩샤오핑의 결정에 동의한다는 전보를 보낸 것은 사실이었다. 하지만 외국에서 덩샤오핑에게 동의를 표명한 것과 베이징에 돌아와 사설을 읽어보고 추종자들의 불평을 듣는 것은 전혀 다른 문제였다. 몹시 난처한 결정을 해야만 했던 상황에 빠진 덩에게 자오는 대놓고 반대하지는 않았지만, 4월 26일자 사설만은 취소해야한다고 제안했다. 덩은 자신의 말과 정확히 일치하지 않는 사설을 지원했다는 사실을 알고 잠시 동안 무언가에 속은 듯 했다. 그러나 취소하려니 도무지 위신이 서지 않았다. 어찌 되었던 자오쯔양은 총서기로서 당 중앙의 업무를 계속했다. 5월 4일자 『인민일보』는 4월 16일자보다는 현저하게 온건해졌다.

바로 이때 학생운동이 끝났더라면 자오쯔양으로서는 아무 문제가 없었을 것이고, 덩샤오핑 또한 만족했을 것이며, 리펑은 무모한 성격 탓에 질책을 듣는 정도로 그쳤을 것이다. 하지만 5월 4일과 7일 및 18일, 대규모의 가두시위가 발생했다. 5월 4일에는 2백여 명의 신화사 및 인민일보의 직원들이 동참했고, 5월 13일에는 학생들이 탄식투쟁에 돌입했다. 5월 17일~18일 양일간의 시위 참여자는 무려 1백만 명을 넘었다. 그들 중에는 자영업자·노동자 농민 등 각계각층의 인민대중이 포함되어 있었으며, 학생운동과 노동운동이 함께 어우러져 학생의 요구를 성원하였다. 특히 '간부의 부패 행위 반대 및 반 통화팽창'을 요구하면서 「4·26 사설」의 '폭동' 규정을 뒤엎고 학생운동을 '애국운동'으로 인정할 것을 당 중앙에 강력히 요청했다. 아마도 학생들은 5월 4일자 사설을 보고 당 지도부가 양보할 태세라고 이해했기 때문에 더욱 격렬해졌던 것 같았다.

사실 당시 중국공산당 지도부에는 일관된 의견이 없었다. 당 지도부가 합심하기만 했어도 학생운동이 그토록 큰 규모로 오래 지속되지는 않았을 것이다. 리펑과 보수파 인사들은 학생운동을 자오쯔양의 자유주의노선에 대한 조롱으로 보고 희희낙락했고, 자오를 필두로 하는 개혁파 인사들은 반대로 그 시위가 리펑의 보수적 입장을 비난하는 것이라고 하며 좋아하고 있었다.

이러한 와중에 학생운동은 전 인민의 지지를 받는 민주화 운동으로 격변하였고, 그 처리문제를 놓고, 개혁파와 보수파간의 갈등은 더욱 복잡하고 첨예화되었다. 자오쯔양은 학생시위(學潮)를 학생들의 애국충정으로 보아 정권타도에까지 이르지 않을 것으로 보았고 따라서 대처 방법도 학생들과 대화하며 타협하는 온건방법을 제시했다. 반면, 리펑은 학생시위를 반국가, 반혁명으로 단정 짓고 강경 진압 방법을 촉구했다.

자오쯔양은 5월 17일 서면 담화를 발표하여 "학생 동지 여러분들이 법제·반부패·개혁의 추진을 요구하는 열정은 아주 값비싼 것"이라고 학생운동을 긍정하고, 동시에 "당과 정부는 추후 절대로 흑백을 가리지 않을 것을 보증한다"고 하면서 시위대를 달랬다.10) 자오쯔양

---

10) 『文匯報』, 1989年 5月 18日.

의 담화는 학생운동을 폭동으로 규정한 이후 더욱 격렬해진 이 운동을 순화시키는 한편, 학생들의 전폭적인 지지를 얻게 된다. 그러나 자오쯔양의 이러한 일련의 행동은 한편으로는 오히려 학생들을 고무시켜 운동은 더욱 격렬해졌고, 다른 한편으로는 덩샤오핑을 격노시켰다. '흑백을 가리지 않을 것'이라는 자오쯔양의 발언은 리펑이 자오쯔양을 밀어내는 결정적인 공격의 단서가 되었다.

여기다 자오쯔양의 정치고문으로 평소 정치개혁을 포함한 급진적인 개혁을 주장해 오던 중국사회과학원 정치연구소 소장 옌자치가 톈안먼에서 '5.17 선언문'으로 알려진 문건을 발표했다. 여기서 그는 "덩이야 말로 중국 역사상 가장 심한 독재자, 가장 어리석은 독재자"라고 비난하면서 "덩의 독재를 전복시켜야 한다"고 호소했다. 이와 동시에 자오쯔양 및 그 추종자들과 분명히 입장을 같이 하는 대자보가 거리에 나붙었고, 그것들은 덩샤오핑을 지목하여 그의 모든 정치적·개인적 실책을 비난했다.

때마침 베이징을 방문한 고르바초프와 덩샤오핑과의 회담이 톈안먼광장의 옆 인민대회당에서 열렸기 때문에 덩에 대한 비난 섞인 대자보나 구호는 외신기자들을 통해 세계에 알려졌다. 5월 16일 자오쯔양은 고르바초프와의 회담 중에 당의 중요결정은 모두 덩샤오핑의 지시에 따라 이루어지도록 당내에 비밀리에 약속이 되어 있는 것도 곁들였다. 자오의 이러한 발언의 파문으로 17일에는 시위대가 1백여 만명으로 늘어났다. 시위 참가자도 학생과 지식인에서 이제 자영업자, 노동자, 당정 기관의 공직자, 간부, 경찰 및 해방군, 언론인 등으로 확산되었다. 이들이 외치는 구호도 '덩샤오핑 은퇴', '리펑 타도'등과 같이 과격한 내용이었다.

정세는 급박하게 돌아가고 있었다. 자오쯔양·리펑·리톄잉·옌밍푸 등 당 고위층이 몇 차례 학생 대표와의 대화 및 좌담회 등을 통해 달래도 보고 위무도 해 보았건만, 이미 절정에 달한 운동의 기세는 안정을 찾을 수 없었다. 고르바초프의 환영식도 톈안먼광장이 아닌 공항에서 거행하지 않을 수 없었다. 평화적인 대화를 통해 안정을 회복하기는 이미 한계를 넘었다는 결론에 도달한 보수파는 강경한 대응 조치를 취하는데, 그것은 계엄밖에 없었다.

덩은 5월 17일 저녁 자택에서 정치국 상무위원인 자오쯔양을 비롯하여 리펑, 후치리, 차오스와 야오이린을 불렀다. 이때까지 덩은 자신의 입장을 밝히기를 자제하면서 다음과 같이 말했다. "지금 상황이 계속되어서는 아니 된다. 어떻게 해야 할까? 어떻게 양보하고 어디까지 양보해야 할까?" 덩은 베이징에 계엄령을 선포해야 하는지 다섯 명의 정치국 상무위원이 투표로 결정하라고 지시했다. 5월 18일 백만 명의 시위대가 톈안먼을 장악하고 있는 가운데, 자오쯔양과 리펑이 마지막으로 시위 현장을 시찰하였다. 19일에는 자오와 리가 직접 학생대표와 대화를 해보았지만, 이내 결렬되었다. 당시 자오는 학생들에게 동정적인 태도를 보였지만, 리는 시종 냉담한 자세로 일관하였다고 한다.

학생운동의 '폭동' 규정에 대한 중앙정치국 확대회의 표결 결과는 16 : 2로 가결되었고, 계엄결정에 대한 정치국 상무회의 결정은 2(찬성) : 1(반대) : 2(조직의 결정에 복종)로 가결되었다. 후자의 경우 찬성은 리펑·야오이린, 반대는 자오쯔양, 그리고 조직의 결정에 따르겠다고 의견 표명을 유보한 자는 차오스와 후치리였다.11)

학생대표와의 회담이 결렬된 후 리펑은 지방정부(베이징)가 아닌 국무원도 계엄령을 선포할 수 있다는 헌법 조항을 들어, 총리 명의로 계엄을 선포하기에 이른다. 5월 19일 리펑·양상쿤과 리시밍(베이징시 당위 서기)은 베이징지구 당정군 간부 대표대회를 소집하여 곧 발포될 계엄선포를 위한 지침을 하달했다. 자오쯔양은 참석하지 않았다. 5월 20일 리펑은 계엄선포에 서명했다. 같은 날 베이징시장 천시퉁(陳希同)은 계엄령 선포사실을 알리고 위성통신을 모두 절단해 버렸다.

---

11) 김정계, 『중국의 권력구조와 파워 엘리트』(서울: 평민사, 1994), p. 23.

이때 인민해방군 제 27군이 베이징에 진주했다. 정세는 긴장되고 있었다.

5월 26일 천윈 당 중앙고문위원회 주임이 고문위원회 상무위원회를 열고, 당 중앙과 국무원의 결정을 지지한다고 했다. 같은 날 펑전 전인대 상무위원장도 역시 민주당파 지도부와의 좌담회에서 학생운동을 '폭동'으로 규정하고 계엄령 결정을 지지했다. 27일에는 상하이에 머물고 있던(방미 후 급격히 귀국하여 베이징으로 들어오지 않고 덩샤오핑에 의해 상하이에 억류되어 있었다) 전인대 상무위원장 완리가 서면 담화를 발표하여 베이징의 계엄선포를 지지했다. 오후에는 리셴녠 전국인민정치협상회의 주석이 정협회의를 열고 역시 '당과 국무원의 올바른 정책결정과 과감한 조치'를 옹호한다고 발표했다. 원로들과 개혁파의 완리조차 공식적으로 계엄령 선포를 지지함으로써 모든 것은 끝났다.

하지만 군중들은 여전히 계엄선포의 위협을 무시하고 5월 22일 대규모의 항의 시위를 벌이며 계엄의 해제를 촉구했다. 중앙당교·텔레비전 방송국·신문사·언론계 인사 및 지식인들을 포함한 수많은 군중들이 충돌하는 사건이 발생했다. 베이징은 불야성을 이루었고, 학생과 시민, 그리고 노동자가 하나의 전선을 구축했다.

5월 25일부터 30일까지 일반 군부대 및 경찰 병력이 몇 차례 베이징 진입을 시도했지만, 거센 저항으로 실패로 끝났다. 이 사실은 시민들에게 공산당 지도부 전체가 군에 대한 통제력을 상실한 것 아닌가 하는 인상을 심어주었다. 물론 잘못된 판단이었지만, 수도 전체가 승리의 기쁨에 들떠 있었다. 시민 2~3백만 명은 학생들을 도와 중심가에 방책을 치는 등 학생운동이 전 국민의 민주화 운동으로 확산되었다.

하지만 여느 혁명 대열과 마찬가지로 학생운동 지도부는 통일되지 않았고, 의견일치도 이루어지지 않았다. 강·온파의 대결 속에 강경파가 우세하게 되어 있는 것이 이러한 경우의 일반적인 현상으로 이때에도 예외는 아니었다. 가오신(高新)·류샤오보(劉曉波)·저우둬(周舵)·허우더젠(侯德健) 등 이른바 '톈안먼 4군자로 불리는 강경파 지식인들은 단식에 들어갔고, 톈안먼광장에 '민주화 대학'을 세워 옌자치를 명예총장으로 추대하는 등 톈안먼의 민주화 열기는 하늘을 치솟고 있었다. '민주화 여신상'도 세워졌다. 그러나 이러한 열기를 축하하는 폭죽소리가 요란하게 터지는 가운데 마침내 계엄군의 탱크 소리가 요란하게 들여왔다. 이미 브레이커 없이 달리는 마주 오는 두 대의 기관차와 같은 형국이었다. 6월 3일 밤이었다.

5월 31일 이미 톈안먼광장을 진압하기로 결정을 내렸을 때 덩샤오핑은 보수파의 리더인 리펑과 야오이린을 불러 이렇게 말했다. "이 폭동이 끝나면 우리는 정말로 인민들을 위해 무엇인가를 해야 하며, 우선 두 가지를 처리해야한다. 첫 번째로 지도부를 갈아 치워야 한다. 새 지도부는 인민들에게 희망을 주고 일신된 면모를 보여야 한다. 두 번째로 우리가 부패를 진정으로 싫어 한다는 것을 보여주고 저들의 신임을 얻기 위해서는 모종의 건전하고 단호한 조치를 취해야한다" 덩의 말에는 단호한 분노와 깊은 슬픔이 야릇하게 뒤섞여 있었다.

6월 3일 밤 인민해방군은 베이징에 입성했다. 군사행동은 6월 4일 새벽까지 계속되었다. 그것은 말 그대로 대학살이었다. 외신보도에 의하면 3만여 명의 무고한 시민이 사살된 것으로 전해진다. 나중에 중국 정부가 내놓은 공식 해명자료에 의하면 사망자가 300명 내지 500명에 이른다고 했다. 진압군의 목적은 아주 분명했다. 톈안먼에 진입하여 광장을 장악하고 군중을 진압하는 것이 최종목표였다.

그 해 7월 20일 필자가 베이징을 방문했을 때 톈안먼 광장은 폐쇄되어 있었고, 자동차가 통과할 수는 있었지만, 멈출 수는 없었다. 이유는 톈안먼 벽에 박힌 총 자국을 지우고, 광장 바닥의 핏자국을 청소하는 작업을 하고 있었기 때문이었다. 얼마나 무시무시한 살육전이 있었는가를 입증해 주는 사실이다. 필자는 벽의 총 자국 제거작업이 그 해 연말에도 계속되는 것을 보았다.

군대 내에서도 강·온파가 있었지만, 양상쿤-양바이빙 형제는 군부 강경파를 대표해서 무력으로 학생 민주화운동을 진압하는 데 큰 공을 세웠다. 6월 8일과 10일 당 중앙의 무력진압에 대해 7대 군구와 30개 1급 지방정부 당위가 적극적인 지지를 표명했다.

이리하여 톈안먼광장을 무대로 한 1989년 민주화운동은 그 비극적인 막이 내리고 주동자들에 대한 수색과 체포가 시작되었다. 옌자치 및 천이쯔(陳一諮) 같은 지식인들은 거의 외국으로 도피하고, 팡리즈는 베이징주재 미국대사관으로 피신했다. 1989년 6월 23일 당 13대4 중전회에서 자오쯔양은 총서기직에서 공식적으로 해임되고, 그 후임으로 장쩌민이 선출되었다.

이에 앞서 자오쯔양은 1989년 5월 17일 계엄선포를 결정한 다음 날 정치적 고통과 신병을 이유로 사직을 허락해 줄 것을 덩샤오핑에게 요청했다. 그러나 덩은 더 이상 그를 만나려 하지 않았다. 5월 18일 소집된 중앙정치국 확대회의는 자오쯔양에게 가장 큰 부패 관료이며, 학생운동을 지지했으며, 고르바초프에게 당의 기밀을 누설했다는 죄명을 씌워 그의 모든 직위를 해제할 것을 결의했다.

이어 5월 19일~22일 베이징의 '중앙과 베이징시 당·정·군 기관 책임간부대회'를 소집했다. 이 자리는 계엄령 선포의 통과 외에, 주로 자오쯔양의 죄상을 비판하는 장이 되었다. 당시 거론된 자오쯔양의 주요 죄목은 다음과 같다.12)

첫째, <4·26 사설>을 부정하였고, 덩샤오핑이 착오를 인정하고 사설을 수정할 것을 희망했다.

둘째, 5·4운동 70주년 기념대회에서 '반(反) 부르주아지'를 언급하지 않았다.

셋째, 고르바초프와의 회담 때 덩샤오핑을 학생이 비판하는 목표라고 했다.

---

12) 拳鼓, "對中共召開13屆4中全會之分析,"『匪政研究』第32卷 第7期(臺北: 國防部軍事情報局, 1989年 7月), p. 16.

넷째, 학생의 단식을 동정하고 당내의 의견 대립을 누설했다.

다섯째, 사직하겠다고 위협하고 집행이 아주 곤란하다는 것을 빙자하여 계엄을 반대했다.

여섯째, 당·정·군 간부대회의 참가를 거절했고, 당의 단결을 파괴하고 당의 민주집중제 원칙을 파괴했다.

1989년 6월 23일 운명의 당 13대4중전회가 열렸다. 여기서 자오쯔양은 그의 모든 당직을 해제 당했다. 회의에서는 학생민주화 운동을 중국공산당의 지도를 뒤엎고 중국공산정권을 전복하고자 한 '정치 폭동'과 '반혁명 폭동'이었음을 인정하고, 덩샤오핑 및 진압군의 공적을 인정한 것 이외에는 주로 자오쯔양을 겨냥한 회의였다. 회의에서 리펑의 보고(<자오쯔양 동지 반당·반사회주의 폭동 중에 범한 착오에 관한 보고>)에 따라 자오의 당 총서기직을 포함한 모든 당직을 박탈하고 동시에 그에 대한 문제는 계속하여 조사하기로 결정하였다. 여기서 합의된 자오쯔양의 죄목은 다음과 같다.

첫째, 자오쯔양은 당과 국가의 생사존망이 걸린 중요한 시기에 동란을 지지하고 당을 분열시켜 동란을 확산시키는 착오를 범했다. 그것에 대한 책임은 피할 수 없으며, 그 착오의 성격과 그로 인해 야기된 결과는 아주 심각한 것이다.

둘째, 그가 당과 국가의 중요한 지도직에 재임하는 동안 비록 개혁·개방과 경제업무에는 약간의 유익한 활동을 하였다고는 하나, 지도사상과 실제 활동에 있어서는 명백한 잘못이 있었다.

셋째, 특히 그는 중앙 근무 이래 '4항 기본원칙'·'부르주아지 자유화 반대'의 방침에 대하여 소극적이었으며, 당의 건설·정신문명 건설과 사상 정치공작을 크게 무시하여 당의 사업에 심각한 손실을 가져다주었다.[13]

이상 자오쯔양의 공식적인 죄명은 과거 후야오방을 퇴출시킨 죄명

---

13) 李谷城, 앞의 책, pp. 162~167.

보다 더욱 가혹하였다. 그러나 자오쯔양이 퇴출된 직접적인 이유는 학생운동을 지지한 것 때문이며, 그밖에 다음 두 가지 이유가 복합된 것이라 보겠다.[14]

첫째, 자오쯔양의 학생운동에 대한 시각 및 처리방식과 덩샤오핑의 그것이 일치하지 않았다. 덩샤오핑은 학생운동을 당 중앙 및 자신에 대한 도전으로 본 반면, 자오쯔양은 반부패운동 및 민주적 법제를 요구하는 개혁의 열기로 보았다. 처리과정에서도 덩샤오핑은 정치적으로 반'우'와 경제적으로 반좌의 원칙을 견지, 어떠한 형태로든 정치안정을 파괴하는 것은 '폭동'이라고 규정하고 강경 진압수단을 강구한 반면, 자오쯔양은 유화책을 강구하고자 하였다. 따라서 덩샤오핑은 후야오방 실각 때 썼던 방략과 같이 자신의 권위를 지키기 위해서는 보수파의 편에서 자오쯔양을 희생시키지 않을 수 없었다.

둘째, 후야오방과 마찬가지로 그의 급진개혁정책은 군대와 원로들의 지지를 얻지 못했다. 물론 자오쯔양과는 달리 중앙군사위원회 제1부주석직을 겸직함으로써 부분적으로는 군대의 지지기반을 확보하고 있었으나, 7대 군구 및 3대 총부가 양상쿤(중앙군사위원회 상무부주석)과 리펑을 지지하고 나서자 군대의 전반적인 지지를 상실하였다. 그리고 당내 보수파 원로들은 한결같이 자오쯔양이 추진하는 급진개혁정책에 대해 호감을 갖지 않았으며, 심지어 신분상의 불안을 느끼고 있었다. 따라서 자오쯔양의 개혁정책은 시작부터 난관에 부딪힐 수밖에 없었다. 더욱이 리펑이 국무원을 장악한 이후부터 천윈·펑전·왕전·보이보·후차오무·리셴녠 등 원로들은 번번이 리펑의 노선을 지지하였다. 따라서 자오쯔양은 중앙정치에 영향력이 가장 막강한 양 대(원로 보수파와 군대) 세력의 지지를 얻지 못하고 있는 형세에 학생 민주화 운동을 맞게 되었고, 그것의 공격 목표가 덩샤오핑으로

---

14) 이 밖에 고르바초프에게 당의 기밀을 누설하였다는 죄목도 첨가했다. 金凝, "中共'溫合派'處理民運的態度及未來動向,"『中國大陸研究』第32卷 第2期(臺北: 1990年. 8月), p. 17.

확전되자 덩샤오핑은 군대와 보수파 원로의 손을 들어 자오쯔양을 학생운동의 지지세력으로 몰아 중도 하차시키게 된 것이다. 결국 덩샤오핑이 구상하던 제2의 후계자 자오쯔양 마저도 개혁의 실험과정에서 '2개 기본점'(개혁개방과 4항 기본원칙 견지)에 균형을 잃게 되어 최고의 권좌에서 낙마하고 만다.

자오쯔양은 덩샤오핑이 발탁하였지만, 원래 덩샤오핑 계열 인물은 아니었다. 자오는 건국 후 당 중앙 중남국(광둥지방)에서 농촌공작을 담당했던 관계로 인맥으로는 예젠잉계열에 속했다. 덩이 자오를 국무원 총리로 발탁하게 된 계기는 농업개혁에서 보여준 그의 능력을 인정했기 때문이다. 자오쯔양은 덩샤오핑의 고향인 쓰촨성 당위 제1서기 재임 중 농가생산청부제를 과감히 추진하여 농민의 생산의욕을 크게 제고 시키는 한편 자유시장제도를 도입하여 농업개혁에 괄목할 만한 성과를 거두었다.

이후 덩샤오핑은 자오의 농업개혁정책을 전국에 확산시켜 1984년 중국은 유사 이래 처음으로 식량의 자급자족을 달성하는 데 성공하였다. 덩은 이러한 자오의 능력을 높게 평가하여 국무원 총리로 발탁하였고, 또 후야오방이 실각하자 당 총서기직을 이어받게 했다. 이후 자오는 덩샤오핑의 적극적인 지원 하에 농촌에서 성공한 농업생산청부제를 도시 상공업부문에까지 확대, 공장생산청부제를 실시함으로써 기업의 자율성을 확대하여 생산성을 제고시키는 데 크게 공헌하였다. 또한 중앙권한의 과감한 하방정책을 통해 지방 경제를 활성화하였다. 그러나 자오의 대담한 경제개혁정책에 대해 이미 1984년부터 『인민일보』, 『해방군보』에서는 자오를 견제하는 기사가 게재되기 시작하였으며, 보수파의 거두 천윈은 자오가 추진하는 개혁정책에 제동을 걸었다. "경제가 활성화되고, 기업이 활성화 되면 될수록 자본주의사상이 침투하는 것을 경계해야한다"는 주장이었다. 하지만 자오는 보수파의 견제에도 불구하고 기업개혁, 가격개혁, 금융개혁 등을 과감히 추진하였으며, 대외지향형 경제 특구를 확대하는 한편, 경제개혁에 장애가 되는 정치체제의 개혁도 과감하게 시도하였다. 그러나 덩샤오핑 정책의 수임자인 자오쯔양은 결국 그 권한 위임자인 덩샤오핑의 배신으로 제2의 실패한 후계자가 되고 만 것이다.

사실 덩샤오핑은 '후야오방의 실각'이 불과 얼마 전의 일이었으므로 또 다른 자신의 후계자인 자오쯔양을 교체하고 싶지는 않았다. 하지만 자오는 당시 정치상황 전반과 덩샤오핑 개인의 의도에 대해 오판을 했던 것이다. 덩에게 있어서 정치안정은 경제발전의 가장 중요한 디딤돌이었다. 그래서 자오쯔양의 낙마는 자오 자신의 정치능력, 특히 위기 대처능력에도 한계가 있었다고 보겠다.

제4절 장쩌민의 총서기 발탁과 개혁정책의 후퇴

결국 톈안먼사태는 덩샤오핑이 추진한 개혁·개방정책에 내재한 모순, 즉 경제적 자유('개혁·개방')와 정치적 통제('4항 기본원칙의 견지')라는 상반된 양대 정책 노선간의 모순이 누적되어 야기된 사건이라 할 수 있다. 민주화운동은 '개혁·개방'의 산물이고, 군사력에 의한 무력진압은 '4항 기본원칙의 견지'의 귀결로 밖에 볼 수 없기 때문이다.

13대4중전회에서 자오쯔양은 그의 모든 당 내외 직위로부터 해제되었다. 그와 함께 당 지도부의 교체가 이루어졌다. 조정 후의 정치국 상무위원과 중앙서기처 인사는 다음과 같다.

첫째, 자오쯔양은 총서기, 중앙정치국 상무위원, 중앙군사위원회 부주석직에서 해임되고, 총서기 겸 중앙정치국 상무위원에 장쩌민 상하이시 당위 서기가 선출되었다. 자오쯔양의 중앙군사위원회 제1부주석직은 공석으로 남겨두었다.

둘째, 후치리가 정치국 상무위원, 서기처 서기직에서 해임되고, 대신 리루이환 톈진시 당위 서기가 그 직을 이어 받았다. 왜 후치리가 직위해제된 것인가. 이유는 두 가지다. 하나는 후치리는 학생시위에 대한 무력진압에 동의하지 않았을 뿐만 아니라 정치국 상무위원회의 표결에서도 기권함으로써 원로들의 미움을 받았기 때문이다. 다른 하나는 이데올로기 부분의 업무를 담당하고 있던 후치리가 적극적인 태도를 취하지 않아 언론기관이 대대적으로 학생시위를 지지한 것으로 보았기 때문이었다. 후치리는 후야오방과 가까운 공청단 출신 지도자였다.

셋째, 쑹핑을 정치국 상무위원으로 기용했다. 쑹핑은 말할 것도 없이 보수파의 원로 천윈의 추천을 받았다.

넷째, 루이싱원·옌밍푸가 서기처 서기직에서 해임되고, 딩관건이 발탁되었다. 옌밍푸는 통일전선공작을 맡았던 관계로 책임을 물었던 것이고, 루이싱원은 후치리와 마찬가지로 학생들에게 동정적인 태도를 보였을 뿐 아니라 언론기관이 학생운동을 '잘못된 방향으로 유도'하도록 방치한 데 대한 책임을 물었던 것이었다.

정치국 상무위원 구성은 장쩌민, 리펑, 야오이린, 차오스, 리루이환, 쑹핑으로 조정되었다. 13대1중전회보다 보수파(3 : 2에서 3 : 3으로)의 입지가 강화되었다. 그리고 서기처의 경우, 비교적 중도 편우(偏右) 성향의 차오스(유임)·리루이환·딩관건(정치국 후보위원)이 중앙서기처 서기를 겸임하였고 원자바오가 후보서기에 그대로 남았다. 반면 자오쯔양의 편에 섰던 정치국 상무위원 겸 서기처 서기 후치리, 서기처의 루이싱원·옌밍푸도 등은 서기처에서 물러났다.

이상 인사의 결과를 보면, 정치국 상무위원회에 상대적으로 보수파 인물이 늘어났다. 하지만 1989년 봄 학생운동 진화에 적극적인 역할을 한 리펑·야오이린·양상쿤·리시밍 등의 직위는 과거 그대로였다. 급진개혁파의 경우 자오쯔양이 당내외의 일체의 직으로부터 해임되긴 했으나, 후치리·루이싱원·옌밍푸(당 중앙통전부장도 유지) 등은 중앙위원회 위원직을 그대로 유지하였고, 톈지원과 양루다이는 정치국위원에 그대로 유임됨으로써, 자오쯔양계열의 개혁인사들은 여전히. 당내역학구도에서 하나의 중요한 파벌로서 명맥은 유지하고 있었다.[15) 그리고 후야오방계의 우쉐첸과 덩샤오핑 친위 개혁세력인 완리·친지웨이 등은 정치국에 그대로 남았다. 따라서 외관상으로 볼 때에는 6.4톈안먼사건 후 보수파가 중국 정국의 주도권을 장악하는 듯 했으나, 실제적으로 보수파가 얻은 것은 그렇게 크지 않았다. 후술하겠지만, 상처뿐인 영광이었다.

당 13대3중전회에서 대내외의 가장 큰 관심을 집중시킨 중요한 문제는 장쩌민의 총서기 발탁이었다. 장쩌민은 당력(黨歷)으로 보나 개혁의 실적으로 보아 후야오방이나 자오쯔양에 못 미치는 인물이었다. 특히 장쩌민은 후야오방이나 자오쯔양처럼 덩샤오핑이 계획적으로 후계자로 양성한 인물도 아니다. 후야오방은 혁명경력은 말할 것도 없고 덩샤오핑이 1975년과 1977년에 두 차례나 실각되어 복권될 때 그를 도운 공로만으로도 후계자 위치의 기초를 닦기에 충분하였다. 자오쯔양은 두 차례의 총리직을 역임한 경력이 있을 뿐만 아니라 덩샤오핑의 오른팔이 되어 경제개혁을 추진한 공로가 있었다.

당내의 정치국 상무위원들과 비교해 보아도 경력으로 따지면 장쩌민은 야오이린·쑹핑 그리고 차오스에 미치지 못했고, 공로와 개혁의 이미지로 따지면 리루이환과도 비길 수 없었으며, 개혁의 공로라고 말하기는 힘들지만 경제를 다스린 수고로 보면 리펑만도 못했다. '6.4 사태'를 진압한 공로를 따진다 하더라도 리펑이나 야오이린에 못 미쳤고, 직위가 비슷한 베이징의 리시밍(베이징시 당위 서기) 만큼 강경하지 못했으며, 톈진의 리루이환(톈진시 당위 서기) 만큼 원숙하지 못했다.[16)

---

15) 龍飛, "對中共中央領導班子重要成員之分析," 『匪情硏究』第33卷 第8期(臺北: 1989), pp. 34~35.

<표 3-3> 6.4톈안먼사태 이후의 당 지도체제의 변화

	13대1중전회(87.11)	13대4중전회(6.4사태이후)	탈락 또는 퇴임
중앙위원회 총서기	자오쯔양	**장쩌민**	자오쯔양
중앙정치국 상무위원	자오쯔양,리펑,차오스,후치리,야오이린	리펑,차오스,야오이린,**장쩌민,쏭핑,리루이환**	자오쯔양, 후치리
중앙정치국 위원 <후보위원>	완리,톈지윈,장쩌민,리톄잉,리루이환,리시밍,양루다이,양상쿤,우쒜첸,쏭핑,후야오방,친지웨이 <후보>딩관건	완리,톈지윈,리톄잉,리루이환,리시밍,양루다이,양상쿤,우쒜첸,친지웨이	후야오방 (사망)
중앙서기처	<서기>후치리,,차오스,루이싱윈,옌밍푸 <후보서기>원자바오	<서기>차오스,리루이환,**딩관건,양바이빙**(89.11증보) <후보서기>원자바오	<서기>후치리,루이싱윈, 옌밍푸
중앙군사위원회	<주석>덩샤오핑 <제1부주석>자오쯔양 <상무부주석>양상쿤 <비서장>양상쿤 <부비서장>홍쉐즈,류화칭	<주석>**장쩌민**(89.11승계) <제1부주석>**양상쿤** <부주석>**류화칭** <비서장>**양바이빙** <위원>**양바이빙,친지웨이,츠하오톈,자오난치**	<주석>덩샤오핑 (89.11사임)
중앙고문위원회	<주임>천원 <부주임>보이보,쏭런충	유임	
중앙기율검사위원회	<서기>차오스 <부서기>천쥐린,리정팅,샤오훙다	유임	

주: 1) 중앙군사위원회의 경우, 1989년 11월, 당 13대5중전회의 인사결과임.
　　 그 외 모든 인사는 1989년 6월 6.4사태 직후 당 13대4중전회의 교체결과임.
　 2) 짙은 색 글자체 명은 신임.

　그리고 권력의 기반을 말한다 해도 정법부문 인맥 및 조직부문에서
는 차오스나 쏭핑과는 비교가 안 되었고, 경제부문에서는 야오이린과,
군부에서는 양상쿤과 견줄 수 없었다. 그러나 덩샤오핑을 중심으로

---
16) 金泰龍 譯, 王兆國·吳國光 著, 『鄧小平 이후의 中國』(서울: 朝鮮日報社, 1994), pp. 23~24.

한 '총서기 임명단'(천윈, 리셴녠 등 원로들로 구성)은 이들을 제치고 특별한 배경도 견고한 정치기반도 없는 지방 당위 서기(정치국위원) 장쩌민을 자오쯔양의 후임으로 지명하였다. 그 이유는 다음 몇 가지로 요약된다.

첫째, 후야오방과 자오쯔양의 실패 경험으로 보아 보수파 원로들의 지지 없이는 후계자로서의 위치를 굳힐 수 없었다. 따라서 혁명열사의 자제로 천윈·리셴녠 등 보수파 원로들로부터 신뢰와 적극적 지지를 받고 있는 장쩌민은 그러한 전철은 밟지 않을 수 있으리라 보았기 때문이다. 특히 장쩌민을 적극적으로 지지하는 리셴녠이 군 출신이면서도 군내 인맥이 없는 것은 덩샤오핑의 마음을 편케 하는 조건이 되었다.

둘째, 덩샤오핑은 장쩌민의 과거 행적을 보아 능히 자신의 개혁·개방정책-정치적으로 '반우(反右)', 경제적으로 '반좌(反左)'노선을 계승할 수 있는 성향을 가진 인물이라 보았기 때문이다. 즉 장쩌민이 1986년과 1989년 두 차례 상하이학생시위 때 과감하고 단호하게 대처한 점에서 나타난 그의 정치적 성향(반우)과 상하이시장 및 당위 서기 재임 중 그가 보여 준 개혁·개방적 태도(반좌)는 덩샤오핑의 이른바 '경정치(硬政治)'·'연경제(軟經濟)'와 부합하였기 때문이다. 따라서 경제적인 개혁·개방과 정치적인 4항 기본원칙을 가장 잘 견지할 수 있는 사람이라고 보았다. 1989년 6.4사태 당시 장쩌민은 경제적으로 보수적인 천윈 및 리펑과 급진적 개혁성향의 자오쯔양 사이에서 중도노선을 취했으며, 정치적으로는 좌(左)의 리펑과 우경(右傾)인 자오쯔양의 사이에서 편좌(偏左)성향을 견지하였다. 이른바 덩샤오핑의 '새장정치'의 추종자다.

셋째, 정치적으로 흠집이 없고 비교적 참신한 인물이 필요했다. 지금까지 추진해 오던 개혁·개방을 새롭게 추진하기 위해서는 6.4톈안먼사태를 유발할 만큼 부패했거나 식상한 인물이어서도 아니 될 뿐 아니라, 리펑·양상쿤 등처럼 톈안먼사태를 무력으로 진압하여 인민들로부터 원성을 쌓은 인물은 더더욱 아니 되었다. 따라서 장쩌민은 그 동안 지방에 있었기 때문에 그러한 자격 요건에 하자가 없었다.

넷째, 당시 정치상황으로 보아 만약 덩샤오핑이 사망한다면 보수파의 개혁파에 대한 공격은 더욱 격렬해 질 것이었기 때문에 가급적 파벌을 형성하지 않고 중립적인 입장에서 보수파의 공격을 막는 한편, 후야오방·자오쯔양의 잔여세력을 끌어 모아 보수파와 균형을 유지하면서 개혁·개방을 지속시킬 수 있는 인물이 필요했다. 장쩌민은 지금까지 중앙에 어떠한 지지 기반도 없이 순수 기술관료로서 상하이의 당·정만을 전담해 온 비교적 온건적인 개혁성향을 지닌 인물이었기 때문에 이 조건에 부합했다.

다섯째, 개혁·개방 이후 지방 분권화의 심화는 지방의 분리 및 독립성을 강화한 바, 지방을 중앙에 통합시키는 것은 중요 정치적 과제였다. 덩샤오핑은 이 과제를 풀기 위해서는 지방에서 능력이 검증된 인물을 중앙정치에 발탁하는 것이 가장 효과적이라고 보았다. 그러기 위해서는 중국의 최대 상공업도시로서 가장 개방적이면서 진취적인 상하이시의 대표를 지방이익의 대표로 발탁하는 것이 가장 상징적인 효과가 있다고 보았기 때문에 장쩌민을 택했다.

이 밖에 장쩌민은 리펑(저우언라이-덩잉차오의 양자)·리톄잉(리웨이한의 아들)·쩌우자화(예젠잉의 사위) 등과는 같은 혁명열사의 자제-유학-기층근무-중앙행정 장관-지방 수장 등을 거친 당이 계획적으로 양성한 기술관료이기 때문에 공동운명체로서 상호 의기가 투합되었고, 차오스·우쉐첸 등과는 상하이 학생운동 시절부터 상하관계로 인연을 맺어왔기 때문에 당내 인간관계 또한 비교적 무난한 인물이었다. 물론 리펑·쑹핑·야오이린 등 보수파의 차세대 주자들은 '힘들여 자오쯔양을 밀어냈는데, 그 과실을 엉뚱한 자에게 넘겨주는 것'에 불만을 토로하면서 굴복하려 하지 않았다. 하지만 중앙의 권력기반이 약한 장쩌민이 다른 사람보다 오히려 다루기 쉽다는 생각과 덩샤오핑의 설득에 의해 굴복되었다.

이상과 같이 장쩌민은 그의 타고난 가정적 배경과 모나지 않은 인간관계, 그리고 그의 편경적(偏硬的) 정치 성향과 개명 기술관료로서의 개방적 자질에 그의 연약한 중앙권력기반이 오히려 순기능을 하여 당시 국내외적으로 도전 받고 있던 중국의 위기를 극복할 수 있는 가장 적합한 인물로 지목되었다.

그러면 왜 학생운동 진압에 가장 공이 큰 리펑이 총서기에 발탁되지 않았을까? 리펑은 장쩌민과 같은 혁명열사 자제이고, 테크노크라트 유학파로서 제3세대 지도자로 육성된 엘리트였음에는 의심의 여지가 없었다. 그러나 리펑은 최고지도자로 발탁하기에는 문제가 많았다. 리펑이 총리로 취임할 당시 베이징대학 캠퍼스 내에 "리펑과 같은 인물이 총리가 된다면 우리 모두 총리가 될 수 있다"는 대자보가 나붙었던 데서도 알 수 있듯이 리펑은 톈안먼사태 이전에 이미 무능하다는 평가를 받아왔기 때문에 인민대중들 사이에도 그에 대한 인상이나 평판이 좋지 않았다.

더욱이 리펑은 톈안먼사태 당시에는 유혈진압의 총지휘자로 지목되어 '무능하고 고집불통의 보수주의자'로 대중들의 뇌리에 각인되어 있었기 때문에 그를 최고지도자로 발탁한다는 것은 생각할 수 없는 일이었다. 리펑에 대한 이러한 결함을 간파한 덩은 당 지도층을 개편하는 문제에 관해 다음과 같이 말한 것으로 알려지고 있다. "경직되고 보수적이며 범용(凡庸)한 지도자로는 중국의 전도를 개척할 수 없다" "지도자의 인선에는 사회의 여론에 귀를 기울이고 사사로운 감정에 좌우되어서는 아니 되며, 개혁·개방노선을 견지하고 그 실천능력을 인민이 인정하는 인물을 선정하지 않으면 안 된다"고 했다.

이 말에서 알 수 있듯이 덩샤오핑은 보수파들이 리펑을 최고지도자로 옹립하려는 움직임을 사전에 봉쇄했던 것이다. 개인적으로도 덩은 리펑의 고압적이고 교만한 태도를 못 마땅하게 여겨 왔다. 무엇보다도 톈안먼사태 내내 리펑에게 압박당하는 느낌을 받았으며, 이는 1976년 초에 마오쩌둥이 장춘차오에게 느낀 바와 거의 같았다. 당시 마오는 덩을 쫓아냈지만, 장춘차오를 기용하지는 않았으며, 이번에 덩도 자오쯔양을 떨어뜨리기는 했으나 리펑을 최고지도자로 기용하지는 않은 것이다.

이처럼 덩샤오핑은 6.4톈안문사태에 대한 진압에 공로가 큰 리펑을 제치고, 개혁파이면서도 온건적인 장쩌민에게 총서기직을 맡긴 것은 급진적인 개혁에 대한 경고(反右)의 일면을 보이는 동시에 보수파에게는 자신이 추구하는 개혁·개방의 중단 없는 추진(反左)을 시사한 것이다. 그리하여 덩은 자신이 장악하고 있던 당·국가의 중앙군사위원회 주석직까지 장쩌민에게 물려 줌(1989년 11월 당 13대5중전회)으로써 확고한 권력기반의 구축 위에 그의 개혁·개방정책을 실행에 옮기고자 하는 의지를 보였다.

자오쯔양이 실각된 후 자오쯔양이 맡고 있던 중앙군사위원회 제1부주석직을 놓고 약간의 이견이 있었다. 장쩌민을 지지하는 덩샤오핑과 이를 견제하는 양상쿤(국가주석)간의 갈등이 그것이다. 물론 여기에는 장쩌민의 총서기 발탁에 불만을 가진 리펑도 가세하였다. 리펑(국무원 총리)과 양상쿤은 6.4사태 진압의 최고 공로자이면서도 진압 과정의 악명으로 인하여 최대의 희생자가 되었기 때문에 그 불만은 더욱 높을 수밖에 없었다.

그리하여 1989년 11월 당 13대5중전회에서는 양 파간의 타협으로 덩샤오핑은 중앙군사위원회 주석직을 장쩌민에게 물려주는 한편, 제1부주석엔 상무부주석(제2부주석)이던 양상쿤을 승진시키고, 상무부주석에는 덩샤오핑의 오른팔(제2야전군 계통)인 해군 출신 류화칭 장군을 승진시켰다. 그리고 동 위원 겸 비서장에는 양상쿤의 동생이며 총정치부 주임인 양바이빙 장군을 겸임시켰다. 비서장은 양상쿤이 겸직하던 직위다.[17] 이밖에 당 중앙군사위원회 위원은 전 부비서장인 홍쉐즈, 국방부장 친지웨이, 해방군 총참모장 츠하오톈, 해방군 총후근

---

17) 김정계(1990), 앞의 책, p. 75.

부장 자오난치 장군 등으로 채워졌다.

이처럼 덩샤오핑은 양상쿤과 양바이빙을 한 단계 승진시킴으로써 그들의 불만을 완화하는 동시에 류화칭을 상무부주석에 앉힘으로써 장쩌민-류화칭과 양씨 족벌간의 세력균형을 유지케 하는 버팀목 역할을 하게 하였다. 이로써 장쩌민의 후계자로서의 지위는 후야오방·자오쯔양보다는 상대적으로 굳건해졌다. 후야오방은 중앙군사위원회의 어떠한 직도 겸직하지 못하였으며, 자오쯔양은 제1부주석직만 겸직하였던 것에 비해 장쩌민은 중앙군사위원회 주석직을 겸직하게 되었기 때문이다.

1990년 3월 제7기 전인대 3차회의에서 덩샤오핑은 국가중앙군사위원회 주석직까지 사임하고, 그 직을 장쩌민에게 양위함으로써 형식상 장쩌민의 후계 절차는 완료되었다. 동시에 국가중앙군사위원회 구성원을 당 중앙군사위원회 구성원과 동일하게 조정함으로써 장쩌민의 지도적 지위를 공고히 하고자 한 덩샤오핑의 기도는 달성되었다.

그러나 중국정치문화의 특성상 정치권력의 이동은 공식적인 직위에 의하여 이루어지는 것이 아니라 개인적 영향력이 누가 강한가에 의해 결정되는 속성이 있다. 이런 점에서 볼 때, 비록 덩샤오핑은 당과 국가의 군사위원회를 주석직을 장쩌민에게 물려주었어도 덩샤오핑의 권력과 영향력은 여전히 건재했다.

그리고 6.4사태와 자오쯔양의 낙마 등으로 당시 개혁파들이 기세가 꺾인 상태에서 당내의 실질적인 발언권은 장쩌민보다 리펑이 강하였다. 따라서 형식이야 어찌 되었던 실질상에 있어 6.4사태 이후 중국의 정치지도체제는 1인 지도체제에서 6명의 정치국 상무위원이 각기 다른 업무를 관장하는 '제3세대 지도 핵심'의 집단지도체제로 변모되어 갔다. 즉 장쩌민은 당무를 총괄하고, 리펑은 국무원, 야오이린은 경제, 차오스는 정법·공안을 총괄하였으며, 리루이환은 이데올로기 및 선전, 쑹핑은 조직 및 인사 전반을 총괄하였다.

따라서 장쩌민을 중심으로 한 집단지도체제의 기본정책 역시 보수파가 강조하는 '4항 기본원칙'의 견지와 급진개혁파의 자오쯔양식 '개혁·개방' 및 온건 개혁파(장쩌민)의 '치리·정돈'의 3가지 내용을 포괄하는 것이었다.[18] 하지만 13대3중전회 이래 국무원(리펑 총리, 야오이린 제1부총리)이 경제를 주도하였고, 당 중앙조직부는 쑹핑이 장악, 당·정·군의 주요 인사를 요리하였다. 그리고 당 중앙선전부장은 보수파의 이론가인 왕런즈가 맡아 인민일보(사장 가오디, 1989.6~1992.12), 신화사(사장 무칭穆青, 1982.4~1992.12)), 신문출판총서(서장 쑹무원宋木文, 1989.7~1993.3), 문화부(부장 허징즈, 1989.8~1993.3) 등 모든 언론매체를 장악하고 있었다. 이들은 선전매체들을 통하여 사상과 문화면에서는 부르주아지 자유화 반대운동을 선전하고 학습시켰으며, 경제면에서는 보수파 경제이론의 대부인 천원의 '새장경제'사상을 학습토록 하였다.

13대4중전회에서는 11대3중전회 이래의 노선·방침과 정책을 계속하여 집행하여야 하고, 13대에서 확정된 '1개 중심' '2개 기본점'의 노선을 계속 집행할 것을 강조하였지만, 개혁·개방을 더욱 잘 견지케 하고 경제를 지속적으로 발전하게 한다는 명분하에 '치리·정돈'(경제환경의 정비와 경제 질서의 정돈)의 방침을 공포하고, 이후 전 분야에 걸쳐 긴축정책을 추진키로 결정하였다.[19]

그리고 5중전회에서도 <치리정돈을 진일보시키고 개혁을 심화시키는 것에 관한 결정>을 통과시키고, 13대3중전회에서 결정한 1989~1990년의 기간을 1989~1991년의 3년간 또는 그 이상으로 연장하여 치리·정돈을 계속하기로 하였다.[20] 즉 개혁의 부산물로 표출된 악성

---

18) 川島弘三, "天安門事件以後的黨·軍動向," 趙倩 主編, 『鉅變與未來-1989年之後的中國大陸情勢』(臺北: 國立政治大學國際關係研究中心, 1990), p. 24.
19) 13대4중전회는 '4항 기본 원칙'은 '立國之本'으로 반드시 추호도 동요되지 않고, 시종일관하여 견지할 것을 강조하는 한편, '개혁·개방'은 '强國之路'라 하고 이를 반드시 흔들리지 않고 관철시켜 절대로 과거와 같은 쇄국의 길로 회귀하지 않게 하여야 할 것을 강조하였다(李谷城, 앞의 책, pp. 163~164).
20) 위의 책.

인플레이션과 이로 인한 계층간·지역간 빈부격차, 부정부패, 지역이기주의 만연 등 사회불안을 해소하기 위하여 개혁정책에 제동을 걸고 경제긴축에 초점을 맞춘 조정정책을 계속하기로 했다. 그 주요 정책 내용을 요약하면 다음과 같다.[21]

첫째, 총수요 억제(기본 건설계획권의 중앙 회수 등을 통한 기본건설투자 통제, 세무관리의 강화 등), 재정 금융관리의 강화(금리 인상을 통한 통화 환수 및 통화량 감축 등), 성장률의 하향 조정 등 경제발전 속도의 조정 등 긴축정책.

둘째, 자원 배분 및 산업구조의 합리화로 우선 산업분야(농업, 교통운수, 에너지, 건자재, 경공업)를 선정하여 투자·금융·세제상 차별정책을 실시하고, 주요 생산물자의 유통을 정부가 전담하여 공급의 효율을 기하는 유통구조의 개선정책.

셋째, 에너지와 주요 원자재를 중·대형 국영기업에 우선적으로 배분하고, 사영기업 및 개체호에 대한 통제 강화와 향진기업에 대한 금융상의 혜택을 차단하는 등 국영기업 중심의 통제경제체제를 강화하는 정책.

넷째, 중앙재정의 적자를 2~3년 내에 해소하기 위한 재정균형정책.

다섯째, 국내 부족 상품의 수출 억제와 고가 소비품의 수입 억제 등 국내시장과 연계된 수출입 무역관리의 강화, 불요불급한 건설 차관 도입의 억제 등 외자·외채에 대한 거시적 관리체계의 강화 등의 정책이다.

이상과 같이 리펑·야오이린 등 보수파에 의해 주도된 조정정책은 개혁의 속도와 폭을 조정하면서 개혁·개방의 부작용을 최소화하는 한편, 보수파의 정치적 기반을 다지는 역할을 하고 있었다. 따라서 출범부터 그 정치적 기반이 약했던 장쩌민은 이러한 보수파의 정책에 추종하는 형세였다. 누구보다도 전임 후계자 후보(후야오방과 자오쯔

---

21) 이 시기 주요 정책내용은 대외경제정책연구원, 『中國便覽』(서울: 대외경제정책연구원, 1994), pp. 278~282 참조.

양)가 보수파에 대항했다가 그 직위는 물론, 정치생명까지 상실했던 전철을 잘 아는 장쩌민으로서는 불가피한 선택이었다고 밖에 볼 수 없다. 보수세력은 과거 후야오방과 자오쯔양이 개혁정책을 수행할 때에 그들의 정책이 너무 우경화 되고 있다고 비판하면서 사사건건 반대해 오던 자들이다. 여기에 덧붙여 덩샤오핑이 제도적인 실권의 자리에서 물러나 있게 되자 그들에게 권력의 무게 추가 옮겨 질 수밖에 없었다. 특히 덩샤오핑은 실권의 자리에서 물러났으나, 천윈은 그때까지도 제2세대 원로 지도자들로 구성된 중앙고문위원회를 이끌고 국가정책에 관여할 수 있었기 때문에 그를 중심으로 제도적으로 좌경정책을 밀어붙일 수 있었다. 그들의 주장과 명분은 어느 정도 설득력을 지니고 있었는데, 이는 과거의 개혁·개방이 친자본주의 정책이었기 때문에 물가의 폭등과 부패의 만연 등 경제적·사회적 문제가 야기되었다는 것이다. 따라서 이러한 문제를 해결하기 위해서는 반우경정책, 즉 보수적인 정책을 펴나가야만 덩샤오핑의 개혁·개방정책의 후유증을 치유할 수 있다는 것이었다.

그러나 소련과 동구권의 몰락은 중국의 개혁·개방정책(중국적 특색을 지닌 사회주의)의 우월성을 입증하는 계기가 되었고, 1978년 이후 개혁·개방에 익숙해진 국민이 오히려 더 발 빠른 개혁(특히 경제개혁)을 요구하고 있었다. 그것이 당시 중국의 현실이었기 때문에 개혁·개방의 고삐는 늦추어 질 수는 없었다.

하지만 당시 덩샤오핑은 당내 공식적인 직위가 없었고, 장쩌민이 몸을 사리고 개혁에 대한 미온적인 태도로 일관하는 가운데, 당 중앙의 경제정책은 보수파에 의해 장악되고 있는 상태였기 때문에 덩샤오핑으로서는 경제에 대한 어떠한 강력한 개혁드라이브를 구사하기가 쉽지 않았다. 그는 여러 차례 리펑과 야오이린을 불러 권고도 해보고 질책도 했으나 효과가 없었다. 그래서 그는 마치 마오쩌둥이 문혁 발동 시 상하이를 반격의 근거지로 삼았던 것처럼 개혁·개방의 혜택을 가장 많이 입은, 중국경제의 심장부인 상하이를 본거지로 하여 사령부(당 중앙)를 포격할 것을 결심하였다.

1991년 음력 설 연휴, 덩샤오핑은 상하이를 방문했다. 그리고 그는 한 연설을 통해 "우리가 지금에도 '사회주의(姓 社)인가, 자본주의(姓 資)인가라는 문제'로 왈가불가하면 결국 발전의 호기(好期)를 놓치고 말 것임"을 역설했다. 그리고 그 해 3월, 상하이시장 주룽지를 시켜 『해방일보』를 통해 중앙의 보수적인 정책을 공격하고, 보다 과감한 개혁·개방을 촉구하는 평론을 계속하여 발표하게 했다. 『해방일보』는 세 차례에 걸쳐 황푸핑(皇甫平)이라는 필명의 평론원을 통해 덩샤오핑의 관점을 논평기사로 게재했다. 논설의 주제는 「상하이는 개혁·개방의 선두에 서야 한다」, 「개혁·개방은 새로운 사고를 요한다」, 「개혁·개방의 의의를 더욱 크게 알려 개혁·개방을 더욱 확산시키자」는 것 등이었다. 이는 마오쩌둥이 문혁의 첫 포성을 상하이의 『문회보』를 통해 『해서파관』(海瑞罷官)에 대한 공격을 퍼부었던 것과 일맥상통하였다. 원래 상하이인은 개방적이고 진취적 성향이 강한데다, 상하이시는 중국경제의 중심에 위치해 있기 때문에 변화에 대한 불도 잘 붙고, 전국적인 확산효과도 크다.

보수파는 곧 바로 반격을 가했다. 한편으로는 자본주의(성 자)냐 사회주의(성 사)냐 문제의 중요성을 강조하면서 다른 한편으로는 소련붕괴의 국제정세에 편승하여 서구자본주의 국가의 '화평연변'(평화를 가장하여 사회주의체제를 와해시키는) 정책에 휘말려서는 안된다는 논조로 대응했다.

쌍방의 언론 매체를 통한 대립은 결론을 보지 못한 가운데, 1991년 11월에 열린 13대8중전회는 겨우 <중공중앙의 농업과 농촌공작을 가일층 강화시키는 것에 관한 결의>와 <중국공산당 제14차 전국대표대회 소집에 관한 결의>만 통과시켰을 뿐, 여타 의안에 대해서는 토론조차 하지 못하고 해산하는 결과를 가져왔다.[22]

---

22) 쌍방 간 언론매체상의 교전에 대해서는 韓文甫, 앞의 책, pp. 842~848 참조.

그러나 덩샤오핑은 화궈펑과의 투쟁에서와 마찬가지로 이미 인사를 통해 보수파를 반격할 태세를 갖추고 있었다. 덩샤오핑은 개혁성향의 인사를 요직에 발탁하고, 6.4톈안먼사태 이후 실각된 개혁파 인사를 복귀시키는 조치를 취했다. 1991년 3월, 제7기 전인대 제4차회의에서 쩌우자화(국무위원)와 주룽지(상하이 서기 겸 시장)를 국무원 부총리로 발탁하고, 첸치천 외교부장을 국무위원(겸직)에 선임했다. 이 중 가장 눈길을 끄는 인사는 단연 주룽지의 발탁이었다. 왜냐하면 누가 봐도 주룽지는 개혁지지파였기 때문이다. 덩샤오핑은 개혁성향이 강한 주룽지를 끌어들여 보수파인 리펑 총리와 야오린 부총리가 장악하고 있는 국무원에 새로운 바람을 불어 넣으려 했던 것이다. 하지만 당시 주룽지는 후보 중앙위원에 불과했다. 거기다 과거 우파분자로 몰려 21년 동안 한직으로 밀려나 있었고, 바로 얼마 전 덩샤오핑이 상하이를 방문하여 개혁·개방에 다시 불을 지필 때, 주룽지는 상하이 당위 기관지인 『해방일보』를 통해 덩샤오핑의 개혁·개방 가속화 정책을 대대적으로 선전했던 인물이었다. 그래서 보수파 원로들은 격하게 반발했다. 덩샤오핑은 이런 보수파의 반발을 무마시키기 위해 리펑 등 보수파와 가까운 쩌우자화를 부총리에 끼워 넣었던 것이다.

실제로 주룽지의 국무원 진입 후 리펑과 야오이린 부총리의 영향력이 크게 약화되었다. 그리고 동년 6월, 6.4사태로 물러난 후치리·옌밍푸·루이싱원을 각각 전자공업부 부부장·민정부 부부장·국가계획위원회 부주임으로 복귀시켰다. 비록 그들이 복귀된 자리는 과거에 비해 강임된 직위이지만, 그것은 상징적인 의미를 띠는 것이다. 즉 그것은 1989년 이후의 긴장된 분위기를 쇄신하고 개혁·개방을 진일보시키겠다는 신호였다.

그 신호는 바로 1992년 봄 덩샤오핑의 <남순강화>(南巡講話)를 통해 표출되었고, 1992년 가을에 열린 중공 14기 전국대표대회에서 정책노선으로 반영된다.

요컨대, 덩샤오핑의 <남순강화>는 당시 중국사회에 내재해 있던 공개된 고민의 산물이었다. 1992년 당시 중국은 국내외적으로 극심한 혼란에 빠져있었다. 1989년 톈안먼사건의 후유증이 채 가시지 않은 상태에서 중국은 현재와 미래에 대한 방향타 없이 표류하고 있었던 것이다. 실제로 개혁개방정책을 실시하면서도 중국의 지도부는 인민에게 자신들이 가는 길의 방향을 제시하지 못했다. 아니 보다 정확하게는 지도부 자신도 가고 있는 길에 대해 확신을 갖지 못했다.

개혁 초기에는 개혁개방이라는 구호 하나면 충분했다. 그 말은 곧 지긋지긋한 문화혁명기의 맹목적인 '계급투쟁론'과 '개인숭배'에 대한 반대를 뜻하였기 때문이다. 하지만 급속한 사회변화는 인민으로 하여금 새로운 지향점을 요구하게 했다.

경제발전을 위한 시장의 문제와 기존 사회주의 사이의 괴리는, 곧 부를 원하는 인민의 요구와 기존 공동체적 가치관을 어떻게 조화시킬 것인지에 대한 문제를 위미했다. 각각 1984년 12대3중전회와 1987년 당 전국대표대회를 통해 정립한 '공유제에 기초한 계획적 상품경제 이론' 및 '사회주의초급단계 이론과 정부가 시장을 조정하고, 시장이 기업을 유도한다'는 체제에 대한 골격은 이러한 인민의 요구에 대한 당지도부의 대답이었다. 하지만 정제되지 못한 이 두 가지 이론 방침은 오히려 혼란을 부채질할 뿐이었다. 이 혼란은 당장 경제현장에 있는 인민뿐만 아니라 지식인, 학생, 심지어는 당 내부에까지 극심한 사상적 혼란을 가져왔다. 이는 당연히 사회경제적 혼란을 증폭시켰다. 1989년 학생들의 봉기와 이에 맞선 인민해방군의 진압은 이러한 혼란을 가중시켰다. 이 시기를 대표하는 논쟁이 이른바 '성 사'와 '성 자'의 논쟁이다. 즉 당시 중국이 걷는 길이 '사회주의를 향하고 있는가.' '자본주의를 향해 가고 있는가'의 논쟁이었다.

문제는 논쟁의 성격이 아니라 사상적 혼란을 제어할 힘이 당시 중국 지도부에는 없었다는 것이다. 톈안먼 사태의 여파로 자오쯔양이 실각하고 그 뒤를 이은 약체 장쩌민 체제에 이의 해결을 바란다는 건 무리였다. 결국 이 문제의 해결을 위한 지원군으로 덩샤오핑이 나선 것이다. 결자해지(結者解之)의 정신이었다고나 할까.

덩샤오핑의 <남순강화>의 주요한 내용은 이른바 '세 가지 표준에 유리한 것(三個有利於標準)'으로 집약된다. '자본주의의 길이냐 아니냐'를 따질 게 아니라 다음 세 가지 표준에 유리하면 된다는 것이다. 첫째 사회주의 생산력의 발전, 둘째 사회주의국가의 종합국력 강화, 셋째 인민생활 수준의 제고, 이 세 가지 표준에서 유리한 것이 현재 중국에 유리한 것이고 중국이 가야할 길이라는 것이었다. 이는 그가 개혁개방 초기 화궈평의 '범시론'에 맞섰던 '흑묘론 백묘론(黑猫論白猫論)'과 상통하는 뜻이다.

어찌 되었던 덩샤오핑의 <남순강화>는 당시까지 만연하던 '사회주의냐(성 社)', '자본주냐(성 資)'의 논쟁에 종지부를 찍음과 동시에 보수파(계획경제 추종자)에게 일침을 가하는 이중효과를 거두며, 중국의 개혁개방에 날개를 달아주었다. 이러한 덩샤오핑의 연설을 체계화한 것이 이른바 '사회주의 시장경제'이론이다. 중국공산당 제14기 전국대표대회에서 공식적인 중국의 개혁 목표로 확정된 이 이론은 정확하게 표기하면 '중국특색 있는 사회주의 초급단계'의 '사회주의 시장경제체제'이론이다.

제4장 덩샤오핑의 <남순강화>와 개혁의 가속
- 장쩌민-주룽지 체제의 구축

제1절 덩샤오핑의 <남순강화>와 개혁의 촉구

1992년 1월 18일~2월 21일, 덩샤오핑은 개혁·개방의 진원지인 남방지방을 순시하였다. 그 기간, 그는 11대3중전회 이후 경제체제개혁의 과정에서 '계획'과 '시장'의 관계를 놓고 '사회주의(姓 社)'냐 '자본주의(姓 資)'냐에 대해 벌여온 보·혁간의 대립과 논쟁에 종지부를 찍는 연설을 한다. 그것이 전술한 이른바 덩샤오핑의 <남순강화>다. 덩샤오핑이 몸소 <남순강화>를 하게 된 것은 개혁·개방의 총설계사인 자신이 직접 인민을 대상으로 개혁·개방의 정당성을 홍보함으로써 당 중앙이 '치리·정돈'이라는 명목 하에 추진하고 있는 긴축정책(개혁·개방의 후퇴)을 되돌려놓기 위해서였다. 남방의 경제특구의 비약적인 경제성장과 발전이야말로 개혁·개방정책의 성공을 입증하는 사실인바, '사실만이 진리를 검증해 주는 유일한 기준'인 만큼 개혁과 개방은 후퇴하여서는 아니 되며, 오히려 더욱 가속화시키는 것만이 중국이 나아가야 할 현실이라는 것이었다.

특히 이러한 메시지는 간접적으로 장쩌민을 겨냥한 것이기도 하였다. 과거 후야오방과 자오쯔양이 지나치게 우경화로 치달아 보수파의 공격으로 덩샤오핑의 입지를 좁게 만들었는데 반해, 장쩌민은 개혁·

개방 이념을 보수파의 견해에 맞춤으로써 편좌적 성향으로 치우치는 것에 대한 일종의 경고였다. 즉 정치적 우경화도 경제적 좌경화도 바라지 않는 덩샤오핑의 사상에 배치되는 성향에 대한 경고조치였다.[1]

덩샤오핑의 <남순강화>는 다음과 같은 내용을 담고 있었다.[2]

첫째, 개혁·개방은 1백년 불변의 방침이어야 한다. 11대3중전회에서 개혁·개방이 당의 기본정책으로 정해진 이래 중국의 경제가 계속적으로 성장해 왔다는 사실은 개혁·개방이 올바른 방침이었다는 것을 입증해 준 것이다. 개혁·개방이 성공적으로 추진되었기 때문에 톈안먼사태를 겪었어도 문혁이나 동구의 몰락과 같은 사태를 방지할 수 있었다.

둘째, 중국인민에게 잠재해 있는 경제적 생산력을 높이는 것은 중국사회주의 현대화의 관건이다. 생산력의 해방은 마오쩌둥의 공산혁명에 이어 개혁·개방을 경제혁명으로 승화시키는 데 있어서 결정적인 역량이 된다.

셋째, 생산력을 높이기 위해서는 이데올로기적 장애를 극복해야 한다. 자본주의(성 資)건 사회주의(성 社)건 간에 그것이 생산력을 높일 수 있는 체제와 이념이면 무엇이든 그것을 채택해야 한다. 개혁·개방으로 자본주의를 도입하고 발전시키면 경제영역에서 '화평연변'의 위험에 처하게 된다고 생각하는 그 자체가 바로 '좌'적 사고다.

넷째, 이념적으로 반좌(反左)에 주력하여야 한다. 극좌와 극우는 모두 해롭지만, 중국공산당의 역사적 경험으로 보면 반우파적 정치가 중국을 극도의 혼란에 몰아넣은 경우가 많았으므로 오히려 좌경화를 반대하여야 한다.

다섯째, 경제성장의 속도를 높여 잡아 빠른 경제성장을 이룩해야

---

1) 덩샤오핑의 남순강화와 개혁 재개에 대한 상세한 내용은 Joseph Fewsmith, *China Since Tiananmen: The Politics of Transition*(Cambridge: Boston University, 2001), pp.44~71 참조.
2) 김영화, 『장쩌민과 중국정치』(서울: 도서출판 문원, 1997), pp. 213~214 참조.

한다. 치리·정돈정책으로 경제성장 목표를 6%로 책정한 것은 너무 낮기 때문에 적어도 아시아 신흥공업국 수준 이상의 성장을 이룩해야 한다.

여섯째, 개혁·개방은 경제적 목표이자 정책인 만큼 이를 추진하는 데에는 '4항 기본원칙 견지'라는 기본적 틀 안에서 추진되어야 한다. 그렇지 않을 경우 톈안먼사태와 같은 혼란이 일어나 중국사회주의의 장래는 위기에 직면하게 될 것이다.

이 중 가장 중요한 내용은 '계획'과 '시장' 및 '성 사'와 '성 자'의 관계를 명확히 한 것이다. 덩샤오핑은 "계획경제가 사회주의체제와 일치하는 것은 아니다. 사회주의체제 역시 시장이 있다"고 강조하고, 나아가 "사회주의냐 자본주의냐는 공유제냐 사유제냐에 의해 결정되는 것이지 경제수단으로서의 계획이나 시장에 의해 좌우되는 것은 아니다"라고 하였다. 따라서 사회주의경제이론의 전통적 관념인 '공유제'와 '계획경제'의 2대 지주로부터 탈피, 소유에 있어서의 '공유제'만 유지되면 사회주의이지 수단으로서의 '계획'은 의미가 없다는 것이었다. 동시에 덩샤오핑은 다음과 같이 새로운 인재를 중앙 지도층에 발탁할 것을 강조했다.

"젊은 인재를 더 찾아 지도층에 발탁해야 한다. 현재 중앙의 지도급 간부는 연령이 여전히 높다. …노년층은 자기 주장이 강하고 완고하여 착오를 많이 범한다. 스스로 자각해야 한다. …나이가 든 지도자일수록 더 이상 잘못을 저지르지 말아야 하고 좀 겸허한 점이 있어야 한다. 계속하여 더욱 젊은 동지를 충원해 가야 한다…." 3)

이는 한편으로는 보수파 원로들의 정치 간여를 경고하면서 다른 한편으로는 개혁을 위해서는 젊은 인재의 충원이 더욱 필요함을 역설한 것이다.

음력 설 이후 양상쿤은 선전·주하이와 주강(珠江) 삼각주의 개방

---

3) 鄧小平, 『鄧小平文選』 第3卷(北京: 人民出版社, 1994), p. 381.

특구 건설의 성과를 참관시킨다는 명목으로, 남방군대의 지휘자들, 즉 대군구 사령관들과 정치위원들을 동원하여 순방 중인 덩샤오핑에게 인사를 시키고 동행케 했다. 그럼으로써 덩샤오핑의 <남순강화>가 갖는 경제적인 의미뿐만 아니라, 덩샤오핑에 대한 군대의 지지를 간접적으로 암시하였다. 1992년 『해방군보』는 양바이빙 총정치부 주임의 감호 하에 「견결히 기본노선의 집행을 관철하고, 개혁·개방을 지지하는 대열에 적극 참여하자」는 사설을 통하여 '개혁·개방의 장애를 척결하고 개혁정책을 보위하겠다(保駕護航)'는 글을 발표했다.

같은 달 양바이빙은 제7기 전인대 제5차 회의 <정부공작 보고>시에 "인민해방군은 흔들림 없이 시종일관하여 개혁·개방을 옹호·지지하고 그 대열에 참가하며 보위할 것임"을 다시 한 번 다짐했다. 동년 7월 29일 양바이빙은 『인민일보』에 장편의 논문, 「국가개혁의 장애를 척결하고 발전을 보위하기 위해 숭고한 사명을 걸머지자」라는 글을 통해 군대가 "기치를 선명하게 개혁에 대한 장애를 척결하고 개혁정책을 보위할 것을 제의하는 것은 바로 덩샤오핑 동지가 행한 중요 연설의 정신과 당 중앙의 지시를 군대 내에 관철시키기 위한 것이다" "기본노선에서 벗어나는 바르지 못한 일체의 언동에 대해, 견결히 반대할 것"을 강조하였다. 8월 1일 인민해방군 창군 기념식 때, 7대 군구의 사령관 및 정치위원들은 모두 개혁·개방을 위한 보호막이 되겠다는 글을 발표했다.

이는 린뱌오가 문혁 중 마오쩌둥을 위해 해방군을 동원한 것과 유사한 면이 있다. 사실 양상쿤-양바이빙 형제(양가장)의 행동은 당시 덩샤오핑이 당 중앙의 지지부진한 개혁정책의 추진에 대해 불만을 품고 있다는 것을 알고는 군대세력을 동원해 덩을 지지함으로써 그의 환심을 얻어 장쩌민을 비롯한 제3세대 지도자들을 제치고 주도권을 장악하겠다는 도전적 성격이 깔려 있었던 것이었다. 그것은 또한 보수파에 대한 큰 압력이기도 했다.

이어 장쩌민과 거리를 유지하고 있던 개혁성향의 차오스·톈지윈

등도 덩샤오핑의 남순강화를 강력히 지지하고 나섰다. 보수파의 눈치를 보며 좌고우면(左顧右眄)하며 관망상태에 있던 장쩌민은 마지막에 가서야 덩샤오핑 옆에 서기로 결정했다. 2월 28일 당 중앙은 덩샤오핑의 연설(講話) 요점을 정리하여 1992년 <제2호 문건>으로 현·단급 당위원회에 하달하고, 전체 당원에게 숙지토록 했다. 3월 9일 장쩌민이 주재한 정치국확대회의는 덩샤오핑의 남순강화를 받아들이기로 결의하고『신화사』의 뉴스를 통해 그것을 공포하였다.

덩샤오핑의 <남순강화>는 1989년 이후 열세에 처해 있던 개혁파로 하여금 다시 승기를 잡는 계기를 만들어 주었으며, 당 제14기 전국대표대회 주비작업을 주도케 하였다. 1992년 덩샤오핑은 당 14전대 주비공작의 주도권을 장악하고, 자신이 사망한 뒤의 정책노선과 지도체제를 확고히 했다.

1992년 10월, 당 14기 전국대표대회가 소집되었다. 이 대회는 혁명원로정치인들이 참가한 최후의 전당대회였다. 개혁·개방이 대회의 주된 의제였다. 대회에서는 <남순강화>의 정신에 따라 "경제발전을 위해 자본주의의 경험을 포함한 모든 경험을 받아들인다" "우리나라 경제체제개혁의 목표는 사회주의시장경제체제를 건립하는 것"이라는 장쩌민 총서기의 <정치보고>를 수용하고, 개혁·개방의 가속화를 통해 현대화를 추진하기로 결의했다. 그리고 <당헌>의 수정을 통하여 "중국은 현재 사회주의 초급단계에 처해 있으며, 이는 100여 년의 시간이 필요하다"고 전제하고, "중국사회주의건설의 주요 임무는 생산력을 더욱 발전시켜 사회주의현대화를 실현시키는 것이며, 이를 위해 생산관계 및 상부구조에서 생산력발전에 부적합한 부분을 개혁하여야 한다"고 명시하였다. "사회주의초급단계에서의 중국공산당의 기본노선은 '1개중심(경제건설)과 2개 기본점(개혁·개방, 4항 기본원칙)을 견지하는 것"이라고 11대3중전회 이후의 당의 노선을 <당헌>에 다시 한번 확인하였다. 나아가 "생산력의 발전을 제약하는 경제체제를 근본적으로 개혁하여 '사회주의시장경제체제'를 건립하고, …." "…당은

'좌'와 '우'의 모든 잘못된 경향을 반대하며, '우'도 경계해야지만, 주된 방향은 '좌'를 방지하는 데 있다"고 <당헌>에 못 박음으로써 덩샤오핑의 '중국적 특색을 지닌 사회주의'-'사회주의시장경제이론'의 방향을 명확히 하였다.4)

요컨대, 당 14기 전국대표대회에 채택된 정책노선은 사회주의 현대화 경제건설이라는 발전목표를 달성하기 위하여 자본주의적 요소(시장메커니즘 및 사유제)까지도 포함된 경제적 개혁・개방을 단호히 추진하면서, 동시에 시장경제체제의 건립을 제약하는 상부구조와 정치체제 및 기타부문의 개혁도 병행할 것을 강조한 것이다. 하지만 후자의 경우 반드시 '4항 기본원칙'을 벗어날 수는 없다는 한계를 분명히 하고 있다. 그리고 이데올로기적으로 주된 방향은 '좌'를 방지한다고 함으로써 '생산관계-계급투쟁' 노선으로의 복귀는 절대 용납치 않을 것임을 강조하였다.

정치체제개혁의 한계에 대해서는 그 <정치보고>의 정치체제개혁 부문을 보면 잘 나타나 있다. "우리나라 정치체제개혁의 목표는 중국적 특색이 있는 사회주의 민주정치를 건설하자는 것이지, 서방국가의 다당제와 의회제를 하자는 것은 절대 아니다"라고 못 박고, 이러한 틀 속에 기존 인민대표제도와 다당 합작 및 정치협상회의 제도를 개선하면 된다고 했다. 그리고 정치개혁의 범위도 13대 때와 마찬가지로 정기분리(정부와 기업의 분리)와 축소・통일・효율성 제고의 원칙에 따라 행정관리체제와 당정기구 및 공무원제도를 빠르게 추진하자는 데 한정했다.5) 말하자면 정치적으로 사회주의체제는 포기하지 않으면서 경제적인 개혁에 걸림돌이 되는 관리체제 개혁의 필요성을 제시함으로써 정치개혁은 행정개혁의 차원을 넘지 않을 것임을 분명히 한 것이다.

그러면 14전대가 지향하는 정책노선(온건개혁노선)은 천윈을 중심

---

4) 1992년 <中國共産黨章程> 前文 참조.
5) http://www.people.com.(검색일: 2001. 4. 30)

한 '보수(점진적 개혁)' 및 후야오방·자오쯔양으로 대표되는 '급진개혁노선'과는 어떠한 차이가 있는가. 먼저 온건개혁과 보수노선과의 관계를 보면 계급투쟁이 아닌 생산력의 발전을 통해 경제발전(1개중심)을 이룩한다는 데는 양자가 공통의 인식을 갖고 있다. 그러나 그 기본점에 있어서 온건개혁파는 사회주의 현대화를 위한 과감한 경제개혁(시장경제 도입)을 주장한 반면, 보수파는 경제개혁은 신중하게 추진하되 사회주의체제 고수(4항 기본원칙 견지)를 위한 이념적 요소는 더욱 강화할 것(치리정돈)을 강조하였다는 점이 차이가 있다.

한편 급진개혁노선과의 관계는 개혁을 통해 사회주의 현대화를 건설한다는 데는 공통의 인식을 갖고 있으나 급진개혁론자는 정치개혁을 경제개혁과 동시에 추구하려는 입장을 견지하고 있는데 비해, 14대 노선은 과감한 경제개혁을 강조하면서도 정치개혁은 한계(4항 기본원칙 견지)를 두는 입장이라는 데 차이가 있다.

결국 이들 세 계파는 경제건설(생산력의 증대)이라는 목표(1개 중심)에는 동의하나, '2개 기본점'에 대한 개혁의 폭과 속도에 차이를 나타내고 있다는 점에서 차이가 있다. 따라서 중국의 모순과 목표를 마오쩌둥 시대의 생산관계(불평등)-계급투쟁으로 돌아가자는 것은 절대 아니다.

따라서 14대 정책노선은 '경정치'(硬政治, 공산당 1당이 지도하는 체제에 불변)·'연경제'(軟經濟, 자본주의경제체제의 도입도 불사)의 모형이라 하겠다. 덩샤오핑 스스로가 공사석에서 자주 한국과 싱가폴의 예를 들면서 '고도의 정치적 중앙집중과 자유 시장경제' 모델을 중국에 적용할 것을 언급한 바와 같이,[6] 14대 중공은 소위 '사회주의 시장화 정책'이라는 이름하에 발전도상국들이 근대화 과정에서 흔히 채택하는 개발독재 국가발전전략을 지향한다고 보아도 무방하다.

---

6) 汝懷之, "中國如何鼓定'七大尙委', 鄧公欲建'硬政軟經'模式,"『鏡報』284期(香港: 鏡報文化企業有限公司, 1992. 11), p. 46.

제2절 장쩌민-리펑-차오스 연합체제와 개혁파의 재부상

중국공산당은 이상과 같은 14대 정책노선을 견지하기 위한 제도적 장치로서 당·정 기구와 지도체제를 개편했다. 1993년 3월에 개최된 8기 전인대에서 그것은 더욱 뚜렷이 나타났다. 당의 경우 보수파의 집단 거처이던 중앙고문위원회(주임 천윈, 부주임 보이보·쑹런충 등 보수파의 근거지)를 폐지했다. 중앙고문위원회는 1982년 당 12전대에서 간부4화정책에 의해 밀려났던 원로정치인들을 위무하기 위해 설립한 당 기구였다. 하지만 고문위원회 구성원들은 자주 개혁·개방정책에 제동을 걸어 와, 사실상 개혁파가 볼 때에는 개혁정책 추진의 장애물이었다. 이제 그들 원로 고문위원들의 연령도 천수를 다하고 있었기 때문에 폐지에 대한 큰 저항은 없었다.

경제와 관련이 있는 당 기구에 대한 대폭적 축소 및 정비도 뒤따랐다. 경제에 대한 당의 규제활동을 최소화하기 위한 조치였다. 기율검사위원회는 개혁·개방과 현대화 건설을 가속화하기 위하여 기율검사공작을 가일층 강화할 것을 결의하는 동시에 향후 기율검사공작의 중점은 개혁·개방정책에 대항하거나 장애가 되는 안건을 철저히 조사하는데 있다고 하였다.

그리고 당·정·군 지도층의 개편도 따랐다. 중국공산당 14대1중전회의 인사가 바로 그것이다.

첫째, 당 대표인 총서기에는 장쩌민이 유임되고, 중앙정치국 상무위원에는 장쩌민·리펑·차오스·리루이환·주룽지·류화칭·후진타오로 구성되었다. 13대4중전회 위원 중, 장쩌민·리펑·차오스·리루이환은 유임되었고, 보수진영의 야오이린과 쑹핑은 탈락했다. 개혁성향의 주룽지·류화칭·후진타오는 중앙위원에서 3단계(정치국 후보위원-위원-상무위원)나 뛰어올랐다. 4명이 유임되고 2명이 탈락했다. 탈락자 2명은 모두 천윈계열의 보수파 인사다.

신임 상무위원 주룽지·류화칭·후진타오의 인선은 덩샤오핑의 의중을 명확히 읽게 한다. 주룽지는 덩샤오핑의 절대적인 신임을 받으며, '중국의 고르바초프'라 불릴 만큼 정력적으로 개혁·개방을 추진한 인물이다. 주룽지는 상하이시장 시절 그가 보인 개혁의지를 인정받아 1991년 3월 부총리에 승진, 국무원 경제무역판공실 주임을 맡으며 시장경제로의 전환을 순조로이 추진해 왔다.

76세로 다소 연로한 류화칭의 상무위원 진입은 덩샤오핑의 군에 대한 통제의도로 풀이되었다. 13대5중전회에서 중앙군사위원회 상무부주석을 맡은 그는 1940년대부터 덩샤오핑(제2야전군) 휘하에서 활동해 왔고, 군의 개혁·개방 지지선언에도 앞장 서온 인물이다. 그는 중앙군사위원회 부주석직에도 유임되었다. 14대에서 중앙군사위원회 제1부주석직(양상쿤)과 비서장직(양바이빙)을 폐지하고, 부주석직만 둔 상태에서 류화칭에게 정치국 상무위원과 중앙군사위원회 부주석직(다른 1인도 덩샤오핑계 2야출신 장전(張震)을 겸임케한 것은 류화칭의 군권을 크게 격상시켜 준 것이다. 이는 지금까지 군사위원회 제1부주석과 비서장직을 각각 분담하고 있던 양상쿤과 양바이빙 형제(양가장, 楊家將)의 세력을 양화시킴으로써 장쩌민 정권의 군대 내 버팀목 역할을 하게 하기 위한 조치였다고 보겠다. 티베트(西藏)자치구 당위 서기 후진타오(50세)의 기용은 젊고 유능한 인물에 대한 배려로 차세기를 대비한 후계자의 양성과도 유관한 것이었다.

둘째, 중앙정치국위원의 경우, 위의 상무위원을 포함한 22명의 위원으로 구성하였다. 톈지윈·리톄잉은 연임되었고, 딩관건은 후보위원에서 승진하였으며, 리란칭(李嵐淸)을 비롯한 양바이빙·우방궈·쩌우자화·천시퉁·장춘원·첸치천·웨이젠싱·셰페이(謝非)·탄사오원(譚紹文) 등이 신임 정치국위원으로 발탁되었다. 그리고 원자바오와 왕한빈(王漢斌)이 후보위원에 기용되었다. 반면, 완리·친지웨이·양상쿤·우쉐첸·리시밍·양루다이는 탈락하였다.

셋째, 중앙서기처의 경우 차오스·리루이환·양바이빙 등은 물러나고, 신임 정치국 상무위원이 된 후진타오와 기율검사위원회 서기 웨이젠싱, 그리고 신임 최고인민법원장으로 내정된 런젠신(任建新)이 서기직을 겸직하게 되었다. 딩관건은 유임됨과 동시에 정치국위원으로 승진했다.

넷째, 중앙군사위원회의 구성을 보면, 장쩌민은 주석직에 유임되었고, 제1부주석직을 폐지함과 동시에 양상쿤 제1부주석은 물러났다. 그리고 그 부주석에 류화칭(유임)과 장전을 선임했다. 위원의 경우 츠하오톈(국방부장 내정자)이 유임되고, 해방군 총참모장 장완녠(張萬年)·총정치부 주임 위융보(于永波)·총후근부장 푸취안요 장군이 각각 승진하여 군사위원직을 겸직하게 되었다. 반면 친지웨이(국방부장 겸직) 및 양바이빙(군사위원회 비서장 겸직), 그리고 자오난치(총후근부장 겸직)는 물러났다. 여기서 가장 주의를 끄는 것은 양상쿤-양바이빙 형제의 퇴진이다. 특히 그들이 겸직하던 군내 직위를 폐지해 버린 것은 더 이상 양가장과 같은 위협적인 군대세력의 출현을 막겠다는 뜻으로 풀이된다.

마지막으로 중앙기율검사위원회의 경우 그 서기는 차오스가 전국인민대표대회 상무위원장으로 내정되어 있었기 때문에 차오스를 대신해 그의 그림자나 다름없는 웨이젠싱이 뒤를 이었다.

이상 중공 제14기 지도체제의 개편인사를 보았다. 이들 최고지도층 중, 특히 중앙정치국 구성의 특징을 보면 다음과 같다.[7]

먼저, 14기 정치국은 역대 정치국 중 그 위원이 가장 많이(70%) 교체되었다. 이는 이후 정책변화가 클 것을 예고하는 것이다.

---

7) 중앙정치국위원 중 그 후보위원은 통계에서 제외되었음. 김정계, "中國 最高政策엘리트의 實體分析-中共 14期 中央政治局委員의 成分을 中心으로," 『한국행정학보』 제27권 1호(한국행정학회, 1993), pp. 199~205.

<표 4-1> 14대1중전회의 당 지도체제의 변화

	13대4·5중전회(89.6과11)	14대1중전회(92.10)	탈락 또는 퇴임
중앙위원회 총서기	장쩌민	장쩌민	
중앙정치국 상무위원	리펑,차오스,야오이린,장쩌민,쑹핑,리루이환	장쩌민,리펑,차오스,리루이환,**주룽지,류화칭,후진타오**	야오이린,쑹핑
중앙정치국 위원 <후보위원>	완리,톈지윈,리톄잉,리루이환,리시밍,양루다이,양상쿤,우쉐첸,친지웨이 <후보위원>딩관건	**딩관건**,톈지윈,**리란칭**,리톄잉,**양바이빙,우방궈,쩌우자화,천시퉁,장춘윈,첸치천,웨이젠싱,셰페이,탄사오원** <후보위원> **원자바오,왕한빈**	완리,리시밍,양루다이,양상쿤,우쉐첸,친지웨이
중앙서기처	<서기>차오스,리루이환,딩관건,양바이빙(89.11)	<서기>**후진타오**,딩관건,**웨이젠싱,원자바오,런젠신,우방궈**	차오스,리루이환,양바이빙
중앙군사위원회	<주석>장쩌민 <제1부주석>양상쿤 <부주석>류화칭 <비서장>양바이빙 <위원>양바이빙,친지웨이,츠하오톈,자오난치	<주석>장쩌민 <부주석>류화칭,**장전** <위원>츠하오톈,**장완녠,위융보,푸취안요**	<제1부주석>폐지 <비서장>폐지 <위원>양바이빙,친지웨이,자오난치
중앙고문위원회	<주임>천윈 <부주임>보이보,쑹런충	1992년 10월18일 폐지	
중앙기율검사위원회	<서기>차오스 <부서기>천줘린,리정팅,샤오훙다	<서기>**웨이젠싱** <부서기>허우중빈侯宗賓,천줘린,차오칭쩌曹慶澤,왕더잉王德瑛,쉬칭徐靑	<서기>차오스 <부서기>리정팅,샤오훙다

주: 짙은 색 글자체는 신임.

다음, 14기 중앙정치국위원(후보위원 제외)의 평균연령은 61.6세로 8대11중전회 이후 가장 젊은 층으로 구성되었다. 제3세대 연령층(69세 이하)이 전체의 90%를 점하였으며, 제1세대인 원로 간부는 1명도 포함되지 않았고, 2세대(장정경험자) 역시 류화칭(76세) 이외는 모두 퇴진하였다. 14기 정치국위원 인선에 있어 노청교체 원칙을 견지했음에도 75세의 류화칭이 상무위원으로 승진 기용된 것은 전술한 바와 같이 그가 갖고 있는 군내의 특수한 배경에 기인한 것이다. 간부의 연소화 정책은 12대5중전회 이후 큰 성과를 거둔 것으로 평가될 수 있다.

　　셋째, 출생지를 농촌과 도시로 구분해 볼 때, 14기의 도시출신 비율(50%)이 정치국 출범 이후 최고조에 달한다. 이는 혁명 1, 2세대와는 달리 제3세대 지도자들이 주로 도시에서 출생하였기 때문이다. 다음 성(직할시)별 출신을 보면 14기 정치국위원의 경우 상하이 중심의 화동지방(저장·장쑤·상하이) 출신이 6명(장쩌민·차오스·딩관건·리란칭·쩌우자화·첸치천)을 차지하고 있다. 이는 역시 이 지역이 개혁·개방의 요충지로 그 전략적 가치를 인정받고 있다는 증거다. 주룽지(후난성)나 우방궈(안후이성)는 비록 타지 출신이나 상하이에서 정치적으로 성장한 인물이다. 이들까지 포함시킨다면 상하이인맥은 막강하다. 국가 부주석 룽이런(榮毅仁) 역시 상하이 출신이다. 리펑도 본적은 쓰촨성이지만 상하이에서 낳고, 후진타오는 안후이성 사람으로서 장쑤성에서 출생했다. 그리고 쩌우자화도 허난성이 본적이지만 상하이에서 출생했다.

　　넷째, 14기 중앙정치국위원의 학력 및 전공을 보면 20명 중 17명(850%)이 대학 정도의 고학력자이며, 1명이 고급군사학교 출신이다. 전체 대졸자의 58.8%가 대학에서 이공계를 전공한 테크노크라트다. 정치국 상무위원 전원(7명)이 대학 정도의 학력소유자이며, 그 중 5명(71.4%)이 이공계 출신이다. 그리고 이들 정치국위원 중 공정사 자격소지자 만도 9명이나 된다. 14기 정치국은 정치국 성립 이후 가장 높은 수준의 학력과 테크노크라트들로 구성되었다. 이는 13기 이후부터 현저히 나타난 현상으로 당 지도부가 현대화 정책의 추진에 있어 지도층의 자질(간부4화)을 얼마나 중시하는가를 단적으로 예증해 주는 것이다.

그리고 7명(35%)이 1년 이상의 해외 경험자다. 체코에서 유학한 리톄잉을 제외한 장쩌민, 리펑, 류화칭, 쩌우자화, 첸치천, 웨이젠싱, 리란칭 등 7명은 구소련에 유학하였으며, 류화칭(군사학), 첸치천(외교)을 제외한 모두는 과학기술 및 관리학을 전공한 테크노크라트다. 이들 중 장쩌민·리펑·리톄잉 등은 자연과학도이며, 혁명열사의 자제로 당 중앙이 계획적으로 양성한 후계자들이다. 쩌우자화는 리펑과 소련 유학 친구이며 예젠잉 장군의 사위이다. 14기에서 폭넓은 안목을 가진 해외유경험자들을 대폭적으로 기용, 보강한 것은 대외 개방정책의 적극적이고 지속적인 추진을 위한 보증적 의미를 띤다고 보겠다.

여섯째, 장정 및 군 경험을 포함한 기타 경력을 보면, 14기 정치국 위원 중 장정 출신은 류화칭(중앙군사위원회 제1부주석 겸직) 1명뿐이며, 계급을 수여 받은 군출신 위원은 류화칭과 양바이빙 2명뿐으로 역대 정치국 중 그 비율이 가장 낮다. 아무튼 군출신의 정치국 진입률이 낮아지고 있는 것은 군의 정치 간여를 배제하려는 의도로 볼 수 있다. 14기 정치국위원 인선에 있어 노청교체 원칙을 견지했음에도 75세의 류화칭이 기용된 것은 그가 갖고 있는 군대 내의 특수한 배경에 기인한 것이다(후술하는 그의 프로파일 참조). 한편 71세인 양바이빙에게는 중앙서기처 서기 및 군사위원회 비서장이라는 날개를 떼고 정치국위원으로 입국케 한 것은 양상쿤-양바이빙 형제에 대한 견제와 배려를 동시에 고려한 것이라 보겠다.

군 경험 이외, 14기 중앙정치국위원의 경력상의 특징은 현직 지방 당위 서기의 현저한 진출이다. 13기에 직할시 책임자 3명(베이징의 리시밍·상하이의 장쩌민·톈진의 리루이환)과 최다인구를 가진 쓰촨의 양루다이가 기용된 데 비해, 14기에서는 주룽지(1991년 국무원 부총리에 임명되었으나 사실상 상하이시 지방당위 출신임), 천시퉁(베이징시, 리시밍과 교체)·우방궈(상하이시)·탄사오원(톈진시) 등 직할시 당위서기를 비롯하여 장춘원(산둥성)·셰페이(광둥성) 등 개혁·개방의 실적이 뚜렷한 연해지방의 책임자 및 개혁성향이 강한 티베트자치구의 서기 후진타오 등이 대거 발탁되었다. 신임 정치국위원(14명) 중 50%가 지방 당위 서기 출신이다. 이는 개혁·개방정책의 지속적인 추진을 위해 지방의 자율권을 확대해 나갈 것임을 암시하는 것이다.

또 국무원 출신의 경우도 전술한 바와 같이 경제담당의 부총리 주룽지를 필두로 국가계획위원회 주임(쩌우자화), 동 부주임 겸 대만판공실 주임(딩관건), 대외경제무역부장(리란칭), 외교부장(첸치천) 등 주로 경제 및 대외관계 부서의 책임자를 발탁한 것 또한 특징이다. 그리고 감찰부장 웨이젠싱(중앙기율검사위원회 서기 겸임)과 더불어 전국인민대표대회 상무위원회 부위원장 겸 동 법률위원회 주임위원인 왕한빈(후보위원, 전인대를 대표) 등 감찰·정법전문가의 기용이다. 이는 '당기와 국법질서의 강화'라는 측면에서 상당한 의미를 지닌다. 중앙서기처 서기에 최고인민법원장 런젠신을 기용한 것도 같은 맥락으로 볼 수 있다. 즉 개혁·개방정책의 추진에 장애가 되는 요소는 과감히 척결하겠다는 의지가 내포된 것이다. 원자바오는 중앙당료(중앙판공청 주임)로서 정치국 후보위원에 발탁된 케이스이다.

마지막으로 14기 최고지도층의 정치적 계파별 구성을 보면, 보수파와 급진개혁파가 후퇴하는 가운데 온건 개혁파의 인사가 증강되었음을 알 수 있다. 상무위원의 경우, 리펑을 제외한 차오스·리루이환·주룽지(이상 유임)·류화칭·후진타오 등은 개혁성향이 강하고 덩샤오핑에 의해 계획적으로 배양해 온 인사들이며, 장쩌민은 개혁과 보수의 가운데 서서 비록 어정쩡한 태도를 취하고 있긴 하나, 덩샤오핑이 더 이상 후계자의 낙마를 바라지 않는 상태에서 그를 적극적으로 지원하고 있는 상태였다.

<표 4-2> 중공 제14기 중앙정치국구위원의 사회적 배경(1992)

이름	생년	본적(출생지)	학력(전공)	군대경력	주요경력	겸직(1992-)
장쩌민 ★	1926	장쑤	상하이자오퉁대(전기),소련루마니아연수,工	-	전자공업부장,상하이시장·서기	당총서기,국가주석,중앙군사위원회주석
리펑 ★	1928	쓰촨(상하이)	소련Power Institude(전기),工		전력공업부장,부총리,교육위·경제체제개혁위주임	국무원총리
차오스 ★	1924	장쑤	화둥연합대학	-	중앙조직부장·정법위기,중앙기율검사위서기	전국인대상무위원장
리루이환 ★	1934	톈진	베이징건공업여대	-	중앙후보위,공청단서기,톈진시장·서기처서기	전국정협주석
주룽지 ★	1927	후난	칭화대(전기),工	-	정화대경제대학장,상하이시장·서기	국무원상무부총리
류화칭 ★	1916	후베이	소련해군대학	20아*(상장)	해군사령관,군위부주석	중앙군사위원회부주석
후진타오 ★	1941	안후이(상하이)	칭화대(수리공정),工	-	공청단1서기,전국청년연합주석,구이저우·시짱서기	중앙서기처서기
톈지윈	1929	산둥	중졸(회계)	-	국무원비서장,부총리,서기처서기	전인대상무부위원장
리란칭	1936	후난	제코Charies대(물리),工	-	타오닝외무서기,전자공업부장,개혁위주임	국무원위원,경제체계위주임

이름	생년	본적(출생지)	학력(전공)	군대경력	주요경력	겸직(1992-)
딩관건	1929	장쑤	상하이자오퉁대(군수관리),工	-	철도부장,국가계획위부주임,당 중앙통전부장	중앙서기처서기
리란칭	1932	장쑤	상하이푸단대(기업관리)	-	푸단대학생화부회장,톈진부시장,경제 무역부장	부총리
우방궈	1941	안후이	칭화대(무선전자),工	-	전자공장장,상하이부서기	상하이서기
천시퉁	1930	쓰촨	베이징대(중문)	-	베이징부시장·부서기·시장,국무 위원	베이징시기
쩌우자화	1926	허난(상하이)	소련Bauman공대(기계),工	-	기계전자공업부장,국무위원,국가계획 위주임	부총리
셰페이	1932	광둥	고졸	-	광둥우서기,광둥부서기	광둥서기
양바이빙	1920	쓰촨	항일군정대학	2야(중장)	베이징군구정위,군위비서장,서기처서 기	
웨이젠싱	1931	저장	다롄(大連)공대(기계),工	-	총공회부주석,당조직부장,감찰부장	서기처·중앙기율 검사위서기
장춘윈	1932	산둥	중국어언문학자수대학	-	산둥부서기·성장	산둥서기
첸치천	1928	상하이	상하이성요한대유학	-	주소련중대사관참사관,기니아대사, 외교부 부부장	부총리,외교부장
탄사오원	1929	쓰촨	시베이(西北)공대(방직)	-	톈진방직대학학장	톈진서기

주 : ★표는 상무위원, *표는 장쩌밍협력자
工은 공장사 및 기타 엔지니어 자격소지의 약자
짙은 색 글자체 명은 신임

반면, 탈락된 야오이린(75세)과 쑹핑(75세)은 천원 계열의 좌우 날개로 보수적 성향이 짙은 인물이다.

　위원의 경우, 탈락된 양상쿤(84세)과 리시밍(65세, 당시 베이징 당위 서기)은 6.4사태 때 리펑과 영합하여 강경진압을 주도한 인물이다. 그리고 우쉐첸과 양루다이는 각각 후야오방 및 자오쯔양 계열로 6.4사태 때 그 태도가 모호했던 인물이다. 완리(75세)와 친지웨이(77세)는 친 덩샤오핑 계열의 인사이긴 하지만, 각각 다음 해(1993년) 제8기 전인대에서 전인대 상무위원장, 국방부장으로부터 퇴진할 원로들이었다. 리톄잉, 톈지윈이 유임되었다. 톈지윈은 쓰촨성에서부터 자오쯔양의 참모로 역할해 왔던 자오쯔양계열의 개혁 인사이며, 그리고 신임 우방궈와 장춘원 및 셰페이는 그들의 개혁·개방실적에 힘입어 장쩌민에 의해 지방에서 기용된 인물이다. 딩관건은 장쩌민의 상하이 자오퉁대학 후배이기도 하지만, 철도행정의 개혁에 현저한 공이 있는 자로 후보위원에서 승진했다. 리란칭은 주룽지와 손발이 맞는 경제통이며, 웨이젠싱은 차오스와 호흡이 맞고, 첸치천은 상하이 출신으로 개방외교의 주역이다. 후보위원 원자바오는 당 판공청 주임으로 총서기 장쩌민을 보좌해 온 인물이다.

　반면 쩌우자화와 천시퉁은 리펑과 가까운 인물이다. 쩌우자화는 덩샤오핑이 주룽지를 부총리로 발탁할 당시 보수파의 반대를 무마하기 위해서 부총리로 선임한 인사로 리펑과 함께 소련에서 유학한 보수적 인사다. 천시퉁은 베이징 당위 서기로, 6.4사태 때 리펑을 도와 강경진압에 손을 들어 준 인사다. 리톄잉은 보수적 색채를 띠고 있지만 혁명열사의 자제로 체코에 유학한 테크노크라트다. 이미 언급한 바 있지만 양바이빙은 6.4사태 때 강경진압을 주도한 군부 지도자였지만, 14기에 와서 중앙서기처 서기직(군무 담당)과 중앙군사위원회 비서장이라는 날개를 떼고 중앙정치국위원에 입국한 상태라 이미 기세가 꺾여 있었다.

　그리고 이들 정치국 구성원 들 중 후진타오, 웨이젠싱, 딩관건, 원자바오(후보위원)와 최고인민법원장인 임건신 등 개혁성향의 인사가 중앙 서기처 서기를 겸직, 실질적인 당무 행정을 분담하였다. 그리고 중앙판공청 주임에는 장쩌민의 참모인 쩡칭훙(曾慶紅)이 발탁되고, 중앙선전부 부장과 인민일보사 사장은 각각 장쩌민의 대학 후배인 딩관건과 사오화쩌(邵華澤)가 기용되었다. 반면 전임 부장과 사장인 왕런즈와 가오디(高狄)는 중국사회과학원 부원장(1992) 및 전국정협 상무위원으로 밀려났다. 왕런즈와 가오디는 보수파의 대변인 격이었다.

이밖에 왕런즈와 가오디를 포함해 쉬웨이청 중앙선전부 부부장, 허칭즈 문화부 부장대리, 허둥창 국가교육위원회 부주임 등 부르주아지 자유화 반대운동에 적극적이었던 당·정의 선전 및 문화 담당 지도급 간부들은 모두 중앙위원(또는 후보위원)에서 탈락하고 1993년 한직인 전국정협 상무위원으로 밀려났다.

따라서 14기 당 최고지도층의 구성은 개혁·개방의 속도에 제동을 걸어왔던 보수파를 중앙인사에서 제외시킨 한편, 장쩌민 후계체제의 위협적인 군대세력인 양가장 세력을 철저히 배제한 것이 특징이다. 그리고 정치적 개혁까지도 주장했던 급진개혁파의 세 확장도 과감히 차단하였다. 그러나 실제적으로 천원과 보이보 등 원로들이 건재하고 있어 덩샤오핑의 정치적 권위와 위상을 주로 반영하되 보수파의 적절한 세력균형을 위해서 리펑 등의 세력과 타협해야 했다. 따라서 리펑을 제외한, 유임 및 신임 정치국위원 거의는 덩샤오핑의 이른바 '새장정치'의 추종자인 온건개혁파로 분류되는 제3세대 지도자들이다. 즉 경제적 '반좌', 정치적 '반우'의 성향이 강한 인사들이다. 따라서 14대 지도부는 11대3중전회 이후 사회주의현대화의 속도와 범위를 놓고 보·혁간 대립과 갈등을 빚어 왔던 '중국적 특색을 지닌 사회주의' 건설을 더욱 과감하게 가속적으로 추진할 것을 예고한 인사였다고 보겠다.

나아가 1993년 3월에 개최된 전국인민대표대회 제8기 제1차회의에서 국가의 주요 지도층의 개편도 있었다. 위에서 거론된 7명의 중앙정치국 상무위원이 국가의 지도체제를 분담하는 인사가 이루어졌다.

장쩌민은 국가주석 및 국가중앙군사위원회 주석에 선임되었고, 리펑은 국무원 총리에 유임되어 행정을 총괄했고 차오스는 전국인민대표대회 상무위원장으로서 입법기관을 이끌었다. 그리고 리루이환은 민주당파와 사회민간단체를 관장하는 전국인민정치협상회의 주석직을, 주룽지는 제1부총리를, 류화칭은 중앙군사위원회 부주석으로 군무를, 후진타오는 상술한 바와 같이 중앙서기처 서기직을 겸임하면서 조직과 인사문제를 주관하게 되었다. 그러나 이 중에서 가장 중요한 업무를 담당한 사람은 당의 장쩌민, 정부의 리펑, 전인대의 차오스였다. 이들은 단지 업무상의 역할뿐만 아니라, 실질적인 세력의 분할에 있어서도 유사한 정도의 영향력을 지니고 있었다. 장쩌민-리펑-차오스 3두 연합체제가 탄생한 것이다. 그런 까닭에 외양적으로는 장쩌민이 당-정-군의 최고의 직위를 차지하고 있으면서도 실질적으로는 집단지도체제의 형식으로 인선이 안배된 것이었다.8)

이밖에 정치국위원 중 톈지윈은 전인대 제1부위원장, 쩌우자화·첸치천·리란칭은 부총리를, 리톄잉은 국무위원을 각각 겸직하였다. 이밖에 국무위원은 국방부장 츠하오톈, 국가과학기술위원회 주임 쏭젠, 중국인민은행장 리구이셴, 천준성(陳俊生), 국가민족사무위원회 주임 스마이·아이마이티(司馬義·艾買堤), 국가계획생육위원회 주임 펑페이윈(彭佩雲), 국무원 비서장 뤄간(羅幹) 등이 선임되었다. 정치국 후보위원 왕한빈도 전인대 상무위원회 부위원장을 겸직하였다. 특히 국가지도체제의 개편에서 홍색 자본가 출신인 룽이런9)의 국가 부주석 기용은 주목할 사실이다. 상하이 재벌의 후예이며 비공산당원인 그를 기용한 것은 자본주의적 경영을 통하여 강력한 시장경제를 추진하겠다는 의지를 상징적으로 보여 준 것으로 평가된다. 사실 룽이런의 발탁으로 해외 화교자본을 개방특구에 끌어들임으로써 중국경제발전은 가속화되었다. 반면, 국무원 제1부총리로 경제를 총괄하던 보수파의

---

8) 김영화, 앞의 책, pp. 217~218.
9) 룽이런의 정치적 배경에 대해서는 김정계(1994), 앞의 책, pp. 268~267 참조.

야오이린은 퇴진했다. 결국 주룽지에게 밀려난 것이다. 국무원에서 리 펑을 받치고 있는 사람은 오직 부총리인 쩌우자화와 인민은행장 리구 이셴에 불과했다.

이상과 같이 당 14기를 전후한 당과 정부의 지도체제는 기본적으로 는 장쩌민을 중심으로 한 장쩌민(당)-리펑(정부) 및 차오스(전인대)의 집단지도체제를 유지하는 듯했지만, 계파별로는 개혁파가 우위를 점하 는 인사였다. 아래와 같은 중공 14기 신임 정치국위원들의 프로필을 보면 그것은 더욱 명확해 질 것이다.

▶ 칭화대학 학생회장, 상하이시 서기 출신, 개혁성향이 강하고 덩 샤오핑의 신임이 두터운 주룽지

주룽지(朱鎔基, 1928~)는 마오쩌둥과 동향인 후난성 창사(長沙) 태 생으로 조부와 외조부 모두 청말 과거시험에 합격할 정도의 엘리트 집안 출신이다. 그러나 유복자로 태어나 9세에 어머니마저 사망하고 백부 집에 의탁하여 교육을 받았다. 어린 시절부터 머리가 뛰어나 마 오쩌둥의 모교였던 후난성 성립 제1중학을 졸업한 후, 고학으로 명문 칭화대학 전기공정학과에 입학하여 총학생회장10)을 거쳐 중국의 행정 수반이 된 입지적인 인물이다.

1949년 칭화대학 재학 중 중공지하당이 지도하는 '반장(反蔣介石)애

---

10) 칭화대학 총학생회 회장 주룽지는 신중국 성립 전후 학생운동을 주도, 베이징 시 대학가 청년들의 우상이었다. 당시 베이징대학은 후치리(전 중앙정치국 상 무위원, 전자공업부 부부장), 천시퉁(중앙정치국위원 겸 베이징시 당위 서기)이, 칭화대학은 리시밍(전 중앙정치국위원)과 주룽지 등이 학생운동을 이끌고 있었 다. 물론 리시밍과 천시퉁은 공산당 입당 후 학업을 중퇴하고 지방공작에 종사 하였으나, 후치리와 주룽지는 각각 베이징대와 칭화대의 학생회장으로서 신중 국 성립 전후의 베이징시 학생운동을 주도했다. 이밖에 당시 학생운동을 주도 했던 현역 정치지도자는 상하이의 차오스(전인대 상무위원장), 장쩌민, 첸치천 (중앙정치국위원·국무원 부총리) 및 베이징의 왕한빈(중앙정치국 후보위원, 전 인대 상무부위원장), 런젠신(중앙서기처 서기, 최고인민법원장)등이다.

국학생운동'에 참가, 중공지하당의 외곽조직인 '신민주주의청년연맹'에 가입하였고, 이어 동년 10월 중국공산당에 입당하였다. 1951년~1952년 대학졸업 후 동북인민정부로 배치되어 동 공업부 계획처 생산계획실 부주임으로 일했다. 그때 동북인민정부(주석 가오강, 부주석 리푸춘) 부비서장인 마훙(馬洪)11)을 만나게 되었고, 그의 총애를 받았다. 따라서 1952년 11월 가오강(高崗)이 국가계획위원회 주임을 겸임하게 되어 입경하자 마훙(국가계획위원회 부비서장)의 추천에 의해 주룽지도 동 연료동력국(燃動局)과 종합국 조장을 맡아 입경하였다. 당시 주룽지의 나이 24세였다. 1954년 9월 리푸춘이 가오강에 이어 국가계획위원회 주임이 되어 국무원 부총리로 승진하자 주룽지도 국가계획위원회 판공실 부처장이 되어 부주임인 장치(張啓)의 비서업무를 맡았다.12)

그러나 1957년 '대명대방'(大鳴大放)운동이 벌어지자 '우파분자로 몰려 당적을 박탈당하고, 하방되어 5년간 강제노동에 종사하였다. 1962년 '사상개조'가 양호하여 '우파분자의 멍에를 벗고 국가계획위원회 간부업여학교 교원을 거쳐 동 국민경제 종합국 공정사가 되었다. 아이러니컬하게도 우파(?) 분자가 반우경화 사상교육을 맡았던 것이다.

---

11) 마훙은 1920년 산시 출신으로 1939년 옌안 마르크스 레닌학원을 졸업하였다. 옌안 시절 당 중앙의 기관지인 『共産黨人』의 편집장을 거쳐, 옌안 당 중앙연구원의 연구원을 역임하는 등 주로 연구활동에 종사하였다. 1950년대 동북인민정부 부비서장 재임 중 '가오강 사건'에 연루되었고 그 후 장기간 하방되어 빛을 보지 못했으나, 1975년 이후 석유공업부문에서 활동을 재개했다. 1978년 4인방 제거 후, 복권되어 중국사회과학원장 겸 국무원 부비서장 등을 역임했다. 1980년대 이후부터 마훙은 주로 학술이론 연구 분야에서 근무하여 국무원발전연구중심 명예주임, 중국종합개발연구원 이사장, 중국정책과학연구회 회장 등을 역임하였다. 그 무렵 상하이시장을 지내다 부총리에 발탁된 주룽지에게 이론과 정책면에서 많은 지원을 하였다. 현존하는 중국의 저명한 경제학자로 『探索經濟建設之路』, 『中國社會主義現代化的道路和前景』 등 다수의 저서가 있다.

12) 1954년 봄 가오강이 자살하고, 그 주요 멤버였던 마훙(주룽지의 은인)도 국가계획위원회 부비서장 자리에서 물러나게 된다. 그러나 주룽지는 당시 직급이 높지 않았기 때문에 직접적인 영향은 피할 수 있었다(주렌중 지음, 신동기 옮김, 『주룽지-새로운 중국, 그 선택과 결단』, 생각나무, 1999, p. 77).

문혁이 발발하자 1970년~1975년 다시 하방되어 국가계획위원회 '57 간부학교'에서 5년간 '노동개조' 받았다. 사실 제3세대 중국최고지도층 중 주룽지만큼 장기간 하방되어 노동개조를 받은 인사는 없다. 그는 1957년 '반우파 투쟁' 때 5년, 문혁 때 5년 모두 10여 년에 걸쳐 노동종사 및 노동개조를 당한 사람이다. 물론 그는 그동안 독학으로 꾸준히 영어와 거시경제학에 대한 이론을 공부하게 되는데, 그것이 오늘의 그를 있게 한 큰 자산이기도 하다. 총리가 된 후 외신기자 간담회에서 통역없이 직접 영어로 대담을 하여 세인을 놀라게 했던 것도 하방 동안에 익혔던 그의 영어실력 덕분이었다.

1975년 석유부문을 담당하는 간부(베이징석유화공구 건설지휘부 부감독)로 복귀한 마훙의 주선으로 하방생활을 청산하고 석유공업부 파이프관리국(管道局) 전력통신공정공사의 판공실 부주임(석유화학공업부장, 캉스언康世恩)으로 임명되었다. 문혁 종결 후 1978년 복권되어 마훙의 추천으로 중국사회과학원 공업경제연구소(소장, 마훙) 주임이 되면서부터 그는 그동안 경험하면서 연구해 온 그의 이론과 능력을 발휘할 수 있는 기회를 포착하게 된다.

이어 석유화학공업부장 캉스언이 국가경제위원회 주임으로 승진되자 다음 해 주룽지는 동 위원회 연료동력국 과장(고급공정사)이 되었고, 1년 후 동 국민경제종합국 부국장에 승진하였다. 주룽지는 거시경제에 대한 정세 판단, 실무지도 및 이론에는 뛰어나지만, 구체적인 경제운용과 부문 간의 조정 및 그 문제점에 관한 파악은 미숙한 단계에 있었던 터라 국가경제위원회에서의 경험은 훗날 경제의 최고 책임자가 되기 위한 훌륭한 수업과정이었다고 보겠다. 그 후 그는 모교인 칭화대 경제대학장을 겸임하면서 동 대학 금융학과에서 박사과정 학생의 지도교수를 맡기도 했다.

1982년 자오쯔양 총리가 구조개혁 차원에서 10여 개 경제관련 부서를 국가경제위원회로 통폐합하자 그 해 5월, 주룽지는 동 위원회 위원 겸 기술개조국 국장에 임명되었다. 1983~1987년 국가경제계획위원회 부주임 겸 당조 부서기(차관급)에 승진하여 당과 국가 차원의 고급 반열에 오르게 되었다. 이때부터 주룽지는 자오쯔양의 명에 따라 덩샤오핑에게 직접 업무를 보고하게 되었고, 이를 계기로 덩샤오핑에게 깊은 인상을 남겼다. 동시에 중국국제신탁공사 상무이사를 겸임함으로써 거시경제와 실물경제의 흐름을 익혔다.

1987년 10월 당 13전대에서 자오쯔양이 후야오방의 뒤를 이어 정식으로 총서기에 취임하고, 1988년 리펑이 자오쯔양의 총리직을 승계했다. 당 지도부는 1987년 말, 다음 해 전인대에서 국무원의 기구개혁을 단행하여 국가경제위원회를 국가계획위원회로 통합하고 야오이린 부총리가 그 주임직을 겸임하도록 계획하였다. 이러한 계획에 따라 실질적으로 국가경제위원회 멤버들이 자리에서 물러나야 하는 입장에 처하게 되었다. 주룽지는 한때 홍콩 신화사의 책임자로 자리를 옮긴다는 설이 있긴 했으나, 결과는 상하이시장에 내정되었다. 당시 상하이시 당위 서기 루이싱원(자오쯔양계 개혁파)과 시장인 장쩌민과의 사이가 원만치 못하여 자오쯔양은 자파인 루이싱원을 당 중앙서기처 서기로 끌어들이고 장쩌민을 상하이시 당위 서기로 승진시킴과 동시에 시장에는 주룽지를 내정했던 것이다.

따라서 1987년 12월, 주룽지는 총서기 자오쯔양과 당 중앙조직부장 쑹핑의 추천으로 상하이시장 및 동 당위 부서기가 되었고, 1989년 8월 6.4사태 이후 장쩌민이 총서기로 선임되자 상하이시 당위 서기에 승진하였다. 그때까지 상하이시장 자리는 최소한 중앙의 부장(장관)급이 임용되었다. 그런데 부부장(차관)급인 주룽지가 내정된 데에는 다음과 같은 이유가 있었다. 첫째 1984년 9월, 국무원 부비서장인 마훙이 자오쯔양 총리의 명을 받아 상하이시 경제발전전략 수립을 위한 조사단을 구성하여 상하이에 파견하였던 바, 당시 주룽지는 그 일원이 되어 활동함으로써 상하이에 대한 풍부한 예비지식을 갖고 있었다. 둘째, 그의 강하고 소신 있는 성격이 정체된 상하이를 발전시키는 데 적합하고, 칭화대학 출신이라는 학력이 거드름을 피우는 상하이시 간부들을 통제하는 데 도움이 될 것으로 판단한 것이다. 셋째, 자오쯔양은 덩샤오핑이 주룽지의 존재를 높이 평가하고 있다는 사실을 알고 있었다는 것 등이다.

6.4사태 때 주룽지는 단 한 번도 '폭동'이라는 표현을 사용치 않고, '베이징에서 일어난 사건'이라고만 말하면서, "역사의 진실은 아무도 숨길 수 없으며, 언젠가는 밝혀 질 것"이라 했다. 또한 "99.9%의 시민과 학생은 선량한 사람들이며 군대를 투입할 필요는 전혀 없다"고 입장을 밝히고, 학생시위에 대해 "여러분의 애국심에 불타는 열의는 훌륭하나, 시정부를 큰 혼란에 빠뜨리는 행동은 여러분이 바라는 방향과는 정반대이다"라고 충고하고 즉시 캠퍼스로 돌아갈 것을 촉구하였다. 이로 인해 리펑 등 강경진압을 주장하는 보수파 내지 당 원로들로부터는 좋지 않은 인상을 남겼다.

하지만 1991년 초 덩샤오핑이 상하이에서 제2의 개혁·개방을 촉구하는 포문을 열 때 주룽지는 서슴없이 그의 나팔수 역할을 해 주었고, 또 그의 개혁의지를 높이 평가해 온 덩샤오핑은 그를 국무원 부총리로 끌어올린다.

1991년 3월 17일 덩샤오핑 판공실에서 갑자기 쩌우자화와 주룽지를 부총리로 내정, 전인대 비서처에 하달했을 때, 보수파의 대부인 천윈을 비롯해 당시 국무원 제1부총리였던 야오이린 등은 과거 주룽지의 우파 경력을 이유로 이의를 제기했다. 그러나 오히려 덩샤오핑은 그들의 말을 듣지 않고, 4월 12일 제7기 전인대 4차회의에서 주룽지를 정식 부총리로 선임해 버렸다. 덩샤오핑은 물론 보수파의 반대를 막기 위해 소련유학파로 리펑과 가까운 쩌우자화를 함께 부총리로 기용했다.

주룽지가 국무원 부총리에 임명되자 보수파 이론가들은 일제히 그의 전력을 들어 공격을 퍼부었다. 7기 전인대 4차회의에 제출된 주룽지에 관한 추천서에는 "오랜 기간에 걸쳐 경제업무에 종사하여 우리나라의 경제상황을 매우 잘 알고 있으며, 맡은 업무에 열성적이면서 결단력이 있고 개척적인 정신을 지닌 인물이다. 아울러 매끄럽게 일을 추진하며 조직장악 능력이 뛰어나고 정책과 이론의 수준이 높고 청렴결백하다'라고 씌어 있었다. 이것은 상하이 시장 재직 때까지의 주룽지의 업적에 대한 최고의 평가라고 할 수 있다.

그러나 당시의 총리 리펑은 주룽지의 부총리 취임을 못마땅하게 생각했다. 그 이유는 1989년 톈안먼사태 이후 리펑은 자기의 공로로 봐 본인이 자오쯔양의 후임 총서기가 될 것을 기대했지만 정치적으로 무명이며, 자기보다 경력적으로 후 순위인 장쩌민(상하이시 당위 서기)이 총서기에 발탁되었고, 여기다 부총리마저 총리인 자신의 의도와는 달리 상하이 출신에게 맡긴다는 것은 자신의 권력기반을 위협받는 느낌이 들었기 때문이었다. 그래서 주룽지는 부총리 취임 직후 리펑·야오이린(당시 제1부총리) 등 보수세력의 견제로 제대로의 역할을 맡지 못하고 국무원 3각채(三角債)청산지도소조 조장, 생산판공실 주임, 전국안전생산위원회 주임 등 국무원 비상설기구의 책임을 맡는 데 그쳤다. 그러나 건국 초기 국가경제위원회 주임을 역임한 보이보는 통합된 국가계획위원회는 '큰 경제위원회, 작은 계획위원회(大經委, 小計委)'라야 한다고 주장했고, 리펑은 결국 보이보의 이러한 주장에 밀려 부득불 국무원 생산판공실을 철폐하고 동시에 국무원 경제무역판공실을 신설하였으며, 그 주임을 과거 국가경제위원회 출신인 주룽지에게 맡기게 되었다. 경제무역판공실은 생산과 무역 양대 영역에 대한 거시적 조정기구로 경제무역사무를 주관하는 국무원 산하 최고 부서였다. 시장경제체제의 진전에 따라 이 부서의 역할 증대는 불가피하였고 주룽지의 국무원에서의 지위 또한 확고해졌다. 당시 경제무역판공실 부주임은 리란칭이었다.

1992년 6월 덩샤오핑과 천윈이 당 제14기 중앙정치국 상무위원의 인선 조정을 놓고 의견 교환이 있었다. 덩샤오핑은 톈지윈·류화칭·리톄잉을 추천했고, 천윈은 쩌우자화·류화칭을 추천했다. 왜냐하면 천윈은 쑹핑의 유임을 바랐기 때문이다. 사실 천윈의 생각은 장쩌민 및 리펑과 같은 내용이었다. 소식통에 의하면 장쩌민은 1992년 4월 이미 후진타오를 불러 "중앙은 당신을 정치국과 서기처 일을 맡기려 하고 있다. 그 이유는 쑹핑이 잡고 있는 당 건설공작과 조직공작을 도우는 일을 맡기기 위해서"라고 했다. 이 점으로 보아 당시 장쩌민은 쑹핑의 유임을 생각하고 있었음을 알 수 있다. 왜냐하면 장쩌민은 당시 정황으로 보아 그에게 호락호락하지 않는 차오스와 리루이환의 유임은 확실시되는데, 만약 자기를 뒤에서 지지할 수 있는 쑹핑이 실각된다면 사실 정치국 상무위원회 내에서 그의 위상은 약화될 수밖에 없었으므로 쑹핑의 유임을 지지하는 쪽에 있었다고 보겠다. 리펑의 경우, 가장 두려워한 것은 톈지윈의 정치국 상무위원회 입국이었다. 만약 톈지윈이 정치국 상무위원회에 들어온다면 틀림없이 1993년 3월에 열릴 전인대에서 총리로 기용될 가능성이 커 결국 자기의 라이벌이 될 것이라고 생각했기 때문이다. 왜냐하면 톈지윈은 이미 부총리를 2회 연임했기 때문에 야오이린(당시 제1부총리)의 후임이 될 수 없고(헌법상 3회 연임 불가), 또 톈지윈의 경력으로 보아 국가주석이나 정협 주석 및 전인대 상무위원장이 될 가능성은 없기 때문에 응당 자기의 강력한 라이벌이 될 것이라고 예측했다. 따라서 리펑의 목적은 오직 톈지윈의 정치국 상무위원회 입국을 막는 데 있었다. 그리고 리펑은 같은 소련 유학파인 쩌우자화를 정치국 상무위원회에 입국시켜 야오이린의 제1부총리직을 승계케 하려고 했다. 이상과 같이 자기 세력의 확대를 위해 장쩌민과 리펑은 천윈의 의견과 근접되어 갔다. 그리고 이들 모두는 톈지윈이 자오쯔양의 오른팔이었음을 들어 그의 상무위원회 진입을 강력히 반대했다.

이상과 같은 당내 이견 분출을 모르는 바 아닌 덩샤오핑은 양상쿤과 보이보에게 "이렇게 톈지윈에 대해 이견이 많으면, 주룽지를 입국시키는 것이 좋겠다"고 했다. 왜냐하면 리펑과 쩌우자화는 개혁·개방에 있어서 미온적인 간부이며, 톈지윈과 주룽지는 과단성이 넘치는 간부이기 때문에 톈지윈을 대신해 주룽지를 상무위원회에 입국시킴으로써 이들을 조화시키는 것이 좋을 것이라고 했다. 사실 덩샤오핑은 내심 주룽지를 야오이린의 후임으로 이미 찍어 놓고 있었다. 이 소식이 정치국 상무위원회에 전달되자 장쩌민도 리펑도 보수파 원로들도 결코 자기주장만 할 수 없었고, 또 그들의 목적은 달성되었기 때문에 덩샤오핑의 의견에 찬성했던 것이다. 결국 덩샤오핑의 지략에 의해 주룽지는 당 13기 중앙위원회 후보위원에서 3단계(중앙위원회 위원-정치국 후보위원-정치국위원)나 뛰어 넘어 일약 제14기 중앙정치국 상무위원에 오르게 된 것이다. 이어서 주룽지는 야오이린의 후임으로 국무원 제1부총리직을 승계하였고, 1993년 7월 2일에는 중국 중앙은행인 중국인민은행장직까지 보수파의 리구이셴으로부터 넘겨받는다.

▶ 덩샤오핑 계열 제2야전군 출신, 장쩌민정권의 버팀목 해군제독 류화칭

류화칭(劉華淸, 1916~)은 후베이성의 빈농가에 태어났다. 13세인 1929년에 중국사회주의청년단(공청단의 전신)에 가입, '붉은 작은 악마'(紅小鬼)가 된 이후 1935년 장정 도중 중국공산당에 입당했다. 장정 후 1936년 가을 류화칭은 홍4방면군 소속 홍31군 사령부에 배속되어 기요과장, 작전부과장과 간부대대장 및 정치위원을 거치면서 부대 조직공작의 경험을 닦았다.

1937년 항일전 발발한 후, 국공이 다시 합작하자 홍4방면군은 팔로군 129사(사단)에 흡수 개편되고, 류화칭은 동 사단사령부의 비서주임, 공급부 정치부 주임과 사단 정치부 선전교육과장이 되었다. 당시 129사단의 정치위원은 덩샤오핑(사단장 류보청)으로, 그는 류화칭의 직속 상관이었다. 항전시기의 전 과정을 통해 류화칭은 덩샤오핑(129사단) 밑에서 서남군구 정치부 조직부장, 서노상(西魯湘, 산둥성 서부 및 후난성) 6분구 부정치위원, 서남군구 제7지대 정치위원 등으로 활동했다. 이 시기 자오쯔양은 노상 제4분구 부정치위원으로 류화칭과 동급이었다. 완리 역시 당시 동 지역에서 그들과 동급에 있었다. 그 후 전

국적인 국공전쟁이 개시되자 팔로군 129사단은 중국인민해방군 진노상(晋魯湘) 야전군(그후 제2야전군이 됨)으로 확대 개편되고 류화칭은 제2종대 6여단 정치위원으로 승진하였다.

1949년 건국 초기 서남군구 군정대학 정치부 주임과 서남군구 제2고급보병군사학교 정치부 주임, 제2야전군 11군단 부정치위원(당시 서남군구 정치위원은 덩샤오핑)이 되었고, 1950년 류화칭이 이끄는 제2야전군 제11군단 제32사단이 해군으로 개편되자, 뤼순(旅順)·다롄 제1해군학교 부교장 겸 부정치위원으로 자리를 옮겼다. 1954년 소련해군대학에 유학, 당시 그는 38세로 유학생 중 나이가 가장 많았으나 유일한 '노홍군' '장정간부' 출신이었다. 1955년 유학기간 중 소장(1성장군) 진급과 동시에 '1급 해방훈장'을 받았다. 1958년 귀국 후, 해군 뤼순기지 제1부사령관 겸 참모장을 거쳐 해군 북해함대 부사령관 겸 여순기지 사령관, 남해함대 부사령관, 국방부 제7연구원 원장 등을 역임했다.

1965년 국무원 제6기계공업부 부부장 재직 당시 문혁이 발발하자 쉬상첸 지도하의 '전군 문혁소조' 성원이 되었으나 문혁 추진에 그렇게 적극성을 띠지는 않았다. 왜냐하면 당시 마오쩌둥 및 린뱌오를 비롯한 문혁파들은 정적을 분쇄하기 위해 제4방면군 출신 실력자들의 협조가 필요했고, 때문에 류화칭과 조장인 쉬상첸을 정치적으로 예우했을 정도였기 때문이다. 물론 같은 입장의 4방면군 출신의 천시롄, 정샤오산 등은 문혁에 적극 협조하여 상당한 요직에까지 승진하였다. 그러나 류화칭에게는 승진보다는 오히려 해군 부참모장으로 강등되는 불운이 닥쳤다. 일설에 의하면 심지어 군적까지 박탈당했다는 이야기가 있을 정도로 문혁기 그의 생활은 결코 평탄하지 않았다.

문혁기간 중 그가 이질화되었던 이유는 그가 해군내의 유일한 '유무기론'자였기 때문이다. 다시 말해 문혁 전 그는 계속 군대의 정규화, 현대화에 주력하여 '정치제일', '정신제일'을 내세우는 문혁파의 군사관과 의견이 상충되었기 때문이다. 1978년 4인방 축출 후 마침내 그는 해군의 무기와 장비의 현대화라는 막중한 책임을 지는 국방과학기술위원회의 부주임이라는 중책을 맡게 되었다. 덩샤오핑이 실권을 장악한 이후, 1979년 그는 인민해방군 부총참모장(총참모장 덩샤오핑), 해군 사령관(1982.10)으로 승진 중국해군 현대화의 사령탑이 되었다. 당시 당 중앙군사고문위원회(85.9)로 자리를 옮김으로서 간부 연소화 정책에 밀리는 듯했으나, 해군발전공작의 공헌을 인정받아 다시 당 중앙군사위원회(주석 덩샤오핑) 부비서장으로 발탁(상장 진급)되어 해군 출신 유일의 당 중앙군사위원회 위원이 되었다.

1989년 11월 덩샤오핑이 그의 중앙군사위원회 주석직을 당 총서기 장쩌민에게 물려주자 중앙군사위원회 제1부주석은 국가주석 양상쿤이 겸직하게 되었고, 류화칭은 동 상무부주석에 올랐다. 이때 그의 위치는 양상쿤과 양바이빙(동 비서장)의 중간위치에 있었다. 덩샤오핑이 노린 그의 역할은 양씨 형제의 군대 내에서의 전횡을 견제하는 것이었다.

1992년 10월 중공 제14기 당 중앙정치국 상무위원 겸 중앙군사위원회 부주석에 연임되었다. 그야말로 군대 연소화의 예외 케이스다. 14대에서는 최고지도층의 자격요건으로 연소화를 가장 중요한 잣대로 삼았으나, 76세의 그가 중용된 것은 당시 군내에서 그만큼의 경험과 역량을 가진 친 덩샤오핑 파가 없었다는 점이다. 앞서 언급한 바와 같이 그는 '홍군간부'로 혁명성을 갖추었고, 제2야전군(정치위원 덩샤오핑) 산하에서 조직과 통전·정보·선전공작을 골고루 경험하였으며, 덩샤오핑의 후원으로 소련 해군대학에 유학, 군의 과학기술화 및 현대적 지휘체계를 공부했다. 유학 후 해군과 3군을 통수하며 탁월한 지도력을 발휘한 노장이다. 그리고 또 국방과학위원회에서 국방의 현대화와 군의 과학화에 대한 연구를 지도한 장본인이다. 따라서 그를 기용한 것은 향후 해군력의 증가와 국방현대화를 가속화하고 덩샤오핑·천윈 등 혁명1세대 노인들의 사후, 군대 내의 동요를 막고 정치적 안정을 보증하자는 데 목적이 있었다고 보겠다.

▶ 공청단 지도자 출신, 칭화맨 테크노크라트 후진타오

후진타오(胡錦濤, 1942~)는 원적은 안후이성 지시(績溪)현이나, 사업가인 아버지를 따라 상하이에서 출생하였다.13) 1959~1965년 칭화대학 수리공정과를 졸업(공정사)하였고 재학중인 1964년 4월 공산당에 입당하였다.

칭화대 졸업 후 3년간(1965~1968) 모교에 남아 정치지도업무에 종사하다가 문혁 중인 1968년 수리전력부 류자협(劉家峽) 공정국 방건대(房建隊)에 배치된 후 1982년 중앙무대로 진출할 때까지 수리전력부 제4공정국 813분국 기술원·비서·기관 당총지부 부서기, 간쑤성 건설위원회 비서·설계관리처 부처장(당시 간쑤성당위 제1서기 쑹핑)·건설위원회 부주임, 공청단 간쑤성위원회 서기로 근무(승진)하는 등 청년 시절을 간쑤성에서 보냈다. 이 시기, 중앙당교 간부양성반에서 간부훈련을 받았다. 1982년 후야오방이 추진한 제3세대 간부육성책에 의해 중공 제12기 후보중앙위원에 발탁된 후 1985년까지 공청단 중앙서기처 서기(제1서기 왕자오궈), 동 제1서기, 전국청년연맹(靑聯) 주석, 중국소년선봉대 공작위원회 주임, 제6기 전국 정협 상무위원에 당선되는 등 주로 청년공작에 종사하면서 비교적 순조롭게 엘리트의 길을 걷게 되었다. 그리고 1985~1988년 구이저우성 당위 서기 겸 중공 제13기 중앙위원(1987~)에 당선됨으로써 고층 지도자의 반열에 올라서는 계기가 되었다. 1988년 분쟁지역인 시짱(티베트)민족자치구 당위 서기로 자리를 옮김으로써 그의 위기관리능력이 인정을 받게 된다.

간쑤성 공작을 계기로 후진타오는 지방공작의 경험을 시작하게 되었고, 이때 칭화대학 선배인 쑹핑(간쑤성당위 제1서기)과 그의 처 천순야오(陳舜瑤)를 만난다. 쑹핑 부부는 모두 칭화대학 학생간부 출신

---

13) 후진타오는 상하이에서 출생하여 장쑤성 타이저우(泰州)에서 소년 시절을 보냈다. 그의 부친 후청위(胡增玉)는 상인이었으며 문혁 후기에 사망했다. 일설에 의하면 현 중국민주건국회 중앙위원회 명예주석(전 전인대 상무부위원장) 후췌원(胡闕文)의 아들이라는 이야기도 있으나 이는 사실과 다르며, 일반적으로 중국정계에서 그의 성분은 '태자당'이 아닌 '평민당' 출신으로 분류되고 있다.

이며, 특히 쑹핑의 부인은 오랫동안 칭화대학에서 당무공작에 종사하였기 때문에 칭화대학 학생 간부출신인 후진타오에 대한 인상은 자연히 좋을 수밖에 없었다. 후진타오가 간쑤성 건설위원회 부주임이 된 지 몇 개월 안 되어 쑹핑은 후진타오에게 중앙당교 간부양성반(培訓班)에 학습할 기회를 주었고, 동시에 공청단 간쑤성위원회 서기에 발탁하였다. 후진타오가 중앙당교에서 훈련을 받고 있는 동안 쑹핑은 중앙정부의 국가계획위원회 부주임으로 승진하였다. 한편 후진타오는 당교에서 칭화대 재학시절 동 대학 당위서기였던 장난샹을 만난다. 장난샹은 당시 중앙당교 제1부교장으로 사실상 실권을 장악하고 있었다(당시 교장은 왕전이었으나 명의만 걸어 놓고 있었다). 당 중앙조직부 및 공청단 중앙이 중앙당교 '청년간부 양성반'에 청년간부의 추천 의뢰가 있었을 때 장난샹은 후진타오를 1순위로 추천했다.

물론 후진타오는 당시의 인선조건(덩샤오핑의 이른바, 간부4화정책)에 부합되는 조건을 갖추고 있었다. 당시 중앙조직부와 공청단 중앙이 요구한 인선의 필수조건은 첫째 연령이 45세 이하일 것, 둘째 청년공작경험이 있을 것, 셋째 학력을 갖추고 기층공작 단련경력이 있을 것, 넷째 정치사상이 온전할 것 등이었다. 말하자면 '간부4화'정책에 부합되는 인선 조건이었다. 따라서 후진타오는 이러한 조건을 갖춘데다가 장난샹의 소위 '칭화방'(淸華幇)의 힘이 작용되어 1982년 12월 공청단 중앙서기처 서기에 선임될 수 있었다.

후진타오는 공청단 중앙에 진입한 후 곧 바로 후야오방의 신임을 얻게 되어, 당시 공청단 중앙서기처 제1서기 왕자오궈가 당 중앙판공청 주임(전임, 차오스)으로 승진하자 후야오방과 차오스(당 중앙조직부장)의 동의로 왕자오궈의 후임 공청단 제1서기가 된다. 그 후 후야오방과 차오스의 건의로 후진타오는 최연소(42세) 성급 당위 서기(구이저우성)가 되어 기층지도자의 경험을 다지게 되었다. 일설에 의하면 당시 후야오방과 차오스는 후진타오를 당 중앙선전부장에 기용하려 했으나 태자당 및 보이보를 중심으로 한 원로들의 반대에 부딪혀 먼저 기층지도경험을 단련하게끔 구이저우성으로 보냈다고 한다.

구이저우 부임 후 후진타오는 "관료적 기질이 적고, 기층 속에 깊이 파고든다(官氣少, 深入基層)"는 호평을 받았으며, 2년 동안 구이저우성 전체 86개 시·현·구를 골고루 돌아볼 정도로 민심과 함께 호흡하는 지도자로 성숙해 갔다. 특히 그는 지식인 정책에 관심을 쏟았을 뿐 아니라, 스스로 구이저우대학 수학과 전자계산학 전공 85학번의 방청생이 되어 젊은 학생들과 함께 공부하는 열의를 보였다.

1988년 후진타오는 시짱자치구 당위 서기로 자리를 옮겼다. 후진타오가 시짱자치구 당위 서기에 전임될 당시 티베트는 '티베트독립'을 요구하는 시위가 격렬했으며 폭력충돌로 많은 사람이 희생되는 등 사태가 매우 악화 일로에 있었다. 이런 때 자천이던 타천이던 시짱자치구 당위 서기가 된 것은 후진타오로서는 대단한 정치적 도박이었다. 그가 시짱에 부임하자 짱족(藏族)의 대표적 간부인 러디(熱地, 당시 자치구 당위 부서기)는 비협조적이어서, 당위 소집조차 몇 차례 무산되었다. 부임 후 1개월이 채 못 되어 중국공산당에 우호적인 티베트의 대부 반찬(班禪)이 사망하고 티베트독립운동은 격렬해져 정부와 장족 쌍방 간에는 총격전이 벌어졌으며 국무원은 라사(시짱의 수도)지역에 계엄을 선포하기에 이르렀다. 그러나 후진타오가 담담하게 인내와 지혜로 슬기롭게 러디 등 짱족간부들의 그에 대한 경계심을 줄여나가자, 당위에서도 논쟁이나 충돌이 줄어들었다. 따라서 원래 후진타오의 중용을 거부했던 보이보 등 원로들도 그를 인정하게 되었다. 동시에 그의 티베트문제에 대한 민활한 대처와 문제발생의 원인을 정확하게 중앙에 건의, 중앙의 진압정책에 실수가 없도록 한 점 등으로 덩샤오핑과 천윈으로부터 좋은 인상을 받았다.

1992년 10월 후진타오의 정치국 상무위원 기용배경을 보면 운과 능력과 조건이 모두 그에게 유리하게 작용했기 때문이라 하겠다. 베이징의 한 소식통에 의하면 천윈 등 보수파 원로들은 중공 14기 중앙정치국 상무위원회에 원래의 위원에서 1명을 퇴진시키고 2명을 보충하고자 하는 의견이 있었다고 한다. 즉 건강상태가 좋지 않고 덩샤오핑이 싫어하는 야오이린(보수파)을 퇴진시키는 동시에 국무원 부총리 및 중앙군사위원회 부주석을 각각 겸임할 두 사람을 입국시키려 한 것이다. 그러나 덩샤오핑은 정치국 상무위원회에 '차세기의 후계자가 있어야 됨을 주장하였고, 또 쑹핑(13기 중앙정치국 상무위원)은 70세가 넘은 동지들은 모두 퇴진해야 함을 강조, 스스로 이를 실천함으로써 쑹핑과 같은 업무(당 조직)를 맡는 데 적합한 후임자 문제가 제기되었다. 이러한 상황 하에서 장쩌민·리펑·리루이환은 정부요직의 겸임을 고려 모두 유임되고, 주룽지는 덩샤오핑의 추천으로 야오이린과 대체되었으며, 류화칭은 중앙군사위원회의 일상공작주재의 명분으로 기용되었다. 그러면 '차세기의 후계자'에 부합되는 연령층의 인물은 자연히 쑹핑(당의 조직)의 후임자 역할을 맡게 되어 있었다. 이에 누구보다도 후진타오가 가장 유리한 객관적 조건을 갖추고 있었다. 뿐만 아니라 친 자오쯔양파가 아니기 때문에 장쩌민과 리펑 역시 그를 싫어하지 않았다. 차오스 역시 그가 당 중앙조직부장 시절 '제3세대 후계자'로 후진타오를 눈여겨 키웠던 터라 이에 찬동하였다. 베이징의 한 소식통에 의하면 차오스와 쑹핑이 정식으로 후진타오의 기용을 제기하였다고 한다. 특히 쑹핑은 후진타오를 들어 첫째 우리들 스스로가 배양한 지식분자이며, 둘째 장기간에 걸친 기층공작 및 지도공작을 통해 하자가 없는 성숙된 간부임이 증명되었으며 특히 티베트공작의 경험으로 보아 신뢰할 수 있는 청년간부임이 확실하다는 점을 들어 그의 정치국 상무위원 기용은 결코 문제가 없는 선택임을 강조하였다. 이상과 같은 점으로 보아 후진타오의 정치국 상무위원회 진입은 확실히 쑹핑의 작용이 컸던 것으로 보인다.

후진타오는 1982년 39세의 나이로 당 중앙위원 대열에 들어섰고, 49세의 젊은 나이에 중국을 움직이는 최 실세그룹의 1인인 중앙정치국 상무위원이 되었다. 1992년 중앙서기처 서기를 겸직함과 동시에 쑹핑이 맡던 당의 조직업무를 통괄하면서, 1993년 차오스에 이어 중앙당교 교장도 겸직, 고급 간부들을 배양하고 안배하는 막중한 역할을 담당하게 된다. 그는 원래 타고난 능력과 민활한 두뇌회전, 그리고 사람을 편하게 하는 품격을 갖추고 있어 누구나 좋아하는 스타일이다. 그는 또 문학과 음악 및 무용을 좋아하는 다재다능한 청년지도자이다. 굳이 성분을 따진다면 후진타오는 당 방침을 충실히 이행하는 중도 온건적 개혁성향의 실천가다.

▶ 대외경제통, 테크노크라트 리란칭

리란칭(李嵐淸, 1932~)은 장쑤성 전장(鎭江) 출신으로 명문 상하이 푸단대학 기업관리학과를 졸업하였다. 주룽지와 호흡이 맞은 시장경제의 신봉자다. 1949~1952년 푸단대학 학생회 부회장으로서 학생운동에 적극 가담했고, 1952년 중국공산당에 입당했다. 1952~1956년 장춘 제1자동차제조창 계획과 계획원·부과장을 거쳐, 1956~1957년 소련 모스크바 자동차공장에 파견되어 과학기술을 익힌 테크노크라트다. 리란칭은 지식인 가정에서 태어나 부친의 영향을 받아 어릴 적부터 학문에 심취할 수 있었다.

귀국 후 1957~1959년 창춘 제1자동차제조공장(공장장, 라오빈饒斌) 계획처 과장 겸 동북인민대학 경제연구소 초빙연구원을 겸하고 있을 때도 자주 학술세미나에 참가하여 논문을 발표하는 등 그의 학구열은 변함이 없었다. 그가 중앙무대에 발탁된 것도 창춘 제1자동차제조공장 재직시 공장장이던 라오빈이 학구적인 그를 아주 잘 보았기 때문이다. 라오빈이 제1기계공업부 부부장으로 승진하자 리란칭 역시 그의 비서가 되어 중앙무대에 진출하게 된다. 당시 제1기계공업부장은 자오얼루(趙爾陸, 국방공업위원회 계통의 지도자) 상장이었다. 자오얼루 역시 리란칭을 인상 깊게 보아 직접 국가경제위원회 주임인 보이보에게 소개하였고, 1960년 자오얼루가 동 위원회 부주임이 되고, 다음해 라오빈 역시 부주임으로 승진하자 리란칭은 국가경제위원회 주임실 비서로 발탁되었다.

문혁이 발발하자 보이보, 자오얼루 등은 박해를 받게 되었고, 리란칭 역시 하방(1969~1972)되어 '57간부학교'에서 노동개조를 받게 된다. 리란칭으로서는 문혁 중 보이보, 자오얼루 등 거물들과 함께 박해를 받은 것이 훗날 큰 정치적 밑천이 되었다. 사실 보이보는 80년대이래 중국의 주요 인사를 좌지우지한 사람인 바, 리란칭은 보이보의 도움을 가장 많이 받았다 해도 과언이 아니다. 보이보가 복권되어 국무원 부총리로서 경제업무를 주관하고 라오빈이 제1기계공업부장으로 있을 때 리란칭은 국가수출입(進出國)위원회 정부차관판공실 책임자(1981~1982)가 되어 중국의 대외무역업무를 주도하다시피 했다. 리란칭은 장기간 대형기업에서 근무한 실전경험[14]을 살려, 정부차관을 적절히 배분, 국제경쟁력이 있는 상품생산의 기반을 마련하였고, 전국 각지에 대외무역 전진기지를 건설하는 데 남다른 민첩성을 보였다. 중국은 1982년 대외무역관리체계의 개혁을 시도, 국가수출입관리위원회·대외무역부·대외경제연락부·국가외국투자관리위원회·수출입상품검사국을 합병하여 대외경제무역부를 창설하였고, 초대부장에 천무화(전 중앙정치국 후보위원)를 임명했다. 당시 리란칭은 동 부의 외자관리국장(1982~1983)으로서 외자 및 기술도입국장직을 맡고 있었다. 천무화는 상당히 보수적이고 이념성이 강한 여성 정치인이었다. 개방 초기 중국내부에서는 외자도입과 기술도입의 찬반을 놓고 보·혁간에 갈등이 심화되었고, 따라서 개혁지향적인 리란칭으로서는 천무화와 함께 일하기가 쉽지 않았다. 그때 마침 톈진시 당위서기 천웨이다(陳偉達)의 요청이 있어 리란칭은 톈진으로 자리를 옮겨, 톈진의 대외무역·개방구·관광·항만관리 주무 부시장 및 톈진시 당위 대외경제무영위원회 서기가 되어 시장인 리루이환을 보좌하였다.

톈진시 재임 중 리란칭의 업적으로는 첫째 전국 제1의 외국인투자

---

14) 1972년 복권되어 1978년까지 후베이 제2자동차제조공장(廠) 계획처 부처장, 발동기창 당위 제1서기(공장장, 라오빈), 1978~1981년 제3자동차제조공장 건설지휘부 부지휘장, 중형자동차공장 주비처 책임자를 거침.

서비스센터를 건립한 점, 둘째 톈진항에 대한 관리권을 중앙이 톈진시에 위임해 줄 것을 요구한 점, 셋째 톈진경제개발구 건설공작에 참여한 점 등을 들 수 있다. 톈진에서의 근무경험 역시 리란칭에게는 큰 정치적 자산이 되었다. 특히 리루이환과 천웨이다 간의 투쟁의 와중에서 그는 리루이환을 지지하는 입장을 취함으로써, 1989년 리루이환이 중앙정치국 상무위원이 되자 리란칭은 자연히 승진의 과실을 얻게 되었다. 물론 리란칭은 1985년 천무화가 물러나자 대외경제무역부 부부장이 되어 외도를 마치고 본가로 돌아왔다. 소식통에 의하면 당시 그가 대외경제무역부로 복귀하는 데는 자오쯔양이 직접 점지하였고, 또 자오쯔양은 리란칭에게 대외무역체제의 개혁임무를 맡긴 것으로 전한다. 당시 리란칭은 부부장이었지만 부장 정타빈(鄭拓彬)은 교육수준이 낮고 대외무역발전에 적응할 능력이 부족한 원로였기 때문에 리란칭이 거의 부의 일상 업무를 주재하다시피 했다. 그 후 1990년 12월 부장으로 승진했다.

리란칭은 대외경제무역부 재직 중 대외무역체계에 일대 혁신을 단행했다. 예컨대 보세구역의 건설, 전면적인 무역 도급제 실시, 세제개혁, 경영체제의 개혁 등 제도개혁에 박차를 가하는 한편, <대외무역법>, <반덤핑법> 등을 제정하고, 유동 환율제를 실시하는 등 중국의 대외무역체계를 국제무역규범에 맞게끔 고쳐나갔다. 그리고 스스로 '실용주의 간부', '개혁주의 간부'로서의 이미지를 굳혀갔다. 그 결과 그는 1987년 당 제13기 중앙위원회 후보위원에 당선되고, 1990~1993년 3월 대외경제무역부장, 국무원 경제무역판공실 부주임(주임, 주룽지)으로 승진하였다. 1992년 10월 당 14대1증전회에서 중앙정치국위원으로 발탁됨으로써 중국의 최고지도층에 진입하게 되었다. 이듬해 3월 제8기 전인대 제1차 회의에서 국무원 부총리에 선임되어 주룽지를 보좌하여 대외경제업무를 책임지게 된다. 리란칭은 당 13기(1987) 중앙위원회 후보위원에서 5년만에 중앙정치국위원까지 올랐다. 주룽지와 비슷한 코스를 밟고 있는 경제이론에 밝은 실력파다.

그의 빠른 성장은 그가 주관한 대외무역부의 실적과 유관하다. 그는 중국의 개방초기 외자 및 과학기술도입을 선도한 주요 책임자인 동시에 대외무역 관련 업무체제의 개혁을 주도했다. 1992년 리란칭이 중앙정치국위원에 발탁된 결정적인 요인은 대외무역부장 겸 국무원경제무역판공실 부주임(주임, 주룽지)으로 재직하면서 중국의 대외무역 총액을 초과 달성(90년에 비해 10%증가, 1,500억 달러를 초과 달성)한 공로를 인정받은 때문이었다.

▶ 6.4사태 진압에 앞장 선 양상쿤의 동생 양바이빙

양바이빙(楊白冰, 1920~)은 쓰촨성의 대명문 지주가문에서 태어났다. 옌안에서 싼베이공학(陝北公學)을 거쳐 항일군정대학을 수료한 후 류보청, 덩샤오핑 계열 제2야전군을 따랐다. 건국 전후 중원군구 정치 조직부 조직과장, 제2야전군 후근정치부 조직부 부부장등을 거쳐 1960년대 중엽까지 주로 서남군구와 청두군구에서 조직 및 정치군인 으로 활동했다.

문혁 중 종형인 양상쿤(당시 중앙판공청 주임)이 반당집단의 괴수로 지목되어 축출 당하자 그 역시 연금과 박해를 당했다. 4인방 제거 후 일약 베이징군구 정치부 부주임, 부정치위원을 거쳐 정치위원(85. 9)으로 발탁되어 중앙정치의 흐름을 익혔다. 양바이빙은 종형인 양상쿤의 정치적 배경과 쓰촨성 출신이 주종을 이루었던 제2야전군(류보청 사령관, 덩샤오핑 정치위원)의 든든한 군내 인맥에 힘입어 중국인 민해방군을 움직이는 양가장(楊家將)의 한 쪽 날개가 되었다.

1989년 6.4사태 때에는 총정치부 주임으로서 양상쿤과 함께 강경노선을 견지, 무력으로 시위를 진압하고 자오쯔양세력을 침몰시키는 데 일익을 담당했다. 이들 형제는 당 13대5중전회에서 중앙군사위원회의 주도권을 놓고 덩샤오핑 및 친지웨이 등과 심한 대립의 양상을 띠기도 했다. 심지어 양상쿤은 양바이빙을 당 군사위원회 주석까지 천거함으로써 덩샤오핑이 지목한 후계자 장쩌민을 견제하려 했다. 이에 당시 국방부장 친지웨이의 제동과 원로들의 조정으로 13대5중전회에는 장쩌민을 당 중앙군사위원회 주석(전임, 덩샤오핑)으로 선임하고, 대신 양상쿤을 제1부주석으로 승진시키는 동시에 양바이빙을 동 위원회 비서장 겸 서기처 서기로 승진시켰다. 하지만 그들 형제 및 그것과 같은 군내 정치 간여세력을 배제 또는 견제하기 위해 14기 당 전국대표대회에서는 그들이 맡고 있던 중앙군사위원회 제1부주석직과 비서장직을 폐지하고, 그들 또한 군무의 일체의 직으로부터 물러나게 했다.

▶ 상하이 자오통대학 장쩌민의 후배, 철도행정 전문가 딩관건

딩관건(丁關根, 1929~)은 장쑤성 우시(無錫)의 중산계층의 가정에서 태어났다. 1946~1951년 장쩌민의 모교인 상하이 자오통대학 운수관리과를 졸업(고급공정사)했으며, 1956년 7월 공산당에 입당하였다.

졸업 후 바로 철도부에 배치되어 문혁기간(1969~1972) 중 철도부 '57'간부학교에 하방되어 노동에 종사한 것을 제외하고는 1985년 철도부장이 될 때까지 철도부문에서 일한 테크노크라트다. 교통부 실습생으로부터 철도행정의 총책이 된 것이다. 철도부 부장이 된 후 그가 채택한 '철도 도급제'(鐵道大包幹)는 철도관계의 각종 부조리와 비리를 척결하고 철도행정의 체계화에 기여한 바 크다. 완리와 자오쯔양이 각각 안후이와 쓰촨에서 농업 도급제를 실시, 그 성과를 인정받아 최고지도층으로 진입하게 되었던 것처럼, 딩관건 역시 '철도 청부제'의 추진으로 고위지도층의 인정을 받게 되었고, 그로 인해 1985년 9월 중앙위원에 증선되고, 1987년 중공 제13기 중앙정치국 후보위원이 되었다. 이것이 바로 중앙 지도층 진입의 첫 출발이었다. 그러나 철도부장 재직 중인 1988년 봄 발생한 세 차례의 대형철도 사고로 철도부장직을 사퇴한다. 하지만 철도부를 떠난 지 불과 8개월 후 딩관건은 덩샤오핑과 직속상관이었던 완리(전 철도부장)의 지지와 리펑의 제청으로 국가계획위원회 제1부주임(주임, 야오이린)에 임명되었고, 국무원

타이완판공실 주임으로 발탁되었다. 타이완판공실의 비중이 높아짐에 따라 그의 위상도 높아졌다.

1989년 6.4사태 이후 딩관건은 리루이환과 함께 후치리·옌밍푸·루이싱원 등 자오쯔양계 급진개혁파의 퇴진으로 공석이 된 중앙서기처 서기에 보임된다. 그리고 이어 옌밍푸의 당 중앙통전부장직을 승계, 차오스의 직접 하급이 되어 중공의 통일전선공작을 지휘하였다. 1992년 10월 중공 14대1중전회에서는 중앙정치국위원으로 승진, 중앙서기처 서기와 당 중앙선전부장을 겸임, 당 중앙의 당기(黨紀) 및 이데올로기 부문을 총괄하였다.

중공 14대 후 딩관건은 한 편의 <정치보고>(心得體會)를 통하여 "오른손을 높이 들어 시장경제 노선을 관철하고, 왼손을 높이 들어 부르주아지의 자유화에 저항해야 한다"는 덩샤오핑 사상의 재현을 강조했다. 그의 강화에서 나타나듯이 그는 철저한 덩샤오핑 계 '새장 정치'의 신봉자로 '시장경제의 건설'을 강조하면서도 '부르주아지의 자유화'는 철저히 배격하였다. 이 점에서 장쩌민과 리펑 등과도 싫지 않은 관계를 유지하고 있다. 특히 딩관건은 6.4 이후 급진개혁파가 대거 실각하자 그 자리에 파고든 사람으로 그들과의 관계는 결코 원만치만은 않다. 1997년 9월당 중앙정치국위원·중앙서기처 서기에 연임된 정치국내의 유일한 장쩌민 총서기의 대학 후배다.

▶ 칭화대 나온 테크노크라트, 상하이시 서기 출신 우방궈

우방궈(吳邦國, 1941~)는 남방에서 출생(본적, 안후이성)하여 베이징에서 성장하였다. 그의 아버지는 중국인민해방군측회(測繪)학원 고급교관이었다. 우방궈는 베이징 13중학을 졸업했는데, 덩샤오핑의 아들 덩푸팡(鄧僕方)보다 2년 선배다. 1960~1967년 칭화대학(6년제, 1966년 문혁으로 연장) 무선전자학과를 졸업(공정사)했다. 재학 중인 1964년 중국공산당에 입당하고, 학생지도원으로 일했다.

대학졸업 후 1967~1976년 상하이전자관 제3공장 노동자, 기술원,

기술과 부과장·과장을 거쳐, 1976~1978년 4인방 타도 후 동 당위 부서기·혁명위원회 부주임·부공장장·공장장(廠長)을 역임했다. 그리고 1978~1979년 상하이시 전자부품공업공사 부사장, 1979~1981년 상하이시 전자진공부품공사 부사장, 1981~1983년 중공 상하이시 의료기기전신공업국 당위 부서기를 담임하는 등 생산현장에서 조직관리와 지도력을 연마하였다.

1982년 당 12전대에서 제3세대 청년간부로 선발되어 중앙위원회 후보위원에 당선됨으로써 정치에 입문하게 된다. 이후 활동범위를 상하이시정부로 옮겨 1983~1985년 상하이시 당위 겸 시정부 과기공작 당위 서기(당시 상하이시 당위 서기는 천궈둥陳國棟, 시장은 왕다오한이었음)를 맡음으로써 소위 상하이 지도급 인사들의 눈에 그의 인상이 주의 깊게 점지되기 시작했다. 1985~1991년 상하이시 당위 부서기로 재임하면서 장쩌민과 주룽지를 상사로 받들었고, 1991년 전임자인 주룽지가 국무원 부총리로 입각하자 1994년까지 상하이시 당위 서기(시장, 황쥐)로서 중국 최대의 도시를 이끌었다. 당시 그의 나이는 49세였다. 따라서 이미 그때 사람들은 그의 중앙정치국 입국을 점쳤다.

상하이는 중국 제1의 도시로서 그곳을 거쳐간 인물은 거의 중국최고지도층의 반열에 진입하게 된다. 예컨대 라오수스(饒漱石), 천이, 커징스(柯慶施), 천피셴(陳丕顯), 장춘차오, 펑충, 루이싱원, 장쩌민, 주룽지 등은 모두 상하이를 거쳐간 중국 정계의 거물들이다. 중국 대륙에서 상하이가 점하는 비중은 참으로 크다. 따라서 1949년 이래 상하이시의 최고지도층은 거의 다 중앙에서 낙하산식으로 임명되는 것이 관례였다. 그러나 우방궈의 경우 상하이시 당위 부서기에서 직선으로 승진한 케이스다. 그 이유는 당시 상하이시민들은 주룽지가 떠나면 상하이에 대한 정책이 크게 바뀔 것이라고 술렁거리고 있었기 때문에 자체 승진시킴으로 상하이의 안정을 기하자는 데 목적이 있었던 것으로 볼 수 있다. 그리고 우방궈는 '간부의 4화 정책'에도 부합되는 인물이기 때문에 하자가 없었다. 마침내 우방궈는 예견한 바와 같이 1992년 중공 14대1중전회에서 중앙정치국위원에 당선되었고, 이로서 또 하나의 상하이인맥을 중국 최고지도층의 반열에 진입하게 된 것이다.15)

▶ 예젠잉 장군의 사위 태자당 출신, 소련유학파 테크노크라트 쩌우자화

쩌우자화(鄒家華, 1926~)는 상하이(원적, 허난)생으로 중공 혁명초기 통일전선공작을 주도한 저명한 언론인인 쩌타오펀(鄒韜奮)의 아들이며, 군원로인 예젠잉 장군의 사위다. 따라서 그는 광둥성 성장이며 예젠잉의 아들인 예쉬안핑(옌안자연과학원 학습)과는 처남매부 관계다.

쩌우자화는 진보적인 언론인 아버지를 따라 전국을 누비며 공산주의에 대한 사상적 기초를 익혔다. 1944년 아버지가 사망하자 신사군을 따라 북상, 1945년 공산당에 입당한 후 1948년까지 동북의 기층지구에 근무하면서 하얼빈 공대에서 러시아어를 학습하였다. 건국과 동시에 혁명열사의 자제로 리펑 등과 함께 모스크바(빠오만공업대학)에 유학하여 기계제조학을 공부했다. 귀국 후, 1960년대 중엽까지 선양의 제2공작기계창 창장을 거쳐 국무원 제1기계공작기계연구소 소장으로 승진한다.

문혁시 6년간 농촌에 하방되어 농업노동개조를 받았다. 죄목은 부르주아지의 아들이라는 것이었다. 1972년 린뱌오사건 이후 국무원 제1기계공업부, 국방공업판공실, 국방과학기술위원회 등 주로 인민해방군이 관장하던(군관) 공업부서의 부주임으로 국방공업 업무를 주관하

---

15) 1994년 상하이를 떠나 중앙서기처 서기, 국무원 부총리(1995)에 승진됨으로서 중앙의 당·정 최고 실무지도자가 되어 갔다. 1997년 9월 15전대에서 중앙위원 및 중앙정치국위원에 연임되고, 1998년 3월 제9기 전인대에서 국무원 부총리에 연임되었다. 나아가 2002년 가을 정치국 상무위원 승진됨과 함께 2003년 봄 전국인민대표대회 상무위원장에 당선됨으로써 중국 최고지도자 중의 한 사람이 된다.

였다. 당시 그의 장인인 예젠잉은 중앙정치국 상무위원 겸 중앙군사위원회 일상공작을 주재하고 있었다. 1985년 이후 국무원 병기공업부장, 국가기계공업위원회 주임, 기계전자공업부장으로 승진하였고, 1991년에는 국무위원 겸 야오이린 후임의 국가계획위원회 주임이 되었다. 그리고 보수파의 후광으로 주룽지와 함께 국무원 부총리에 승진하는 영광을 얻었다.

그는 가정적 배경으로 소련 유학의 길이 열렸으며, 장인의 힘으로 문혁 후기 주로 국방공업부문의 고급간부로 출세의 길을 걸을 수 있었다. 그러나 그는 인맥 못지않게 개인적인 역량과 경험이 풍부하며, 온중한 성격으로 동 연배(태자당) 중 그만큼 지도자로의 자질을 갖춘 사람도 흔치 않은 것으로 평가된다. 특히 사회주의 국가에 있어서 국방공업의 중요성과 국가계획위원회의 역할을 감안한다면 그의 경력은 사회주의 지도자로서 반드시 거쳐야 할 필수 핵심코스를 거친 인물이다. 그는 계획위원회 출신이면서도 개방에 대한 균형감각을 갖춘 합리적인 테크노크라트다.

▶ 유일한 베이징대 출신, 베이징 당위 서기 천시퉁

천시퉁(陳希同, 1930~)은 쓰촨성 출신으로 베이징대학 중문학과에 재학 중(1949.12) 공산당에 입당하였다. 천시퉁은 동향출신 류런(劉仁, 베이징시 당위 제2부서기)의 비서로 재직하던 중 그의 신임을 받아 일반 기층간부에서 시급 간부로 승진하였다.

1966년까지 베이징시 창핑현(昌平縣) 당위 부서기에 올랐으나, 문혁이 발발하여 류런이 류사오치 및 펑전(베이징시 당위 서기)과 친숙했던 관계로 홍위병의 혹독한 비판을 받고 사망하자 천시퉁 역시 하방되어 노동개조를 받는 등 적지 않은 고통을 받았다. 그러나 그때의 불행이 펑전과 천원의 신임을 얻는 전화위복의 발판이 되었다.

1979년 베이징시가 전직간부를 재기용하자 베이징시 부시장 겸 당위 상무부서기에 발탁되어 『인민일보』에 「진리의 기준문제는 중요한 하나의 과제다」라는 논문을 발표하여 마오쩌둥의 오류를 공박하고 덩샤오핑의 이론(「실천은 진리를 검증하는 기준」)을 지지했다. 덩샤오핑의 개혁파가 정권을 장악하자 후야오방, 펑전, 덩샤오핑의 후원으로 베이징시장에 선임되었고, 1988년 베이징시 당위 서기 겸 국무위원으로 승진하였다. 천시퉁은 덩샤오핑의 소위 '새장 정치'의 추종자로 6.4 사태 때에는 리펑과 양상쿤 등의 강경진압에 동조했던 인물이다. 유일한 베이징대 출신 정치국위원이며, 베이징을 대표하는 엘리트다.

▶ 차오스 계열, 기율검사부문의 전문 엘리트 웨이젠싱

웨이젠싱(尉健行, 1931~)은 차오스와 동향인 저장성 신창(新昌)현 출신으로 1949년 공산당에 입당하였다. 1949~1952년 다롄공대 기계과를 졸업(고급공정사)한 후, 1952~1953년 동북공업국 유색금속관리국 푸순(撫順) 러시아어 훈련반에서 러시아를 공부하였고, 1953~1955년 소련에 유학하여 기업관리를 전공하였다. 웨이젠싱은 1950년대 당 중앙이 고급간부의 자제 및 근정묘홍(根正苗紅) 출신 청년간부를 소련 유학생으로 선발할 당시 그 대열에 끼어 파견된 행운아다.

유학 후 주로 동북지방에서 기층공작에 종사했다. 1955~1966년 국영동베이징합금가공공장(廠) 생산계획과 부과장·과장, 공장장판공실 주임, 공장 생산총지휘, 공장당위 서기를 거치면서 헤이룽장성 특급 노동모범자로 선발되기도 했으나 1966~1970년 문혁 기간 중 하방되어 작업장에서 노동개조를 받았다.

1970년 저우언라이의 배려(지식인 보호책)로 복권되어 1980년까지 국영동베이징합금가공공장 생산부장, 혁명위원회 부주임, 당위 부서기, 공장장, 당위 서기를 거치면서 기층공작의 경력을 쌓았다. 1980~1981년 후야오방의 이른바 제3세대 간부 육성책에 의해 중앙당교 중청년 간부훈련반에서 학습한 후, 1981년 이후 하얼빈시 당위 부서기, 하얼빈시장 전국총공회 부부석, 동 서기처 서기를 거쳐 1982년 12기 당 중앙위원에 기용되었다.

그의 상사였던 헤이룽장성 당위 서기 리리안(李力安)이 당 중앙고
문위원회 비서장이 되어 중앙으로 진출하자 그의 지원으로 1983~
1984년 전국총공회(노동조합) 부주석, 동 서기처 서기로 발탁되었다.
그 후 1984년 동향출신인 차오스(당 중앙조직부장)의 눈에 들어 중앙
조직부 부부장이 되면서부터 그는 차오스의 보호막 아래에서 승진 가
도를 걷게 된다. 1년 후 차오스가 중앙정치국위원 겸 중앙서기처 서
기로 승진하자 웨이젠싱은 전임자인 차오스의 추천으로 후임 중앙조
직부장(1985~1987)이 되었다. 웨이젠싱은 중앙조직부장 재임 중 그
업무태도나 일 처리의 풍모가 차오스와 아주 흡사하여 청렴결백은 타
의 추종을 불허했다.

후야오방이 실각하자 웨이젠싱은 보수파의 공격으로 국무원 감찰부
부장(1987~1993)으로 자리를 옮기게 된다. 당시 보수파는 웨이젠싱에
게 어떠한 흠도 찾아 낼 수 없었기 때문에 그의 감찰부 진출을 막지
못했다. 사실 감찰부는 권력의 위상에 있어 당 중앙조직부에 못 미치
는 곳이다. 후야오방의 실각으로 결국 웨이젠싱은 강등당해야 하는
신세를 면할 수 없게 된 셈이었다. 웨이젠싱은 감찰부 부장에 취임한
후 상당 기간 동안 감찰에 관련된 법규를 정비하고 전국 각지의 감찰
청·감찰국 등 감찰부의 하부기관을 정비하는 데 혼신의 정력을 쏟았
다. 그리고 각급 간부의 부패행위를 개혁·개방의 저해차원에서 일소
해 나갔다.

당 14대1중전회에서 중앙정치국위원에 승진함과 동시에 중앙서기처
서기와 중앙기율검사위원회 서기 등 당의 요직을 겸직하게 되었다.
이는 13기 때 차오스가 맡았던 요직을 고스란히 승계한 것이다. 감찰
부장 시절 부부장이던 쉬칭과 허융은 각각 웨이젠싱을 따라 중앙기율
검사위원회 부서기와 상무위원직으로 자리를 옮겼다. 14대 이후 중앙
기율검사위원회의 권한은 더욱 강화되고 있다. 따라서 웨이젠싱의 위
상 또한 이전과는 비교가 되지 않을 정도로 막강해지고 있다. 1995~
1997년 천시퉁이 부정에 연루되어 파면되자 베이징시 당위 서기까지

겸임하게 된다.16)

▶ 톈진시 당위서기, 방직공업의 전문가 탄사오원

탄사오원(譚紹文, 1929~1993)은 쓰촨의 우체국 직원의 가정에서 태어나, 중앙정치국위원에까지 올랐으나 불행히도 1993년 2월 톈진에서 병사하였다. 그는 시베이(西北)공학원 방직학과를 졸업하고 톈진에서 방직학교 교사로 근무하던 중 1955년 공산당에 입당하였다. 계속 방직공업학교에 근무하다가 1978년 톈진방직학원 원장, 톈진시 당위 부서기, 서기를 거쳐 최고지도층에 진입한 방직공업의 전문가다. 그러나 그는 정치국위원이 된 지 얼마 후 사망했다.

▶ 농업개혁의 선구자, 산둥성 당위 서기 장춘윈

장춘윈(姜春雲, 1932~)은 산둥에서만 근무한 순수 지방관료 출신이다. 산둥성 당위 또는 성정부 지도자로서 중앙무대에 이름을 떨친 인물로는 캉성(康生)과 양더즈를 들 수 있으나, 그 이후 장춘윈의 중앙정치국 입국은 40여 년만에 처음 있는 일이었다. 이는 바로 개혁·개방 이래 '부강 산둥성 건설'에 앞장선 장춘윈의 노력의 결과라 하겠다. 장춘윈은 형제자매가 많은 가난한 농가에서 태어나 소학교를 졸업한 후 농업에 종사하며 주경야독하다가 산둥성 당위 부서기가 된 후 통신대학의 일종인 중국어언문학자수(自修)대학을 수료했다. 그는 산둥성 당위 서기가 된 후에도 중요 문건은 스스로 작성하고 비서가 오히려 그것을 교정하고 있을 정도로 근실한 사람이다.

1947년 중국공산당에 입당하여 1960년까지 라이시현(來西縣) 토지개혁공작대원, 당위 비서·판공실 주임, 중국토산품수출공사 칭다오(青島)분소 부과장, 칭다오시 외무국 비서과 부과장 등을 거치는 등 기층 간부로서의 경험을 쌓았다. 1960~1966년 산둥성 당위 선전부

---

16) 웨이젠싱은 1997년 중공 14대1중전회 이후 중앙정치국 상무위원 및 중앙기율검사위원회 서기에 연임된다.

지도원·판공실 부주임으로 성정부에서 근무하는 기회를 얻었으나 1966년 문혁이 발발하자 1970년까지 농촌과 '57간부학교'에 하방되어 노동개조를 받았다.

문혁 후 1970~1977년 산둥성 혁명위원회(주임, 쑤이란蘇毅然) 판공실 비서조 조장·판공실 부주임을 거쳐 1987년까지 산둥성 당위 부비서장·비서장, 부서기 겸 지난시(濟南市) 당위 서기(1985~1987, 중국 어언문학자수대학 수학)로 승진했다. 1987년 당 제13기 중앙위원에 당선됨으로써 중앙무대 진출의 발판을 구축하고 동시에 산둥성 성장 대리·성장을 거쳐 1988년 산둥성 당위 서기에 당선되었다. 이때 산둥성 당교 교장도 겸임하였다. 이처럼 장춘원은 산둥성에서만 재직하면서 스스로의 실력을 알차게 연마해 간 자수성가형 지방간부다. 장춘원이 산둥성의 고급지도자가 될 때까지는 전 산둥성 당위 서기 쑤이란의 도움이 컸다. 문혁 때 장춘원이 '57간부학교'에 하방되어 노동개조를 받고 있을 즈음 우연한 기회에 함께 하방된 쑤이란을 알게 되었고, 훗날 쑤이란이 산둥성 혁명위원회 주임으로 복귀함과 동시에 장춘원도 그의 보조자로 늘 함께 성장했다. 말하자면 쑤이란은 장춘원의 오늘이 있기까지 산둥을 지키며 장춘원을 보살펴 준 이른바 장춘원의 후견인이다.

장춘원은 여느 자수성가형 간부들과 마찬가지로 계파색이 비교적 옅은 것이 특징이다. 그의 정치기반은 오직 산둥에서의 그의 실적에 바탕을 두고 있을 뿐이다. 그가 추진한 산둥의 개혁은 농업부문의 전면가정청부제(家庭聯産包承責任制)로 개혁의 결과 농업생산은 전국 제1위(종래 3위)가 되었다. 따라서 식량문제의 해결은 물론 공업생산원료의 원활한 공급까지 해결되었다. 나아가 1988년 서울올림픽대회 이후 산둥성은 한국과의 교류에 있어서 창구역할을 맡게 되었다. 또 과감하게 외국의 기술과 자본을 유치하는 등 적극적인 개혁·개방정책을 추진한 결과 연간 국민수입 전국 제1위, 농업과 공업의 총생산액 전국 제2위, 국민총생산액 전국 제3위, 대외무역총액 전국 제4위를 마크했다.

장춘원은 1989년 6.4사태의 와중에서도 중앙의 정치투쟁에 개의치 않고 오직 산둥의 경제건설에만 집념을 불태웠다. 장춘원이 내건 구호는 "과감하게 돌진하라. 과감하게 시도하라. 과감하게 모험하라(敢闖, 敢試, 敢冒)"는 것이었다. 장춘원은 6.4사태 전후 중앙의 개혁정책이 후퇴의 기미를 보였고, 그러한 소문이 파다할 때도 전국에서 가장 먼저 '5불변 1불수(五不變一不收)'정책을 부르짖으며 개혁의 고삐를 잡아당겼다. 이른바 '5불변'이란 농촌가정 전면청부제 불변, 기업 청부제 불변, 공장장 책임제 불변, 공유제를 주체로 한 각종 소유제 병존책의 불변, 3다1소의 유통체제의 불변을 말하며, '1불수'란 이미 하방된 권력 중 중앙이 회수하는 것 외, 성내에서는 상하간에 위임된 권한을 일체 회수치 않는 것을 의미한다.17)

▶ 대외개방의 전초기지, 광둥성 당위 서기 셰페이

셰페이(謝非, 1932~)는 광둥성 루펑(陸豊)현 출신으로, 광둥성에서만 근무해 온 광둥성 토착당료 출신이다. 1949년 중국공산당 입당했다. 1947년 광둥성 육풍현 허톈진(河田鎭) 민운(民運)조장, 토지개혁공작대 대장 등을 출발로 1973년까지 광둥 『상유(上遊)』잡지사 편집인, 중공 중남국 정책연구실 연구원, 광둥성 혁명위원회 정치공작조 판공실 부주임직 등을 맡으면서 기층 경험을 쌓았다. 문혁기에도 기층 단위에 근무했기 때문에 피해를 입지 않았다. 1973~1979년 광둥성 과학교육정치부 부주임, 문교판공실 부주임, 『홍기(紅旗)』잡지사 3인 지도소조 지도원을 거쳐 1979~1983년 중공 광둥성 당위 부비서장 겸 판공청 주임(성 당위서기, 시중쉰)으로 승진하였다.

---

17) 1995년 장춘원은 중앙서기처 서기(1994~1997년)에 이어 국무원 부총리(농업 담당)에 기용된다. 산둥에서의 농업개혁 경험을 전국에 확산시키는 역할을 했다. 1997년 중앙정치국위원에 연임되고, 이어서 전인대 상무위원회 부위원장에 선임된다.

1982년 9월, 당 제12기 중앙후보위원에 당선됨으로써 중앙정치무대에 접근했으며, 1983~1986년 광둥성 당위 서기 비서장을 거쳐 (83~84, 중앙당교 진수부 정치경제학 학습), 1986~1988년 광둥성 당위 부서기 겸 광저우시 당위 서기로 승진하였다. 그리고 1987년 중공 제13기 중앙위원에 당선됨으로써 고급 당료로서의 기반을 구축하였다.

1991 광둥성 당위 서기에 승진하고, 1992년 14대1중전회에서 중앙정치국위원에 발탁되었다. 광둥성 출신인 그의 발탁은 광둥성의 개혁·개방실적과 더불어 광둥의 중요성을 인정한 중앙의 배려라고 볼 수 있겠다. 셰페이 이전 지금까지 광둥성 당위 서기를 거쳐간 사람들은 거의 다 당대 중국 정계의 주요인물들이다. 즉 예젠잉(49.8~55.7), 타오주(55.7~65.2), 자오쯔양(65.2~문혁초기), 류싱위안(劉興元, 70.12~72.3), 딩청(丁盛, 72.3~73.12), 자오쯔양(74.4~75.10), 웨이궈칭(75.10~78.11), 시중쉰(78.11~80.11), 런중이(任仲夷, 80.11~85. 7), 린뤄(林若, 85.7~91.1) 등이 광둥성을 거쳐간 인물들이다. 하지만 셰페이는 위와 같은 사람들처럼 훌륭한 혁명투쟁 경력을 갖춘 사람도 아닐 뿐 아니라 오늘날 간부의 조건인 기술관료 출신도 아니다.

▶ 공청단 출신 소련유학파, 개방외교의 사령탑 첸치천

첸치천(錢其琛, 1928~)은 국내외적으로 저우언라이(초대 외교부장) 이래 중국의 가장 걸출한 외교관으로 알려져 있다. 그는 6.4사태와 소련 와해 및 동구 공산체제의 붕괴로 중국 역사상 가장 곤경에 빠진 중국외교에 활로를 개척한 장본인이다. 그것이 바로 우쉐첸(전 중앙정치국위원 겸 외교부 부장)의 대타로 14기 중앙정치국에 진입하게 된 주요 요인이라 보겠다.

첸치천은 상하이시 자딩현(嘉定縣) 출신으로 중국공산주의 운동 초기(1942년 10월) 상하이다퉁대학 부속중학 재학 중, 불과 14세의 어린 나이로 중국공산당에 입당했다. 1942~1945년 부속중학 당지부 서기를 맡았고, 졸업 후 상하이의 공산주의 학생운동을 주도하였다. 당시 차오스와 우쉐첸은 그의 직속상관이었으며, 장쩌민은 그들의 지도를 받는 학생에 불과했다. 1949년 건국 후 공청단 상하이시 구위원회 서기·중앙판공청 연구원을 거치면서 공청단 공작에 종사했다. 1954~1955년 첸치천은 당시 공청단 중앙서기처 서기였던 후야오방의 지원으로 1년간 소련에 유학했다.

첸치천이 공청단판공청에 들어 갈때 그의 나이 불과 25세에 지나지 않았으나, 당력은 이미 11년이 넘은 젊은 노혁명간부였다. 따라서 후야오방은 그를 소련에 파견, 공청단의 엘리트로 키워 갈 계획을 세우게 되었다. 소련유학을 마친 뒤 1955~1963년 소련주재 중국대사관에서 2등비서·유학생처 부주임·연구실 주임으로 일했다. 귀국 후 1963~1966년 고등교육부 유학생처 처장, 대외사(司) 부사장을 거치면서 중견 외교관으로서의 자질을 함양해 갔다.

그러나 문혁 기간 중 '수정주의노선 교육의 관철자'로 낙인, '57간부학교'에 하방되어 노동개조를 받았다. 1972년 외교부로 복귀하여 1982년까지 소련주재 중국대사관 참사, 기니아주재 대사를 거쳐 외교부 신문사(司) 사장으로서 개방시대 외교부의 입 역할을 하였다. 1982~1988년 후야오방이 당 총서기에 오르고 차오스가 당 중앙조직부장이 되자 이들은 첸치천을 당 중앙위원으로 기용함과 동시에 외교부 부부장 겸 동 당위 부서기로 발탁했다. 이는 이미 그들의 안중에 우쉐첸 이후를 대비한 외교책임자를 배양하고자 한 의도가 깔려 있었던 것으로 볼 수 있겠다. 예상대로 첸치천은 1988년 외교부장으로 승진하여 중국외교의 사령탑이 된다. 그리고 국무위원을 겸직함과 함께 1992년 이후 중공 중앙정치국위원 겸 국무원 부총리의 직에 올랐다.

첸치천은 계파적 색채를 나타내지 않는 외교전문엘리트다. 그가 비록 후야오방의 후원을 받기는 했으나, 보수파 원로들의 미움을 살 만큼의 행동을 하지 않았음은 물론 이데올로기면에 있어서는 아주 초연하다. 외교부 부부장 시절 그가 보여 준 능력은 덩샤오핑은 물론 천원의 환심과 인정을 받아 그의 외교부장 승진을 놓고 이의를 제기하는 사람은 아무도 없었던 것으로 안다. 기자들의 말에 의하면 그는 한마디로 날카로운 사람이다. 그러면서도 그가 화를 내거나 불평을 토로하는 것을 본 사람이 없을 정도로 달관한 사람이기도 하다.

이상 14기 중앙정치국위원들의 구성과 그들의 면모를 살펴보았다. 요컨대, 14기 중앙정치국위원들의 특징은 온건 개혁성향 제3세대 젊은 테크노크라트의 진출이 현저하며, 지역적으로 장쩌민을 중심으로 한 상하이 인맥이 다수를 차지하였다.

제3절 장쩌민-주룽지 체제의 구축과 개혁의 가속화

1. 양가장 세력의 추락과 장쩌민의 권력 강화

중공 제14기 지도체제인사의 특징은 후야오방의 제3세대 간부 선발 정책(간부4화정책)에 의해 계획적으로 육성해 온 간부들이 대거 입국한 점이다. 따라서 개혁지향적인 제3세대 지도자를 주축으로 한 지도체제의 구축이 마무리 된 점에 의의가 있다. 이밖에 특이한 사건으로 꼽을 수 있는 것은 6.4사태 이후 군대 내 가장 강력한 권력을 장악하고 있던 양가장(양상쿤-양바이빙) 세력의 추락이다. 양상쿤과 양바이빙 형제 세력은 장쩌민의 권력승계에 가장 위협적인 존재였다.

14기 인사 후, 양바이빙은 중앙군사위원회 비서장·총정치부 주임·중앙서기처 서기직을 모두 잃었다. 이들 세 직위는 각각 군부의 인사, 군대 내의 당 지도, 당의 군사업무를 총괄하던 중책 중의 중책이었다. 비록 중앙정치국위원이 되긴 했지만, 군대 내의 어떤 직책도 유지치 못해 권력의 날개가 떨어진 것이다. 양상쿤 역시 덩샤오핑의 신임을 받으며 오래도록 지켜온 정치국위원과 군사위원회의 제2인자적 직위와 국가 주석직으로 부터 물러났다.

양상쿤은 덩샤오핑의 동향 쓰촨성 출신으로 1981년 7월 덩에 의해 당 중앙군사위원회 상무위원 겸 비서장에 발탁된 후 1982년 당 12기에서는 동 상무부주석 겸 비서장에 선임되었고, 1989년에는 동 제1부주석에 오름으로써 덩샤오핑의 개혁·개방정책을 호위하는 군내 최고 실세였다. 군사위원회 주석인 장쩌민이 군권을 완전 장악하지 못한 상황에서 양상쿤이 장악하고 있던 군사위원회 제1부주석직은 실질적으로 중국인민해방군 최고의 직위였다. "권력은 총검에서 나온다"는 마오쩌둥의 말을 되새기지 않더라도 양상쿤의 위세는 대단했던 것이다.

이러한 정황에서 양상쿤-양바이빙 형제의 군권박탈로 특징짓는 군부인사는 사전에 아무도 예상하지 못했다. 아니 모두들 거꾸로 짚고 있었다. 14대 이전까지 대부분의 관측통들은 양상쿤 국가주석의 4촌 동생인 인민해방군 총정치부 주임 양바이빙의 부상을 점쳤다. 군의 최고 의사결정기구인 당 중앙군사위원회의 비서장을 맡고 있는 그가 형이 맡고 있던 군사위 제1부주석직을 인계받아 군권을 장악할 것이라는 것이었다. 비록 장쩌민이 중앙군사위원회 주석이긴 하지만 장쩌민은 군 경력이 전혀 없기 때문에 양바이빙이 군사위 제1부주석직을 차지하게 되면 그는 양상쿤이 장악하고 있던 군권을 대물림받는 것이나 다름없다는 분석이었다. 14대 개막 직전까지만 해도 그의 군사위 제1부주석직 승계를 기정사실화 하는 분위기였고 다만 그의 정치국 상무위원 진입 여부가 관심사였다.

이러한 관측은 나름의 논리적 근거를 갖추고 있었다. 이미 앞에서 언급한 바와 같이 사실 양상쿤-양바이빙 형제는 덩샤오핑이 건곤일척(乾坤一擲)의 중요한 정치적 결단을 내릴 때마다 승패를 결정짓는 물리적 기반이 되었다. 6.4톈안먼 사태 당시 국가주석과 중앙군사위원회 상무부주석 겸 비서장이었던 양상쿤과 인민해방군 총정치부 주임이었

던 양바이빙은 덩샤오핑의 지시를 쫓아 학생운동을 진압했다. 학생시
위 진압여부를 놓고 분열됐던 군이 진압 쪽으로 돌아선 데에는 이들
형제가 '총대를 멘 것'이 결정적인 역할을 했다. 그래서 천안문 사태
5개월 뒤에 열린 당 13대5중전회의 군 인사에서 그들 양상쿤과 양바
이빙 형제는 각각 군의 2인자인 당 중앙군사위원회 제1부주석(전임,
자오쯔양)과 군사위원회의 일상 업무를 총괄하는 비서장직(전임, 양상
쿤)을 맡게 되었다. 이후 군 인사는 이들 양씨 형제 입김 아래 좌지우
지됐고 그 결과 군부 내 양씨 인맥을 지칭하는 '양가장'이라는 말이
등장하게 됐다. 그리고 양가장을 따라 6.4사태 진압에 적극적으로 동
조한 자들은 요직에 발탁되는 기회를 잡았다. 예를 들면 베이징군구
정치부주임으로서 베이징 계엄부대 대변인 역할을 한 장궁(張工)은 부
정치위원을 뛰어 넘어 베이징군구 정치위원에 승진하였다.[18] 반면, 진
압에 대한 태도가 확고하지 못했거나 애매한 태도를 보였던 지휘관들
은 좌천되거나 심지어 군무를 떠났다. 당 중앙군사위원회 부비서장
훙쉐즈·베이징군구 사령관 저우이빙(周衣冰) 장군 같은 지휘관은 6.4
사태 직후 물러난 케이스다. 6.4사태 진압에 공로가 컸던 양바이빙은
군사위원회 비서장에 올라 군대 내 인사 대권을 장악, 야금야금 '양가
장' 집단의 세를 불려나갔다.

　　1992년 1월과 2월에 걸친 덩의 <남순강화> 이후에 벌어진 보혁간
의 갈등 와중에서도 양씨 형제는 변함없이 덩의 편에 섰다. 1989 천
안문사태 이후 정국의 주도권을 장악하고 있던 보수파들은 <남순강
화>를 통해 던진 덩샤오핑의 메시지, 즉 개혁개방의 가속화 촉구를
받아들이는 데 주저했다. 중국공산당기관지 『인민일보』가 <남순강화>
가 끝난 지 1개월 10일이 지난 1992년 3월 31일에서야 「바람이 동쪽
에서 불어 노니 봄이 눈 안에 가득하다」(東方風來滿眼春)라는 제목으
로 덩샤오핑의 선전방문 사실을 뒤늦게 보도한 것이 이를 입증한다.

---

18) 6.4사태 이후 군부지도자의 이동상황에 대해서는 麦雲, "對共軍人士移動之分
　　析,"『匪政硏究』第33卷 第7期(臺北: 1990年 7月), pp. 77~82.

<남순강화> 당시 덩을 수행한 양상쿤은 모두들 좌고우면(左顧右眄) 눈치를 보고 있는 상황에서 양바이빙과 함께 지휘관 회의를 소집, 덩의 노선에 대한 군의 지지를 천명했다. 이것은 천안문 사태 때와 마찬가지로 결국 대세를 결정하는 결정적 요인이 되었다.

양바이빙은 1992년 8월 1일 홍군창설 65주년을 앞두고 『인민일보』에 발표한 글에서 "군이 개혁개방을 '보호하고 호위하는 것(保駕護航)'이 단기간의 구호에 그쳐서는 안 되며 이는 군의 100년간의 임무가 되어야 한다"고 했다. 그는 또 이 글에서 사상의 해방을 강조하고 '좌(左)'의 영향과 간여를 극복해야 한다고 역설했다. 이는 덩 노선에 대한 군부의 통일된 지지를 표명한 것으로 덩 노선의 승리선언과 다름이 아니었다. 그 이후 리펑을 비롯한 보수파들의 '전향'이 줄을 이었고 덩의 노선을 거부하던 골수 보수파들은 14대 인사에서 제외되는 수모를 겪었다.

그들 형제는 비록 6.4톈안먼사태 때에는 보수파와 함께 강경진압의 입장에 섰지만, <남순강화> 이후에는 보수파를 격렬히 비판했다. 말하자면 이들 형제는 보혁(保革)으로 분류할 수 없는 덩샤오핑의 측근이었다. 그래서 덩샤오핑이 군기반이 없는 장쩌민을 뒷받침하는 세력으로 양씨 형제를 선택할 것이라는 것이 14대 군 인사를 전망하며 설득력 있게 내놓았던 논리였다.

그러나 군인사의 결과는 이런 예상을 뛰어넘는 것이었다. 양상쿤은 중앙군사위원회 제1부주석 직위를 내놓았으나 그 자리를 이어받은 것은 양바이빙이 아니라 14대에서 정치국 상무위원으로 선출된 류화칭이었다. 그는 양상쿤보다 서열이 한 등급 낮은 군사위원회 상무부주석직에 있었다. 류화칭이 맡고 있던 직책은 군사위원에도 끼어 있지 못했던 인민해방군 국방대학교장 장전이 차지했고 양바이빙이 갖고 있던 비서장직책은 아예 폐지되면서 양바이빙은 군사위원직마저 내놓았다. 그가 맡고 있던 인민해방군 총정치부 주임직은 군사위원직에서 물러남으로 자동 해직된 것이다. 이는 양씨 형제가 군권을 행사할 제도적 기반을 박탈한 것으로 사실상의 숙청이었다. 그러나 이 의미를 제대로 깨닫는 데는 약간의 시일이 필요했다. 양바이빙이 정치국위원으로 승진한 사실이 사태파악에 혼선을 빚게 한 한 요인이었으나 그보다는 그처럼 충성심이 강한 양씨를 내쳐야할 합리적 이유를 발견하기가 힘들었기 때문이었다.

그러나 14대 이후 공식석상에 양바이빙이 군복이 아닌 중산복을 입고 나오고, 또 정치국위원으로서 그가 맡은 임무가 군 관계 업무가 아닌 리루이환(정치국 상무위원) 밑에서의 선전업무라는 사실이 알려지면서 덩샤오핑의 수를 깨닫기 시작했던 것이다. 뒷날 홍콩언론 보도를 통해 알려진 사실은 양바이빙의 운명을 결정한 것은 14대 인사의 최종 조정과정을 주재하고 있던 장쩌민에게 전해진 한 장의 쪽지였다. 그 쪽지에는 양바이빙에게 '군대를 떠나 정치에 종사할 것(棄武從政)'을 요구하는 덩의 지시가 담겨 있었다는 것이다. '사태가 벌어진 뒤에 현명해지기는 쉽다는 말처럼 모든 것이 분명해진 뒤에서야 덩샤오핑의 심모원려(深謀遠慮)를 제대로 읽을 수 있었다. 덩의 양씨 형제 처리는 토사구팽(兔死狗烹)의 전형적인 사례이다.

'6.4톈안먼 사태 진압'과 <남순강화> 이후의 권력투쟁 와중에서 양씨 형제의 공이 큰 것은 분명하지만 14대를 통해 자신의 노선이 승리한 만큼 양씨 형제로의 군권집중은 권력승계에 위험요소로 작용할 것이라고 보았던 것이다. 다시 말해 <남순강화> 이후 양바이빙의 처사는 비록 보수 세력에게 위협을 주는 행동이기도 했지만, 덩샤오핑으로 하여금 군대가 노선투쟁에 직접 뛰어드는 것은 정권의 안정에 위협적인 것으로 느끼게 했다. 그래서 덩샤오핑은 <남순강화> 이후, 국면을 장악할 수 있었던 14대 인사에서 양가장 세력을 제거하고 직업군인의 색깔이 짙은 장령들을 중용하기로 했던 것이다.

장쩌민의 취약한 군 기반을 보완하기 위해 덩이 자신들을 더 필요할 것이라고 생각하며 덩샤오핑 이후를 노렸던 양씨 형제는 대항할 틈도 없이 당하고 말았다고밖에 볼 수 없다.

양상쿤-양바이빙 형제의 후퇴 이후 그를 따르던 많은 인민해방군 장령들은 좌천되거나 강등 당했다. 예를 들면, 49세로 최연소 해방군 부총참모장 허치중(何其宗)중장・52세로 최연소 총정치부 부주임 저우 원위안(周文元)중장은 각각 난징군구 사령관과 선양군구 정치위원으로 좌천되었다. 그 후 두 사람의 직위는 8년간 변동이 없다가 2000년 군 부에서 퇴직, 제10기 전국정협 위원이 된 것으로 알려지고 있다. 이밖에 중앙군사위원회 판공청 주임 리지쿤(李濟均) 중장은 군사과학원 부원장으로, 베이징군구 정치위원 장궁 중장은 청두군구 정치위원으로, 총정치부 부주임 리지나이(李繼耐) 중장은 국방공업위원회 부정치위원으로 좌천되었다. 모두 한직으로 밀려난 셈이다. 이 중 장궁 중장은 1998년 상장으로 승진했으나 그 후 퇴직하여 제10기 전국정협 위원이 되었고, 리지나이 중장은 2002년 가을 16차 전당대회에서 중앙군 사위원회 위원 겸 해방군 총장비부장으로 재기한다.

양상쿤・양바이빙이 군부에서 제거된 후, 장쩌민은 군권을 견고히 하는 행보를 시작했다. 1992년 10월 중순, 『해방군보』는 연속적으로 「우량한 전통을 발휘하여 군 본연의 자세를 유지하자」는 등의 주제로 몇 편의 논문을 발표하여 "당의 절대적인 지도를 견지하고, 장쩌민을 중심으로 한 당 중앙과 중앙군사위원회의 지도에 흔들림 없이 복종할 것"을 강조하였다. 해방군이 "개혁정책의 장애세력을 제거하고 그것을 호위하겠다"는 구호는 어디에서도 더 이상 들리지 않았다. 동시에 정치에 야심이 있는 군부 지도자의 출현을 막기 위해 덩샤오핑은 류화칭(당시 76세, 1989년 이후 중앙군사위원회 부주석)・장전(78세, 국방대학 교장 겸 정치위원) 두 장군을 중앙군사위원회 부주석으로 발탁, 장쩌민의 군권 장악을 보좌토록 했다. 그들 두 장군은 덩샤오핑의 측근으로 이미 연로했으며, 직업군인으로서 정치적 야심도 없었다. 그리고 군권의 집중을 막기 위해 양상쿤과 양바이빙이 맡고 있던 중앙군사위원회 제1부주석직과 동 비서장 직을 없애버렸다. 이와 함께 국방부장 및 해방군 3총부 -총참모부・총정치부・총장비부 사령관을 덩샤오핑 계열의 인맥으로 채웠다. 국방부장에는 츠하오톈을, 3총부에는 장완녠·위융보·푸취안요를 임명했다.

당 제14기 전국대표대회에서 양가장을 배제한 후 8기 전인대에서 장쩌민 당 총서기, 당·국가 중앙군사위원회 주석, 국가 주석직을 겸직함으로써 그의 권력은 가일층 확고해져 갔다. 1993년 6월 장쩌민은 중앙군사위원회 주석 신분으로 총참모장 장완녠·총정치부 주임 위융보(于永波)·총후근부장(푸취안요)·국방대학교장 주돈파(朱敦法)·해군사령관 장롄중(張連忠)·공군사령관 자오솽밍(曹雙明) 등 6명의 장성들을 상장(중국군 최고 계급, 3성 장군)으로 진급시켰다. 1988년 군 계급제도 부활 후 두 번째 있었던 장군 진급이었다.

1994년 6월 장쩌민은 또 쉬후이쯔(徐惠滋, 부총참모장), 리징(李景, 해군 부사령관), 양더중(楊德中), 왕루이린(王瑞林, 중앙군사위원), 저우커위(周克玉, 총후근부 정치위원, 3야), 딩웨이가오(丁衛高, 국방공업과학위원회 주임), 다이쉐장(戴學江, 국방공업과학위원회 정치위원), 리원칭(李文卿, 국방대학 정치위원, 3야), 왕커(王克, 선양군구 사령관, 3야), 리라이주(李來柱, 베이징군구 사령관), 쿠산칭(谷善慶, 베이징군구 정치위원, 4야), 류징쑹(劉精松, 란저우군구 사령관), 차오판성(曹范生, 란저우군구 정치위원, 4야), 장타이헝(張太恒, 지난군구 사령관), 쑹칭웨이(宋清渭, 지난군구 정치위원, 3야), 구후이(固輝, 난징군구 사령관, 4야), 리시린(李希林, 광저우군구 정치위원), 스위샤오(史玉孝, 광저우군구 정치위원, 1야), 리주룽(李九龍, 청두군구 사령관, 4야) 등 19명의 군부 지도자들을 상장으로 진급시키는 등 그 후 거의 매 2년마다 상장 진급이 있었다.19)

동시에 장쩌민은 자신의 군권을 공고히 하기 위해 1994년 5월 제8

---

19) 저우쯔위(周子玉, 총정치부 부주임 겸 중앙군사위 기율검사위원회 서기), 위전우(于振武, 공군 사령관), 딩원창(丁文昌, 공군 정치위원), 쑤이융쥐(隋永擧, 제2포병 정치위원) 등은 1996년 1월 23일자로 상장에 진급하였다(『北京晩報』, 2000年 6月 27日).

기 전인대 제7차 회의에서 <중국인민해방군 현역군관 복역 조례>와 <중국인민해방군 군관 계급 조례>를 개정하여 문민통제를 강화하였다. 먼저 <현역군관 복역 조례> 제7조를 개정하여 '1급 상장 계급'을 폐지했다. 1급 상장(4성 장군)은 통상 종신직으로 퇴직 기한이 정해져 있지 않았다. 그리고 상장을 포함한 각급 군관 모두에게는 퇴직 연령을 규정하였다. 대군구 사령관이나 정치위원의 경우 중장(2성 장군) 혹은 소장(1성 장군)으로 보하되 퇴직 연령은 65세, 부사령관 및 부정치위원(중장 또는 소장 계급)의 경우는 63세로 퇴직연령을 제한하는 것과 같은 것이다. 이는 한편으로는 군 간부의 신진대사를 촉진하고자 한 긍정적인 점도 있지만, 다른 한편으로는 노장들의 군무 관여를 줄이거나 이른바 강력한 정치군인의 출현의 기회를 줄임으로써 장쩌민의 군권을 강화하는 데 목적이 있었다.

다음, <군관 계급 조례> 제10조를 개정하여 중앙군사위원회 주석(장쩌민)의 권한을 강화하였다. 원래 동 제10조는 중앙군사위원회 정·부주석의 계급은 전인대 상무위원회에서 따로 정한다고 규정하고, 군사위원의 계급은 기본적으로 상장으로 하고 중장도 가능하다는 규정 밖에 없었다. 그러나 개정된 규정은 국가중앙군사위원회는 전국의 무장역량을 지도하고 '주석 책임제'를 채택한다고 하고, 군사위원회 주석에게는 계급을 부여하지 않으며 그 부주석과 위원은 상장에 보하는 것으로 바꾸었다. 신 규정에 의하면, 중앙군사위원회 주석은 최고 군사통수권자임이 명백해졌으며, '주석 책임제'의 실시로 군사위원회 주석의 권력이 한층 더 강화되었다. 군사위원회 주석을 무계급화 함으로서 문민지도의 원칙을 확립하였다. 이 규정의 개정으로 군인이 군사위원회 주석직에 선임되는 기회를 배제하고 강력한 군사지도자의 출현 가능성을 감소시켰다. 군사위원회 주석의 장령들에 대한 통제를 강화하기 위해 <군관계급 조례> 제12조를 보충하여 "군사위원회 부주석·위원에 임명되어 상장으로 승진할 경우 군사위원회 주석이 상장 계급을 수여한다"고 규정하였다. 또 동 제11조에 "총참모장·총정치부 주임 내지 사단장직까지의 군대 보직은 중앙군사위원회 주석이 임면한다'고 명백히 했다. 개정 이전, "사단장 이상 군 보직은 군사위원회 주석이 임면한다"는 규정보다 한층 강화시켰다.

나아가 1995년 9월 25일~28일에 소집된 14대5중전회에서는 장쩌민에 의해 제의된 군의 대규모 인사를 정식으로 통과시켰다. 군 인사는 65세 이상의 군 원로장성을 퇴역시키고 55세 전후의 신진 장성들을 요직에 발탁함으로써 세대교체를 단행하였다. 특히 덩샤오핑이 양가장 세력을 견제하기 위하여 아껴온 츠하오톈(국방부장)과 장완녠을 중앙군위원회 부주석에, 왕커(王克)와 왕루이린(王瑞林)을 중앙군사위원으로 승진시켰다. 특히 왕루이린은 1981년부터 덩샤오핑 판공실 주임으로 덩샤오핑의 손발 노릇을 한 군부 정치통이다. 인민해방군 총정치부 부주임으로서 중앙군사위원에 오르게 된 것은 상당한 정치적 의도가 숨어 있는 것으로 해석된다. 왕커는 직무분업의 원칙에 의해 발탁된 인사로 곧바로 인민해방군 총후근부 부장에 임명된다. 폐막 후 3대 총부와 대군구의 지도체제에도 상당한 인사조정이 있었다. 이처럼 덩샤오핑의 친위세력을 군부 요직에 재배치하여 장쩌민 정권의 버팀목이 되게 하였다. 그럼으로써 중국은 사실상 제2세대 지도자로부터 장쩌민 중심의 제3세대 지도자들에게 권력을 넘기는 작업을 마친 셈이었다.

이 밖에 장쩌민은 인사교체를 통해 지방간부에 대한 영향력도 강화해 나갔다. 간부4화 원칙에 따라 성급 지도급 간부의 평균연령을 55세를 넘지 못하도록 규정하고, 농업·공업·재경·과기교육과 정법 부문에 밝은 인사로 지방 당정 지도자를 교체하였다. 그럼으로써 장쩌민은 지방 당정 지도 간부의 전문능력을 제고하고, 다른 한편으로는 지방 지도급 간부의 신구교체를 통해 그가 신뢰하는 간부를 발탁함으로써 그 세력을 강화해 갔다.

또한 1990년대 초중기 이후 이른바 '8노(八老)', 혁명원로지도층의 사망 내지 쇠잔은 장쩌민 등 제3세대 지도자들을 혁명원로들의 견제로부터 점점 벗어나게 했다. 1992년 6월 전 국가주석 리셴녠이 사망하고, 이어 덩잉차오(1992년 7월), 왕전(1993년 3월) 등 세 혁명원로가 사망했다. 그 후 1995년 보수파의 대부인 천윈이 사망하고 덩샤오핑 역시 건강이 매우 나빠져 원로 정치인들의 영향력은 약화되어 갔다. 덩샤오핑은 1997년 사망했다. 이어 보수파 원로 펑전도 1997년 4월 사망함으로써 6.4사태 때 강경노선으로 일관했던 8명의 노인 중 6명이 사망하고, 양상쿤은 실각했으며, 보이보 1명만이 남았다.[20]

2. 리펑의 후퇴와 주룽지 주도의 경제개혁

제8기 전인대 1차회의에서 덩샤오핑의 <남순강화>정신과 당 14전대의 노선(사회주의초급단계론에 입각한 사회주의 시장경제체제의 건립)을 관철시키기 위한 법적 보증으로서 시장경제체제건립에 장애가 되는 헌법조항들을 수정 삭제하는 작업이 단행되었다. 위 회의에서 수정된 헌법은 1982년의 개혁헌법의 종지(宗旨)를 그대로 수용하고 있지만, 과거의 부분적인 개정과는 달리 '사회주의 시장경제'를 명문화시킴으로써 한 단계 높은 개혁·개방의 의지를 반영하였다. 예컨대, '계획경제'를 주조로 한 <82헌법>을 '사회주의 시장경제' 이념을 골간으로 한 헌법으로 개정한 것이 그것이다. 즉 헌법 15조 "국가는 사회주의 공유제의 기초 위에서 '계획경제'를 실시한다. 국가는 계획경제의 종합적 균형과 시장조절의 보조기능을 통하여 국민경제의 균형발전을 도모한다"를 "국가는 사회주의 '시장경제'를 실시한다"고 개정하였다. 그리고 동 헌법 제16조의 "국영기업은 국가의 통일적 지도에 복종하고 국가계획을 전면적으로 완수한다는 전제하에 법률로 정한 범위 내에 경영관리 자주권을 가진다"와 제17조의 "집단경제조직은

---

20) 양상쿤은 1998년 9월에 사망했고, 보이보는 2007년 1월에 사망했다.

국가계획의 지도를 받고, 관계 법률을 준수한다는 전제하에 독립적으로 경제활동에 종사할 자주권을 가진다"에서 '국가의 통일적 지도에 복종하고 국가계획을 전면적으로 완수한다는 전제하에' 및 '국가계획의 지도를 받고'를 삭제하였다. 또 종전의 '국영경제' 조항(7조, 8조 1항, 16조, 42조 3항)을 모두 '국유'로 바꾸어 놓음으로써 소유와 경영을 엄격히 구분하였다.[21]

　이러한 사회주의 시장경제이념은 단순한 체제에 대한 '개혁'이 아니라, 가히 '혁명'이라 할 정도의 전통적 사회주의경제이론에 대한 도전이라 하겠다. 소위 중국적 특색을 지닌 '사회주의 시장경제체제'의 가장 기본적 특징은 시장이 바로 사회적 자원을 안배하는 기본 메커니즘이 될 것이며, 시장기능이 전체 경제발전의 조정적 역할을 한다는 것이다. 그리고 정부는 국민경제의 총량 및 구조와 생산력 안배 등에 대한 거시적 조정과 정책지도만을 하는 데 그친다는 것이다. 이는 자본주의체제의 시장경제와 다를 바 없다. 따라서 중국이 지향하는 사회주의시장경제정책이 자본주의냐, 사회주의냐가 무용함을 천명한 것이다. 그러면서도 '4항 기본원칙의 견지'를 재천명함으로써 그것이 사회주의 본질을 해쳐서는 안 된다는 것을 분명히 했다. 왜냐하면 체제유지는 어떤 경우라도 정치 흥정의 대상으로 고려될 수 없기 때문이다. 따라서 중국을 현대화시키기 위해서는 자본주의시장경제원리까지도 수용해 가겠지만, 급진개혁파가 주장하는 정치적 다원주의·다당제·삼권분립·언론자유 등은 처음부터 용납될 수 없다는 것이다. 다만 종전에 없었던 "중국공산당 지도의 다당제 합작과 정치협상제도를 장기적으로 존속, 발전시킬 것"을 천명하였다.[22] 이처럼 중국이 헌법 전문에 다당제 합작과 정치협상제를 내세운 것은 개혁·개방정책의 진

21) 1993년 〈中華人民共和國憲法〉의 특징에 대해서는 張公子, "第8期 全人大 憲法의 特徵", 『中國硏究』 제1권2호(1993 여름), pp. 7~28; 김정계, "전환기 중국 정부경제관리체제의 개혁," 『지방정부연구』 창간호(1997), pp. 233~234 참조.
22) 현행 〈中華人民共和國憲法〉 前文 참조.

전에 따라 증대될 인민들의 정치참여와 자유화에 대한 요구를 부분적으로 흡수함으로써 톈안먼사태와 같은 충격을 최소화하면서 체제를 유지하기 위한 제도적 조치라 하겠다. 따라서 정책의 내용은 경제적으로 주로 정·기(政·企)분리, 대·중형 국영기업의 개조에 초점을 맞추었고, 정치적으로는 본질적인 정치체제의 개혁이 아니라, 주로 행정개혁에 초점을 맞추었다. 즉 행정기구의 축소정비, 정부기능의 전환, 효율적인 정부의 거시적 조정체계의 건립, 합리적인 공무원제도의 확립 등이 그것이다.

이처럼 비록 정치적으로는 분명한 한계를 긋고 있지만, 한 단계 높은 차원에서 개혁을 가속화시키기로 정책을 전환한 것은 지난 3년간의 조정정책(리펑 등 보수파 주도)이 상대적으로 중국의 정치경제를 안정시킨 효과는 있으나, 경제발전을 근본적으로 제약했다는 데 그 원인이 있었다. 다시 말해, 조정정책은 과열된 경기를 안정시키고 인플레를 억제하는 등 일정한 성과를 가져온 것은 사실이지만, 정책이 장기화되면서 해외자본의 유입 차단, 경제 활성화의 저하 등 경제발전에 악영향을 미치게 될 것이라는 사실은 쉽게 추론이 가능했던 것이다. 따라서 덩샤오핑은 조정정책을 통해 개혁정책의 부작용을 철저하게 해결하기보다는 최소한으로 정리하고 다시 개혁정책의 가속화를 진행시키고자 했던 것이다.

개혁 가속기로 전환하게 된 이런 국내 정치적 요인과 함께 동구 및 소련공산당의 해체는 중국 개혁세력의 개혁을 가속화시킨 또 하나의 이유가 되었다. 즉 중국 지도부는 구소련과 동구는 고도로 집중되고 경직된 계획경제체제로 인하여 생산력의 발전이 지체되고 인민들의 생활이 충분히 향상되지 못했다고 진단하고, 소련의 붕괴야말로 중국이 추진하고 있는 개혁·개방정책의 정당성을 입증한 것이라고 보았다. 따라서 중국이 조정정책을 지속할 경우 경제의 효율성과 생산성이 떨어질 것이고 이는 인민대중들의 사회주의 정권에 대한 신념의 위기를 초래하지 않을까 하는 위기의식을 초래하였다. 이러한 위기의

식이 개혁을 가속화 시켰던 것이다.

치리·정돈을 통한 조정정책 실시 이후 이때까지 경제는 리펑 총리
-야오이린 부총리로 이어지는 보수파가 주도하였다. 그러나 야오이린
의 부총리직 해임과 1993년 5월 이후 리펑이 심장병으로 공무를 수
행하기 어렵게 되자 주룽지가 총리대리직을 맡아 경제를 주도하게 되
었다. 이때부터 사실상 경제는 개혁파의 손으로 넘어가게 된 것이다.

주룽지는 그해 7월 중국인민은행장인 리구이셴(리펑계 소련유학파)
을 해임하고, 스스로 인민은행장을 겸임하면서 간접적인 시장조절 수
단을 활용한 거시통제정책을 과감하게 추진하였다. 주룽지가 중국인민
은행장(전임, 리펑계의 소련유학파 리구이셴)에 임명되었을 때 중국의
관영 매체인 『신화사통신』은 "그는 모든 일처리가 과단성 있고 공평
무사하며, 마무리 역시 번갯불처럼 빠르다(鐵面無私, 雷厲風行)."고 추
켜세웠다.

이 매체의 논평은 중국 지도부가 주룽지를 인민은행장에 겸직시킨
배경을 어느 정도 대변하고 있었다. 당시 중국 경제를 과열시키고 있
는 통화팽창과 인플레이션의 불을 하루 속히 끄기 위해서는 시장경제
에 대한 지식은 물론 불도저 같은 업무추진력을 갖춘 인사가 필요했
다. 당 지도부가 일반적으로 국무위원급이 겸직해 오던 인민은행장직
에 그보다 상위직급인 주룽지 제1부총리를 발탁하는 파격적인 인사를
단행한 것도 그의 업무추진력을 높이 평가한때문이었다. 그동안 거시
적인 경제조정 책임을 맡아 온 주룽지는 인민은행장 겸직으로 국무원
내부에서 '수퍼 맨'의 위상을 굳히게 되었다. 인민은행장과 국가계획
위원회 등은 전통적으로 리펑의 영향 하에 있는 보수파의 아성이었다.
그러나 주룽지가 인민은행장을 겸직하게 된 것을 계기로 국무원은 사
실상 주룽지 체제(개혁파)로 굳혀진 반면, 그동안 재정 및 계획부분을
장악해 온 리펑을 비롯한 구소련 유학파(보수파)들의 입지는 상대적으
로 위축되었다.

리펑이 심장병에 걸리지 않았다 할지라도 경제과열에 대한 처방전

을 내놓지 못하였을 것이라는 것이 일반적인 견해다. 예전의 리펑이었다면 천원, 야오이린의 '치리·정돈'이라는 긴축정책을 사용했을 것이지만 지금의 중국경제는 그것이 불가능하기 때문이었다. 즉 과거 같으면 중앙정부의 지령에 따라 새로운 건설 등을 모두 정지시키고, 식량이나 생산품을 모두 중앙이 관리하여 물가를 강제적으로 내릴 수 있었지만, 당시의 중국경제 상황으로서는 그것이 가능하지 않았기 때문이다. 우선 시장경제의 도입으로 계획경제·지령경제가 사실상 먹혀들지 않았다. 또한 '치리·정돈'을 하면 단기적으로 물가가 내려가지만 경제성장이 정체되어 톈안먼사태 후와 같은 상황이 되어버리기 때문이었다.

그래서 주룽지는 인플레이션, 개발 붐을 억제하기 위해 새로운 경제정책을 마련했다. 은행대부자금의 회수를 명하고 중국인민은행의 기능을 강화하여 경제의 거시통제정책을 취했다. 결국 금융을 통해 긴축을 추진한 것이다. 동시에 고도경제성장정책의 기조도 유지했다. 결국 덩샤오핑이 추구하는 개혁·개방정책, 시장경제를 유지하면서 경제를 통제해 갔다.

그러나 1993년 가을까지 중국경제는 개혁·개방의 부작용(인플레, 지역간·계층간 빈부격차와 위화감, 간부 부패문제, 지방의 이탈, 도시화로 인한 사회 범죄 증가 등)이 가라앉지 않고 과열조짐을 보이자 중앙지도층간에는 다음과 같은 문제를 놓고 대립하게 된다. 즉 ① 부패문제, ② 거시조정의 성과, ③ 국유기업 개혁, ④ 사회주의 시장경제의 추진속도 등의 문제에 이견이 노출되었기 때문이다. 이러한 이견이 마주쳤던 것이 바로 당 14대3중전회(1993년 1월 11일~14일)였다. 이견은 결국 사회주의 원칙에 충실하려는 보수적인 견해와 개혁·개방을 강화하려는 개혁파의 주장이었다. 보수적인 견해는 현재의 경제정책은 너무 친자본주의적 방향으로 기울어 전체적으로 경제는 발전했을지 몰라도 그 안에 많은 문제를 안고 있다고 하여 현재의 경제적 모순을 과거의 치리·정돈과 같은 방법으로 치유해야 한다는 것이었다. 반면 개혁파는 전체적인 경제가 잘 운영되고 있는 만큼 일시적인 부작용을 교정하기 위하여 근본적인 문제를 바꾸어서는 아니 된다는 견해였다.

이에 장쩌민은 덩샤오핑노선을 추종하면서도 국가의 최고지도자로서 양파의 의견을 절충하는 선에서 회의를 마무리 지었다. 그 결과 기본적인 개혁·개방의 강화, 사회주의 시장경제의 확대강화, 중국이 당면하고 있는 국가의 거시조절기능의 강화 등을 골자로 한 성장 방침을 확정하는 한편, 조정 내지 정책보완이라는 성격 하에 농촌문제의 해결, 당의 청렴한 기풍 진작, 당 지도부의 강화 등을 골자로 하는 보수적 견해를 동시에 반영하였다. 지방의 이탈 방지와 중앙권력 강화를 위한 분세제(分稅制)도 이때 마련되었다.23)

제4절 중앙권력에 대한 지방의 도전

개혁·개방을 추진하는 과정에서 생산력 발전을 위해 자율성을 강조하면 이것은 바로 민주화 운동의 경계를 넘나들고, 또 과속한 성장 정책은 인플레이션 및 빈부의 격차와 관료부패를 조장하는 현상이 일어났다. 그럴 때마다 보수파는 개혁파의 개혁정책에 제동을 걸고, 심할 때에는 권력투쟁까지 동반하는 사태가 반복되었다. 이러한 문제를 해결하고 발전을 지속하기 위해서는 중앙의 권력을 강화하고 장쩌민의 권위를 확고히 하는 것이 주요 과제였다. 덩샤오핑의 건강 악화로 이제 더 이상 후계자에 대한 시행착오도 덩샤오핑 사후에 정치권력의

---

23) 분세제의 배경 및 내용과 영향(효과)에 대해서는 김정계,『중국의 중앙과 지방 관계론: 집권과 분권의 변증법』(평민사, 2008), pp. 201~234 참조.

공백을 두어서도 아니 되었기 때문이었다.

따라서 1994년 9월, 14대4중전회에서 덩샤오핑은 '9자 방침', 즉 "주제를 장악하고, 중심을 장악하고, 시급함을 장악하라."(瓜主題, 瓜中心, 瓜首急)라는 방침을 제시하였다. 여기서 덩샤오핑이 의도한 '주제'는 개혁·개방의 계속이고, '중심'은 장쩌민을 핵심으로 하는 당 중앙의 권위를 의미하며, '시급함'이란 당면한 경제사회문제에 대한 대책을 수립하라는 의미로 해석되었다. 즉 경제의 다원화와 정치의 집중화가 주요 방침이었다고 할 수 있다.24)

덩샤오핑의 방침제시에 따라 4중전회는 다음과 같은 결정을 하였다. 첫째 장쩌민과 가까운 상하이시장 황쥐를 중앙정치국위원에 증원하고, 장쩌민의 적극적인 추천에 의해 중앙정치국위원이 된 우방궈와 장춘윈을 중앙서기처 서기를 겸직케 하여 장쩌민의 권위를 공고히 했다. 이 두 사람은 또 1995년 3월 국무원 부총리로 발탁되어 각각 국영기업개혁과 농업개혁의 업무를 관장하였다. 둘째 거당적인 차원에서 민주집중제 교육을 강화하여 중앙의 권위를 지키고 당의 정책을 강력하게 실행할 것. 셋째 덕재(德才)를 겸비한 젊은 인재를 발굴하여 차세대의 지도자로 육성함으로써 개혁과 개방이 지속적으로 추진될 수 있도록 뒷받침할 것 등을 결의하였다. 또 앞에서 언급한 바와 같이 14대5중전회에서는 장쩌민에 의해 제의된 군의 대규모 인사를 정식으로 통과시켜 장쩌민 정권의 권력기반을 공고히 하였다. 그리고 제9차 5개년 계획안도 확정하였다.

새로이 당 중앙정치국위원에 황쥐(黃菊, 1938~2007)는 저장성 자산현(嘉善縣) 태생으로 1963년 칭화대학 전기공정과를 졸업했다. 졸업 후 상하이중화야금공장(창)·상하이시석화통용(石化通用) 기계제조공사 등 생산현장의 기층 엔지니어(공정사)로부터 공사 관리급 간부로 성장하였다. 그 기간(1980~1981) 일본에 유학, 선진 경영관리학을 배웠다.

---

24) 김영화, 앞의 책, p. 242.

귀국 후 17년 동안 상하이에서만 일해 왔다. 1983년 상하이시 제1기전(機電)공업국 부국장에 발탁됨으로써 비로소 지방정부의 간부가 되었다. '간부4화' 정책에 따라 상하이시 당위 상무위원 겸 공업공작당위 서기·시 당위 비서장에 승진했고, 1985년 이후 상하이시 당위 부서기, 부시장(시장, 장쩌민, 주룽지), 시장으로 성장하였다. 1986년 상하이시 부시장 때는 시장인 장쩌민을 직속상관으로 보필했고, 1991년에는 부총리로 승진한 주룽지의 후임 시장이 되었다. 1994년 전임 당위 서기 우방궈가 중앙서기처 서기로 승진해 가자, 황쥐는 상하이시 당위 서기에 승진함과 동시에 중앙정치국위원에 증보되었다. 요컨대, 그의 출세는 6.4사태 이후 '상하이방(上海幇)'이 기존의 중앙세력권을 대체하면서 시작되었다. 1989년 장쩌민이 총서기로 발탁된 지 2년 후 주룽지가 부총리로, 5년 후 우방궈가 중앙서기처 서기가 되어 중앙으로 진출하자 이들의 직위를 넘겨받으면서 승승장구하였다. 황쥐는 오랫동안 공업과 경제부문에서 일했고, 거의 5년에 걸쳐 전임 시장인 장쩌민과 주룽지가 이끈 시정부에서 상무위원 업무를 담당했다. 정책에 대한 이론적인 바탕이 비교적 확고하고, 강력한 리더십의 소유자로 명문 칭화대학(주룽지의 후배)과 상하이인맥을 배경으로 성장한 장쩌민의 최측근 인사다.

이처럼 장쩌민은 중앙과 자신의 권력 강화를 위해 당 14대5중전회에서 자파 세력을 중앙으로 끌어들이는 한편, 자신의 권력기반에 걸림돌이 되는 인사를 축출하는 작업을 동시에 수행했다. 수도 베이징시 당위서기 천시퉁을 대표로 하는 '베이징방(北京幇)'의 숙청과 광둥성 당위 서기 셰페이를 중심으로 한 '광둥방(廣東幇)'의 길들이기가 바로 그것이다. 즉 장쩌민은 그의 강력한 정적들이자 도전세력인 베이징과 광둥성에 권력기반을 두고 있는 천시퉁과 셰페이를 부정·부패 혐의로 제거함으로써 이들의 권력기반을 파괴함과 동시에 인민들로부터 자신에 대한 긍정적 이미지를 심을 수 있었다.[25]

1. 상하이방의 천시퉁 중심의 베이징방 숙청

1995년 9월27일 회의가 폐막되기 하루 앞날 중앙위원회는 중앙기율검사위원회의 <천시퉁 동지 문제에 관한 보고>를 통과시키고, 그 정치국위원·중앙위원회 위원직을 박탈하기로 결정했다. 이에 앞서 1995년 4월 중공 중앙은 정치국위원·베이징시 당위 서기 천시퉁을 중앙의 결정에 따라 해임시키기로 하였다고 선포한 바 있다. 장쩌민의 최대 정적으로 꼽혔던 천시퉁의 숙청이 진행된 것이다.

천시퉁의 숙청은 명목상으로는 부패가 그 원인이라고 발표하였지만, 사실은 장쩌민과 천시퉁 간의 권력투쟁의 결과다. 천시퉁 숙청의 구체적 죄목은 천시퉁이 베이징강철회사 이사장 저우관우(周冠五)의 아들 저우베이팡(周北方) 및 베이징시 부시장 왕바오썬(王寶森)의 부정부패사건과 연루되었다는 것이었다. 하지만 그것은 한편으로는 반부패 척결을 빙자하여 장쩌민 자신의 개인적인 카리스마를 확립하고, 다른 한편으로는 베이징방을 제거함으로써 지방제후와 당내의 정적에게 위협을 주고자 한 사건이라고 보겠다. 그럼으로써 장쩌민의 권력을 확고히 하고자 한 것이다.

14대1중전회 당시 덩샤오핑은 건강이 날로 악화되고 있었다. 그래서 순조로운 권력승계가 그의 마지막 희망이기도 했다. 따라서 무엇보다도 정권이양의 장애물을 제거하는 것이 덩샤오핑의 마지막 과제였다. 14대1중전회에서 양상쿤-양바이빙의 힘을 무력화 시킨 것도 그 때문이었다. 군대 경험이 전무한 장쩌민으로서는 군부 장악이 큰 두려움이었다. 하지만 1992년 이후 리셴녠(92.6)·덩잉차오(92.7)·왕전(93.3) 등 혁명원로가 사망하고, 1995년 4월 보수파의 대부인 천윈이 사망하는 등 군부를 조정하고 있던 노장령들이 사망하거나 늙을 대로 늙어 앞날이 멀지 않았고, 군부에 점차 측근이 생기면서 장쩌민은 정

---

25) Wo-Lap Lam Willy, *China After Deng Xiaoping: The Power Struggle in Beijing Since Tiananmen*(N.Y.: Wiley), 1995, pp. 335~240.

치상으로 극히 중요한 요새인 베이징으로 창끝을 돌린 것이다.

베이징시는 현대중국의 권력 투쟁사에서 아주 중요한 곳이었다. 베이징 군부, 베이징시 당위원회와 정부, 중앙경호부대를 확실하게 장악하지 못하면 최고지도자라도 '안전' 두 글자를 말할 수 없었다. 문혁 때 마오쩌둥이 상하이에서 불을 지핀 것이나 <남순강화> 직전 덩샤오핑이 베이징이 아닌 상하이에서 개혁개방의 가속화를 주장했던 것도 베이징이 결코 호락호락하지 않았기 때문이었다.

문화혁명이 일어나기 전, 마오쩌둥은 이미 전 국민의 우상이 되었지만 당시 베이징시 서기였던 펑전의 반대로 야오원위안이 쓴 「신편 역사극 『해서파관』을 논함」을 『인민일보』및 『북경일보』와 『광명일보』에 전재하지 못했다. 상하이에서 야오원위안의 글을 게재할 수밖에 없었던 마오쩌둥은 당시 베이징을 '바늘도 들어갈 틈이 없으며 물방울도 스며들지 않는 독립왕국'이라고 말했다. 문화대혁명이 본격적으로 시작된 것은 1966년 5월 16일이었는데 그 전인 3월 말 우선 해결한 일이 베이징시 서기 펑전과 당 중앙선전부장 루딩이를 해직시킨 사건이었다. 이렇게 천하를 호령하던 마오쩌둥조차도 "한 가지 큰일을 벌이려면 우선 베이징부터 손에 넣어야 한다"고 했을 정도로 베이징은 중요한 곳이었다. 따라서 장쩌민도 자신의 세력기반을 확고히 하기 위해서는 가장 먼저 해결해야 될 일이 바로 베이징을 자신의 손아귀에 넣는 것이라 생각했다.

천시통은 덩샤오핑과 동향인 쓰촨성 출신으로 중국 공산화 이후 46년간 베이징을 한 번도 떠나지 않은 베이징 '토박이 정치인'이다. 그는 베이징시장과 베이징시 당위 서기직만 10년간 지키면서 수많은 중요 당정간부를 발탁했다. 그들은 베이징의 정·관계에 막강한 세력을 구축하고 있었고, 그들을 일컬어 베이징방이라 했다. 천시통은 베이징방을 대표하는 인물로 경력으로 보나 배경으로 보아 장쩌민을 대표로 하는 집권세력 상하이방에 녹녹치 않는 인물이었다.

천시통은 베이징시장과 서기를 맡은 기간에 성공적으로 아시안 게임을 개최했고 2환도로와 3환도로를 건설하여 베이징의 환경 개선에 큰 공헌을 했다. 그러나 장쩌민은 상하이 서기로 일하는 기간 특이할 만한 실적이 없었다. 오히려 주룽지의 공이 그를 지탱해 주었다. 6.4 사태에 대해서도 천시퉁은 진압 지지로 일관한 반면, 장쩌민은 이중적인 태도를 취했다. 즉 한편으로는 강경한 태도로 『세계경제도보』를 폐간시키면서, 다른 한편으로는 자오쯔양 앞에서는 진압하지 말았어야 했다고 하면서 반성하는 이중적인 모습을 보였다. 천시퉁은 중공 정권을 지킨 공로가 자신이 더 컸음에도 불구하고 장쩌민의 뜻밖의 등장에 사실 불만이 대단했다. 사실, 천시퉁은 1989년 6월 톈안먼 유혈진압 직후 안개정국 속에서 리톄잉과 더불어 차기 총서기의 '다크호스'로 거론되었던 인물이다. 특히 천시퉁은 1992년 덩샤오핑이 수도강철회사를 시찰할 때, 천시퉁을 개혁파라고 공개적으로 치하했을 정도로 덩샤오핑의 인정을 받고 있었기 때문에 그는 장쩌민을 아예 안중에도 두지 않았다. 때문에 장쩌민이 베이징을 통제하려면 천시퉁부터 해결해야 했다.

천시퉁은 1995년 부동산개발 프로젝트 부정사건에 연루돼 조사를 받던 왕바오썬(王寶森) 부시장의 자살 후 여기에 간여했다는 혐의로 체포되었다. 그가 측근의 비리로 인책, 연금되었을 때 모두들 이를 '정변'으로 받아들였다. 중앙의 세력기반이 취약한 상하이 서기 출신의 장쩌민이 천시퉁 베이징 서기를 중심으로 한 이른바 베이징방에 메스를 가한 것이다. 하지만 천시퉁의 처리과정은 초대형 부패사건의 척결수순을 밟아 나갔다. 천시퉁은 1997년 8월 연금상태에서 모든 공직을 박탈당하고 출당 조치되었다. 이어 1998년 7월 31일 베이징시 고급인민법원은 천시퉁에게 부패와 권력남용죄를 적용, 16년형을 선고했다. 그가 챙겼다는 금액은 22억 달러(현재 환율로 2조 1,100억 원 상당)였다.[26] 연금 당시 정치국위원이었던 천시퉁은 부패죄로 기소된

---

26) P. Steidlmeier, "Gift Giving, Bribery and Corruption: Ethical Manafement of Business Relationships in China," *Jounal of Business Ethic*s,

최고위급 인사라는 오명의 기록을 남겼다. 천시퉁은 자신에 대한 부패 혐의를 끝내 인정하지 않았다. 천시퉁의 몰락 배경으로 부패 외에도 장쩌민 체제 구축을 위한 희생양의 필요성과 개발 속도를 둘러싼 중앙과 지방간의 첨예한 갈등이라는 정치적 요인이 지적되었다.

당시 중국에서 전개된 반부패 운동은 여러 가지 시각에서 바라 볼 수 있다. 우선 보-혁 갈등의 관점에서 보면 개혁파가 차기 지도부 구성을 놓고 보수 세력의 지분을 줄이기 위해서 벌이는 권력 투쟁의 일환이었다.

둘째, 개혁·개방 추진 과정에서 독버섯처럼 자라난 부패구조가 경제성장의 질적 도약을 막고 있다는 판단에서 벌이는 환경정화 및 구조개혁의 과정으로 볼 수 있다.

또 한편으로는 중국 역사상 끊임없이 반복돼 온 중앙과 지방간의 대립이 불러 온 결과라는 각도에서 이를 바라 볼 수도 있다.

중국 공산정권 수립 이후 처형당한 최고위급 인사인 청커제(成克杰) 전 전인대 부위원장(국회 부의장), 역시 공산정권 수립 이후 최대 규모 밀수 사건인 샤먼 밀수사건에 연루되어 사형 가능성이 높은 리지저우(李紀周) 전 공안부 부부장, 그리고 2년 전인 수리부장(장관)시절의 공금 유용 사건으로 이례적으로 행정처분을 받은 뉴마오성(鈕茂生) 허베이 성장 등이 모두 보수파의 대부격인 리펑의 측근이라는 사실은 보-혁간 권력투쟁이라는 첫 번째 시각을 뒷받침한다.

두 번째 시각과 관련해선 중국의 뿌리 깊은 부패구조가 중국 경제의 더 높은 단계로의 발전을 가로막는 최대 장애로, 국내외에서 지속적으로 지적 받아온 사실을 환기할 필요가 있다. 부패와의 전쟁 타겟이 광둥성, 푸졘성 등 개혁·개방으로 부유해지고 이를 바탕으로 발언권이 높아진 지역이라는 점은 중앙과 지방간 대립의 소산이라는 시각에 설득력을 제공한다.

Vol.20(1999), p.124; *Bejing Review*, 1996. 4. 1.

중국 역사를 관통하는 법칙 가운데 하나로 제시되는 것이 '분구필합 합구필분(分久必合 合久必分)'이다. "분열됨이 오래되면 하나로 통일하고, 통일이 오래되면 분열한다"는 뜻이다. 강력한 통일국가가 오래 되어 지방에 대한 통제력을 잃게 되면 지방 반란이 계기가 되어 분열하고 분열이 오래되면 다시 강력한 통일 국가가 성립하는 것은 중국 역사상 누차 반복되어 온 사실이다.

근세에 들어 와 통일왕조 지속기간에 비해 분열시대가 짧아지는 경향이 있기는 하지만 이러한 패턴은 어김없이 계속되었다. 명(明)은 동북 지방에 근거한 만주족의 흥기와 이자성(李自成)의 지방농민 반란군에 의해 멸망되었다. 이후 만주족의 청(淸)에 의한 강력한 통일국가 수립 이전에는 청에 투항한 명장(明將) 오삼계(吳三桂), 경정충(耿精忠)과 상지신(尙之信) 등이 윈난, 구이저우 등 변방 지역(藩)을 독자적으로 통치하는 과도기(분열 상태)를 겪었다. 청조 역시 광둥성 등 남부 지역을 기반으로 한 혁명세력에 의해 멸망되었고, 역시 공산 중국이 대륙을 장악하기까지 각지의 군벌이 지방을 독자적으로 통치하는 분열 시대를 겪었다.

이런 역사적 배경 때문에 통일국가의 중앙정부는 항상 지방을 확고히 장악하려 애쓰고 분열 시대에 독자성을 향유했던 지방은 중앙정부의 통제력 강화 노력에 저항하기 마련이다. 신중국 건립 이후에도 이런 현상은 어김없이 되풀이되었다.

공산중국 건립 초기의 '가오강 사건'은 소련에 인접한 동북지방에 대한 중앙 정부의 통제력을 강화하는 과정에서 발생한 것이었다. 문화대혁명은 '홍(紅)'과 '전(專)'간 대립이라는 이데올로기적 측면이 강한 것이지만 다른 한편으로는 지방 세력인 상하이가 중앙을 접수한 것이라는 측면도 함께 지니고 있었다.

이처럼 공산중국 성립 이후에도 중앙과 지방간 갈등과 대립 현상이 존재했지만 마오쩌둥·덩샤오핑과 같은 카리스마적인 강력한 통치자가 있었기 때문에 그런 갈등구조는 큰 문제를 일으키지는 않았다. 하지만 덩샤오핑의 천수가 다해 오자 중앙과 지방간 대립은 극히 심각한 상황에 빠져 들었다. 지방이 중앙의 권위를 인정하지 않고 심지어 위협하는, 그래서 다시 분열시대로 이어질 수 있는 지경에까지 이른 것이다. 따라서 덩샤오핑 사후 중국의 미래를 예측하는 적지 않은 학자들은 '분열'을 점치기도 했다.

개혁·개방 정책을 추진하는 과정에서 많은 재량권을 부여받아 경제를 성장시키는 데 성공한 일부 지방 세력들은 얼마 전까지만 해도 자신과 대등한 위치였던 상하이 세력이 주도하는 중앙정부의 지시를 고분고분 따르지 않았던 것이다. 이런 상황은 덩샤오핑이 자초한 측면도 있다. 덩은 1992년 초 <남순강화>를 통해 개혁·개방으로 경제력을 키워온 지방에 힘을 실어 주었기 때문이다.

중앙의 통제력 약화는 경제 과열 현상을 초래했고 급기야는 전국의 균형적 발전이라는 중앙 정부의 일차적 책무를 수행하는 데까지 곤란을 주었던 것이다. 결국 중앙 정부는 지방에 대한 통제력 회복에 나서지 않을 수 없었다. 그 첫 번째가 1995년 베이징(北京)시 당, 즉 베이징방의 숙청이었고 동원된 수단은 부패와의 전쟁이었다.

위에서 간단히 언급한 바 있지만, 베이징방 숙청과정을 좀 더 상세히 보면 다음과 같다. 베이징 방 숙청의 하이라이트는 1995년 4월 27일 천시퉁 베이징 당서기의 해임과 가택연금 조치였다. 당 서열 15위인 천시퉁은 그 달 4일 비위 혐의로 조사를 받던 자신의 측근이자 베이징시 경제담당 부시장인 왕바오선이 베이징 근교에서 권총 자살한 시체로 발견된 직후까지만 해도 사정의 칼날이 자신에게도 미칠 줄 몰랐던 것 같았다. 왕 부시장 자살 이후 소집한 간부회의 석상에서 천은 "왕 부시장에 대한 조사는 중앙의 부패 척결에 대한 의지를 보여 준 것"이라고 발언했다. 그러나 중앙이 단순 비위 척결 차원에서 왕을 조사한 것이 아니었다는 사실이 곧 드러났다. 천의 해임과 더불어 베이징시의 한 호텔 사장으로 있던 그의 아들이 구속되었으며 리치옌(李其炎) 베이징시장 아들도 역시 비리 혐의로 조사 받은 것으로 알려졌다. 왕과 함께 부시장 중 하나인 장바이파(張百發)도 아시안 게임선수촌을 비롯한 많은 부동산 거래와 관련한 부정혐의로 조사를 받았다. 또 베이징의 최고 경찰책임자인 공안국장은 취임 6개월만에 사임했다. 천시통의 해임에 앞서 40여 명의 베이징시 관리들이 각종 경제범죄를 저지른 혐의로 조사 받았다. 베이징시가 그야말로 쑥대밭이 된 것이다.

천시통의 후임 당서기에는 차오스 계열의 웨이젠싱이 임명되는데, 그는 감찰과 사정업무를 담당하는 당 기율검사위에서 잔뼈가 굵은 인물이었다. 이는 베이징시에 대한 사정 작업을 지속적으로 밀고 나가겠다는 의지를 드러낸 것이다. 그 해 12월 베이징시 인민대표대회 부주임이 구속되는 등 장장 3년여에 걸쳐 베이징시에 대한 사정 작업과 물갈이 작업이 계속되었다. 베이징의 행정 공백을 막기 위해 '살려 둔' 리치옌 시장도 1996년 10월 장쩌민 국가주석의 측근인 자칭린(賈慶林)으로 교체되었다. 1998년 8월 천시통에게는 16년 징역형이 확정되고 그에 앞서 1997년 6월 천의 아들에는 12년 징역형이 선고 되었다. 이로써 중앙정부는 베이징시에 대한 완전한 통제력을 갖게 되었다. 사정 작업이 있기 전까지만 해도 수도 베이징은 마치 두 개의 정부에 의해 지배되는 듯한 양상을 보였다. 베이징의 중심가라고 할 수 있는 왕푸징(王府井)에 홍콩 최대 재벌 리카싱(李嘉誠)[27]의 자본을 끌어 들여 '둥팡(東方)광장'이라는 초현대식 쇼핑몰을 건설하면서 베이징 당국은 중앙정부의 고도제한 규정을 무시했다. 또 중앙정부의 반대에도 불구하고 도시(베이징시) 진입세를 도입하려 했다. 결국 둥팡광장은 1994년 11월 건설이 일시 중단되었지만 이것이 내외에 알려지면서 중앙정부의 권위는 심각한 손상을 받게 되었던 것이다.

베이징방의 이 같은 오만은 어디에서 비롯된 것일까. 이를 보다 자세히 알기 위해선 당시 권력 역학관계를 살펴보지 않을 수 없다.

---

27) 李嘉誠은 홍콩발음으로는 '리카싱'이지만, 중국 표준어로는 '리자청'임.

1989년 6월 톈안먼 사건을 계기로 장쩌민·주룽지 등 이른바 상하이 당정 인사들이 속속 중앙무대로 진출, 핵심 요직을 차지했다지만 이들의 권력 기반은 극히 취약했다. 덩샤오핑의 존재를 제외해 놓고 본다면 당정의 최대 세력은 리펑 총리를 전면에 내세운 보수파였으며 리펑과 천시퉁은 톈안먼 사태를 진압하는 데 선봉에 섰다는 점에서 같은 배를 타고 있었다.

장쩌민과 주룽지의 가장 큰 배경은 덩샤오핑이지만, 덩샤오핑과 동향인 천시퉁 역시 덩의 가족들과 밀접한 관계를 맺고 있었다. 천시퉁의 해임 이후 덩의 둘째 아들 덩즈팡(鄧質力)이 조사를 받고 이에 충격을 받아 덩의 부인인 쥐린(卓琳)이 자살을 기도했다는 소문은 그 사실 여부를 떠나 덩의 가족과 천시퉁 간 깊은 유대를 엿볼 수 있게 하는 대목이다. 또한 천시퉁의 베이징 내 막강한 인적 네트워크도 그의 오만을 부채질했을 것이다. 천은 베이징대학을 나와 1949년 베이징 공안국 파출소 부소장에서 출발, 1992년 베이징시 최고 직위인 당서기에 오르기까지 단 한 번도 베이징 밖 근무를 하지 않았던 '베이징의 터줏대감'이었다.

이처럼 천시퉁은 6.4사태 강경진압에 대한 리펑과의 공동운명, 덩샤오핑의 동향 및 그 가족과의 관계, 베이징방의 치밀한 조직력 등 그의 배후는 막강했다.

중앙정부의 베이징방 숙청은 '뭇 닭들에게 경고를 주기 위해서는 소를 잡지 않을 수 없다'라는 절박한 필요에 의해 이루어진 것이다. 톈안먼 사태 이전 1989년 초의 경제과열을 연상시킨 1993년의 과열경제는 부동산 투자 등 지방정부의 무분별한 투자에 기인한 바가 컸다. 과열경제를 수습하기 위해 주룽지 부총리는 1993년 7월 인민은행장을 겸임하면서 '거시적 통제(宏觀調控)'라는 이름하에 강력한 긴축정책을 폈다. 자금을 조달하기 어려워진 지방정부는 갖가지 편법을 동원했는데 베이징시의 도시진입세 신설 시도도 이 같은 편법의 하나였다. 따라서 베이징시가 취한 일련의 조치는 중앙정부의 정책 기조에 대한 도전이었고 중앙정부가 이를 방치할 경우에는 긴축 정책 실시라는 정책기조가 무너질 위험마저 있었던 것이다.

천시퉁에 앞서 중앙정부는 다른 한 마리의 '소'를 잡았다. 그 '소'는 바로 수도 강철공사 회장으로 있던 저우관우였다. 저우관우는 누구인가. 다음 에피소드는 그를 아는 데 유효할 것이다. 1993년 3월, 8기 전인대 기간 중 수도강철공사는 전인대 취재를 위해 몰려 온 외신 기자들에게 수도강철공사를 공개했다. 그때 내외신 기자들이 처음 도착한 본관건물 입구 안쪽 홀 벽면을 다 차지하고 있는 대형 사진이 눈길을 끌었다. 사진의 주인공이 덩샤오핑이었기 때문이다. 1992년 5월 수도강철을 찾은 덩샤오핑을 저우관우가 수행하는 모습을 담은 사진이었다.

저우관우가 이 사진을 내건 이유는 명백했다. 자신은 최고 지도자와 가까운 사이이며 또 수도강철은 <남순강화> 이후 적극적인 개혁·개방 정책 추진의 선봉에 선 기업이라는 것을 알리기 위한 속셈이었다. 수도강철은 덩샤오핑의 시찰 이후 여권을 독자적으로 발급할 수 있는 권한을 갖는 등 다른 기업에서는 상상할 수 없는 특혜를 부여받았다. 이런 특혜를 부여받게 된 것은 덩샤오핑 집권 후 수도강철을 맡게 된 저우관우가 이룩한 업적에 대한 최고 지도자의 신뢰가 그 바탕에 있었지만 저우관우의 아들로 수도강철공사 이사로 있던 저우베이팡이 덩샤오핑의 둘째 아들인 덩즈팡과 친구이자 사업 파트너라는 사실도 크게 작용했다.

저우관우의 '사설왕국'이 되다시피 한 수도강철 역시 중앙정부의 긴축 정책을 순순히 따르려 하지 않았다. 천시퉁이 그랬던 것처럼 덩샤오핑의 남순강화에서 강조한 '선부론'을 들먹이며 수도강철을 긴축정책의 '무풍지대'로 만들려 했다. 그래서 중앙정부는 천시퉁을 제거하기에 앞서 수도강철의 수술에 들어갔다. 저우베이팡이 받은 혐의는 덩즈팡도 이사로 참여하고 있는 수도강철의 홍콩 자회사를 통해 거액의 외화를 해외에 도피시킨 것이었다. 이 외화도피 건에는 천시퉁 숙청의 빌미가 된 둥팡광장이 관련된 것으로 알려졌다. 저우베이팡은 1995년 2월 17일 구속되고 저우관우는 회장 직을 사임하였다. 수도강철의 경영진에 대한 처벌은 가혹했다. 저우베이팡과 수도강철 최고 경영진 두 사람은 집행유예부 사형판결에 처해졌다.

천시퉁과 저우베이팡의 배경을 놓고 볼 때 이들에 대한 숙청은 장쩌민과 주룽지에겐 일대 모험이 아닐 수 없었다. 천시퉁 해임 후 당 지도부가 인민해방군 베이징관구의 38집단군과 폭동방지 경찰인 인민무장경찰에 베이징을 보호하도록 지시한 사실과 천시퉁의 연금에서 최종 판결에 이르기까지 무려 3년 4개월이 걸린 것만 보아도 이를 짐작할 수 있다. 베이징방 숙청이 성공할 수 있었던 것은 리펑 등 보수파가 보-혁간 세력 균형을 깨뜨릴 수 있는 이런 조치에 대해 방관 자세를 취하고 장쩌민의 정치 라이벌로 보-혁 갈등 속에서 중립적인 태도를 취해 온 차오스가 적극 협력한데다 최고지도자인 덩샤오핑이 이를 승인했기 때문이다. 지방 세력 혹은 기업의 중앙 정부에 대한 도전을 수용하다가는 국가 경제가 파탄이 나고 더 나아가 국가가 분열될지도 모른다는 위기의식을 이들 모두가 공유했기 때문으로 추측된다.

2. 상하이방의 광둥성 길들이기

베이징방 숙청은 앞서 살핀 것처럼 그 저변에 중앙과 지방 세력 간 갈등이 도사리고 있으나 겉으로 내세운 슬로건은 '반부패 투쟁'이었다. 1993년 말부터 장쩌민의 직접적인 주도로 시작된 '반부패 투쟁'은 베이징방 외에도 크고 작은 희생자를 양산했다. 베이징방 숙청 이전 구이저우성 당위 서기의 부인이 부패에 연루되어 공개 총살당하는 등 '반부패 투쟁'의 서슬은 지위 고하에 관계없이 엄하게 다스려졌다.

그러나 이 가운데 예외가 있었다. 바로 광둥성이었다. 경제 규모로 볼 때 부패 문제와 관련해 베이징이나 구이저우와 비교할 수 없을 정도로 심각하다고 지적 받아 온 광둥성은 '반부패 투쟁'의 '예외 지역'으로 남아 있었다. 이를 두고 사람들은 전국이 사정 한파를 피하지 못하고 있으나 광둥성만은 "사시사철 꾀꼬리 울고 제비가 나는(鶯歌燕舞) 봄날을 만끽한다"고 비아냥했다. 해외에선 광둥성은 1개 성이 아니라 베이징의 중국과는 별개인 소위 '남중국화' 하고 있다는 지적까지 나왔다.

베이징이 이처럼 광둥성에 대한 비리척결을 자제한 데는 다음 세 가지 이유가 있었던 것으로 추측된다. 우선 중앙무대 내 막강한 광둥방 인맥이다. 광둥성 부서기를 지낸 양상쿤 전 국가주석은 비록 쓰촨성 출신이나 군 계통에서 오랫동안 일한 관계로 광둥방 '원조'격인 예졘잉과 가까워 광둥방의 든든한 후원자 역할을 했다. 예졘잉 사위인 쩌우자화 국무원 부총리도 있었다. 쩌우자화는 덩샤오핑이 1991년 상하이 서기 주룽지를 중앙에 불러 올려 부총리에 임명할 때 보수파의 후원 아래 함께 부총리가 되었던 인물로,. 리펑과 함께 소련 유학을 다녀온 보수파다. 전 총서기 자오쯔양도 광둥성과 인연이 깊다. 문혁 초기와 문혁 종결 직전 등 두 차례에 걸쳐 성장을 역임하고 당 서기직도 맡았다. 하지만 무엇보다도 광둥방의 든든한 후원자는 차오스였다. 차오스는 광둥방과는 원래 연관이 없었으나 장쩌민을 견제하기 위해 광둥방의 후견인 역할을 자임했던 것이다. 이 같은 인맥을 살펴볼 때 광둥성은 당·정·군 및 개혁과 보수세력 내부에 모두 든든한 후원자를 갖고 있었다. 덩샤오핑이 아닌 덩의 가족과 보수 세력에 기댄 베이징방과는 비교할 수 없는 든든한 배경이었다.

둘째, 중국 경제에서 차지하는 광둥성의 비중이 너무 컸다는 점을 지적할 수 있다. 광둥성은 베이징, 상하이, 톈진과 27개 성, 자치구 중에서 GNP가 1위이며 전국 수출물량의 40%, 외자이용액의 30%를 차지하고 외국 투자기업의 3분의 1이 모여 있다. 잘못 건드렸다가는 중국 경제 전체가 휘청거릴 판이었다.

셋째, 광둥성이 베이징에서 멀리 떨어진 곳이라는 점을 들 수 있다. 베이징방과 투쟁에서 처벌의 강도가 극히 가혹했던 것은 밀리면 정권을 빼앗길지도 모른다는 절박함이 있었지만 광둥성에 대해서는 그 정도로 심각한 위협은 느끼지 않았다. 그러나 중앙정부는 광둥성 역시 그대로 둘 수 없었다. 광둥성이 조세 저항을 통해 중앙의 정책기조를 노골적으로 위협했기 때문이다.

중앙정부는 1994년부터 분세제를 도입하는 등 대폭적인 세제개편을 단행했다. 분세제는 중앙세와 지방세의 비율을 조정해 중앙의 재정수입을 크게 늘이는 내용이 핵심이었다. 개혁·개방 이래 실시되어온 세금청부제를 고쳐, 일부 지방세를 지방 정부의 재정규모에 따라 일정액만 중앙에 상납하던 것을 중앙 및 지방간 일정 비율을 책정하여 상납토록 한 것이다. 분세제의 적용 대상은 세수 규모가 큰 부가가치세와 자원세, 증권거래세 등으로 중앙과 지방의 세수 비율은 7대 3으로 정했다. 이로 인해 광둥성과 상하이 등 경제 활동이 활발한 지방정부의 세수규모는 줄어들게 된 반면 중앙재정은 크게 늘어나게 되었다.

중앙정부가 분세제를 도입한 목적은 단기적으로는 과열된 부동산 경기를 진정시키자는 데 있었다. 하지만 장기적으론 확충된 중앙정부 재정을 통해 상대적으로 발전이 늦은 내륙지역의 경제개발을 지원, 지역간 발전격차를 줄이자는 것이었다. 하지만 가장 중요한 것은 이를 통해 지방정부에 대한 중앙의 통제력을 강화하자는 것이었다. 광둥성으로서는 분세제 도입이 자신에게는 손해가 되는 정책이어서 저항은 불가피했다. 그러나 중앙정부 입장에서는 목적한 바의 세수 증대를 위해서는 다른 어떤 지역보다도 광둥성에서 분세제를 철저히 시행할 필요가 있었다.

베이징방에 대한 숙청에는 중앙정부의 모든 세력이 힘을 합쳤다. 하지만 광둥방에 대한 공격은 상하이방이 다른 세력의 견제를 받는 가운데 진행되었다. 광둥방 지도부에 대한 처리가 베이징방과는 달리 혹독하지 않은 것은 이런 측면이 작용되었기 때문이다.

상하이방의 광둥방에 대한 공격은 1996년 초 어우양더(歐陽德) 광둥성 전인대 부위원장이 체포되면서 시작되었다. 하지만 베이징방 숙청에 적극 협력한 차오스가 이번에는 제동을 걸고 나왔다. 차오스는 어우양더 체포 후 상하이를 방문, 왕다오한 해협양안관계회 회장 등 상하이방의 다수 인사가 관련된 것으로 알려진 국채 선물 부정거래사건을 엄격하게 처리하라고 지시했던 것이다. 차오스는 장쩌민을 필두로 한 상하이방을 견제하기 위해서는 광둥방의 존재가 아직은 필요하다고 보았던 것이다.

광둥방에 대한 본격적인 수술은 결국 1997년 9월 15대에서 차오스가 퇴진한 후 시작된다. 1997년 말 광둥방 방주 예쉬안핑(예젠잉의 아들)의 정치 참모인 셰페이 광둥성 서기를 예수안핑과 격리시키는 조치부터 취했다. 셰페이에 전인대 부위원장 직책을 주어 중앙으로 끌어 올리고 그 후임에 광둥방과는 아무런 연관이 없는 리창춘 허난성 서기를 보냈다. 현지에 부임한 리창춘은 '통개전비'(痛改前非, 아픔을 무릅쓰고 과거의 잘못을 고친다)라는 슬로건 아래 광둥성 당위에 대한 대대적인 숙청 작업을 전개했다.

중앙의 장쩌민도 중앙에서 리창춘에 대한 엄호 사격을 했다. 장쩌민은 1998년 3월 9기 전인대 1차회의에서 광둥 대표단의 회의실을 찾아가 '정신 문명'과 '물질 문명'을 강조하는 연설을 하였다. 두 용어는 덩샤오핑이 후야오방과 자오쯔양을 비판할 때 사용한 것이다. 광둥성이 더 이상 '반부패 투쟁'의 무풍지대가 될 수 없음을 시사한 것이었다. 전인대 부위원장으로 선출된 셰페이는 이 전인대 회의에 모습을 나타내지 않았다.

공식적으로는 병 때문이라고 발표되었다. 셰페이가 다음 해 10월 사망한 것으로 미루어 볼 때 이는 사실일지 모른다. 하지만 사실상 '볼모' 신세가 된 데 대한 불편한 심기가 출석치 않은 진정한 이유였을 것이다. 1998년 5월 광둥성 지도부에 대한 개편에 이어 새로 구성된 감찰기관을 동원, 1,252건의 비위 사실을 적발했고 당원 904명이 처분됐다. 리창춘이 이처럼 사정 작업을 벌이는 동안 장쩌민, 주룽지, 그리고 쩡칭훙 등은 광둥성을 시찰, 리창춘에게 힘을 실어 주었다.

지도부의 처벌 수위를 놓고 볼 때 베이징방이 고강도였다면 광둥방은 저강도였다. 이는 앞서 광둥에 대한 공격을 주저한 이유를 설명하면서 제시했던 세 가지 이유와 함께 광둥방이 일찌감치 대세를 수용한 점을 들 수 있다. 광둥성 토착세력의 한 사람인 루루이화(盧瑞花) 광둥성장이 1998년 3월 광둥성을 방문한 주룽지 총리에 "중앙의 지시를 철저히 따르겠다"고 말한 것이 그 한 예이다. 결국 상하이방이 주도하고 있는 중앙정부는 베이징방과 광둥방을 차례로 숙청하거나 길들임으로써 카리스마를 지닌 지도자가 사라진 이후 국가 분열의 위기를 극복해낸 것이다.

상하이방의 중앙정부가 이처럼 지방에 대한 통제력을 차근차근 강화시켜온 과정은 청조 초기의 중앙권력 강화 과정을 연상시킨다. 동북지방에 세력기반을 둔 만주족은 투항한 명나라 군대의 힘을 빌어 경쟁하는 다른 지방 세력, 즉 이자성을 제압했다. 이후 청에 투항한 명나라 장수들이 남쪽 변방에서 사실상의 군주로 있는 것을 용인하다가 끝내 토벌함으로써 강력한 통일왕조를 수립하는 데 성공하였다. 여러 지방세력의 하나였던 상하이방도 제 세력의 힘을 규합, 일차적으로 베이징방을 축출했으며 종국에는 광둥방마저 무력화시켰다. 이로써 중국은 마오쩌둥이나 덩샤오핑과 같은 창업자들이 사망한 이후에도 명실상부한 통일국가로서 위상을 유지하게 된 것이다.

제5장 덩샤오핑 사후 중국의 권력구조와 지도체제

제1절 장쩌민을 핵심으로 한 권력체제 구축

1. 장쩌민의 안정된 권력 승계

1996년 2월 19일, 정확히 오후 9시 8분에 덩샤오핑은 사망했다. 1997년 7월 1일 홍콩이 중국에 반환된 후 그곳을 방문하겠다는 덩의 희망은 물거품이 되었다.

덩샤오핑의 죽음은 몇 년 전부터 예상된 것이었다. 마오쩌둥이 1976년 83세(만 82세)의 나이로 사망했을 때 당은 열다섯 시간 후에야 그의 사망 소식을 알렸고, 몇 주가 지난 후에야 시신 처리에 합의했고, 몇 년이 지난 후에야 마오쩌둥의 흔적이 정리되었다. 마오쩌둥의 혼란스런 죽음에서 최대 희생자는 그가 직접 고른 후계자 화궈펑이었다. 화궈펑의 반대파는 혼란의 와중에 그의 권위에 메스를 가했다. 하지만 장쩌민의 경우는 그렇지 않았다. 이미 세심하게 준비된 태세여서 어떤 혼란도 일어나지 않았다.

톈안먼 사태 후 몇 년 동안, 덩샤오핑의 죽음은 학생시위의 원인을 제거하기 위한 정치적 통제, 경제적 성장, 그리고 반대파 압제의 세심한 삼각 균형을 깨뜨릴 수도 있는 중요한 사건으로 여겨졌다. 덩샤오핑이 죽어도 그런 균형이 유지된다면, 그것은 중국이 톈안먼 사태 이후 상당한 발전을 이룩했다는 증거일 수도 있었다. 사람들은 덩샤오핑의 죽음에 지나치게 차분한 태도를 보였고, 그것은 장쩌민의 활동을 훨씬 쉽게 만들었다. 덩에 대한 조문은 6일 동안 계속되다가 2월 24일의 화장식과 다음날의 추념식을 끝으로 종료되었다.

마치 베이징에 군사정변이 일어나기라도 한 듯이 추념식 다음날 해방군과 무장경찰 및 공안 등 군사조직의 지휘관들이 장쩌민에게 충성을 다짐했다. 그들은 신화사 통신을 통해 "덩샤오핑 동지는 사망하기 전에 중앙위원회와 군사위원회의 권위를 핵심인 장쩌민 동지와 함께 흔들림 없이 지키도록 촉구하는 중요한 정치적 교시를 남겼다"고 선언했다. 『인민일보』도 '핵심인 장쩌민'이라는 말을 아홉 차례나 반복했다. 이례적인 일이었다.

장쩌민은 총서기가 된 후 1992년 말까지 덩의 힘에 의존해 보·혁 간의 정책대립에 균형을 유지하며 과도정권을 잘 이끌었고, 그 후 2년 동안 덩의 지지 하에 중국의 최고지도자가 되었다. 그러나 1997년까지는 덩의 도움 없이 자력으로 무난히 중국을 통치했다. 따라서 마오쩌둥 사후, 화궈펑과 개혁파간에 일어난 권력투쟁과 같은 불상사는 일어날 가능성이 거의 없었다.

오히려 덩샤오핑의 사망 시기는 장쩌민에게는 좋은 때였다. 덩이 만약 그보다 일찍 사망했더라면, 이른바 '장쩌민의 사상'을 정립하려는 시도는 덩의 정신을 훼손하는 것이라는 비판을 받았을 것이다. 그리고 더 나중에 사망했다면 홍콩의 반환과 1997년 제15기 전국대표대회에서 장쩌민이 보인 활약상은 덩샤오핑 때문에 빛이 바랬을 것이다. 그래서 덩샤오핑의 사망은 시점이 절묘하였다. 덩샤오핑은 살아서도 죽어서도 중국의 위대한 실용자였다.

장쩌민에 대한 유일한 도전자인 강경 보수파(좌파)도 그 힘이 쇠잔되고 있었다. 보수파의 원로로 당의 중앙선전부장을 역임한 덩리췬은 덩샤오핑 자녀들의 만류로 추념식에 참석하지 못했고, 베이징시장을 지낸 평전은 덩 사후 얼마 안 있어(4월 26일) 유명을 달리했다. 양상쿤, 보이보, 그리고 쑹런충 세 원로가 생존해 있었으나 그들은 장쩌민에게 가벼운 위협조차 되지 못할 정도로 노쇠해 있었다.

이처럼 덩샤오핑 사후 장쩌민 정권을 뒤흔들어 정국을 혼란으로 몰아갈 만한 세력은 중국 어디에도 없었다. 따라서 중요한 문제는 덩샤오핑 사후 장쩌민이 '어떻게 중국을 통치할 것인가'였다. 덩 사후 장례식이 있기 전의 며칠 동안 장쩌민은 외국의 한 내방객에게 우리는 덩샤오핑보다 더 잘 중국을 통치할 것이라고 자랑했다. 이 말은 신화사 통신을 통해 "우리는 중국을 훨씬 더 잘 통치할 것이며, 인류의 평화와 발전, 그리고 진보에 더 큰 공헌을 할 것이다"라고 알려졌다. 그것은 '장쩌민의 사상'이 될 새로운 철학을 암시한 것이었다.

1997년 3월 첫째 주, 베이징에서 열린 전국인민대표대회 대표들의 모임에서 장쩌민은 덩샤오핑의 유산과 관련한 자신의 생각을 피력했다. 화궈펑이 마오쩌둥의 유산에 대해 "그가 말하고 실행한 것은 모두 옳은 것(양개 범시론)"이라고 했던 것처럼 장쩌민은 덩샤오핑의 이론을 계승 발전시키는 것이 '가장 중요하고도 근본적인 임무'임을 강조했다. 그리고 앞으로 무엇을 바꿀지에 대해서는 덩샤오핑이 해결하지 못한 문제들에 초점을 맞출 것이라고 하였다. 중요한 것은 장쩌민이 자신의 생각과 행동이 아닌, 덩샤오핑의 이론을 강조한 것이다. 그렇게 함으로써 장쩌민은 자신이 추진하는 정책에 정당성을 확보할 수 있었다. "덩도 정신적인 문제에 대해 많이 언급했었다. 덩도 정치적인 관심에 대해 여러 차례 얘기했다"는 등 장쩌민은 필요할 때마다 덩샤오핑의 유산에 의지해 정책을 수행했다.

중국의 미래에 대한 장쩌민의 연설은 같은 해 5월 29일 중앙당교에서 행해졌다. 차오스를 제외한 중앙정치국 전 위원이 참석했고, 그의 연설은 같은 날 언론 매체를 타고 인민대중에게 알려졌다. "덩의 정책은 여전히 중국의 발전에 중심이 되겠지만, 그와 같은 발전을 이끌기 위해서는 '정신적인 문화'와 '정치적인 개혁'이 필요하다"고 역설했다. "이후 중국은 10년 동안 주식제도를 비롯한 여러 유형의 경제적 실험을 통해서 시장경제를 추구해 나갈 것이다. 마르크스주의와 사회주의는 교조적인 방식이 아니라, 중국의 현실에 맞게 적용되어야 한다"고 했다.

이와 같이 장쩌민은 덩이 사망한 후 몇 달 동안 자신이 구상하는 중국의 미래를 발 빠르게 설파했다. 덩샤오핑이 추진하던 경제정책들은 여전히 유효하겠지만, 여러 가지 새로운 시도들(부패청산, 애국심 고취, 주주제도의 공공소유 인정, 그리고 정칙적인 체제의 강화 등)이 나타날 것이었다. 이는 신권위주의적 개발독재의 정권체제가 강화될 것임을 암시하는 것이었다. 장쩌민의 구상은 그해 가을에 열린 당 제15기 전국대표대회에서 공식화되었다.

2. 당 15차 전국대표대회와 장쩌민의 권력 강화

덩샤오핑 사후 최초로 열린 중국공산당 전국대표대회(15기)는 1997년 9월 18일 베이징의 인민대회당에서 <당헌>을 부분적으로 수정하고 중앙위원을 선출한 후 폐막하였다. 15기 <당헌>은 '덩샤오핑이론'을 삽입시킨 것 외는 14기 <당헌>을 그대로 고수한 것이 특징이다.[1]

구체적으로 첫째, 총강에서 '마르크스·레닌주의 및 마오쩌둥사상'에다 '덩샤오핑이론'을 첨가하여 중국공산당의 행동지침으로 삼은 점이다.

둘째, 총강에서 "제11기3중전회 이래 당은 정반(正反) 양 방면의 경험을 총괄하여 사상을 해방하고 실사구시의 정신으로…"를 제11기3중

---

1) 15대 <당헌>은 덩샤오핑이론을 삽입한 것 이외, 수정된 것은 제12조 "당의 중앙과 지방의 각급 위원회는 필요시 소집할 수 있다"를 "…필요시 소집한다"로 바꾼 것이 전부다. 『15大修改後的黨章與原黨章條文對照』(北京: 中國方正出版社, 1997).

전회 이래 덩샤오핑 동지를 주요 대표로 한 중국공산당인은 건국 이래의 정반(正反) 양 방면의 경험을 총괄하여 사상을 해방하고 실사구시의 정신으로…" 고쳤다.

셋째, 역시 총강에서 덩샤오핑이론은 마르크스주의의 기본원리와 당대 중국의 실천과 시대적 특징을 상호 결합시킨 산물이며, 마오쩌둥사상의 새로운 역사조건 하에서의 계승과 발전이며, 중국에서 마르크스주의를 발전시키는 새로운 단계이며, 당대 중국의 마르크스주의며, 중국공산당의 집체적 지혜의 결정으로 중국 사회주의 현대화 사업의 부단한 전진을 이끄는 지침이라고 규정하였다.

넷째, 제3조 당원의 의무 조항에 모든 당원은 마르크스 · 레닌주의 및 마오쩌둥사상과 함께 덩샤오핑이론을 학습하도록 명문화 하였다.

다섯째, 34조 1항 당의 각급 지도간부가 갖추어야 할 기본조건으로서 "업무수행상 요구되는 마르크스 · 레닌주의 및 마오쩌둥사상에 대한 이론 · 정책의 수준을 구비하고 중국특색의 사회주의 건설이론을 정확히 이해하며, 마르크스주의 입장 · 관점 · 방법으로 실제문제를 분석하고 해결하는 데 노력한다"를 "업무수행상 요구되는 마르크스 · 레닌주의 및 마오쩌둥사상, 덩샤오핑이론의 수준을 구비하고, 마르크스주의 입장 · 관점 · 방법으로 실제문제를 분석하고 해결하는데 노력한다"로 수정하였다.

따라서 15대 <당헌>은 덩샤오핑이 지도한 '중국특색 있는 사회주의' 건설을 행동지침으로 삼고, 덩샤오핑이론의 핵심인 중국의 현대화를 위해 1개 중심(경제 발전), 2개 기본 점(개혁 · 개방과 4항 기본원칙 견지)을 지속할 것을 결의함으로써 덩샤오핑 사후에도 그가 지향하던 노선에는 변화가 없음을 천명하였다고 본다. 오히려 덩샤오핑의 이론을 더욱 강화하였다.

이어서 9월 19일에 소집된 당 15대1중전회는 <표 5-1>과 같이 당의 새 지도부를 선임했다.2) 중국공산당의 대표적 지위인 중앙위원회 총서기의 경우, 장쩌민이 그대로 유임되었다. 장쩌민은 1989년 6.4사태 직후 열린 13대4중전회에서 자오쯔양으로부터 그 직을 승계한 후, 1992년 14전대회에 이어 15전대회에서도 그대로 유임되었다.

중앙정치국 상무위원의 경우, 7명 중 5명이 유임되고 2명이 교체되었다. 장쩌민과 리펑·주룽지·리루이환·후진타오는 유임되고, 웨이젠싱과 리란칭은 정치국위원에서 승진하였다. 반면, 차오스(73세)와 류화칭(81세)이 탈락되었다. 7명의 최고 권력실세 중 2명이 교체되었다. 중앙정치국위원의 경우 위의 상무위원 이외, 딩관건·톈지윈·리톄잉·우방궈·장춘윈·첸치천·셰페이·황쥐(14대4중전회에서)는 유임되고, 리창춘·우관정·츠하오톈·장완녠·자칭린은 새로 발탁되었으며, 원자바오는 후보위원에서 승진하였다. 그리고 쩡칭훙과 우이(吳義)가 후보위원에 기용되었다. 반면, 탈락자는 상무위원인 차오스와 류화칭 이외, 양바이빙(77세)과 쩌우자화(71세), 그리고 후보위원 왕한빈이었다. 탄사오원은 14기1중전회 직후에 사망했으며, 천시퉁은 이미 부패에 연루되어 1995년 5월 14대 5중전회에서 숙청되었다.

다음 중앙서기처의 서기의 경우, 후진타오·딩관건·웨이젠싱·원자바오는 유임되고, 장완녠·뤄간·쩡칭훙 등이 새로 기용되었다. 반면, 우방궈·장춘윈·런졘신 등은 서기처에서 물러났다. 그들은 각각 부총리(유임), 전인대 상무부위원장, 정협 부주석으로 자리를 옮겨갔다. 당 15기 중앙서기처 구성의 특징은 첫째, 서기 전원이 중앙정치국위원(쩡칭훙만 후보위원)으로 보강된 점이다. 심지어 2명의 정치국 상무위원(후진타오, 웨이젠싱)이 서기처 서기직을 겸임하게 된 것은 전례에 없었던 일로 분명 중앙서기처의 위상 강화로 보겠다.

서기처의 위상강화는 당의 노선과 정책의 강력하고 흔들림 없는 집행을 시사한 것이다. 신임 서기 장완녠은 1993년 장쩌민에 의해 해방군총참모장에 발탁되고 상장에 진급하였으며, 1995년 장쩌민에 의해 중앙군사위원회 부주석에 승진한 군의 실세다.

---

2) 『人民日報』, 1997年 9月 19日; 『文滙報』, 1997年 9月 19日.

<표 5-1> 중공 제15기 지도체제의 변화(1997)

	중공 제14기 지도체제(92)	중공 제15기 지도체제(97)	탈락 또는 퇴임
중앙위원회 총서기	장쩌민	장쩌민	
중앙정치국 상무위원	장쩌민, 리펑, 차오스, 리루이환, 주룽지, 류화칭, 후진타오	장쩌민, 리펑, 주룽지, 리루이환, 후진타오, 웨이젠싱, 리란칭	차오스, 류화칭
중앙정치국 위원 <후보위원>	딩관건, 톈지원, 리란칭, 리톄잉, 양바이빙, 우방궈, 쩌우자화, 천시퉁(94.9해임), 장춘원, 전가참, 웨이젠싱, 셰페이, 황쮜(94.9임) <후보위원>원자바오, 왕한빈	딩관건, 톈지원, 리톄잉, 우방궈, 장춘원, 전가참, 셰페이, 황쮜, **리창춘, 우관정, 츠하오톈, 장완녠, 뤄간, 자칭린, 원자바오** <후보위원>**쩡칭훙, 우이**	천시퉁(94.9 퇴), 쩌우자화, 양바이빙, 탄사오원(사망) <후보>왕한빈
중앙서기처	<서기>후진타오, 딩관건, 웨이젠싱, 원자바오, 임건신, 우방궈(94.9증), 장춘원(94.9증)	<서기>후진타오, 딩관건, 웨이젠싱, 원자바오, **장완녠, 뤄간, 쩡칭훙**	런젠신, 우방궈, 장춘원
중앙군사위원회	<주석>장쩌민 <부주석>류화칭, 장전, 장완녠(95.9임), 츠하오톈(95.9임) <위원>츠하오톈(95.9퇴), 장완녠(95.9퇴), 위융보, 푸취안요, 왕커(95.9임), 왕루이린(95.9임)	<주석>장쩌민 <부주석>장완녠▲, 츠하오톈▲ <위원>위융보, 푸취안요, 왕커▲, 왕루이린▲	<부주석>류화칭, 장전, <위원>츠하오톈▼, 장완녠▼
중앙기율검사위원회	<서기>웨이젠싱 <부서기>허우중빈, 천쮜린, 차오칭쩌, 왕더잉, 쉬칭	<서기>웨이젠싱 <부서기>차오칭쩌, **한주빈, 허융, 저우쯔위, 샤짠중, 류리잉**	<부서기>허우중빈, 천쮜린, 왕더잉, 쉬칭

주: 1) 짙은 색 글자체 명은 신임.
  2) ▲표는 1995년 9월 14대5중전회에서 선임.

뤄간(공정사)은 리펑 총리 밑에서 국무원 비서장을 역임한 만능간부로 국무위원을 겸직하고 있다. 쩡칭훙(공정사)은 장쩌민의 심복이다. 당 중앙판공청 부주임-주임을 거쳐 15대4중전회에서 당 중앙조직부장을 겸임하면서 장쩌민의 손발 역할을 하고 있다. 장완녠의 중앙서기처 서기 기용은 군 실세에 대한 배려였다고 보겠다. 즉 14기 때 한 명도 없었던 중앙서기처 서기에 중앙정치국위원 장완녠 인민해방군 총참모장을 겸임케 한 것은 비록 중앙정치국 상무위원회에는 못 미치나 중국정치에 군의 영향이 건재함을 보여 주는 것이었다.

제15기 중앙서기처 구성의 또 다른 특징은 장완녠을 제외하고는 모두 공정사 자격을 갖춘 과학기술관료며, 또 모두 당·정·군 각 분야에서 풍부한 실무경력을 연마한 실무관료 출신이다. 그리고 성분상, 비록 웨이젠싱과 뤄간이 각각 차오스와 리펑 계열로 알려져 있긴 하지만, 그 외의 모두는 친 장쩌민 계열이거나, 아니면 장쩌민 등장 이후 요직에 발탁되었거나 혹은 장쩌민 밑에서 근무했던 인물들이다. 하지만 웨이젠싱 역시 화둥(저장출신)인맥에 속하며, 뤄간은 누구와도 친화력이 있는 만능 실무관료 출신이다.

중앙군사위원회의 경우, 주석에 장쩌민이 유임되고, 부주석 장완녠·츠하오톈이 1995년 14대5중전회에서 증보된 후 유임되었다. 위원 역시 위융보·푸취안요·왕커·왕루이린 등이 유임되었다.

중앙기율검사위원회의 경우, 그 서기에 웨이젠싱이 유임됨과 동시에 중앙정치국 상무위원으로 승진했다. 서기처 서기는 그대로 유지했다. 따라서 그 위상이 한결 제고되었다고 보겠다. 이는 개혁·개방에 장애가 되는 부패 척결의 강력한 의지의 표현이었다고 보겠다. 부서기의 경우 허우중빈(侯宗賓)·천줘린(陳作霖)·왕더잉(王德英)·쉬칭(徐靑) 등은 퇴임하고, 한주빈(韓杼濱, 최고인민검찰원 검찰장), 허융(何勇, 웨이젠싱이 감찰부장 시절 감찰부 부부장 역임)·저우쯔위(상장, 중앙군사위원회 기율검사위 서기)·샤짠중(夏贊忠)·류리잉(劉麗英) 등이 새롭게 기용되고, 차오칭쩌(曹慶澤)가 그대로 유임되었다.

구체적으로 덩샤오핑 사후 처음으로 구성된 중공 최고지도층(중앙 정치국위원)의 특징은 다음과 같다.[3]

첫째 유임(교체)비율을 보면 15기 중앙정치국 상무위원의 경우 71.4%(14기 57.1%)가 유임되었다. 15기 정치국위원의 경우 유임비율이 역대 어느 때보다 가장 높다. 이는 향후 정책의 변화가 적을 것을 예고한다. 즉 덩샤오핑 사후에도 덩샤오핑노선의 고수를 보증하기 위한 의지의 표현이라고 보겠다. 중앙정치국 상무위원의 경우, 7명 중 5명이 유임되고, 2명이 교체되었다. 이는 1966년 8대11중전회에서 11명 중 5명, 1973년 10대1중전회에서 9명 중 6명, 1977년 11대1중전회에서 5명 중 4명, 1982년 12대1중전회에서 6명 중 3명, 1987년 13대1중전회에서 5명 중 4명, 그리고 1992년 14대1중전회에서 7명 중 3명이 교체된 것[4]에 비하면 교체비율이 아주 낮은 편이다. 즉 안정지향적인 인사였다. 중앙정치국위원의 경우 역시 14기 이전에 비해 교체비율이 가장 낮게 나타나 안정 지향적 개편이었다고 하겠다. 유임비율은 68.2%로 14기 30%보다 훨씬 높다.

둘째, 제15기 중앙정치국위원의 평균연령은 63.3세로 14기 62.5세보다 약간 높아졌다. 그 이유는 비록 70세 이상인 자가 모두 퇴진하긴 했으나, 유임자가 많은 탓으로 분석된다. 14기 정치국위원 중 퇴임한 자는 모두 70세 이상(차오스 73세, 류화칭 81세, 쩌우자화 71세, 양바이빙77세)인 사람이다. 15기 정치국위원 중 군출신(츠하오톈 68, 장완녠 69세)을 제외한 신임자 대부분은 50대(7명) 및 60대(14명) 초반 젊은 간부들로 충원된 반면, 장쩌민 이외는 70세 이상인 유임자는 한 사람도 없다.

셋째, 정치국위원의 출신지를 성·시별로 구분해 보면, 장쩌민의 연

---

3) 중앙정치국위원 중 그 후보위원은 통계에서 제외되었음. 김정계, "포스트 鄧小平시대 중국 최고권력엘리트의 실체와 정책전망," 『지방정부연구』제2권 제2호 (1998), pp. 185~202 참조.
4) 김정계(1993), 앞의 논문, p. 204.

고지인 상하이 중심의 화둥(장쑤·저장)인맥이 14기와 마찬가지로 가장 많다. 출생지를 기준으로 장쩌민, 웨이젠싱, 리란칭, 딩관건, 첸치천, 황쥐 등 5명이며, 정치적으로 상하이에서 성장한 주룽지와 우방궈를 포함할 경우 무려 10명이나 된다. 리펑과 후진타오는 상하이에서 태어났지만, 본적은 각각 쓰촨성과 안후이성이다. 주룽지·우방궈와 황쥐는 각각 전현직 상하이시장 및 당위 서기다.

그 다음으로 산둥 출신이 5명(톈지윈, 츠하오톈, 장완녠, 뤄간, 장춘윈)이다. 특히 군 대표 정치국위원 2명(장완녠, 츠하오톈 중앙군사위원 겸직) 전원이 산둥성 출신이다. 15기 중앙군사위원 겸 현 총참모장 푸취안요(국방부장 내정, 제1야전군 출신), 15기 중앙군사위원 겸 총정치부 부주임 왕루이린, 국방대학교장 나스중(那世忠), 국방대학 정치위원 장궁, 국방과학공업위원회 정치위원 리지나이, 선양군구 사령관 리신량(李新良), 동 정치위원 장푸탕(姜福堂), 란저우군구 부정치위원 왕마오룬(王茂潤) 등 15기 당 중앙위원에 선임된 군부 요직의 다수가 산둥성 출신이다.

따라서 중공 15기 최고지도부는 상하이를 중심으로 한 경제전문 관료집단과 군부실세를 장악하고 있는 산둥인의 결합으로 이루어진 색채가 짙다. 역사적으로 상하이인맥은 기존의 정치질서에 불만을 품은 최고권력자의 변혁의지에 힘입어 일거에 중앙에 진출하는 성격이 짙다. 장쩌민의 상하이인맥도 덩샤오핑의 개혁·개방정책에 대한 보수세력의 반발과, 톈안먼사태를 전후로 하여 후야오방과 자오쯔양으로 대표되는 기존 개혁세력의 동요와 이탈에 불만을 가지고 있던 덩샤오핑의 정치구도를 대변하여 중앙무대에 진출한 것이다.5) 마오쩌둥이 상하이에서 문혁의 불을 지핀 것이나 덩샤오핑이 상하이에서 개혁개장을 재촉구하는 포문을 연 것 또한 이와 같은 논리로 해석하겠다. 기질적으로 상하이지역 출신은 진보적이기 때문에 지도자의 변혁의지와

---

5) 徐鎭英, "中國政治에서 上海인맥의 역할: 王洪文에서 장쩌민까지", 『中國硏究』 제1권 1호(1993 봄) p. 67.

상생할 수 있는 관계에 있다고 보겠다. 산둥출신은 '산둥방'(山東幇)이라는 별칭이 있을 정도로 의리있고 호방하다.

넷째, 정치국위원의 교육정도 및 전공, 해외경험의 경우, 대졸 출신 테크노크라트가 절대 다수를 차지하고 있다. 먼저 15기 정치국위원의 학력 및 전공을 보면, 대학 이상 출신자가 81.8%이고, 전공의 경우 63.6%가 이공계 대학출신이며, 공정사 등 기술사 자격증 소지자도 14명으로 전체의 무려 63.6%에 이른다. 특히 상무위원의 경우 경제전문가인 리란칭을 제외하고는 6명 전원이 공정사 혹은 동력사 자격증 소지의 테크노크라트다. 이는 14기(각각 80.8%, 50%, 33.3%)와 비교하건대, 지도층 기술관료화가 더욱 심화되고 있음을 보여 준다. 후보위원인 쩡칭훙과 우이 역시 공학을 전공한 공정사 출신인 점으로 볼 때 절대다수가 테크노크라트 출신이다. 이는 13기(1987년) 이후부터 현저히 나타난 현상이다. 한편 출신대학의 경우 중국 최고의 명문 베이징대 출신이 1명도 없는 반면, 주룽지가 나온 칭화대학 출신이 5명(후진타오, 우방궈, 우관정, 황쥐)이나 되는 것도 하나의 특징이다. 해외유학 경험의 경우, 15기 정치국은 14기에 비해서 줄어들었다. 이유는 1950년대 후반 중·소 관계 악화 이후 문혁이 종결될 때까지 중국은 제3세대 후계자(接班人)들을 주로 국내에서 교육시켰으며, 그 결과 14기 이후 부각되기 시작한 제3세대 지도자들은 청년기에 해외유학의 기회가 없었기 때문이다. 반면, 해외유학 경험자는 모두 신중국 성립 이후 중·소 관계가 악화되기 이전에 소련과 동구에서 유학한 제2세대 지도자들이다. 장쩌민·리펑·웨이젠싱·리란칭·첸치천은 소련에서, 리톄잉과 뤄간은 각각 1950년대 초·중엽 체코와 동독에서 유학 또는 1년 이상의 연수과정을 마쳤다.

다섯째, 정치국위원의 장정 및 군대경력의 경우, 12기 이후 계속적인 하락세를 나타내고 있다. 혁명1세대가 지배하던 시기는 군 출신이 아닌 자가 없을 정도로 군이 중국정치를 압도하였다. 개혁·개방이 본격화된 12기를 고비로 장정 및 군 출신의 정치국 진출은 계속 줄어들고 있다. 15기의 경우 군 경력자는 츠하오톈과 장완녠 2명에 불과하며, 장정 경험자는 1명도 없다. 이는 혁명1세대들의 퇴진과 지속적인 노청(老靑)교체의 결과이며, 개혁·개방 후 문민 기술관료 시대가 강하게 전개되고 있음을 증명하는 것이다. 특히 15기의 경우 류화칭의 퇴진으로 상무위원 중 군 출신이 1명도 없는 것은 장쩌민의 리더십이 확고히 뿌리내렸음을 입증하는 것으로, 군의 정치 간여를 최소화하려는 의도로 풀이할 수 있겠다.

여섯째, 기타 당·정 경력별 특징을 보면 14기와 마찬가지로 개방지역 지방 당·정지도자 우세를 보이고 있다. 문민지도자 20명 중 14명(장쩌민, 주룽지·루이환·후진타오·톈지윈·리톄잉·우방궈·뤄간·장춘윈 등은 전직임)이 개혁·개방 이후 주요 개방지역의 1급(省級) 당·정 지도자를 거친 인물이며, 신임 7명 중 리창춘·우관정·자칭린 등 3명은 각각 허난성(1998, 3 이후 광둥성)·산둥성·베이징시 당위 서기를 겸직하고 있었다. 황쥐(1995년 5월 14대5중전회에서 보선) 상하이시 당위 서기, 셰페이 광둥성 당위 서기(1998, 3 전인대 상무부위원장)는 유임 케이스로 주요 개방지역을 대표하는 지방 당·정 경험이 풍부한 기술관료다. 상무위원으로 승진한 리란칭과 후보위원 우이는 각각 대외경제부문의 베테랑이며, 신임 정치국위원 뤄간과 원자바오는 지방 당·정 관료를 거쳐 각각 14기 이후 계속 국무원 비서장과 서기처 서기를 맡고 있는 당·정 실무에 밝은 기술 관료다. 이는 바로 지방의 실정과 개혁·개방의 경험을 적극 중앙정책에 반영하겠다는 의지로 보인다.

마지막으로 이들 15기 중앙정치국위원의 계파별 성분을 보면, 먼저 상무위원의 경우 위원에서 상무위원으로 승진한 리란칭은 비교적 중립적인 친 주룽지 계열로 분류되며, 역시 상무위원으로 승진한 웨이젠싱은 차오스계 인물이다. 위원의 경우 먼저 유임자의 성분을 보면, 딩관건은 장쩌민의 상하이 자오퉁대학 후배로 철저한 덩샤오핑계 '새 장 정치'의 신봉자다. 톈지윈은 자오쯔양에 의해 쓰촨에서 발탁된 자오쯔양·차오스에 가까운 재정금융통 엘리트다. 리톄잉은 혁명열사의 자제로 장쩌민·리펑 등과 함께 동구권에서 유학한 혁명열사의 자제 테크노크라트다. 장쩌민의 후임 전자공업부 부장을 역임했다. 우방궈 는 상하이정치의 대부인 왕다오한·천궈둥 등의 후광을 업고 장쩌민 ·주룽지에 이어 상하이시장·당위 서기를 이어 받은 상하이방이다. 장춘윈 역시 우방궈와 함께 지방 당위 서기에서 정치국에 진입, 장쩌 민에 의해 농업개혁부문 국무원 부총리에 기용된 지방관료 출신이다. 이들과 함께 유임된 지방관료 출신인 셰페이 또한 광둥성의 개혁·개 방실적으로 기용된 비교적 중립적인 인사다. 1997년 당시 외교부장이 었던 첸치천은 상하이에서 건국 전 항일구국학생운동을 주도하면서 당시 자오퉁대학 재학 중 중국공산당의 지하당 운동에 관련했던 장쩌 민의 상급자로서 인연을 맺은 바가 있는 범상하이 인맥이다. 후야오 방의 후원으로 공청단에서 일하게 되고 1년간 소련 유학을 다녀와 그 의 외교관으로서의 길이 열리긴 했으나, 계파적 색채를 나타내지 않 는 외교전문 엘리트다.

　신임의 경우, 현직 베이징시 당위 서기 자칭린, 허난성 당위 서기 리창춘, 산둥성 당위 서기 우관정은 지방당위를 대표하는 자들로 비 교적 계파색이 엷으나마, 장쩌민의 신임을 얻어 발탁된 인사들이다. 우관정은 주룽지, 후진타오, 우방궈, 황쥐 등과 함께 칭화대학의 소위 공학계를 졸업한 칭화인맥의 중심인물이다. 그는 장쩌민에 의해 정치 국위원에 이어 산둥성 당위 서기로 영전되었다. 상하이에서 장쩌민의 후광을 입으며 성장한 황쥐(유임), 그리고 천시퉁과 차오스의 영향력 을 제치고 베이징시의 1인자가 된 자칭린은 장쩌민 추종자로 분류된 다. 그리고 서기처 총서기 장쩌민 아래서 서기로 당의 일상업무를 총 괄하던 원자바오는 친 장쩌민 계열로 분류되긴 하나, 그가 지금의 직 위와 연결되는 발판을 굳히는 계기가 된 당 중앙판공청 주임 영전은 당시 조직부장이었던 차오스의 힘이 크게 작용했던 점으로 볼 때 차 오스와의 관계도 가볍지는 않다고 하겠다. 그는 50대 대학원 출신 기

술 관료로서 풍부한 기층공작 경험을 갖추고, '간부4화정책'에 따라
발탁된 비교적 중립적인 인사다. 한편 다년간 국무원 비서장을 겸임
하면서 국무원의 일상 업무를 관장하고 각 부·위의 업무를 조정하는
역할을 하고 있는 뤄간은 어느 계파에도 의탁하지 못하고 있지만, 직
무상 국무원을 장악한 리펑계로 분류할 수 있다.

　현역 군인 출신으로 중앙정치국위원 겸 당 중앙군사위원회 부주석
으로 선임된 츠하오톈과 장완녠은 덩샤오핑이 생전에 계획적으로 키
워 온 인물이다. 그들은 각각 장쩌민에 의해 1988년 9월과 1993년 6
월, 상장 계급에 진급했으며, 장쩌민에 의해 중앙군사위원회 부주석에
발탁되었고 또 유임된 현역 장성이다.

　그리고 신임 2명의 후보위원 역시 장쩌민과 가까운 사이다. 특히
쩡칭훙은 혁명열사의 자제로 출신 성분이 양호하며 학력과 능력이 우
수하고 경력이 풍부한 장쩌민의 최측근 참모다. 쩡칭훙하면, 일반적으
로 떠오르는 화두가 '혁명가정의 배경을 가진 장쩌민의 오른팔이다.
1989년 톈안먼사태 이후 장쩌민이 상하이를 떠나 베이징으로 입성할
때 데리고 간 오직 한 사람은 쩡칭훙이다. 이것은 마치 관운장이 큰
칼 한 자루만 차고 부임하던 모습과 같았다. 당시 장쩌민이 한 명의
심복을 데리고 베이징에 오겠다는 요구에 대해 덩샤오핑은 "붉은 꽃
은 푸른 잎으로 떠받쳐야 한다(紅花還要綠葉扶)."라는 한 마디로 수많
은 반대의견을 잠재웠다는 일화도 있다. 사실 쩡칭훙은 6.4톈안먼 사
건이 마무리되기 이전에 이미 베이징으로 자리를 옮겨가 명령을 기다
리고 있었지만, 장쩌민이 총서기에 부임한 후에야 비로소 중국공산당
중앙판공청 부주임과 정치국 상무위원회 비서로 임명되어, 톈안먼 사
건에 연루되어 감옥에 갇힌 바오퉁(包彤)을 대신하게 되었다. 부임한
이래로 그는 계속해서 장쩌민이 해외 우방국들을 방문하고, 양쯔강
남북을 순시할 때에 그림자처럼 수행하였다. 그리고 수시로 계책을
올리고 장쩌민의 연설문이나 보고서를 작성할 정도로 장쩌민에게 있
어서는 비장의 칼이라고 할 수 있다. 이처럼 쩡칭훙은 지난 8년간 장

쩌민의 지위를 공고히 하는 데 오른팔 역할을 한 장쩌민의 심복이다. 쩡칭훙은 비록 다른 중국의 고급엘리트처럼 비교적 자주 언론에 노출될 기회는 없지만, 중국권력의 핵심부에 자리잡고 있기 때문에 중국 정국의 변화 속에서 그의 역할은 결코 가벼이 보아 넘길 수 없다. 우이는 중앙정치국 구성원 중 유일한 여성위원이다. 천무화(1977~1987년, 중앙정치국 후보위원) 이후 처음으로 정치국 후보위원이 되었다. 주룽지에 의해 대외무역경제합작부 부장에 발탁되었고, 그것을 발판으로 정치국 후보위원과 국무위원에 기용되었다.

반면, 교체된 차오스, 류화칭, 양바이빙, 쩌우자화 등은 상술한 바와 같이 모두 70세 이상으로 형식상으로는 간부 노청교체의 원칙이 적용된 케이스다. 그러나 성분상으로는 양바이빙의 경우 6·4사태시 강경 진압의 선두에 섰던 사람으로 군대 내 '양가장'세력의 대부로 장쩌민의 권력승계에 위협적인 존재였으며, 쩌우자화는 리펑과 절친한 소련 유학파 보수적 테크노크라트다. 차오스 역시 성분상으로는 개혁지향적이지만, 그의 경력과 인맥으로 보아 장쩌민에게는 버거운 상대였다. 차오스와 류화칭의 교체에 대해서는 설이 분분하나, 교체자의 연령이 70세 이상인 점에서 공통점을 찾을 수 있다.

그러나 이들의 퇴진은 연령만이 주요 원인으로 작용한 것은 아닌 듯하다. 왜냐하면 차오스의 퇴진은 리펑(보수파)의 국무원 총리 퇴임(3임 불가) 후의 권력 안배와 유관했던 것으로 분석된다. 리펑의 후임 총리에 경제개혁의 적극적 추진자인 개혁파의 주룽지를 발탁하고, 이와 균형을 이룰 수 있는 전국인민대표대회 상무위원회 위원장직을 리펑(보수파)에게 넘김으로써 보·혁간의 세력균형을 유지하자는 차원에서 차오스의 퇴진이 이루어진 것으로 평가된다. 물론 중공 15기 인사는 비교적 조용하게 진행되었으며, 차오스의 탈락 대신 차오스 맨으로 통하는 웨이젠싱(기율검사위원회 서기 겸직)을 상무위원으로 승진시킨 점과 친 류화칭 계열로 분류되는 장완녠을 비록 정치국 상무위원 보다는 격이 낮지만 중앙서기처 서기로 기용함으로써 권력투쟁의 양상을 최소화하려 하였다. 그러나 차오스의 경우는 그의 퇴진에 대신해서 차오스 맨으로 통하는 웨이젠싱을 정치국 상무위원에 발탁한 데 반해, 군 출신은 당초 예상(장완녠 중앙군사위원회 부주석과 츠하오톈 국방부장 중 한 사람을 류화칭을 대신해서 상무위원에 기용할 것이라는 당초 예측)을 뒤엎고 한 사람도 정치국 상무위원에 기용하지 않은 것은 군부를 충분히 장악, 더 이상 군부에 영합할 필요가 없어졌기 때문으로 해석된다.

결국 15기 중앙정치국 구성원 중 장쩌민의 지도력에 도전할 만한 세력은 사실상 없다는 것이 지배적인 견해다. 왜냐하면 정치국 상무위원 중 누구도 장쩌민 이상으로 당을 장악할 수 있는 인사는 없었기 때문이다. 신임 정치국위원의 프로필을 보면 이를 더욱 입증한다.

▶ 최연소 테크노크라트, 허난성 당위 서기 리창춘

리창춘(李長春, 1944~)은 42세에 성장이 되고, 53세에 당 중앙정치국위원이 되었다. 홍콩 영자 주간지 『아시아 위크』는 리창춘을 1990년대 초에 이미 '21세기 중국의 발전을 주도해 나갈 정치·경제·과학기술·문화계 인사 50인' 중의 한 사람으로 선정한 바 있다. 지방 지도자로는 자칭린 베이징시 당위 서기, 황쥐 상하이 당위 서기, 보시라이(보이보의 아들) 다롄 당위 서기, 쉬광디 상하이 시장이 함께 뽑혔다.

리창춘은 지린성 지린시에서 태어났으나, 본적은 랴오닝성 다롄시다. 1966년 하얼빈공업대학 전기공정과를 졸업했다. 졸업 후 잠시 모교에 남아 정치보도공작에 종사한 것을 제외하고는 선양시와 랴오닝성에서 기업관리(선양시카이관공장瀋陽市開關廠, 전기電器공업공사, 전기제어설비공업공사) 및 지방 당·정 지도자(시장, 성장, 당위부서기)로서의 경험을 쌓았다. 랴오닝성 성장이 될 당시 그의 나이는 불과 42세, 중국 최연소 성장이었다.

<표 5-2> 중공 15기 중앙정치국위원의 사회적 배경(1997)

이름	생년	본적 (출생지)	학력 (전공)	군대 경력	주요 경력	겸직 (1997-)
장쩌민 ★	1926	장쑤	상하이자오퉁대(전기), 소련 및 루마니아연수, 工	-	전자공업부장, 상하이시장·서기	당총서기, 국가주석, 중앙군사위주석
리펑 ★	1928	쓰촨(상하이)	모스크바power Istitute(수력발전), 工	-	전력공업부장, 국가경제체제개혁위주임	전인대상무위원장
주룽지 ★	1927	후난	칭화대(전기), 고급工	-	상하이시장·서기, 중국인민은행장	국무원총리
리뤠이환 ★	1934	톈진	베이징건전공업여대(건축전공), 工	-	공청단서기, 톈진시장·서기	전국정협주석
후진타오 ★	1941	안후이(상하이)	칭화대(수리공정), 工	-	공청단서기, 전국청년연합주석, 구이저우·시짱서기	서기처서기·당교교장·국가부주석
웨이젠싱 ★	1931	저장	다롄공대(기계), 소련유학, 고급工	-	당조직부장, 감찰부장, 베이징서기, 총공회주석	중앙기율검사위서기지서기
리란칭 ★	1932	장쑤	푸단대(기업관리), 소련유학	-	대외경제무역부장, 톈진부서기	부총리
딩관건	1929	장쑤	상하이자오퉁대(운수관리), 고급工	-	철도부장, 매판판공실주임, 서기처서기, 통전부장	중앙서기지서기, 선전부장
톈지윈	1929	산둥	중졸(회계)	-	쓰촨재정청장, 부총리, 랴오닝·하난성장·서기	전인대상무부위원장
리창춘	1944	랴오닝	하얼빈공대(전기), 工	-	선양시장·서기, 랴오닝·하난성장·서기	광둥서기
리톄잉	1936	후난	체코Charles대(물리), 고급工	-	랴오닝서기, 전자공업부장, 교육위주임, 국무위원	사회과학원장
우방궈	1941	안후이	칭화대(전자), 工	-	상하이서기, 서기지서기	부총리

이름	생년	본적(출생지)	학력(전공)	군대경력	주요경력	겸직(2002-)
우방정	1938	장시	칭화대학원(둥력),工	-	무한시장·서기,장시성장·서기	상등서기
쩡칭오ㅔ	1928	산둥	해방군군사학원함양성과	상장	총참모장,군사위위원,국무위원겸국방부장	중앙군사위부주석
장완녜	1928	산둥	해방군난징군사학원기본과	상장	광저우·지난군구사령관,군사위위원,총참모장	서기처서기,군사위부주석
뤼간	1935	산둥	둥투푸라이베르크대(기계제조),고급工	-	허난성장·서기,노동부장,국무위원,서기처서기,국무위원	서기처서기,국무위원
장춘윈	1932	산둥	중국어문자수대	-	산둥성장·서기,중앙서기처서기,부총리	전인대상무부위원장
자칭린	1940	허베이	허부공대전력과,고급工	-	푸젠성장·서기,베이징시장	베이징시장·서기
쩨치전	1928	상하이	성요한대,소련공청단학교	-	국무위원,외교부장	부총리,외교부장
황쥐	1938	저장	칭화대(전기),일본연수1년(경영),工	-	상하이시장·서기	상하이서기
웬자바오	1942	톈진	베이징지질대학원(지질구조),工	-	중앙판공청주임,정치국후보위원	서기처서기
세페이	1932	광둥	고졸	-	광저우시위서기,광둥성위서기	전인대상무부위원장

주: ★는 상무위원, 工은 공정사(엔지니어)
굵은 색 글자체 명은 신임

랴오닝성장 재임시 리창춘은 <파산법>을 제정하여 불실 기업을 정리하고 경쟁력 있는 기업을 육성하는 획기적인 정책을 추진했다. 그후 리창춘은 1990~1992년 허난성 당위 부서기, 성장대리·성장, 그리고 1992~1997년 허난성 당위 서기·인민대표대회 상무위원회 주임으로 성장했다. 그러는 동안 리창춘은 장쩌민으로부터 보기 드문 인재라는 찬사를 받을 만큼 그의 리더십과 조직 장악력은 물론, 과학기술 관료로서의 역량은 탁월했다. 그래서 당 제14기 중앙위원에 이어, 최연소 성장에서 최연소 정치국위원으로 발탁되었다.

1998년 3월 중국 최초이며 최대의 개방지역인 광둥성 당위 서기로 영전하였다. 당시 장쩌민이 광둥성을 길들이기 위해 리창춘을 차출한 것이다. 그 정도로 장쩌민의 신임이 두터웠다. 리창춘은 현직 중앙정치국위원 중 연령은 가장 낮으면서 지방의 성장 및 성당위 서기를 가장 많이 경험한 사람이다. 그것도 개방지역(랴오닝, 허난, 광둥)의 성만 세 곳을 경험한 개혁·개방의 실천가요 산 증인이다. 그의 인물됨에 대하여 흔히 '침부심(沈浮深)'이라고 표현한다. '가라앉고 떠오름이 깊다는 뜻이다. 즉, '그릇이 큰 인물'이란 뜻이다.

▶ 칭화대 출신, 테크노크라트 우관정

우관정(吳官正, 1938~)은 장시성 위간(余干)현 출신으로 1959~1965년 칭화대학 동력과 및 동 대학원에서 열공측량 및 자동제어학을 전공하면서 동 당 지부 서기를 겸임하였다. 대학원 졸업 후 1982년까지 후베이성 우한시의 생산공장 엔지니어(공정사) 및 우한시 과학위원회 부주임·시 혁신개조잠재력개발지휘부 부주임·공정과학기술센터 주임·당위 서기직 등을 거치면서 기층공작 경험을 착실히 쌓았다. 1983년 다시 우한시장에 선임되었다.

우한시장 재임 중 그는 1백여 명의 전문가로 구성된 경제정책자문단을 구성하여 정책자문과 조언을 받는 등 많은 치적을 남겼다. 당시 장시성 성장 니셴츠(倪獻策)이 부정에 연루되어 면직되자 우관정은 고향 장시성의 당위 부서기 겸 성장대리로 자리를 옮긴 후 성장, 당위 서기로 승진했다. 1997년까지 장시성에서 정책자문위원회 및 목표관리제 등 여러 가지 개혁적인 제도를 도입하여 조직의 효율성 제고에 기여하였다. 또 기업경영에 있어 '철 밥통'(鐵鈑碗)문제를 퇴치하고 도급제를 강화하여 기업경영풍토를 개선하고 노동자들의 노동능률을 향상시키는 데 노력을 쏟았다. 이상과 같은 일련의 노력의 결과, 그는 1997년 9월 당 중앙정치국위원이 되어 중국의 최고지도층에 진입하게 된다. 이어 장쩌민에 의해 중국의 대성 산둥성 당위 서기 겸 당교 교장으로 영전하게 되었다.

▶ 제3야 출신 화둥인맥과 운명을 함께한 해방군 실세 츠하오톈

츠하오톈(遲浩田, 1928~)은 산둥성 자오위안(招遠)현의 빈농출신으로 사병에서 총참모장을 거쳐 국방부장직까지 오른 입지적인 인물이다. 전임 중앙군사위원회 부주석 장전 등과 함께 제3야전군 출신이다. 1944년 6월 중·일전쟁이 절정에 달한 시기에 사병으로 군에 입대(당시 16세), 항전기와 해방전쟁기에 대대 교도원·연대 정치처 주임을 거쳐 1946년 10월 중국공산당에 입당했다.

1949년 21세 되던 해 '화둥 3급 인민영웅'이라는 칭호를 받고 27군 단 예하 중대 지도원이 되었다. 1949년 4월 인민해방군을 따라 양쯔강 도하작전에 참가하여 5회에 걸친 부상과 9회의 훈장을 받는 무공을 세운다. 1950년 11월 한국전쟁에 참가해 장진에서 미군의 최정예 해병 제7사단과 혈전을 벌여 승리한 공을 인정받아 대대장으로 승진했다. 1952년 여름 27군을 따라 귀국한 후 1955~1958년 육군 제27군 235정치처 부주임을 거쳐 1958~1960년 난징총고급보병학교 및 난징해방군군사학원을 수료했다. 이때 그는 지난1연대 부연대장 및 소교(少校, 소령)로 진급하고, 인민해방군 대표자격으로 제2기 전인대 대표에 당선되었다. 1964년 후 지난 1연대 연대장·연대 정치위원·사단 정치부주임·부정치위원으로 승진하고, 제3기 전인대 대표에 연임

됨으로서 정치군인으로서의 경험을 다져갔다. 당시 그의 계급은 중교(中校, 중령)였다.

문혁기간 중에는 쑤저우(蘇州)에 파견되어 79사단의 부정치위원으로서 지방행정공작에 참여하였다. 그 후 해방군고급보병학교를 수료하고 27군단 정치부 주임에 보임되어 『해방군보』에 파견되었으나, 당시 『해방군보』를 장악하고 있던 문혁파(장칭 등 4인방)와의 갈등으로 곧바로 면직되었다. 1970년 79사단 정치위원으로 복귀, 린뱌오사건(1973년) 이후 27군단의 총군단장 유타이중(尤太忠)의 추천에 의해 베이징군구 부정치위원(사령관 리더성)으로 급승진하게 된다. 리더성은 12군단의 군단장 출신인데, 12군단은 27군단과 함께 쉬스요 지휘하에 있던 형제 부대였다.

베이징군구 부정치위원 재임 시 츠하오톈은 덩샤오핑·예졘잉 등을 도와 '4인방'을 체포하는 데 공을 세웠다. 1977년에는 '4인방'의 선전장인 인민일보사에 파견되어 4인방의 죄악을 폭로하고 사내 극좌 지도급 인사들을 인사 조치함으로써 4인방의 잔재를 철저히 분쇄했다. 그때까지만 해도 그와 덩샤오핑과는 직접적인 인간관계가 없었다. 하지만 그의 이러한 공로를 인정받아 당시 금방 복권되어 군내 자파 세력확대에 부심하던 덩샤오핑(당시 인민해방군 총참모장)에 의해 부총참모장에 발탁되었다. 당시 부총참모장은 모두 10명이었는데 대부분이 장관급 계급이었다. 그러나 츠하오톈은 1955년 당시 영관(校官)급 계급에 불과했다. 당시 그의 나이 49세였다.

1982년 군 대표로 당 12기 중앙위원에 당선되었고, 1985~1987년 군대의 정돈과 대군구의 조정 및 간부의 연소화정책에 따라 다수의 노장들이 퇴임하자 지난군구 사령관으로 발탁되었다. 간부의 연소화정책은 그의 승진에 유리하게 작용되었고 또 덩샤오핑의 신임도 두터워 세인의 예상을 뒤엎고 1987년 11월 당 중앙위원회 위원 및 중앙군사위원회 위원에 선임되고, 양더즈에 이어 인민해방군의 총참모장직에 올랐다. 일반적으로 총참모장은 당과 군의 요직을 거친 사람이 맡는 것이 관례로 되어 있다. 따라서 세인들은 당시 정치국위원이며 베이징군구 사령관인 친지웨이(전임 국방부장)가 양더즈의 뒤를 이어받을 것으로 예측했다. 그러나 당 중앙군사위원회 주석 덩샤오핑은 예측을 뒤엎고 내외적으로 지명도가 그리 높지 않은 츠하오톈을 전격적으로 발탁했다.

총참모장이 된 그는 제갈량(諸葛亮)의 말을 인용 그의 당시 심정을 대신했다. "명을 받던 날 잠을 이룰 수 없었고 음식 맛이 달지 않았다"(受命之日, 寢不安席, 食不甘味). 또 그는 당 '13대 정신'을 견지하고 군대의 개혁을 강조하면서, '손자병법'의 한 구절을 인용 "천시는 지리만 못하고, 지리는 인화만 못하다(天時不如地利, 地利不如人和)."고 했다. 즉 그가 강조한 것은 바로 '일심단결, 힘을 합해' 군대의 개혁을 추진하고 중국군의 현대화를 기하자는 것이었다. 1988년 9월, 친지웨이·류화칭·자오난치, 장전 등과 함께 중국군 최고 계급인 상장에 진급한다. 1992년 10월 당 14기 중앙위원 및 중앙군사위원회 위원에 연임되고, 1993년 3월 제8기 전인대 제1차회의에서는 국무위원 및 국방부장에 선임되었다. 그리고 1995년 중앙군사위원회 부주석에 승진한다. 1997년 9월 당 15대1중전회에서는 중앙정치국위원에 당선됨과 동시에 중앙군사위원회 부주석에 연임되고, 1998년 3월 제9기 전인대 1차회의에서는 국무위원 겸 국방부장, 국가중앙군사위원회 부주석에 연임되었다.

따라서 그는 일개 사병에서 군정 최고지휘자의 자리에 오른 현대 중국군의 산 증인이다. 츠하오톈은 군부 내 계파별로 볼 때는 화둥지구에서 맹위를 떨쳤던 제3야전군(사령관, 천이) 출신이다. 따라서 상하이를 중심으로 성장한 화둥인맥과는 공동운명의 관계에 있었다. 4인방 체포 후 덩샤오핑의 도움으로 고속성장을 했으며, 현역 장성으로서 중국공산당 중앙정치국위원, 당과 국가 중앙군사위원회 부주석·국무위원 겸 국방부장(연임) 등 중국인민해방군의 가장 눈부신 직함을 한몸에 안고 있는 군부의 실세다.

▶ 제4야전군 출신, 양가장 세력의 대항마 장완녠 장군

장완녠(張萬年, 1928~)은 산둥성 룽커우(龍口)땅, 일개 빈농의 자제로 태어나 중국공산당 중앙정치국위원, 중앙군사위원회 부주석 겸 중앙서기처 서기까지 오른 순수 무골 출신이다. 1945년 공산당에 입당, 현역 상장(上將)이다. 장완녠은 인민해방군 총정치부 주임 위융보와 함께 린뱌오 계열의 제4야전군 출신이다. 따라서 그는 문혁전야에는 현직 지도층들과는 달리 린뱌오 계열 청년장교들의 모임인 '타산영웅단(塔山英雄團)의 단장이었고, 문혁 중에는 당권파인 린뱌오 편에 서서 '마오쩌둥 저작학습'을 대대적으로 선전하는 역할을 한 마오쩌둥의 적극적인 추종자였다.

장완녠은 16세 되던 해인 1944년 팔로군(八路軍)에 참가하게 되는데, 당시 소속부대는 산둥군구 제5사단으로 린뱌오의 제4야전군에 속해 있었다. 1945년 이후 동북민주연합군(동북야전군) 사병·소대장·부중대장, 대대·연대의 경호원 등을 거쳐, 1949년 신중국 성립 후 육군 제41군단 연대 사령부 작전계장, 군단사령부 작전참모, 부연대장 겸 참모장으로 승진하였다. 1958~1961년 이후 난징군사학원 기본과를 수료하고, 육군 제41군단 123사단 367연대 부연대장·연대장으로 승진한다.

문혁기간 중 광저우군구사령부 작전과장·작전부 부부장을 거쳐 1968~1979년 11년간 육군 제43군단에서만 근무했다. 육군 제43군단은 우한군구 예하 부대로 당시 우한군구 부사령관은 장전(14기 중앙군위원회 부주석) 장군이었다. 이 기간 중 그는 제43군단 127사단장, 부군단장으로 승진하는 한편, 해방군군사학원을 수료(1978~1979)하는 등 고급지휘관으로서의 자질을 쌓았다.

한국전에서는 최연소 지휘관으로 참가하였고, 1979년 중·월전에서는 뛰어난 지략과 민활한 지도력으로 혁혁한 공을 세워 덩샤오핑 등 원로들의 찬사를 받기도 했다. 이러한 그의 공이 인정되어 1981년 육군 제43군단장으로 승진했다. 이후 우한군구 부사령관, 광저우군구 부

사령관을 거쳐 1987년 광저우군구 사령관으로 승진함과 함께 중장(2성 장군)으로 진급했다.

　광저우군구는 광둥성·하이난성·광시성·후베이성·후난성 군구 등 5개 2급 군구와 제41·제42집단군을 관할하는 대군구다. 서남으로는 월남과 접경해 있고, 남으로는 남해와 접해 있어 변방 방위 및 해상 방위의 임무를 책임지고 있다. 특히 광저우군구 관할 지역은 징광(京廣)철도가 관통되는 지역으로 베이징군구를 지원하여 수도를 방위하며, 영토분쟁이 나날이 증가되고 있는 남사군도의 자원을 보호하기 위한 영토방위의 주요 임무를 띠고 있는 중국의 대동남아 전략상 아주 중요한 군구다. 해방전쟁 최후의 단계 린뱌오 휘하 제4야전군이 맹위를 떨친 지역이기도 하다.

　이처럼 중요 일선군구의 사령관인 장완녠도 6.4사태 이후 단행된 군 인사 때, 양상쿤-양바이빙 형제에 의해 1990년 지난군구 사령관으로 좌천하게 된다. 지난군구는 산둥성·허난성 군구와 제10·26·54·67집단군을 관할하는 군구로 광저우군구에 비해 전략상 그 중요성이 약하다. 따라서 당시 장완녠의 이동을 두고 좌천이라고 했던 것도 무리는 아니었다. 그러나 1992년 당 14대1중전회와 1993년 3월 제8기 전인대 제1차회의에서 오히려 당 중앙위원과 중앙군사위원회 위원에 발탁되어 인민해방군 총참모장을 겸임하게 되었다. 1993년 6월 장쩌민이 정권을 장악한 후 최초로 단행한 군 계급수여(승진)때 위융보·푸취안요 등과 함께 상장으로 진급하고, 1995년 이후 츠하오톈과 함께 중앙군사위원회 부주석으로 승진했다. 이어 15기에서 양바이빙의 퇴진과 동시에 정치국에 입국하였다. 중앙서기처 서기까지 겸임하고 있어 군부 실세 중의 실세로서의 위치를 공고히 하고 있다.

　그의 중용은 군대 내 계파간의 세력균형을 위한 조치라고 볼 수도 있겠으나 6.4사태 때 취한 그의 태도와도 유관한 것으로 풀이될 수 있다. 1989년 6.4사태 때 그가 취한 태도에 대해서는 이견이 분분하다. 그러나 확실한 것은 그가 양상쿤·양바이빙 형제의 무력진압에는 동조하지 않았다는 사실이다.[6] 그는 이제 중앙정치국위원으로서 당·국가 중앙군사위원회 주석과 중앙서기처 서기직을 겸직하는 중국공산당과 인민해방군의 최고 실세가 되었다. 43군단(우한군구 예속) 사단장 시절, 당시 우한군구 부사령관 장전(전임 군사위 부주석)과의 친숙한 관계가 그를 지켜 주는 군내 인맥이다.

▶ 만능 기술간부, 동독 유학파 테크노크라트 뤄간

뤄간(羅干, 1935~)은 독어, 영어, 불어에 능통한 이론과 실무를 겸비한 테크노크라트다. 산둥성 지난시 태생으로 1953~1954년 베이징강철대학 압력가공과 수학한 후, 1954~1955년 동독 라이프찌히 칼 마르크스대학에서 독어를 배웠다. 1955~1956년 동독 라이프찌히 강철공장 금속주조공장 연수를 거친 후, 1956~1962년 동독 푸라이베르크대학 기계주조과를 졸업했다. 유학 중인 1960년 중국공산당에 입당했다.

1962~1969년 귀국 후 제1기계공업부 기계과학연구원 과제조(課題組) 조장·엔지니어(고급공정사)가 되었으나, 문혁기간(1969~1970) '57간부학교'에 하방되어 노동개조를 받았다. 1970~1980년 제1기계공업부 기계연구원 타허(漯河)주비처실 주임, 제1기계공업부 정저우(鄭州) 기계연구소 부소장으로 승진하였다. 1980~1981년 허난성 수출입위원회 부주임·과학기술위원회 주임직을 거쳐, 1981~1983년 허난성 부성장·당위 서기, 중공 제12기 후보중앙위원으로 승진하는 등 지방 지

---

6) 6.4사태 때 장이 취한 태도에 대해서는 그는 군의 살인행위를 단호히 반대했다는 설과 애매한 태도를 취했다는 설, 그리고 아예 병원에 입원해 있었다는 등의 설 등이 난무했다. 6.4이후 군 인사의 결과 그는 본의 아니게 양씨 형제들에 의해 지난군구로 이동된 점과 또 그가 지난군구로 자리를 옮긴 후의 연설내용을 보면 확실히 그는 군사무력진압에 협조하지 않았음이 증명된다. 그는 연설을 통해 "63년의 역사를 회고컨대 우리는 군대가 인민을 떠나서 존재할 수 없고 인민 또한 군대를 떠나서 존재할 수 없음을 절감하였다. 군대는 오직 인민의 지지를 받을 때 비로소 힘 있는 군대가 된다. 우리는 반드시 눈과 생명을 사랑하듯이 군민(軍民)이 서로 단결하고 사랑해야 한다. 인민과 군대의 관계는 물과 물고기, 피와 살의 관계와 같다"고 했다(何頻·高新 合著, 『中共新權貴-最新領導者群像』(香港: 當代月刊, 1993), pp. 356~374).

도자로서의 자질을 함양해 갔다.

그는 유학파 고학력에 기층근무경험이 풍부한 젊은 테크노크라트로 '간부4화'의 자격요건에 충분한 조건을 갖춘 인재다. 그리하여 1983년 중앙으로 픽업되어 1988년까지 중화전국총공회 부주석·동 중앙서기처 서기·동 당조 부서기 등을 거쳐, 당 제13기 중앙위원에 연임되었다. 1988~1993년 국무원으로 자리를 옮겨 노동부 부장(88.4~12), 국무원 비서장(총리, 리펑), 국무원기관당조 서기, 당 중앙 국가기관공작위원회 서기 등을 역임하면서 중앙정부의 지도급 인사로 성장하였다. 1993년 국무위원 겸 국무원 비서장, 국무원기관당조 서기, 당 중앙 국가기관공작위원회 서기에 연임되고, 다시 중앙정법위원회 부서기를 겸임하는 등 리펑 총리를 최측근에서 보좌했다.

뤄간의 경력은 화려하다. 그러나 그의 경력은 일관성이 없다. 기계연구소 부소장(엔지니어)에서 서기(당무)로, 또 총공회(노동자 단체)에서 노동부(인사관리)로 옮겨 다녔다. 이처럼 그가 거쳐 온 업무의 성격이 체계가 없는데 이것은 그가 능력은 있지만 당·정·군내의 어느 파벌에도 의탁하지 못했기 때문이다. 따라서 그는 오직 '만능(萬金油) 간부'로서 필요에 따라 이곳, 저곳으로 이동되어 다닌다. 그러한 만능 간부의 모나지 않은 성격과 청년 기술전문직으로서의 자질을 인정받아 천준성에 이어 국무원의 일상업무를 관장하고 각 부·위원회의 업무를 조정하는 국무원 비서장으로 등용되어 연임의 영광을 누리기도 했다. 그의 오늘이 있는 것은 10여 년간 국무원 비서장(실질상 2인자)으로서 무리없이 리펑 총리를 보좌해 온 결과라 보겠다. 1997년 9월 마침내 중공 제15기 중앙위원 및 중앙정치국위원·중앙서기처 서기에 선임되고, 1998년 3월 국무원 국무위원에 연임되어, 당(서기처 서기)과 정부의 행정을 연계하는 역할을 담당하게 되었다.

▶ 친 장쩌민 계열, 베이징시 당위 서기 자칭린

자칭린(賈慶林, 1940~)은 허베이성 보터우(泊頭)현 출신으로 스자

장(石家庄)공업관리학교 공업기업계획과정을 거쳐, 1962년 허베이공대 전력과를 졸업한 과학기술관료다. 졸업 후 장시 펑신(奉新)의 '57간부 학교'에 하방되어 노동개조를 받은 기간을 제외하고는 1978년까지 제1기계공업부의 엔지니어(고급공정사) 및 생산품관리국 책임자로 근무하였다.

개혁·개방 이후 1985년까지 중국기계설비수출입총공사 대표, 타이위안(太原)중형기기공장 공장장·당위 서기를 역임하면서 수출 및 생산현장에서 기업경영자로서의 자질을 익혔다. 1985년 이후 지방정부로 자리를 옮겨 1990년까지 푸젠성 당위 부서기·서기, 성장대리·성장, 인민대표대회 상무위원회 주임 등으로 승진하면서 지방정부의 지도급 간부로 성장하였다.

1996년 장쩌민에 의해 수도 베이징시의 당위 부서기, 시장대리·시장으로 영전되었다. 재직 중인 1995년 베이징시 당위 서기 천시퉁이 부정부패에 연루되어 파면되자, 중앙기율검사위원회 주임 웨이젠싱이 베이징시 당위 서기를 겸임하면서 천시퉁사건을 종결 지은 다음, 자칭린이 당위 서기직(1998)을 넘겨받게 되었다. 1997년 당 15대1중전회에서 중앙정치국위원에 선임됨으로서 중국 최고지도층의 한 사람이 되었다. 그가 차오스계통의 웨이젠싱으로부터 베이징시 당위 서기를 물려 받은 것을 두고, 일부에서는 차오스와 장쩌민의 '힘 겨루기'에서 장쩌민이 승리했다는 말이 날 정도로 그는 장쩌민에 가까운 사람이다.

▶ 3명의 총서기를 보좌한 지질학도 원자바오

원자바오(溫家寶, 1942~)는 톈진시 베이자오(北郊) 생으로, 1960~ 1968년 베이징지질대학 및 동 대학원에서 지질구조학을 전공하였다. '간부4화' 정책에 가장 잘 부합되는 중국이 자랑하는 대표적 테크노크라트다. 원자바오는 대학원 수료와 동시에 간쑤성으로 배치되어 간쑤성 지질국 지질역학대 기술원, 지질국 부처장·부국장을 거치면서 기층경험을 쌓았다.

1982년 국무원 지질광산부 부장 쑨다광(孫大光)에 의해 동부정책법
규연구실 주임·부부장에 발탁되어 중앙에 진출했고, 1985년 당 중앙
판공청 부주임을 거쳐 1986년 당 중앙판공청 주임(전임, 왕자오궈) 및
당 중앙위원으로 기용되었다. 당 중앙판공청 주임이 될 당시 그의 나
이 44세였다.

당 중앙판공청은 당 중앙지도체계의 비서 업무를 처리하고 당 중앙
지도기관 및 그 주요 지도자의 안전과 경호업무 및 인사자료와 기관
사무의 관리 등을 관장하는 핵심 기밀공작기관이다. 당 중앙판공청은
1954년 4월에 신설, 7명의 주임이 거쳐 갔는데, 그들은 이 부서의 주
임을 거친 후 곧바로 당의 최고지도부로 진입했다. 양상쿤(전 국가주
석), 왕둥싱(마오쩌둥의 근위대장 역임), 야오이린(전 정치국 상무위원)
그리고 후치리(전 정치국 상무위원) 등이 바로 당 중앙판공청 주임을
거쳐 간 인물들이다. 이처럼 당 중앙판공청의 위치는 당 중앙의 핵심
적 지위에 있기 때문에 그의 주임 발탁은 세인의 주목을 끌었다. 특
히 당 중앙위원은 물론 후보위원도 아닌 그가 중앙판공청의 주임이
된 것은 아주 이례적인 일로 세인들의 주목을 끌지 않을 수 없었다.

1987~1992년 당 중앙판공청 주임 겸 중앙서기처 후보서기, 중앙직
속기관공작위원회 서기를 겸직하였고, 1992~1997년 당 제14기 중앙
위원·중앙정치국 후보위원 겸 중앙서기처 서기에 올랐다. 그리고
1997년 15대1중전회에서 중앙정치국위원에 발탁됨과 동시에 중앙서기
처 서기에 유임된 엘리트 당료다. 1998년 3월 국무원 부총리(농업담
당)까지 겸직, 당·정을 잇는 주요 포스트로서 당·정 양 날개에 더욱
힘이 주어졌다.

따라서 그는 현재 권력 정상의 한 계단 아래에 와 있다. 그는 전문
지식과 행정경험이 풍부하고, 그리고 대세를 읽는 정치감각 등에서
탁월하다. 중국인들은 21세기 중국의 당·정·군 가운데 '정'의 한 축
을 이끌 지도자로 그를 꼽는 데 주저하지 않는다. 원자바오는 3명의
총서기를 보좌하였다. 권력투쟁이 격렬한 중국정치사회에서 후야오방,

자오쯔양, 장쩌민 총서기 등 3대에 걸쳐 이른바 그들의 비서실장(중앙 판공청 주임)을 역임한 것으로 보아 그의 인물됨을 짐작할 수 있다. 주룽지 다음 국무원 총리 0순위다.

제2절 국가체제
  : 장쩌민-리펑-주룽지 체제와 차오스의 퇴진

1. 장쩌민-주룽지 투 톱 체제와 후진타오의 부상

1998년 3월에 소집된 제9기 전국인민대표대회에서는 덩샤오핑 사후 첫 국가 지도부의 개편이 이루어졌다. 국가지도체제는 부분적인 헌법개정이 있었음에도 과거와 변함이 없었다. 전인대 회의가 중요한 것은 당 대회에서 중앙정치국위원이 되었다 해도 국가기관에 그에 걸 맞은 직위를 갖지 못할 경우, 정책결정상의 실질적인 영향력이 줄어 들기 때문이다. 시장화 정책의 추진에 따라 국가지도체제의 영향력이 점차 커가고 있는 추세이기 때문에 더욱 그러하다. 제9기 전인대 1차 회의에서 단행된 주요 인사는 다음과 같다.

국가원수격인 국가주석직의 경우 장쩌민이 그대로 유임, 당과 함께 국가권력을 장악하여 정치적 안정을 유지할 수 있게 되었다. 부주석 에 정치적 중립세력인 룽이런이 물러나고, 당 서열 5위인 후진타오가 선임되었다. 장쩌민은 중국공산당 중앙위원회 총서기, 당 및 국가중앙 군사위원회 주석직 연임과 함께 국가 주석직에도 연임됨으로써 명실 상부한 당·정·군의 최고 지도자임이 재확인되었다. 국가 부주석이 된 후진타오는 당 중앙정치국 상무위원 및 당 중앙서기처 서기직도 겸직함으로써 차세기의 최고지도자로 더욱 근접해 갔다. 특히 1999년 9월 당 15대4중전회에서 중앙군사위원회 위원을 겸임하게 된 것은 이를 더욱 입증해 준다. 당 중앙정치국 상무위원급이 국가 부주석을 겸임하게 된 것은 54헌법시기, 즉 국가주석(마오쩌둥)의 권한이 막강하던 시기에 주더·류사오치·가오강이 국가부주석을 겸임한 이후로 처음 있는 일로, 이는 국가주석단의 위상 강화로 해석할 수 있겠다.

국가 최고권력기관인 전국인민대표대회 상무위원회의 경우, 우선 상무위원장은 전임 위원장 차오스가 퇴진하고 전임 총리이자 보수세력의 지지를 받고 있는 중앙정치국 상무위원 리펑이 그 위원장직을 승계하였다. 부위원장의 경우 19명 중 톈지윈 제1부위원장을 비롯한 7명이 유임되고, 12명이 교체되었다.

전인대가 갖는 위상이나 그 상무위원회의 헌법상의 역할로 말미암아 역대 위원장이나 제1부위원장은 공산당 중앙정치국 상무위원이나 정치국위원이 겸임해 왔다. 그러나 9기 전인대의 경우 전례 없이 상무부위원장의 경우만 정치국위원 3명(톈지윈, 장춘윈, 셰페이)이 겸임하게 되었다. 이는 전인대에서의 공산당지배권의 강화는 물론, 당 15전대회의 국정운영의 방침, 즉 법제 및 법치주의의 강화에 따른 전인대의 위상 제고로 볼 수 있다.

위원장의 교체는 전국인민대표대회에서의 상당한 권력의 변화를 의미한다. 그러나 수석 상무부위원장직을 자오쯔양 계열의 개혁지향적인 톈지윈이 그대로 고수함으로써 보수성향의 리펑 위원장과 개혁주도형인 톈지윈이 전인대에서 견제와 균형을 이루는 형세가 되었다. 차오스 전인대 상무위원장의 퇴진에 대해서는 뒤에서 다시 살펴보기로 한다.

최고행정기관인 국무원의 경우, 전임 총리 리펑이 헌법상 3임 불가로 전인대 상무위원장으로 자리를 옮기고, 상무부총리 주룽지가 총리로 승진하였다. 부총리의 경우, 당 정치국 상무위원인 리란칭과 정치국위원인 첸치천·우방궈가 연임되고, 정치국위원 겸 중앙서기처 서기인 원자바오가 보완되었다. 퇴임한 쩌우자화·장춘원은 전인대 상무부위원장직으로 자리를 옮겼다. 부총리의 수를 6명에서 4명으로 줄였으나, 그 중 3명은 유임된 셈이다.

국무위원의 경우, 국무위원의 수 역시 8명에서 5명으로 줄었다. 그러나 그 중 3명은 유임되었다. 정치국위원 겸 국방부장인 츠하오톈과 정치국위원 겸 중앙서기처 서기인 뤄간 및 소수민족인 스마이·아이마이티(司馬義·艾買提)는 연임되고, 대외경제무역부장이었던 우이(정치국 후보위원)와 대외경제무역위원회 주임 왕중위(王忠禹)가 승진하여 입각하였다. 신임 2명은 모두 대외경제무역의 전문가이다. 퇴임 국무위원 중 펑패이윈(彭佩雲, 여)은 전인대 상무위원, 쑹젠·리구이셴·천준성은 전국정협 부주석으로 옮겨가고, 리톄잉은 당의 중앙정치국위원직에만 유임되었다.

부총리 중 리란칭은 상무부총리로서 경제무역과 문교 부문을 관장하고, 첸치천은 외교와 타이완·홍콩·마카오 사무를, 그리고 우방궈는 농업·금융·과학기술 방면과 재경 및 국영기업의 구조개혁을, 뤄간은 정법·안전과 사법 등 정치부문을 관장하게 되었다. 국무위원의 경우에도 츠하오톈은 국방, 우이는 대외무역, 그리고 비서장을 겸임하는 왕중위는 국무원의 일상업무를 관장하였다. 이렇게 볼 때, 외교와 국방부문은 국가주석이며 중앙군사위원회 주석인 장쩌민이 최종적인 정책결정자인 점에서 첸치천과 츠하오톈은 주룽지보다는 장쩌민과 밀접히 연계될 것이며, 뤄간 역시 중앙서기처 서기 겸 국무원의 정법부문을 관장하게 되어 장쩌민에게 직접 책임을 지게 되어 있어 이들의 관계는 밀접할 수밖에 없다. 한편 경제부문 부총리 및 국무위원은 총리인 주룽지에게 직접 책임을 지는 형국으로 운영될 것이다. 국무원 일상업무를 총괄하는 비서장 왕중위는 주룽지가 부총리로서 경제를 분장할 때 국가대외경제무역위원회 주임이 되어 인민은행장 다이샹룽(戴相龍, 유임)과 함께 중국경제개혁의 견인차 역할을 한 사람이다.

요컨대, 주룽지체제의 국무원은 비록 그 수는 줄었으나, 경제전문가들로 보강되었다. 국방부장 츠하오톈과 소수민족인 스마이를 제외한 모두는 경제 및 대외 부문의 전문가들이다. 이는 경제체제개혁과 대외개방을 더욱 가속화할 것임을 나타내는 의지의 표명이라 보겠다.

2. 장쩌민-리펑 연합과 차오스의 낙마

덩샤오핑 사후 처음으로 이루어진 당과 국가지도체제의 개편에 있어 가장 주목을 끈 것은 역시 중앙정치국 상무위원 겸 전국인민대표대회 상무위원장으로 중국 정법계통의 거물인 차오스의 퇴진이라 하겠다.

차오스는 덩샤오핑이 사망할 때까지 당 서열 3위를 유지해 온 거물급 수퍼 파워 정치인이다. 1997년 9월 이후 장쩌민과 리펑에게 밀려 당 중앙정치국 상무위원은 물론, 전인대 상무위원장에서 물러났다.

차오스는 장쩌민에게 있어서 경력으로 보나 인맥으로 보나 가장 껄끄러운 상대였다.

차오스는 1924년 저장성 딩하이(定海) 출신으로 1940년 8월 중국공산당에 입당하여 상하이시 지하당 학생운동 위원회 중학구위원회 조직위원, 상하이 퉁지대학 지하당 총지부 서기, 상하이학생위원회 총연락책 등을 거치며 상하이의 학생운동을 주도했다. 이 시기에 지하당원은 9천 명 정도였고, 차오스는 이미 간부대열에 올라 있었다. 이에 반해 같은 시기에 장쩌민도 학생운동을 하고 있었지만 일개 지하당원에 불과했다. 말하자면 당시 장쩌민은 차오스의 새까만 하속이었다. 이 시기의 직급 차이때문에 장쩌민은 훗날 총서기가 된 뒤에도 차오스에 열등감을 느껴 머리를 들지 못했다고 한다.

차오스는 개혁·개방에 시동을 걸던 1978년 초 당 중앙대외연락부 부부장에 기용된 후 1982년 4월 당 중앙대외연락부장으로 승진하였다. 동년 9월 당 12대에서 중앙위원 및 중앙서기처 후보서기에 당선되었고, 1983년 8월 당 중앙판공청 주임으로 발탁되었다. 1984년 4월에는 다시 당의 조직과 인사업무를 관장하는 당 중앙조직부 부장이 되는 등 당의 중추 포스트를 역임했다. 이른바 공산당의 엘리트 코스를 초스피드로 두루 경험하였다.

차오스가 중앙조직부장으로 재임한 15개월은 바로 중국에 대규모의 간부 노·청 교체가 이루어진 시기이기 때문이다. 이 시기 차오스는 스스로 주재하여 제정한 <성, 부급 제3세대 건설공작에 관한 보고>에 의해 대량의 중·청년 간부를 기용했다. 정확한 통계는 아니지만 차오스가 당 중앙조직부장 재임 시 교체, 기용한 중앙 및 지방의 당·정부·인민대표대회·정치협상회의 부장(장관)급 이상 간부는 약 1백여 명, 부부장(차관)급 간부는 적어도 1천여 명이 넘은 것으로 알려지고 있다. 또 이를 기초로 1985년 9월에 개최된 당 전국대표대회에서는 56명의 중앙위원, 35명의 후보중앙위원 및 31명의 중앙기율검사위원회 위원을 증보했다. 1992년 10월의 당 14전대에서 당선된 신임 중앙위원 중 상당부분이 이때 증보된 인물들이 승진된 것이다. 특히 중공 제14기 중앙정치국 및 서기처와 중앙군사위원회에 진입한 후진타오, 리톄잉, 쩌우자화, 첸치천, 딩관건, 웨이젠싱, 우방궈, 츠하오톈, 푸취안요 등은 차오스의 기안에 의해 당시 중앙위원 혹은 중앙후보위원에 발탁된 인물들이다. 이들 중 웨이젠싱(14기 당 중앙정치국위원, 서기처 서기, 기율검사위원회서기)은 차오스가 중앙조직부장이 된 후 그 부부장으로 발탁한 사람이며, 또 차오스가 조직부를 떠날 때 그 후임으로 추천했던 사람이다. 원자바오(현 국무원 총리 겸 중앙정치국 상무위원)는 차오스가 그의 재능을 인정, 후야오방에게 추천하여 당 중앙판공청 부주임에 임명한 사람이다. 또 현 총서기 후진타오는 후야오방과 차오스의 추천으로 공청단 중앙 제1서기(전임 왕자오궈는 차오스의 후임 중앙판공청 주임이 됨) 및 구이저우성 당위 서기가 된 사람이다.

따라서 당내에서 차오스 만큼 인맥이 두터운 자도 드물다.

1985년 8월부터 중앙정법위원회 서기, 중앙보밀위원회 주임, 중앙사회치안종합치리위원회 주임, 중앙기관단정당풍영도소조 조장(1986.1) 및 중앙기율검사위원회 서기(1987.11) 등을 역임했다. 당 중앙정법위원회는 국가(정부)부문의 공안(무장경찰포함) 법원·검찰·사법부·민정부를 관장하는 이외, 군사법원, 군사검찰원을 지도할 수 있는 권한을 장악하고 있는 당 중앙의 핵심부서이다. 특히 치안과 비밀공작(간첩·반간첩, 중앙보위·비밀조사)을 주임무로 하고 있는 무소불위의 막강한 조직이다. 그리고 중앙기율검사위원회는 당 간부를 포함, 당원의 기율위반을 감찰하는 기관이다. 당연히 당원들에 관해 가장 많은 정보를 장악할 수 있는 입장에 있었다.

　　그는 또 중앙서기처 서기(1985.9), 국무원 부총리(1986.4), 그리고 고급 당 간부를 재교육시키는 중앙당교의 교장도 역임했기 때문에 지도급 간부들의 동향을 누구보다 잘 알 수 있었다.

　　1985년 9월, 중공 전국대표대회에서 차오스는 리펑·톈지윈·후치리·우쉐첸·야오이린 등과 함께 예졘잉·녜룽전·쉬샹첸·왕전·쑹런충·리더성·웨이궈칭·우란푸·장팅파 등 노인들을 대신해서 중앙정치국위원에 선임되었다. 이때는 간부의 노청교체가 본격적으로 이루어지던 때라 차오스와 후치리는 당의 접반인(후계자 그룹)으로 부상되었고, 리펑과 톈지윈은 정부의 예비 접반인으로 떠올랐다.

　　후야오방의 추천에 의해 1987년 당 13대 당의 최고권력기관인 중앙정치국 상무위원에 취임했다. 당시 그의 서열은 자오쯔양, 리펑 다음이었다. 후야오방이 실각했을 당시, 차오스가 총서기직을 이어받는다는 설까지 나온 적이 있다. 사실 자오쯔양은 차오스가 총서기에 오르는 것을 희망했던 것으로 전한다. 왜냐하면 후야오방의 실각 원인에는 자오쯔양도 책임(자유화 사상 고무)이 있었기 때문이었다. 당시 당 중앙에 전달한 문건에도 자오쯔양은 자신은 국무원 일에만 전념하겠다는 내용이 있는 것으로 알려지고 있다. 하지만 덩샤오핑은 보다 개방색이 강한 자오쯔양을 후임 총서기로 지명했다.

텐안먼사건 이후에도 자오쯔양의 뒤를 이어 총서기에 취임하는 것 아니냐는 관측이 나온 바 있다. 그때까지 차오스의 라이벌로 회자된 사람은 후야오방의 직계로 공청단 출신인 후치리 정치국 상무위원이 었다. 그러나 후치리는 6.4사태 당시 자오쯔양에게 가까운 입장을 취해 최고지도자 후보군에서 중도 탈락했다. 차오스는 마지막에 덩샤오핑의 강경노선을 지지했지만, 중간에 '폭란' 규정에 대한 찬반투표에 기권함으로써 망설이는 기색을 보였다.

결국 덩샤오핑은 강경노선을 주도한 리펑도 아니고, 입장결정을 유보한 차오스도 아닌 상하이의 장쩌민을 후임 총서기로 선택했다. 그럼에도 차오스는 덩샤오핑의 개혁·개방노선을 계속해서 지지했다. 덩샤오핑이 보수파의 반격으로 코너에 몰려 개혁개방을 기사회생시키기 위해 <남순강화>를 하자, 곧 바로 지지를 표명했다. 그 결과 14대에도 차오스는 수퍼 파워 엘리트로서의 위상을 견지하고 있었으며, 장쩌민-리펑-차오스의 집단지도체제를 구성하는 한 축이 되어 있었다.

이처럼 차오스는 후계자들 중 당력이 가장 풍부하고, 당내 요직을 가장 많이 경험했으며, 그동안 가정 많은 인재를 발탁하는 역할을 해왔기 때문에 그만큼 전국에 걸쳐 폭넓은 정보망과 두터운 인맥을 장악하고 있는 지도자는 없다. 그리고 그는 인민들로부터 청렴의 모범자로 각인되어 있는 인물이다.

따라서 장쩌민은 차오스를 항상 가장 버거운 상대로 여기고 있었다. 그리고 차오스를 포함한 집단지도체제는 자신이 구상하는 단일지도체제, 즉 주석제로의 복귀에 기장 큰 장애라고 생각하고 있었다. 사실 15대를 앞둔 1997년 초반기 장쩌민은 그의 핵심 참모인 쩡칭훙을 시켜 단일지도체제 구축을 위한 주석제 부활의 책략을 구상케 하고 있었다. 자신이 주석이 됨으로써 마오쩌둥과 어깨를 나란히 할 수 있는 지위를 손에 넣을 수 있으며, 동시에 리펑과 차오스를 부주석에 앉혀 무력화시킬 수 있다고 생각했다. 권위와 권력을 동시에 강화시킬 수 있다고 생각했던 것이다.

그러나 이러한 장쩌민의 시도는 당내의 심한 반발에 부딪혔다. "장쩌민은 집단지도의 핵심이므로 어디까지만 집단지도를 해야 한다. 주석이 되어 라이벌을 무력화시키고자 한다면 이것은 장쩌민독재가 아닌가?"라는 것이 이유였다. 이렇게 되자 장쩌민은 자신에게 가장 위협이 될 수 있는 차오스를 우선 제거하고자 했다. 차오스는 전인대 상무위원장 재임 중 헌법상 국가최고 주권기구인 전인대의 권능을 통해 그 이전과는 비교되지 않을 정도로 당과 정부를 견제했다. 1993~1995년 사이에만도 무려 70건 이상의 법안을 통과시켰는데, 이는 1979~1996년 동안(18년간) 304건의 법률안을 통과시킨 사실과 비교된다. 1997년에는 이른바 '법의 지배', 법치로의 이행을 상징하는 <형사법>과 <민법>이 그의 노력에 의해 통과 되었다.7)

리펑은 보수파의 강력한 지지를 받고 있었으나, 이미 6.4사태 강경진압으로 인하여 이미 민심을 잃은 지도자였다. 리펑의 총리직은 이름뿐, 이미 그 실권은 주룽지가 대행해 왔다. 그래서 장쩌민에게 있어서는 차오스보다 다루기 쉬운 인물이었다. 리펑은 총리직에 두 차례나 연임했기 때문에 규정상 더 이상 국무원에 머물 수도 없었다. 그래서 생각한 것이 리펑과 연합하여 차오스를 전국인민대표대회 상무위원장직으로부터 밀어내는 책략이었다. 방법은 하나밖에 없었다. 연령규정뿐이었다. 즉 "70세를 넘으면 당 중앙위원이 될 수 없다"는 내부규정이 그것이다. 중공 고위 지도층인사에 있어서 중앙위원이 될 수 없는 자는 정치국위원도 전인대 상무위원장직도 맡을 수 없다.

1997년 9월 30일 장쩌민 국가주석은 중난하이(中南海)에서 일본 수상 다케시다 노부루와 회담하는 자리에서 차오스의 은퇴배경을 설명했다.8) 장쩌민은 우선 "지난 당 15차 전국대표대회(이하 15전대로 약칭)에서 세대교체를 위한 많은 노력을 했다"고 말했다. 이를 위해 "70

---

7) Sha Shi, "Changes in the NPC," *China Times Magazine 170*(1995), pp. 42~43.
8) 가미무라 고지 지음, 앞의 책, pp. 344.

세를 넘으면 당 중앙위원이 될 수 없다"는 내부규정을 엄격히 적용했다고 말했다. "6월 말 기준으로 만 70세를 넘었는지 여부를 당 중앙위원회의 연령기준으로 삼았습니다" 그 결과 1924년생인 차오스는 72세가 되므로 중앙위원에 선출되지 못했고, 1926년 8월생인 장쩌민은 당 대회 시점(9월)을 기준 한다면 71세가 되지만, 6월을 기준으로 하면 70세였으므로 연령제한에 걸리지 않았다고 했다. 결국 차오스는 그의 최후의 직책인 전인대 상무위원장직을 리펑에게 물려주고 완전히 은퇴했다.

이후 차오스가 장악하고 있던 정법 및 사법계통도 친 장쩌민 계열로 채워졌다. 사법계통인 최고인민검찰원 검찰장과 최고인민법원 원장은 각각 한주빈 전 철도부장과 샤오양(肖揚) 전 사법부장으로 모두 교체되었다. 이는 법정 및 공안계통의 최고실세였던 차오스의 퇴진과 맥을 같이하는 것으로 보겠다. 철도부장의 경력을 가진 한주빈과 더불어 국가안전부문에 전혀 경험이 없는 쉬융웨(許永躍) 신임 국가안전부장은 장쩌민의 신임을 받는 것으로 알려져 있어, 이들의 발탁은 정법, 공안계에 강력한 권력기반을 둔 차오스 세력을 제거하기 위한 방략이었다.

한주빈(1932년생)은 베이징경재함수(函授)대학 경제학과 출신으로 1980년대 상하이시 철로국장과 1992년~1997년까지 철도부장직에 있던 철도관련 간부로 검찰업무에는 문외한이다. 오직 한주빈은 장쩌민이 상하이시 당위원회 서기 시절 상하이철로국장(1983~1990)과 동 당위원회 서기로 재직하면서 장쩌민과 맺은 인연과 신임만으로 검찰장에 기용된 인물이다. 검찰업무에 대한 지식부족과 낮은 인지도 때문에 전인대에서 가장 저조한 지지를 받았다. 즉 1919명 찬성에 687명 반대, 344명이 기권하여 65%의 찬성률을 기록했다.

한편 샤오양 신임 최고인민법원장은 1938년 광둥출생으로서 중국인민대학에서 법학을 전공하고 광둥성 인민검찰장과 최고인민검찰원 부검찰장, 사법부장을 거친 법률전문가다. 따라서 전인대에서 96.8%의

지지를 얻었다.9)

차오스를 물러나게 하고 리펑으로 교체하는 과정에서 은퇴한 당 원로인 보이보(보시라이의 아버지)가 자신의 지위에 관계없이 정치국 확대회의에서 영향력을 행사하였다. 당시 보이보는 당의 분열을 막고, 당 대회 직후 10월에 있을 장쩌민의 미국 방문을 들어 그를 유임시키되, 지도부의 연소화를 주장하는 장쩌민의 입장에서 70세 이상의 지도자들에게 사임을 촉구했다. 결국 차오스(73세)를 포함하여 류화칭(81세), 양바이빙(77세), 쩌우자화(71세) 등 70세가 넘은 지도자들은 사임하는 것 외에 선택의 여지가 없었다.10) 이러한 결정은 결국 장쩌민 자신도 5년 후에는 물러나아야만 하는 올가미에 걸린 셈이다.

제3절 장쩌민의 확고한 군권 장악과 권력의 공고화

1997년 10월 중공 15대1중전회와 1998년 3월 제9기 전인대 1차회의에서 선출된 당과 국가 중앙군사위원회 및 군사지도부 구성의 특징은 다음과 같다.11)

첫째 주석 장쩌민이 유임되었다. 장쩌민은 1989년 6.4톈안먼사태 이후 열린 1989년 1월 13대5중전회와 1990년 4월 제7기 전인대에서 덩샤오핑으로부터 당 및 국가중앙군사위원회 주석직을 승계한 후 그대로 유임되었다.

둘째 부주석의 경우 류화칭과 장전이 퇴진하고, 장완녠(4야) 및 츠

---

9) 『廣州日報』, 1998年 3月 18日.
10) 김영문, 『鄧小平과 중국정치: 노선투쟁의 변증법적 발전과정』(탐구당, 2008), pp. 280~281.
11) 김정계(1998) 앞의 논문, pp. 190~192.

하오톈(3야)이 1995년 4월 제8기 전인대 제3차회의와 1995년 9월 14대5중전회에서 국가와 당의 중앙군사위원회 부주석으로 승진하여 15기에 그대로 유임되었다.

셋째 위원의 경우 장완녠과 츠하오톈이 1995년 4월 제8기 전인대 제3차회의와 1995년 9월 14대5중전회에서 국가와 당의 중앙군사위원회에 승진된 후 그대로 유임됨과 함께 왕커(총후근부장 겸임, 3야)와 왕루이린(전 덩샤오핑 판공청 주임, 총정치부 부주임 겸임) 역시 같은 일자에 위원에 승진되어 그대로 유임되었다. 푸취안요(총참모장, 1야)와 위융보(총정치부 주임 겸임, 4야)는 유임되었다. 퇴진한 류화칭과 장전은 모두 친 장쩌민 계열로 군대 내 장쩌민 정권의 버팀목 역할을 해왔으나, 모두 80세 이상이 되어 퇴진한 것으로 알려지고 있다.

새로 구성된 중앙군사위원회의 특징은 첫째 지역적으로 장쩌민(장쑤성 양저우)을 제외한 6명 전원이 북방인이다. 즉 장완녠·츠하오톈과 왕루이린은 산둥성 출신이며, 푸취안요는 산시성, 위융보는 랴오닝성, 왕커는 안후이성 출신으로 모두 화이허(淮河) 이북출신이다. 이는 북중국인들이 신체적 조건이나 기질적으로 군인이 될 소질이 많고,[12] 중·일전쟁 및 국·공전쟁이 주로 북중국에서 전개되었기 때문인 것과 관련이 있다고 보여진다.

둘째 연소화 또한 하나의 현저한 특징이다. 퇴임한 류화칭과 장전은 모두 80세를 넘었고, 반면 주석인 장쩌민을 제외한 부주석과 위원의 연령은 모두 70세 미만인 자들로 충원되었다. 따라서 중앙군사위원의 평균연령은 14기의 72세에서 68세로 낮아졌다.

셋째 대다수가 실전경험이 풍부하고 전공이 현저하며, 고급군사대학에서 정규적인 군사전문교육을 받은 합리적인 군사지도자들이다. 츠하오톈·푸취안요·위융보·왕커는 모두 한국전쟁에 참전한 경험이 있고, 장완녠은 카이링(開嶺)·랴오선(遼沈)·평진(平津) 등 국공전의

---

12) 項退結, 『中國民族性硏究』(臺北: 臺灣商務印書館, 1977), p. 30.

결정적인 중요 전투13)에 참전하여 3급 해방훈장을 받았으며, 사단장으로 중·월전에 참가한 백전노장이다. 이밖에 이들 중 대다수는 일선지휘관의 경험이 있는 자들이다. 즉 장완녠은 사병에서부터 우한군구 사령관·광저우군구 사령관과 지난군구 사령관을 거쳤고, 츠하오톈은 베이징군구 부정치위원과 지난군구 정치위원을 역임하였으며, 푸취안요는 청두군구와 란저우군구의 사령관, 왕커는 란저우군구와 선양군구 사령관을 거친 인물이다.14)

마지막으로 계파별로 안배된 점도 특징이다. 국방부장을 겸임하고 있는 츠하오톈과 총후근부장을 겸임하고 있는 왕커는 제3야전군 출신이며, 장완녠과 부주석과 및 총정치부 주임을 겸임하고 있는 위융보는 제4야전군 출신이다. 그리고 총참모장 푸취안요는 제1야전군 출신이며, 왕루이린은 덩샤오핑 비서 출신이다. 그러나 양상쿤-양바이빙 계열의 제2야전군 출신은 한 명도 포함되지 않았다.

야전군이란 1949년 2월~4월, 국·공전쟁 최후의 시기, 즉 전 중국을 점령하기 위한 장강(양쯔강) 도강작전 준비기에 재편한 중국인민해방군의 지역별 편재다. 이 야전군은 중국해방의 결정적인 역할을 했고, 해방 후에는 점령지역의 정치·행정(군정) 역시 이들 군대가 맡았기 때문에 하나의 정치계파가 형성되어 중국정치에 막대한 영향을 미쳤다. 그러나 이미 당시의 노장들은 이미 은퇴했거나 사망했기 때문에 과거만큼 계파색은 짙지 않다고 보겠다.

제1야전군은 서북군야전군을 개칭한 군대로 건국 후 국방부장을 지낸 펑더화이 장군이 사령관 겸 정치위원이었으며, 훗날 국가부주석을 역임한 왕전과 홍쉐쯔(전 중앙군사위원, 총후근부장)-자오난치(전 중앙군사위원, 총후근부장) 등으로 이어졌던 군맥이다. 펑더화이 장군의

---

13) 1948~1949년 중공군은 랴오선, 화이허, 평진 3대 전역에서 국민당군 154만여명을 섬멸하여 대승리를 거둠으로써 장강 중하류 이북의 광활한 국토를 점거하고 전선을 장강 북안으로 진격할 수 있는 계기를 마련하였다(李谷城, 앞의 책, pp. 471~472).
14) 『聯合早報』, 1997年 9月 21日.

숙청과 동시에 문화대혁명 때 허룽 장군을 필두로 그 부하였던 랴오한성(廖漢生, 베이징군구 정치위원), 황신팅(黃新庭, 청두군구 사령관) 등은 숙청의 시련을 겪었다.

제2야전군은 류보청 사령관, 덩샤오핑 정치위원이 지휘한 중원야전군이다. 문혁시 덩샤오핑을 필두로 그의 부하였던 친지웨이(쿤밍군구 사령관)·천자이다오(우한군구 사령관)·양융(베이징군구 사령관)·쑤전화(해군제1정치위원) 등이 찬서리를 맞았던 군맥이다. 전 국가주석 리셴녠, 류화칭 등은 제2야전군 출신이다.

제3야전군은 국·공전쟁 시기의 화둥(상하이중심)야전군 계통(사령관 및 정치위원; 천이)으로 장쩌민의 양부(장상칭)와는 깊은 인간관계에 있었던 인맥이다. 예페이(葉飛, 전 해군사령관), 장아이핑(전 국방부장), 장전 등은 그 맥을 잇고 있으며, 이들 세력은 양상쿤·양바이빙 형제의 군권 전횡에 제동을 걸어온 군내 실력자 그룹이었다. 제4야전군은 국·공전쟁 시기 린뱌오를 사령관(정치위원, 뤄룽환羅榮桓)으로 동북지방에서 맹위를 떨친 군대다. 린뱌오사건 이후 제4야전군은 그 영향력이 추락되어 12개 군단에서 5개 군단으로 감축되었고, 1988년 진급된 17명의 상장 중 오직 1명(류전화劉振華)만이 포함되는 등 그 세력은 크게 약화되었다. 그러나 최근에 이르러서는 국공전쟁과 한국전쟁에서 활약이 가장 컸던 군대로 그 실전경험을 인정받아 고급 지휘관으로의 진출이 현저하다.

장쩌민 정권의 중앙군사위원회 인사에 있어, 비록 야전군 중심의 계파색이 예전 같지는 않다 할지라도 이처럼 계파의 안배에 주의를 기울인 것은 계파간의 조화를 통해 특정 계파의 독주를 용납지 않겠다는 의도로 풀이된다. 특히 군경험이 없는 장쩌민에게 있어서는 어느 특정계파의 군권 장악이야말로 큰 위험으로 받아들이지 않을 수 없기 때문이다.

이상 중앙군사위원들과 장쩌민의 관계를 보면, 대부분 장쩌민과 가까운 사이로 볼 수 있다. 정치국위원이며 동시에 당·국가중앙군사위회 부주석이 된 츠하오톈과 장완녠 두 사람은 모두 산둥성 출신으로 덩샤오핑 인맥이지만 그 중 장완녠은 전형적인 야전군 출신(한전, 중·월전 참가)으로서 퇴진한 장전(3야) 및 류화칭(2야)과 친숙한 관계에 있다. 우한군구 예하 43군단 사단장 시절 당시 우한군구 부사령관이었던 장전은 그의 막강한 후광이다. 장완녠은 6.4사태 때 양상쿤-양바이빙 형제의 무력진압에 동조하지 않아, 광저우군구 사령관에서 지난군구 사령관으로 좌천되기도 했지만, 장쩌민에 의해 중앙군사위원 겸 총참모장에 발탁되었고, 상장계급에 진급된 인사다. 츠하오톈은 장쩌민에 의해 1993년 3월, 총참모장직에서 국방부장에 오른 인물이다. 덩샤오핑의 최측근으로서 4인방을 체포하는 데 공을 세웠으며, 장쩌민 정권의 재집권과 함께 국방부장직에 연임되었다. 중국인민해방군의 두 버팀목인 츠하오톈과 장완녠의 군대경력의 특징을 비교해 보면, 츠하오톈은 주로 인민해방군 내 당의 정치공작부문에서 기지를 발휘한 정치군인 출신인데 비해, 장완녠은 주로 일선 지휘관으로서 잔뼈가 굵어진 순수 무골이라는 점에서 차이가 있다.

총참모장을 겸직하게 된 푸취안요는 허룽계의 제1야전군에서 잔뼈가 굵어진 순수 무골출신이다. 한국전쟁 및 중·월전쟁에 참가, 현대전에 대한 이해와 경험이 풍부하다. 1992년 장쩌민에 의해 중앙군사위원회 위원 및 총후근부장(1993년)에 발탁되었고, 1993년 6월 장쩌민에 의해 상장에 진급된 군사전략가다. 위융보 역시 장쩌민에 의해 총정치부 주임 및 상장 계급에 승진된 인물이다. 위융보는 6.4사태 이후 일개 지역 군구 정치부 주임(난징군구)으로부터 총정치부 부주임(주임, 양바이빙)에 발탁됨으로써 한때 친 양씨 세력으로 분류되기도 했다. 총후근부장을 겸임하고 있는 왕커는 3야전군의 맏형 격인 장전 및 전임 후근부장 푸취안요와 친밀한 관계에 있다. 왕루이린은 덩샤오핑의 비서출신으로 당·군의 중앙판공실 부주임을 역임하면서 덩샤오핑과 장쩌민의 가교역할을 한 사람이다. 그리고 이들 두 왕장군은 모두 장쩌민에 의해 상장에 진급(1994. 6)되었다. 이상에서 볼 수 있는 바와 같이 장쩌민 정권의 군사지도체계는 덩샤오핑-류화칭-장전 계열로 친 장쩌민적 성향을 띠는 인사들로 구성되었다고 보겠다.

특히 1998년 신설된 총장비부의 초대 부장 겸 중앙군사위원이 된 차오강촨은 장쩌민에 의해 1992년 부총참모장, 1993년 상장에 진급한 군수 장비 계통에 밝은 테크노크라트다. 그는 소련 포병학교에서 유학한 엘리트로 차세대 군사기술에 누구보다 조예가 깊은 중국군 현대화에 없어서는 아니 될 인물이다. 그가 장쩌민을 도와 50만 감군과 군·경(軍·經)분리, 군 조직체계의 정비 등에 기여할 경우 21세기 인민해방군의 중심인물로 떠오를 것이다. 차오강촨은 지방군구 경험이 거의 없고, 허난성 출신이기에 양상쿤-양바이빙의 인맥이나 이른바 산둥방과도 아무런 관련이 없기 때문에 장쩌민으로서는 더욱 마음을 놓을 수 있는 인물이다. 그는 중국인민해방군의 당면 목표인 '무기·장비의 현대화 사업'을 총지휘하고 있다.

이 밖에 1999년 9월 당 15대 4중전회에서 국가부주석 후진타오가 중앙군사위원회 부주석에 선임되었고, 란저우군구 사령관 궈보슝(郭伯雄) 중장과 지난군구 정치위원 쉬차이허우(徐才厚) 중장이 각각 중앙군사위원에 증보되었다. 장쩌민과 후진타오를 중심으로 한 이들과 차오강촨이 차세대 중국을 이끌 군사지도자가 될 것이라는 것이 일반적인 예측이다.

한편, 군정 지휘계통의 경우도 친 장쩌민 계열로 충원되었다. 국방부장은 츠하오톈이 유임되고, 국방과학기술위원회 주임과 공안부장이 교체되었다. 신임 국방과기위 주임 류지빈(劉積斌)은 재정부 부부장직에서 승진된 인물이며, 자춘왕은 국가안전부장에서 자리를 옮겼다. 자춘왕 공안부장(1931년생)은 칭화대학 출신으로 공청단 칭화대학위원회 서기와 베이징시 당위원회 부서기 및 베이징시 기율검사위원회 서기 등을 역임하는 등 베이징에서만 성장한 순수 베이징인이다. 1985년부터 국가안전부장을 맡고 있었다. 류지빈은 장쩌민에 의해 승진되었고, 자춘왕은 국가안전부장에 이어 중국의 전 경찰력을 장악하는 공안부장이 된 점으로 보아 최고지도자의 신임이 없이는 불가능했으리라 본다.

일선 군사지휘관도 계파색이 옅은 친 장쩌민 성향의 장성들로 채워졌다. 당 14전대회 초 임명된 군사지휘관은 거의 교체되었다. 신임 군사지휘관들의 연령을 보아 모두 60대 이하로 건국 이후 1950년대 말엽~1960년대 초엽에 군에 입대한 계파색이 옅은 신인들이다. 이들은 대부분 장쩌민에 의해 고위직에 발탁되거나 승진된 인물들이다. 그리고 전문적인 군사교육을 받은 순수 군인이다.

그리고 장쩌민은 다음과 같이 친위 고위 장성들을 중국 최고위 계급인 상장으로 진급시켰다. 총정치부 부주임 겸 중앙군사위 기율검사위원회 서기 저우쯔위, 공군 사령관 위전우, 공군 정치위원 정원창, 제2포병 정치위원 쑤이융쥐 등을 1996년 1월 23일자로 상장에 진급시킨 데 이어, 총장비부 주임 차오강촨, 국방대학교장 나스중, 제2포병사령관 양궈량(楊國梁), 무경사령관 양궈빙(楊國屛), 베이징군구 사령관 리신량(李新良), 광저우군구 사령관 타오보쥔(陶伯均), 군사과학원 정치위원 장궁, 국방대학교 정치위원 왕마오룬, 난징군구 정치위원 팡주치(方祖岐), 청두군구 정치위원 장쯔젠(張志堅) 등을 1998년 3월 27일자로 중장에서 상장으로 진급시켰다.

제4절 장쩌민과 보수파와의 사투

1. 장쩌민의 리더십에 대한 도전가능세력은?

이상 당 15전대와 제9기 전인대 인사의 결과를 종합해 볼 때, 장쩌민의 정치적 위상은 확고한가? 즉, 장쩌민 정권은 안정적인가? 그 해답은 안정적이라고 요약할 수 있겠다. 물론 후술하는 몇 가지 조건은 따른다.

첫째 덩샤오핑 사망 후 처음으로 개편된 중국공산당의 새 지도부는 덩샤오핑 생전 장쩌민을 권력의 핵심으로 한 세력 균형적 집단지도체제와 크게 다를 바 없이 구성되었다. 그리고 법정·공안계통에 강력한 기반을 갖고 있던 차오스의 퇴진과 군부의 세력약화로 장쩌민의 권력기반은 더욱 공고히 되었다. 정치국 상무위원에 군 출신은 한 사람도 포함시키지 않는 대신 비교적 파벌적 색채가 얕은 경제관료 출신인 리란칭(경제담당 부총리)을 승진시킨 것은 상당한 정치적 의미가 있다. 이는 군대의 정치상의 퇴조와 경제건설이 최우선적 정책과제임을 의미하는 것으로서, 국제정세가 비교적 안정세를 유지할 것이라는 확신에서 나온 결단으로 보여진다.[15] 그리고 차오스·류화칭과 양바이빙·쩌우자화, 그리고 장전 등의 퇴진으로 당 지도부 내에서 장쩌민이 최고의 연장자가 되었다는 점은 상당한 의미가 있다. 즉 중국과 같이 경로사상의 전통을 가지고 있는 사회에서는 이점이 장쩌민의 권력안정에 긍정적인 기능을 할 수 있는 것이었다.[16]

둘째 포스트 덩샤오핑시대 국가지도체제는 당의 지도자인 장쩌민 국가주석을 핵심으로 전인대 상무위원장 리펑(보수)과 국무원총리 주룽지(개혁)가 상호 견제와 균형을 유지하는 집단지도체제다. 즉 덩샤오핑 사후, 차오스(전인대 위원장)의 퇴진으로 장쩌민-차오스-리펑 중심의 집단지도체제에서 장쩌민-리펑(정치)-주룽지(경제) 중심의 집단지도체제로 바뀌었다는 점이다. 그것은 장쩌민·리펑·주룽지가 각각 정부체제 내에 자파의 인맥을 안배한 점에서도 나타났다. 장쩌민은 국방외교와 국가안전분야(츠하오톈 국방부장, 탕자쉔 외교부장, 쉬룽웨 국가안전부장 등)에서 자신과 가까운 인물을 많이 기용함으로써 최고

15) 『聯合早報』, 1997年 9月 30日.
16) 駱柯稻, "石落江更平," 『九十年代』(香港: 1997年 10月), p. 54.

지도자로서의 위용을 갖춘 반면, 리펑은 국무원 총리시절 국무원의 비서장이었던 뤄간과 인사부장 쑹더푸(宋德福)를 국무위원과 부장에 그대로 유임시켜 국무원 내의 자파 인맥을 유지하고 있다. 주룽지 역시 내각 내 각 부처 간의 이견을 조정하는 국무원 비서장직에 측근인 왕중위를 기용하고, 다이샹룽 인민은행장을 비롯한 경제부문 주요 인사에 측근을 유임시키거나 기용하였다. 그러나 인민대표대회 내부에서 당 정치국위원인 톈지윈과 장춘윈·셰페이 세 상무부위원장이 리펑을 견제하고 있는 형세이기 때문에, 과거 차오스만큼 그 위력을 발휘하지 못할 상황이었다. 그리고 주룽지의 경우도 비정치적인 경제부문을 제외하고는 과거 리펑 총리만큼 그 기반이 튼튼하지 못했다. 따라서 정부체제 내에서도 장쩌민에 돌출적으로 도전할 세력은 없었다. 결국 덩 사후 처음으로 구성된 중국의 새 지도부는 장쩌민을 주축으로 리펑(전국인민대표대회 상무위원회 위원장)의 정치와 주룽지(국무원 총리)의 경제가 이를 떠받치고 있는 형상이다.

셋째, 군인사의 경우도 중국인민해방군의 최고통수권자인 당과 국가의 중앙군사위원회 주석직에 장쩌민이 그대로 유임됨으로써 큰 변화를 감지할 수 없었다. 다만 군의 원로인 류화칭과 장전의 퇴진을 두고 여론이 분분했다. 물론 이들이 퇴진한 것은 권력투쟁에서 밀려난 것으로도 볼 수 있겠지만, 그보다는 세대교체의 의미가 더 크다. 왜냐하면 후임인사 대부분이 친 류화칭-장전 계열로 채워졌기 때문이다. 츠하오톈은 친 류화칭 계열이며, 장완녠은 친 장전 계열이다. 츠하오톈은 장쩌민 체제 하에서 국방부장에 유임된 인물이며, 장완녠은 화둥군맥의 살아있는 대부인 장전에 의해 승승장구한 인물이다. 화둥군맥은 장쩌민의 양부인 장상칭이 속해 있던 곳이다. 장쩌민 역시 청년 시절 화둥 군맥의 보호 속에 성장한 인물이다. 즉 화둥군구 사령관 겸 상하이군사관제위원회 주임인 천이 및 리셴녠의 후광을 받아 성장하였다. 따라서 중앙군사위원회 부주석 겸 국방부장인 츠하오톈과 동 부주석 장완녠은 친 장쩌민 계열로 보아도 되겠다. 푸취안요·위융보·왕커·왕루이린 등 군사위원들 역시 6.4사태 이후 장쩌민과 함께 성장한 인사들이다. 이처럼 중앙군사위원회 주석 장쩌민은 당 중앙위원회 총서기, 중앙정치국 상무위원, 국가주석직을 겸직하게 됨으로써 당·정·군의 최고지도권을 재장악하게 되었다. 마오쩌둥이 그가 사망할 때까지 명실상부한 당·정·군의 최고책임자가 된 것을 제외하고는 장쩌민이 처음이다.

이상 공산당 지도층과 장쩌민과의 관계를 볼 때, 결국 새로 선임된 당·정·군의 지도급 인사 가운데 장쩌민의 지도력에 도전할 만한 계파나 인물은 사실상 없다.

결국 장쩌민은 15대 중공 최고지도부에 자파 세력을 끌어들이고, 경쟁자를 제거함으로써 자신의 권력기반을 공고히 하는 한편, 정치적 안정을 기하고자 했던 것으로 평가된다. 그리고 중국 지도층 누구도 과거의 역사적 경험을 통해 정치적 분열은 중국의 장래는 물론 자신에게도 이로울 것이 없다는 데 공감하고 있기 때문에 지도부의 분열로 인한 정치적 불안은 야기되지 않을 것으로 보였다. 그러나 여느 정권이나 마찬가지로 집권자에 대한 도전세력이 없을 수 없다. 급진 개혁파와 점진적 개혁파의 노선과 명맥이 유지되고 있고, 개혁·개방으로 야기되는 문제가 상존하고 있는 중국에 있어서는 더욱 그러할 것이었다. 당시 장쩌민 중심의 온건 개혁세력(상하이방 및 산둥 중심의 군부)에 대한 도전 가능 세력은 다음의 몇 세력으로 점쳐졌다.

첫째 보수파들로서 리펑·덩리췬 등 여전히 소련식 계획경제에 익숙해 있고, 개혁·개방의 부작용을 보수주의노선으로 치유하기를 희망하는 천원의 이른바 '새장 경제' 노선의 추종자들이다. 이들 중 덩샤오핑의 <남순강화> 이후 주류에서 밀려난 덩리췬 등을 위시한 강경 좌파 인사들을 강경보수로 분류된다.

둘째 급진 개혁파로 후야오방(사망)-자오쯔양 그리고 지식인을 배후 세력으로 하는 급진 개혁세력이다. 이들은 개혁·개방의 부작용이 있을지라도 이것은 개혁을 더욱 발전시키면 부작용을 최소화시킬 수 있으며, 그러기 위해서는 정치적 민주주의를 더욱 가속화해야 한다는 입장이다.

셋째 덩샤오핑 노선의 추종자들이면서도 장쩌민으로 인해 정치 일선으로부터 퇴진한 엘리트들이다. 군내의 '양가장' 또는 차오스 세력이다.

넷째 비록 현 장쩌민 체제의 핵심 맴버(주로 주룽지, 리루이환, 후진타오 등 정치국 상무위원)이긴 하나 장쩌민 체제의 실정(失政)으로 체제가 위기에 봉착할 경우, 장쩌민의 대역으로 부각의 기회를 노릴 수 있는 인물군을 들 수 있다. 이들은 장쩌민이 보·혁 정책대립에서 중도(온건)적 입장을 견지하는데 비해 좀 더 개혁지향적인 입장을 견지한다.

그리고 군부세력이다.

이상의 제 세력들의 특징을 볼 때, 첫째 세력은 장쩌민 정권의 개혁·개방이 부작용을 가져올 때 득세할 것이며, 둘째의 경우는 경제적인 개혁정책을 유지하면서 부분적인 정치개혁을 추진하는 한 크게 세를 확장하지 못할 것이었다. 셋째 세력은 양상쿤의 사망과 차오스의 퇴진으로 사실상 쇠락의 길을 걷고 있었다. 넷째 세력은 장쩌민과 공동운명체로 장쩌민 정권의 안정을 바라고 있었다. 또한 이들은 독자적으로 세를 형성하거나 장쩌민을 배신할 만한 역량을 갖추지 못하였다. 즉 이들은 장쩌민의 대체 세력이라기보다는 상호 보완의 위치에 있었다. 그리고 대부분의 군부 세력은 개혁·개방의 수혜자들이기 때문에 장쩌민체제에 대한 거부감이 적었다. 따라서 장쩌민 정권이 택할 수 있는 정책은 덩샤오핑의 이른바 '새장 정치'에 근거한 온건 개혁정책이었다. 즉 경제발전을 위해 개혁·개방정책은 지속하되, 4개 원칙의 견지를 통해 정치적 안정을 기하는 정책은 불가피한 선택이 아닐 수 없었다.

하지만, 개혁·개방의 부작용은 없을 수 없는 일이며, 따라서 장쩌민에 가장 도전 가능한 세력은 여전히 보수파라고 보겠다.

2. 장쩌민과 보수파 간의 '사상투쟁(思鬪)'

공산 중국의 역사는 '사투(思鬪)', 즉 사상투쟁의 역사이기도 하다. 마오쩌둥 시절 초기에는 '홍(紅)'과 '전(專)'의 첨예한 대립이, 그리고 후반기에는 '문혁' 대 '반문혁' 간의 치열한 투쟁이 중국정치의 흐름을 이끌었다.

반문혁 세력의 승리로 등장한 덩샤오핑 체제하에서도 사상과 노선 투쟁은 간단없이 계속되었다. 1987년 1월 후야오방의 실각과 1989년 6월 톈안먼 사태는 개혁·개방의 범위와 속도를 놓고 보·혁간에 벌 어진 치열한 사투의 결과였다. 이처럼 사상투쟁은 권력 투쟁과 표리 관계를 이룬다. 격렬한 사상투쟁은 권력투쟁으로 이어지고 권력투쟁의 배경에는 어김없이 치열한 노선투쟁이 있었다.

1992년 봄 덩샤오핑이 <남순강화>를 통하여 톈안먼 사태로 위축 된 개혁·개방 정책을 재점화한 이후 중국에서는 후야오방의 실각이 나 톈안먼 사태와 같은 세계를 놀라게 하는 권력투쟁은 더 이상 벌어 지지 않았다. 1997년 덩샤오핑이 사망한 뒤에도 예측과는 달리, 마오 쩌둥 사후에 발생한 것과 같은 정치적 동란은 일어나지 않았다. 바꿔 말하면 <남순강화> 이후 노선투쟁은 그만큼 완화되었다는 것이다.

사실 <남순강화> 이래 지도부 내 보수파의 목소리는 줄어들었다. 물론 덩과 타협을 거부하고 권력 중심에서 밀려난 보수파 중 강경세 력은 끊임없이 개혁·개방 정책에 대해 비판을 가했으나 반향 없는 외침에 그쳤다. 1992년 14대에서 천윈이 주임으로 있던 보수파의 근 거지인 중앙고문위원회는 폐지되었고, 고문위원이던 보수파의 좌장, 덩리쥔은 중앙위원에서 탈락하는 등 정치적 패배를 감수해야했다. 이 를 계기로 보수파는 덩리쥔·위안무(袁木)[17]등 당 지도부에서 밀려난 강경보수파와, 덩샤오핑과의 타협을 통하여 당내 입지를 유지한 리펑

---

17) 위안무는 보수파 이론가로 톈안먼 사태 당시 국무원(총리, 리펑) 대변인으로서 학생 시위대에 대한 유혈진압의 정당성을 강변했던 사람이다.

·쩌우자화·뤄간 등의 온건보수파로 분화되었다. 한편 반보수세력도 개혁·개방에 보다 적극적인 주룽지를 중심으로 한 개혁파와 개혁성향이기는 하나 보수파를 의식하는 중도 개혁파로 나뉘어졌다. 물론, 자오쯔양을 중심으로 한 급진개혁파 역시 범개혁파다.

강경 보수파와 보수파의 차이는 전자가 지속적이며 일관성 있게 당 지도부가 추구해온 일련의 개혁노선을 비판해 온 반면, 후자는 전자와 이론적 입장을 같이하면서도 적극적인 이론투쟁에 나서지 않았다는 점에서 찾을 수 있다.

중도개혁파는 장쩌민·우방궈·리란칭 등 현재 집권 상하이방의 주류 세력과 군부를, 개혁파로는 주룽지, 리루이환·톈지윈 등을 꼽는다. 그리고 자오쯔양 전 총서기의 추종세력과 반체제 인사들은 급진 개혁파로 함께 분류할 수 있다.

이들 5개 파벌을 보수파와 개혁파로 대별할 경우 강경 보수파와 보수파를 보수파로, 중도 개혁파 그리고 급진 개혁파를 범개혁파로 묶는게 가능하다. 문제는 군부다. 군부는 이러한 보-혁 이분법에 의해 한쪽으로 몰아 넣기 힘든 존재다. 보-혁의 경계선에 걸쳐 있는 '중도적인 세력'으로 보는 게 타당하다. 사상투쟁이 권력투쟁으로 비화할 때 군부의 향배는 승리가 어느 쪽으로 가느냐를 결정지었다. 톈안먼 사태 당시에는 보수파 쪽으로, <남순강화> 때는 반대로 개혁파 쪽으로 힘을 실어 주었다. 따라서 앞으로 전개될 권력투쟁에서 군부의 동향은 주목거리가 아닐 수 없다.

1989년 톈안먼 사태 이래 보·혁간 권력투쟁 양상을 요약하면 다음과 같다. 톈안먼 사태는 급진 개혁파가 정치권 주류에서 배제되는 결과를 가져왔다. 이후 강경 보수파와 보수파가 주도하던 정국은 1992년 초 <남순강화>와 그 해 말 당 14전대를 계기로 강경 보수파가 대거 제거되면서 개혁파가 전면에 나서게 되었다.

14대 이후는 개혁파가 정책을 선도하는 가운데 중도개혁파가 이들을 뒷받침하고 보수파가 침묵하는 형태를 유지했다. 그리고 정권의 주류에서 밀려난 강경 보수파와 급진 개혁파가 외곽에서 끊임없이 당 지도부에 문제 제기를 하는 형국이었다. 다만 강경 보수파가 집권세력 내부의 개혁파를 주 과녁으로 공세를 취한 반면, 급진 개혁파는 보수파의 입지를 계속 위협하는 움직임을 보였다.

강경 보수파는 1995년, 1996년 초에도 당 정책을 비판하는 문건을 잇따라 발표하였다. 하지만 지도부는 무응답으로 대응하였다. 오히려 강경 보수파와 마찬가지로 정권에서 소외된 급진 개혁세력이 이론공세에 적극 응전했다. 자유 지식인이 중심이 되어 이들의 주장을 정면 반박하는 8만 자의 탄원서를 전인대와 정협에 제출했다. 보·혁간 노선 투쟁은 정권 중심부가 아닌 외곽에서 구경꾼 없는 싸움의 양상을 유지했던 것이다.

이러한 와중에 1997년 초 강경 보수파는 그간의 이론적 천착을 다듬어 2만 3,000자에 달하는 <2차 만언서(萬言書)>를 발표했다. <1차 만언서>18) 때와 마찬가지로 15대를 겨냥한 이론적 이니셔티브였다. 당시는 덩샤오핑이 사망을 목전에 둔 시기여서 만언서는 상당한 파장을 불러 일으켰다.

「공유제의 주체적 지위 견지에 관한 약간의 이론과 정책 문제」라는 제목의 <2차 만언서>는 소유제 문제를 집중 비판했으며, 위안무 전 국무원 연구실 주임 등이 『당대사조(當代思潮)』 편집실의 명의로 작성하여 내부 문서로 당 중앙에 제출했다. 주장의 논점은 다음과 같다.

• 십수 년 동안 비공유경제의 급속한 발전은 공유제와 비공유제의 비율을 급속히 변화시켰다. 공유제는 주체적 지위를 상실할 잠재적 위험에 직면해 있다.

• 만약 공유제의 주체적 지위가 상실되면 노동자 계급은 피고용 노

---

18) <1차 만언서>는 1992년 덩샤오핑이 남순강화를 계기로 당의 주류가 다시 개혁·개방 쪽으로 힘이 실리고 있을 즈음에 작성한 문건으로, 이는 천원의 '새장 경제'의 관점에서 1978년 이래 지속되어 온 개혁·개방정책을 비판한 글이다. 결국 1차 만언서는 보수세력이 정권의 주류에서 밀려나는 결과를 초래했다.

동자로 전락, 공산당은 통치의 경제적 기초를 잃고 국가-정권은 변질된다. 사회주의 이데올로기는 용해돼 사회주의의 정신적 지주가 무너지며 국가 전체의 사회주의 성격도 변해 국제 자본주의의 속국이 된다.

• 일부에선 소기업이 사유화해야 한다고 주장하고 있다. 소기업은 여러 경제 영역과 전국 각지에 퍼져 있어 독립채산기업의 96%를 점유, 노동자의 80% 전후를 차지하고 있다. 따라서 소기업의 사유화는 절대 다수 노동자의 생활을 비공유제 관계 속에 두는 것이 된다. 이렇게 되면 인민의 생산관계, 즉 국가적 사회경제 제도는 이미 사회주의가 아니다.

• 외자도입은 서방자본주의 제도를 받아들이기 위한 것이 되어서는 안 된다. 근년 국유기업은 과도한 적자경영 상태에 있어 투자의 90%는 채무에 의존하고 있다. 이런 상황에서 비공유제가 축적해온 자산을 보다 많은 생산조건과 결합시킬 경우 비공유제는 강력한 경쟁상대가 된다.

• 고르바초프의 개혁정책은 서방국가의 책략에 말려 잘못된 노선으로 개혁정책을 추진, 결국 소련을 붕괴시켰다.

• 마오쩌둥 동지의 지적처럼 사상과 정치적으로 노선이 정확한지 여부가 모든 것을 결정한다. 공유제가 주체라는 점을 견지하는 것은 정확한 노선을 수행하는 국가정권의 보증이다.

1996년까지 강경 보수파의 파상적 이론 공세에 대해 이를 반박하는 논문의 게재나 간행마저 금지한 당 지도부였지만, <2차 만언서> 발표 후 본격적인 응전에 나섰다. 지도부가 이렇게 대응에 나선 것은 무엇보다도 1997년 2월 덩샤오핑이 사망한때문이다. 덩의 사망은 보수 세력의 공세를 막아주던 방파제가 사라진 것을 의미했다. 덩샤오핑과 같은 카리스마적 권위를 아직 갖추지 못한 장쩌민 등 개혁 지향의 지도부는 스스로 사상체계로 무장, 보수 세력의 이론적 도전에 맞서야 할 처지에 놓이게 된 것이다.

또 다른 이유는 개혁의 심화로 사회주의 경제의 근간인 공유제 문제를 건드리지 않을 수 없는 상황에 접어들었기 때문이다. 집권세력은 15대를 앞두고 현재의 개혁이 보수 이론가들이 지적한 것처럼 공산당의 정체성을 부인한 것이 아니라고 반박해야 할 필요성이 절박해졌다. 보·혁간 대립 속에서 중도적 입장을 취한 장쩌민은 개혁파의 주장을 수용함으로써 이러한 곤경을 헤쳐 나가려 했다.

특히 1997년 봄부터 보수대열은 『당대사조』에 매 편 1회 이상 당지도부에 의해 추진되고 있는 소유제 개혁을 비판하는 글을 실었다. 4월 22일자 『당대사조』 제44기에는 특약평론원의 이름으로 <사회주의 공유제의 특점과 실질을 논함>이라는 논문을 통해 "공유제의 개혁 또는 공유제 개혁의 실현을 제기하는 것은 형식적인 주장이고 실제로는 사유화 하는 것"이라고 하면서 지도부를 질책했다. 또 "어떤 사람은 마르크스가 말한 공유제를 주식제라고 하는데 이것은 심각한 오해와 곡해의 소산"이라고 비난하는 등 쟁론을 공개화 했다.

이처럼 보수파의 공세가 그치지 않자 장쩌민은 덩샤오핑 사망 100일 째인 1997년 5월 29일 중앙당교 성·부급 간부 진수반(進修班) 수료식에서 단호한 연설을 한다. 이른바 <5.29 강화>다. 이는 덩샤오핑 사망한 후 당 중앙이 최초로 그 치국이론을 체계적으로 천명한 것이며, 15대 정치보고에 담길 주요정신을 밖으로 표현한 것이다.

전체 연설문은 2만 자를 넘었으나 『신화사』는 뉴스를 통해 4천여 자를 공개했다. 주요 골자는 다음과 같다.[19)]

• 중국 특색을 가진 사회주의라는 덩샤오핑의 이론 견지
• 사회주의초급단계론 재제기
• 국유기업 비중 축소를 근간으로 한 경제체제의 개혁
• 당지도 강화 등을 제시했다.

---

19) 馬立誠·凌志軍 著, 『交鋒: 當代中國三次思想解放實錄』(北京: 今日出版社, 1998), p. 391.

이 중 '덩샤오핑이론' 견지나 사회주의초급단계론은 전혀 새로운 것이 아니었다. 특히 1987년 13대에서 자오쯔양이 내세운 이론으로서 중국사회를 자본주의 요소가 남아 있는 사회주의 초급단계로 규정, 자본주의 생산방식의 채택을 정당화한 이론이다. 장쩌민은 자오쯔양의 초급단계론을 다시 꺼내 "모든 경영방식과 조직형태를 과감하게 이용해 비공유 부문을 확대시키자"고 했다.

장쩌민의 이러한 노선 천명은 이제껏 좌고우면(左顧右眄) 자세에서 벗어나 개혁파로 기울었음을 보여 주는 것이다. 그러나 10년 전에 이미 제시된 사회주의초급단계론을 다시 동원한 것은 한편으로 이론적인 취약점을 드러낸 셈이다. 상당기간이 지난 시점에서 자본주의 생산방식을 더 강화하자는 주장은 앞서 나가는 게 아니라 뒷걸음치고 있음을 고백하는 것과 다름없다. 이러한 모순을 해결하기 위하여 장쩌민은 공유제의 정의를 확대하였다. 국유기업 개혁과정에서 도입하려는 주식제를 공유제의 한 형태로 규정한 것이다.

당 중앙선전부를 동원, 장쩌민의 <5.29 강화>를 '1978년 실천이 진리를 검증하는 표준'이라는 쟁론(노선투쟁)을 통해 개혁·개방의 노선을 채택한 '제1차 사상해방', 1992년 <남순강화>를 통해 '성 사(사회주의)'와 '성 자(자본주의)'의 속박을 돌파한 '제2차 사상해방'에 비견될 '제3차 사상해방'이라는 캠페인을 전개하는 한편, 9월 15대를 앞두고 6월부터 8월까지 대대적인 학습 운동을 펼쳤다. 제3차 사상해방이란 무엇을 돌파하려는 것인가? 제2차 사상해방이 성 사와 성 자의 속박을 돌파한 것이라면, 제3차 사상해방은 '성 공(姓公)'과 '성 사(姓私)'의 금구(禁區)를 돌파하려는 것이었다.[20]

장쩌민은 자신의 1급 브레인인 류지(劉吉) 사회과학원 부원장에게 사상해방을 강조하는 『교봉(交鋒)』이라는 책을 출간케 한 것도 당 지도부가 강경보수파에 대한 반격 캠페인의 일환이었다.[21] 이 책을 통

---

20) 위의 책, p. 228.
21) 위의 책 『交鋒: 當代中國三次思想解放實錄』은 류지가 총고문을 맡아 『中國問

해 보수파에 대해 "실천이 진리를 검증한다"라는 마오쩌둥의 말을 다시 인용, 발상의 전환을 요구했다.

개혁 문제에 관해 개혁파의 입장으로 돌아선 장쩌민이지만 1999년 주룽지 총리가 적극적으로 추진한 개방에 대해 보수파의 공격이 거세지자 관망하는 자세를 취했다. 이때 주룽지 등 개혁파에 대한 공격의 전면에 나선 것은 강경 보수파가 아니라 리펑을 중심으로 한 지도부 내 보수파였다.

전인대 상무위원장 리펑과 부위원장 쩌우자화 등 보수파와, 친 장쩌민계 중도개혁파이며 농업전문 부총리출신인 부위원장 장춘윈 등 전인대의 3인방은 주룽지 총리가 주도해온 세계무역기구(WTO) 가입 추진에 대해 본격적으로 제동을 걸고 나섰다. 이들은 추종세력들을 지방에 순회시켜 WTO가입을 맹렬히 비난하게 했다. 당시 주요 주장 내용은 다음과 같다. 중국이 WTO에 가입하게 되면,

"외국의 값싼 원유가 들어오면 다칭(大慶)유전 등 국내의 모든 유전은 망한다"

"1,000만 명 이상이 직장을 잃는다"

"자본 시장 개방으로 금융위기가 온다"

"매년 730만 톤의 밀을 미국에서 수입함으로써 농민에게 큰 피해를 준다"

그때 주룽지 총리는 사면초가의 위기에 빠져 있었다. 1999년 4월 미국 방문에서 성과를 거두지 못한 그는 5월에 들어 나토 미군기의 유고 주재 중국대사관 오폭사건이라는 악재까지 만나 더욱 곤혹스런 입장에 처했다. 중도파의 대부분이 등을 돌렸다. 국유기업 개혁을 담당한 우방궈 부총리, 후진타오 국가부주석, 심지어 과거 WTO협상을 책임졌던 리란칭 부총리마저도 주룽지 총리의 정책에 대하여 비판적이었다. 개혁파인 리루이환 역시 주룽지 총리에게 호의적이지 않았다.

題報告』라는 이름의 책으로 출판되었다.

이런 상황 속에서 장쩌민 주석과 주룽지 총리 간 불화설이 나오고 급기야는 주룽지 총리의 실각 가능성까지 거론되었다. 하지만 그 해 8월 베이다이허 회의에서 '개혁 개방의 입장과 방향에는 변함이 없다는 결론이 내려짐에 따라 WTO가입을 둘러싼 논쟁은 주룽지 총리의 승리로 귀착되었다. 이어 11월에는 미국과의 WTO가입 협상이 타결되었다.

여기에서 주목할 사실은 그해 9월 당 15대4중전회에서 국유기업의 개혁기간을 주룽지 총리가 당초 제시한 3년에서 10년으로 연장된 것이다. 이와 함께 눈여겨보아야 할 사건은 보수적 성향의 청커제(成克杰) 전인대 부위원장(위원장, 리펑)이 10월 과거 광시자치구 주석 시절의 비리 혐의로 체포된 것이다.

보수파의 주룽지 때리기의 표면상의 이유는 WTO가입 문제였지만, 실제로는 개혁·개방 노선에 대한 범보수 세력의 총공세였다. 결국 주룽지가 개혁의 속도를 완화하는 선에서 장쩌민 등 중도개혁파와 타협에 성공, 보수파에 의한 상황반전을 저지한 것이다.

주룽지의 양보가 있은 지 1개월 뒤, 청커제가 체포된 것은 중도개혁파가 개혁파와 제휴하면서 이를 내외에 과시하기 위한 조치였다고 해석할 수 있다. 장쩌민이 한때 관망 자세를 취한 것은 주룽지가 추구한 개혁의 속도가 너무 빨라 잘못하면 톈안먼 사태 이전의 자오쯔양 경우처럼 경제적 실패를 초래할 수 있다는 우려 때문이었는지 모른다. 어쨌든 이 같은 일련의 사태 전개를 통해 개혁 문제뿐만 아니라 개방문제에까지 중도파가 개혁파 쪽으로 기울었음이 분명해졌다.

'타좌등향우전(打左燈向右轉)'

보수파와 개혁파 사이에서 좌고우면하는 장쩌민을 조롱하는 표현이다. 개혁파의 정책 노선을 실천에 옮기면서도 다른 한편으로는 사회주의를 견지해야 한다는 보수파의 주장을 수용하는 장쩌민의 이중적 태도를 '좌측 깜박이 등을 켜고서 우회전한다'라고 비아냥댄 것이다.

그러나 1997년 덩샤오핑 사망 이후 장쩌민이 개혁·개방 노선을 취하는 쪽으로 입장을 확고히 함에 따라 강경 보수파는 주룽지를 중심으로 한 개혁파를 주 공격 타겟으로 하던 종전 자세에서 벗어나 장쩌민을 직접 겨냥하기 시작했다. 사령부를 포격하기 시작한 것이다.

일부 강경 보수파는 1999년 발표한 문건에서 "자산계급을 고취하는 분자들이 아무런 제재를 받지 않고 대담하게 활동하는 것은 정책 결정권자와 미국을 우두머리로 하는 서방 자산계급 권력자가 묵계한 때문이며 이는 결국 중국을 점점 더 서방 자본주의 그물 속에 집어넣는 결과를 가져 올 것이다"라고 주장했다. 이 문건에서 장쩌민을 직접 거명하지는 않고 '당내의 새로운 자산계급 당권파'라고만 표현했다.

2000년 3월, 강경 보수파의 이론지 『중류(中流)』에 베이징대학의 한 대학원생이 기고한 글은 이보다 한 발 더 나아갔다. "대학의 사상 문화 진지가 자산계급 자유화 분자에 의하여 점령되었으며 이는 상급 지도층의 책임이다"라는 대목이 그것이다. 이는 명백히 장쩌민을 지칭한 것으로 이 대목은 『광명일보』에 전재될 때 삭제되었다.

또 이들은 장쩌민이 내세운 '3개 대표론'에 초점을 맞추어 공격하기 시작했다.

3. 장쩌민의 '3개 대표론'에 대한 공방

3개 대표론은 장쩌민 주석이 2000년 2월 광둥성 시찰 때 처음으로 제시한 이론이다. 즉 중국 공산당은 • 중국 선진 사회의 생산력 발전의 요구를 대표하고 • 중국 선진문화의 전진 방향을 대표하고 • 중국의 폭넓은 인민의 근본 이익을 대표해야 한다는 이론이다. 이는 중국 공산당의 계급 기초를 '노동자중심'에서 '광범위한 인민'으로 확대, 개혁 • 개방 이후 중국내 경제사회 구조의 변화를 일정 부분 반영시킨 것이다. 쩡칭훙 등 장쩌민 주석의 측근들은 3개 대표론을 2002년 당 제16기 전국대표대회 때 <당헌>에 삽입하는 문제를 집중 논의하고 있었던 것으로 전해졌다.

이론의 핵심은 바로 세 번째 항목이다. 류지(劉吉) 등 당권파, 즉 집권 세력의 이론가들은 과거 중국 공산당이 대표하던 계층은 노동자와 농민이었으나 이제는 지식인과 과학자는 물론 사영 기업가(자본가)들까지 확대시켜야 한다는 것이다.

이 이론은 '명목상으로는' 여전히 무산계급의 이익을 대변한다는 중국공산당이 시장경제 도입 이후 '실제로는' 생산수단을 소유한 사영 기업주의 이익을 보장하고 보호하는 현실이 초래한 이론상의 딜레마를 극복하려는 것이었다. 발전론적 측면에서 볼 때, '3개 대표론'은 급속한 경제발전→급속한 도시화 및 매스커뮤니케이션의 발전과 교육수준의 향상 등으로 폭증한 인민의, 특히 선진계층(기업가 및 지식인)의 정치참여 욕구를 정치체계 내로 흡수함으로써 정치적 안정을 기하겠다는 의도라고 볼 수 있다. 즉, 경제와 정치의 불균형적 발전에서 온 모순(문제점)을 극복하자는 의도라고 보겠다.

'3개 대표론'은 명분과 현실 간의 모순을 극복할 수 있는 이론이었다. 그러나 당의 정체성에 대해서는 심각한 의문이 제기되었다. 무산계급과 함께 유산계급의 이익을 대변하는 당이 더 이상 공산당일 수가 있느냐는 점이다.

장쩌민이 던진 이 '화두'(3개 대표론)를 놓고 당내 보수파와 당권파 이론가들 사이에 첨예한 이론투쟁이 전개되었다. 이는 결코 이론적인 문제만이 아닌, 정권과 관련된 문제였다.

덩리췬은 일단 3개 대표론을 선전하는 신문 잡지를 공격하는 외곽 때리기에 나섰다. 그는 "우리는 현재 사유화·서구화·분열화·부패화라는 4화(化)의 위기에 봉착해 있다"면서 "적지 않은 신문 잡지의 문장들이 당 중앙 노선과 마르크스·레닌주의 마오쩌둥사상, 덩샤오핑이론을 벗어나고 있어, 우리는 머지않아 닥쳐 올 이들과의 사상투쟁에 대비해야 한다'고 강조했다. 위안무도 『구시(求是)』, 『당대사조』 등 잡지에 장 주석의 3개 대표론을 비판하는 문장을 잇따라 게재했다.

강경 보수파는 3개 대표론을 '일종의 수정주의 노선'으로 중국 공산당을 사회민주당으로 변질시키려 한다고 주장했다. 이들은 다른 한편으로는 3개 대표론 등 지도부의 노선에 이론적 토대를 제공하고 있는 학자 등을 맹비난하였다. "현재 중국의 사상 이론계와 정계에 기본사상(마르크스·레닌 및 마오쩌둥사상)을 부정하는 문제가 존재한다"며, "유명 이론가·철학자·사학자들이 이 흐름에 동참하고 있다"고 비판하였다.

<제2차 만언서>에서 공유제 문제를 본격적으로 제기한 덩리췬은 재차 이 문제를 집요하게 물고 늘어졌다. 그는 2000년 1월 발표한 문건에서 국유기업 개혁작업이 계속된다면 당의 통치 기반이 붕괴될 것이라고 경고했다. "국유기업이 경제의 근간이 되지 않는 한 10년 내에 공산당이 몰락하고 말 것"이라는 극언까지 했다. 또한 "당·정 기관들이 세수 등 수입의 원천이 되고 있는 민간 및 외국기업 들에 종속되고 있다"면서 국유기업의 역할 감소는 향후 중국의 정치·사회의 변화를 초래, 결국 공산당의 일당 독재체제도 위협 받을 것이라고 주장했다.

당시 이 같은 강경 보수파의 이론 공세는 과거와는 달리 나름의 힘을 얻고 있었다. 왜냐하면 사회에 만연한 극심한 부패상과 국유기업 개혁에 수반되는 대량 실업, 빈부격차의 확대 등 이들의 주장을 뒷받침하는 현상이 점차 뚜렷해지고 있었기 때문이었다.

그때까지의 이론 공세가 리펑 등 지도부내 보수파들이 침묵하는 가운데, 덩리췬·위안무 등 원로들에 의해 외롭게 주창되었으나, 시장화 정책의 문제점이 점차 현실로 나타나자 45세 이하의 젊은 세대들도 이에 동조하는 자들이 늘어났다. 지도부내 보수파는 새로운 피의 수혈에 실패했지만 강경 보수파는 세대교체에 어느 정도 성공한 셈이다.

당 지도부도 이를 의식, 적극적으로 이론 투쟁에 나섰다. 11월 당 기관지 『구시』는 개혁·개방론을 부정하는 주장이 당내에 존재함을 인정하고 이를 정면에서 비판하는 논문을 게재한 사실은 이러한 상황

인식을 배경으로 한 것이었다.

장쩌민은 '3개 대표론'에 대한 보수파의 반발이 그치지 않은 상황에서 한 발 더 나아갔다. 2001년 7월 1일 공산당 창당 80주년 기념 연설에서 "사영 기업주들의 공산당 입당을 허용하겠다"고 선언했다. 이는 '3개 대표론'을 실천에 옮길 것임을 분명히 한 것이다. 장쩌민의 7월 1일자 연설 이른바 <7·1 강화>에 대해 덩리췬을 비롯한 보수파 지도자들은 격렬하게 반발했다.

덩리췬 그룹은 또 한 편의 <만언서>로 장쩌민을 공격했다. 7월 하순 공표된 이 <만언서>는 장 주석을 '수정주의자'로 몰아붙이기까지 했다. 자본가에 의한 공산당 건설을 꾀한다고 비난했고 '3개 대표론'에 빗대 · 간부 부패, · 빈부격차 확대, · 치안 악화 등 '3개 문제'를 제기하며 당 지도부를 맹렬히 공격했다.

보수파의 이러한 맹렬한 공격에 대해 반응이 없던 장쩌민은 그해 여름 베이다이허 회의가 끝나자마자 바로 포문을 열기 시작했다. "마르크스주의는 정지해 있는 불변의 것이 아니며 만약 정지하여 변하지 않는다면 생명력이 없는 교조(教條)로 변해 버릴 것이다" "일부 보수파들이 당의 실사구시 사상노선의 집행을 심각하게 방해하고 있다. 이들을 반드시 '제압'해야만 한다"고 강조했다. 이는 2000년 8월 22일 산시성을 시찰한 장쩌민이 산시성 당서기 톈청핑(田成平)과 성장 류전화 등 산시성 고위 간부들에게 강조하여 말했다고 하는 『신화사통신』의 보도다.

장쩌민의 이 같은 공격은 그가 7월 1일 중국 공산당 창당 80주년 연설에서 사영 기업가들의 입당을 허용한다고 천명한 이후 당내 강경 보수파들이 보인 반발에 대한 최초의 공개적인 대응이었다. '강경 보수파'에 대하여 '제압'이라는 과격한 용어까지 동원했다. 이는 한편으로 총서기를 수정주의자라고 몰아 부칠 정도로 한계를 넘은 강경 보수파의 공격에 대해 '이에는 이, 눈에는 눈'식으로의 대응이었다고 보겠으며, 다른 한편으로는 장쩌민이 베이다이허 회의를 거치면서 강경 보수파와의 투쟁에서 자신감을 갖게 된 증거로도 보여 졌다. 왜냐하면 베이다이허 회의가 끝나자마자 강경한 반격을 가하기 시작했기 때문이다.

베이다이허 회의에서는 '3개 대표론'과 관련 어떤 결론이 내려졌는가. 홍콩의 『명보(明報)』는 이번 회의에서 장쩌민의 '3개 대표론'을 16대에서 당헌에 삽입하기로 결정했다고 보도했다. 보도대로라면 장쩌민은 베이다이허 회의에서 완벽한 승리를 거둔 셈이다. 소식통들은 '3개 대표론'을 <당헌>에 넣을 것인가에 대한 문제를 놓고 격렬한 토론이 벌어진 것으로 전했다. "자본가들이 수단 방법을 가리지 않고 돈벌이에만 몰두, 부패가 만연되고 있다"는 강경 보수파들의 주장에 일부 당 원로까지 가세, 장쩌민의 입장이 한때 난처한 지경에 처하기도 했다는 것이다. 하지만 대다수 회의 참가자들은 결국 "사영 기업이 중국 경제 내에서 차지하는 비중과 공헌을 직시해야 한다, '3개 대표론'은 덩샤오핑이론 등을 창조적으로 계승 발전시킨 것이다"라는 당 지도부의 주장에 동의했다고 한다.

장쩌민은 중국을 부강하게 이끈 시장경제를 인정하지 않을 수 없다는 현실론을 상기시키는 한편, 여전히 무시할 수 없는 덩샤오핑의 권위를 동원, '3개 대표론'에 대한 지지를 이끌어 내었다. 장쩌민의 <산시성 강화>에 앞서 강경 보수파에 대한 '제압'은 이미 시작되었다. 보수파 이론 잡지들에 대한 탄압이 그것이다. 사회과학원에서 출판하는 『진리의 추구(眞理的追求)』가 정간됐고 『광명일보』의 자매지인 잡지 『중류』의 8월호는 출판이 지연되었다.

『진리의 추구』와 덩리췬이 관여하는 것으로 알려진 『중류』는 보수파 이론의 주 무대였다. '정통 좌파적 시각'을 대변해 온 양대 시사 잡지가 침묵을 강요받고 있는 현실은 아이러니컬한 일이었다. 중국 공산정권 수립 이후 자유주의 사상을 전파하는 잡지가 탄압받은 사례는 많았지만 이처럼 '좌파 잡지'가 정간을 당하는 등의 제제를 받는 일은 유례가 없었다.

장쩌민은 언론 통제를 통하여 반대파의 주장을 억압하는 한편 『인민일보』를 통해 선전활동에 주력했다. 『인민일보』 인터넷 신문은 홈페이지 제호 바로 아래쪽에 '학습 장쩌민 <7.1 강화>'라는 코너를 운영했다. 여기에는 장쩌민의 <7.1 강화> 내용과 지도자들의 지지 발언, 관련 기사, 논평 등을 수록하였다.

여기서 주목할 것은 장쩌민의 '3개 대표론'에 대해 일찌감치 지지 의사를 나타낸 후진타오 부주석과, 우방궈 등 상하이방 인사들뿐만 아니라 리펑 계열에 속하는 뤄간 국무위원과 장춘원 전인대 상무부위원장, 그리고 보수적 성향의 리톄잉 사회과학원장 등도 공개적으로 지지를 표명한 사실이다.

이는 장쩌민이 '3개 대표론'을 둘러싼 논쟁에서 강경 보수파인 덩리췬 그룹과 리펑 세력 간의 연대를 차단시키는 데 그치지 않고 리펑 측의 공개적인 지지를 이끌어 내는 데 성공했음을 보여주는 것이었다.

'3개 대표론'과 관련한 장쩌민의 행보는 1992년 덩샤오핑의 <남순강화>를 연상케 했다. 장쩌민은 우선 개혁·개방의 무대인 광둥성에서 '3개 대표론'을 처음 제시했다. 덩샤오핑이 시장경제의 도입을 촉구하는 발언을 한 것도 역시 광둥성 지역이 포함된 경제특구를 시찰하면서였다. 덩이나 장이나 그것은 고양이 목에 방울을 다는 모험이었다.

보수파들이 숙청된 사실도 비슷하다. 좌파의 이론적 보루가 봉쇄된 사실은 <남순강화> 이후 덩의 지시가 당의 노선으로 정착되는 과정에서 강경 보수파 인사들이 대거 현직에서 쫓겨난 사실을 연상시키기에 충분했다.

둘 사이의 차이를 찾는다면 첫 언급에서 노선으로 정착될 때까지의 기간과 군의 지지 여부다. 덩샤오핑의 <남순 강화>는 당 14대를 8개월 정도를 앞두고 이루어진 반면 장쩌민의 '3개 대표론'은 16대를 거의 2년여 앞둔 시점에서 처음 제기되었다. <남순강화>가 당의 노선으로 사실상 결정된 것은 1992년 베이다이허 회의 이전이었다. 불과

3, 4개월여 밖에 기간이 걸리지 않았다. 그러나 '3개 대표론'이 당 지도부 다수의 추인을 받기까지는 1년 반의 기간이 필요했다. 덩샤오핑의 <남순강화>가 당의 노선으로 결정되기까지에는 군부의 공개적 지지가 결정적 요소로 작용했다. 다만 장쩌민의 경우에는 군부의 지지가 필요했고 또 얻는 데 성공했지만 <남순강화> 때처럼 결정적 요소로 작용하지는 않았다.

덩샤오핑의 <남순강화>는 제한적으로 도입된 시장경제를 전면적으로 확대할 것을 촉구한 것이다. 덩샤오핑이 "무엇이 자본주의냐 사회주의냐를 묻지 말라"고 한 말에서 알 수 있듯이 이는 기존 사회주의 개념에 대한 '코페르니쿠스적 전환'이었다. 덩은 자신의 생전에 마지막으로 참석하는 당 대회에서 당의 미래를 지도할 새로운 지도이념을 제시했던 것이다. 14대와 15대의 지도이념을 담고 있는 각각의 <정치공작보고>는 1992년 <남순강화>를 구체화하고 발전시킨 것이었다. 그렇지만 16대를 앞두고 이러한 덩샤오핑의 지침은 한계를 노출시켰고 새로운 지도이념의 필요성이 제기된 것이다. 그리하여 16대에서 당 총서기직을 사퇴하는 장쩌민은 '3개 대표론'을 제창하게 되었고, 그것을 당의 지도이념으로 정착시키는 데 성공했다.

물론, 장쩌민이 '3개 대표론'을 강력히 관철시킨 저변에는 그 자신도 마오쩌둥, 덩샤오핑과 같은 지도자가 되고 싶은 욕망이 깔려 있었던 것이다. 즉 그는 '위대한 지도자 마오쩌둥' '개혁·개방의 총설계사 덩샤오핑'에 이어 '중화민족의 안내자 장쩌민'이 되고 싶었던 것이다. 덩샤오핑과 마오쩌둥은 숨이 끊어지는 순간까지 그 누구도 넘볼 수 없는 영향력을 발휘했다. 두 사람은 사후에도 여전히 중국인들의 가슴 속에 살아있다. 장쩌민도 그렇게 되고 싶었던 것이다.

베이다이허 회의를 통한 장쩌민의 득실은 무엇인가. 자신이 제시한 '3개 대표론'과 자신의 핵심 측근인 쩡칭훙의 위상을 제고시킨 것이 얻은 것이라면 3세대 지도부의 전면 퇴진 요구를 수용할 수밖에 없었던 것은 잃은 것이라 하겠다.

14대를 앞둔 덩샤오핑과 16대를 준비하는 장쩌민은 자신이 마련한 지도이념에 대한 당의 지지를 이끌어 내고 자신의 노선을 추진할 세력을 강화했다는 점에서는 비슷하다. 다만 덩샤오핑과는 달리 장쩌민은 여전히 자신이 선택하지 않은 후계자를 받아들이지 않을 수 없었다. 득보다는 실이 크게 보이는 것은 그의 후계자가 자신이 아닌 덩샤오핑이 선택한 인물이라는 사실 때문이었다.

제6장 제4세대 중심 후진타오 정권의 출범과 장쩌민의 퇴진

제1절 장쩌민의 퇴진과 후진타오의 권력 승계

1. 후진타오의 권력 승계

중국공산당 제16차 전국대표대회(이하 16전대로 약칭)는 당초 2002년 9월로 예정되어 있었지만, 장쩌민의 퇴진 문제 등 여러 의제로 혼미를 거듭하다 2002년 11월 8일에야 개막되었다. 무엇보다도 이 대회는 제3세대 중국지도부의 퇴진과 더불어 새로운 시대를 열어갈 제4세대의 부상이라는 커다란 변혁과정이 이루어지면서 세계의 관심을 집중시켰다. 결국 제16기 전국대표대회에서 장쩌민 총서기는 그 직을 후진타오에게 넘겨주었다. 덩샤오핑의 내정이 있은 지 11년 만에 이루어진 평화적인 권력승계였다.

1991년 8월 20일, 덩샤오핑은 베이다이허의 별장에서 당 제14기 전국대표대회에 대비해 중앙정치국과 상무위원의 인사 지시를 받으러 온 장쩌민에게 국무원 수력부 부장으로 내정되어 있던 후진타오를 정치국 상무위원으로 발탁하겠다고 말했다. 최고권력자의 이 한마디 말로 후진타오는 장쩌민 다음의 '제4세대' 지도자로 내정되었다. 이때부터 그는 베이다이허에 별장을 갖게 되었다.

중국공산당이 집권한 이래 당내 민주화와 현대화에는 상당한 발전을 거듭해 왔지만, 공산당 최고지도자의 교체에 한해서는 봉건적인 '적자계승(嫡子繼承)'의 관례를 답습해 왔다. 적자는 혈연상의 자식을 지칭하는 것이 아니라, 선임자가 직접 사상과 노선의 승계자(接班人)로 점지한 인물을 가리킨다.

중국공산당의 역사를 보면, 제1세대의 지도자 마오쩌둥은 류사오치, 린뱌오, 왕훙원, 화궈펑을 차례로 후계자로 지명했다. 마오쩌둥은 류사오치에게 일단 국가주석직을 넘겨줬지만, 노선상의 이견대립이 깊어지자 결국 문화대혁명을 발동해 그를 숙청했다. 류사오치는 1969년 모든 공직을 박탈당하고 후난성의 감옥에서 비참하게 최후를 마쳤다. 마오쩌둥은 린뱌오를 후계자로 내세웠다. 1969년 중국 공산당 <당헌>에 린뱌오는 마오쩌둥 동지의 가장 친밀한 전우이며 '후계자'라고 못 박았다. 그러나 린뱌오는 마오쩌둥의 죽음을 기다리지 못하고, 쿠데타를 일으켜 정권을 탈취하려 하다가 실패를 자초했다. 이후 마오쩌둥은 문화대혁명 4인방 가운데 하나인 왕훙원을 내세웠다. 그러나 왕훙원은 충성심은 강했으나 실무 능력이 너무 떨어져 밀쳐졌다.

고민 끝에 마오쩌둥이 내세운 후계자는 화궈펑이었다. 마오쩌둥은 화궈펑에게 "그는 어리석지 않다"고 평했다. 능력이 있어서가 아니라 충성심 강하고 모나지 않고 무난하다는 말이다. 자신의 사후 화궈펑의 안위가 걱정되었던 마오쩌둥은 "자네가 맡으면 마음이 놓이네(你辦事, 我放心)."라는 유언으로 화궈펑을 후계자로 점지하고 정권을 맡겼다. 그러나 마오쩌둥이 죽은 지 2년도 안돼 화궈펑은 덩샤오핑에 의해 축출되었다.

덩샤오핑은 1978년 개혁·개방을 추진하면서 자신이 선택한 후야오방을 후계자로 점지했다. 그러나 당 총서기직을 이어받은 후야오방은 너무 급진적이었다. 결국 1987년 1월 천윈·보이보 등 보수 세력에 밀려 실각했다. 후야오방은 총서기 재직 때 이미 기업 안에 있는 공산당 조직의 철수, 기업가도 공산당원으로 받아들일 것 등을 구상했다고 한다. 1989년 4월 심장발작으로 입원 중이던 후야오방은 문병 온 친구에게 생애에 잊고 싶은 날이 이틀이라고 말했다. 하나는 당 총서기 취임 날이며, 다른 하나는 그 직을 사직한 날이다. 그의 취임 과 해임 모두 덩샤오핑의 결심 하나로 좌우되었던 것이다.

덩샤오핑은 자오쯔양을 후계자로 세웠다. 그러나 자오쯔양은 1989 년 톈안먼사태 때 강경 진압에 반대했고 이때문에 쫓겨났다. 자신이 세운 후계자 두 명을 연달아 제 손으로 목을 친 83살의 덩샤오핑은 허탈했다. 할 수 없이 무명인물이지만 모난 것 없이 무난한 장쩌민을 발탁했다.

덩샤오핑 자신도 국가의 운명이 한 사람의 의지에 걸려 있는 것의 위험성을 인식하고 있었다. 마오쩌둥에 의해 진행된 10년간의 문화대 혁명은 뼈아픈 교훈이었다. 덩샤오핑은 1989년 9월 4일 장쩌민 등 중 앙정치국 상무위원들에게 사퇴의지를 표명했다. "사퇴는 이미 결정했 다. 최상의 방법이다" "생각해 보면 나의 발언권이 세면 셀수록 국가 나 당을 위해 좋지 않다. 내 수명이 다하는 날이 온다면 더욱 위험해 진다. 세계의 많은 나라들은 그들의 대(對)중국정책 수립에 있어 나의 병환이나 사망을 큰 변수로 고려하고 있다. 나는 나이 든 이래 항상 이것을 우려해 왔다. 국가의 운명이 몇몇 소수인의 어깨에 걸려있는 것은 아주 잘못된 일이며, 위험한 일이다. 문제가 발생하지 않을 때에 는 괜찮지만, 여차할 경우에는 수습이 어렵다" 이렇게 덩샤오핑은 사 퇴 이유를 설명했다.

1989년 11월 9일, 당 14대5중전회에서 덩샤오핑은 중앙군사위원회 주석직을 사임함과 동시에 명목상의 모든 공직에서 물러났다. 하지만 실제적으로는 여전히 당과 국가 정책의 최종 결정자적 위치에 있었다. 1992년 일반 백성으로 돌아가겠다고 선언한 덩샤오핑은 두 가지 액션 을 취한다. 하나는 중국 남방을 시찰하면서 개혁·개방을 가속화할 것을 촉구한 것이며, 다른 하나는 장쩌민의 후계자로 후진타오를 지 명한 것이다.

덩샤오핑이 사퇴한 후 죽을 때까지도 그는 기회 있을 때마다 장쩌민에게 '제왕학'을 가르쳤다. 그 내용은 다음 네 가지다.

첫째, 경제발전을 지속시키는 것이 가장 중요하다

둘째, 정치적으로 우경화 되는 것은 피해야 하지만, 좌경화에 대해서는 더욱 경계해야 한다.

셋째, 인민해방군에 대한 당의 지도권을 절대적으로 확보해야 한다.

넷째, 정치이념과 전문기술을 겸비(德才兼備)한 우수한 인재를 지도부에 발탁, 확보해야한다.

그 중에서 우수한 인재의 등용이 당과 국가의 장기적 안정에 직결되는 가장 주요한 것이라고 말했다. 그러나 덩샤오핑이 장쩌민의 후계자를 뽑은 것은 성격이 다르다. 제4세대의 후계자를 지명할 때, 과연 장쩌민의 의견이 반영된 것일까. 정단에서 물러난 인물이 지시를 하는 것은 국가의 최고경영권을 장악하고 있는 장쩌민에게는 유쾌한 일은 아니었을 것이다. 또 후진타오는 장쩌민과 공적으로나 사적으로 어떠한 접점도 연줄(꽌시)도 없었다. 근무처도 대학도 출신 및 정치적 성장 지역도 달랐다. 덩샤오핑이 후진타오를 후계자로 점지한 이유 중 하나는 두 사람이 서로 연계가 닿지 않기 때문이라는 지적도 있다. 장쩌민의 이른바 상하이방 내지 '장파(江派)'에 대한 견제의 의미라는 것이다.

하지만 덩샤오핑이 사망하고 장쩌민이 실질적인 권력을 장악하고 있는 당시 누구를 후계자로 지명할 것인가는 장쩌민의 마음에 달려 있었다. 후진타오에게 정권을 넘기기 싫으면 구실은 얼마든지 만들 수 있었으며, 덩샤오핑의 점지는 구속력이 없었다. 그러나 장쩌민은 2002년 가을과 2003년 봄에 걸쳐 중국공산당 총서기직과 국가 주석직을 후진타오에게 넘겨주었다. 중앙군사위원회 주석직을 빼고는 다 넘겨주었다.

사실 후진타오는 1992년 당 14차대회 때부터 실질적인 후계자 반열에 오르기 시작했다. 당 14차대회에서 중앙정치국 상무위원과 중앙서기처 서기로 승진했다. 또 중앙당교 교장을 겸했다. 그 후 5년간 그는 당무와 조직 업무 등을 주관했다. 이 훈련과정을 거쳐 15기 당 대회에서는 당 서열 7위에서 5위로 껑충 뛰어 올랐다. 중국 제4대 지도자들 가운데서 당내 지위로 볼 때 후진타오는 이미 선두주자 자리를 확고히 잡았다. 1998년 3월 후진타오는 국가 부주석이 되어 외교무대에 올랐다. 같은 해 7월 군대와 경찰의 상업 활동을 금지하는 일을 주관, 군대와 경찰 영역으로 발을 넓혔다. 이듬해 9월에는 중앙군사위원회 부주석(주석은 장쩌민)으로 임명돼 군 통수권을 이어받을 수 있는 위치에 올랐다. 후진타오는 중국 차세대 지도자 중 유일하게 군사, 경찰, 외교 등의 방면에서 최고 정책결정 과정에 참여했다.

후진타오는 당으로부터 배우고, 당에 충성하는 길을 일관되게 걸어왔다. 또 자격을 따지고 서열을 중시하는 정치풍토에 따라 장쩌민의 신뢰를 얻었다. 그는 다양한 상급지도자들의 호평을 받았다. 간쑤성 근무 때에는 쑹핑의 눈에 들었다. 공산청년단 시기에는 왕자오궈, 후야오방, 차오스, 후치리 등에게서 좋은 평가를 받았다. 정치국 상무위원으로 일할 때 덩샤오핑, 장쩌민, 주룽지 등은 모두 후진타오의 책임감 넘치는 업무처리와 정치적 처신에 대해 신뢰를 보냈다. 장쩌민과는 마치 군주와 황태자의 관계처럼 보였다. 그러나 그들은 봉건왕조의 황제와 황태자의 관계처럼 혈연으로 맺어진 것이 아니었다. 순수하게 당력과 자격 면에서 선후배 사이였다. 그들 사이의 이해관계야말로 최고 지도자와 후계자의 관계를 규정짓는 유일한 변수이자 기준이었다.

2. 장쩌민의 '3개 대표론', 지도이념 채택

2002년 11월에 개최된 중국공산당 제16전대는 중국의 정권이 교체되는 실로 중대한 대회였다. 여느 대회와 마찬가지로 동 대회는 <당

헌>을 다듬고 지도체제(인사)를 개편했다.

먼저 <당헌>의 경우, 그 특징은 다음과 같다.

첫째 장쩌민의 '3개 대표론'이 당의 지도이념으로 채택되었다. 따라서 <당헌>에서 중국공산당은 마르크스·레닌주의, 마오쩌둥사상, 덩샤오핑이론, 그리고 '3개 대표'라는 중요 사상을 당의 지도 이념으로 삼는다고 명기한 것이다. '3개 대표론'은 2002년 2월 하순 장쩌민이 광둥성 시찰 시 제창한 것이다. 중국은 덩샤오핑에 의해 추진된 개혁·개방정책으로 한편으로는 급속하게 경제가 성장했지만, 다른 한편으로는 이에 부수한 많은 사회문제가 발생하였다 이러한 문제점들의 해결과 사회주의체제 하에서 지속적인 시장경제 발전을 위해 장쩌민은 '3개 대표론'을 제기한 것이다. '3개 대표론'이란 앞에서 이미 언급한 바와 같이 마르크스·레닌주의, 마오쩌둥사상, 덩샤오핑이론을 계승한 시대적 상황에 적합한 실천적 사상으로 중국공산당은 ① 중국의 선진적인 생산력 발전의 요구를 대표하고, ② 선진문화의 창달을 대표하고, ③ 폭넓은 인민의 근본 이익을 대표해야 한다는 3개의 명제를 담고 있다. 그것은 공산당은 선진 생산가(기업가), 선진 문화(지식인), 폭넓은 인민(농민노동자)의 이익을 대표해야 한다는 이론이다. 이는 근본적으로 전통적인 사회주의이데올로기에서 벗어난 이론으로 중국적(시대적) 상황에 맞게 변형된 '중국식 사회주의' 이론이다.

둘째 중국 공산당의 성격 변화를 더욱 명확히 하였다. <당헌> 총강에서 '중국 공산당은 노동자(工人)계급의 선봉대'라는 전통적인 계급 정당의 성격도 가지고 있지만, 동시에 '중국공산당은 중국인민과 중화민족의 선봉대'라고 규정하였다. 그럼으로써 중국공산당을 노동자만을 위한 정당에서 전인민의 정당, 국민적 정당의 성격을 추구함을 천명하게 된 것이다.

셋째, 사영기업인 등 새로운 계층에 대해 당의 문호를 개방하였다. 16기 <당헌> 개정에서 가장 주목을 끄는 부분으로, 당원의 자격을 '18세 이상의 중국의 노동자, 농민, 군인, 지식분자, 그리고 기타 사회계층의 선진분자로 확대한 것이다. 구 <당헌>에서 당원의 자격을 '기타 혁명분자'에 국한했던 것을 '기타 사회계층의 선진분자'라고 수정함으로써 사영기업인들도 당원이 될 수 있는 합법적인 길을 개방하였다.

이상 16대 <당헌> 개정의 기본핵심이라 할 수 있는 '3개 대표론'은 결국 노동자와 농민 등 무산계급의 적이었던 자본가와 지식인 계급을 끌어안겠다는 내용으로 유럽식 사회민주당 또는 국민정당을 지향하는 정치개혁의 맹아가 내포되어 있다. 발전론적 이론에서 볼 때, '3개 대표론'은 급속한 경제발전→급속한 도시화 및 매스커뮤니케이션의 발전과 교육수준의 향상 등으로 폭증한 인민의, 특히 선진 계층(기업가 및 지식인)의 정치참여 욕구를 정치체계 내로 흡수함으로써 정치적 안정을 기하겠다는 의도라고 볼 수 있다.

하지만 장쩌민은 <정치보고>를 통해 '전면적인 샤오캉(小康, 먹고 살만한 수준)사회 건설'이 당의 목표임을 선언하는 한편, 정치체제 면에 있어서는 '절대로 서방의 정치체제 모형을 받아들이지 않는다'는 전제 하에 '사회주의 민주제도'를 건설할 것을 요구함으로써 정치체제 개혁의 한계를 분명히 했다. '4항 기존원칙의 견지', 즉 사회주의 노선에는 흔들림이 없음을 강조한 것이다.

어찌 되었던 <당헌>에 장쩌민의 '3개 대표론'을 채택하도록 한 것은 장쩌민의 위상을 마오쩌둥, 덩샤오핑과 같은 반열에 올려놓겠다는 장쩌민의 의도의 결과라 볼 수 있다. 결국 이 이론의 채택은 농민혁명노선을 관철한 마오쩌둥의 준이회의(遵義會議), 사회주의(성 社)와 시장주의(성 資)의 대립관계를 해결한 1992년 덩샤오핑의 <남순강화>에 비견되는 역사적 의미를 갖게 된 것이다.

연이어 소집된 당 16대1중전회에서 공식적으로 후진타오를 당 총서기로 선출했다. 이로써 장쩌민을 비롯한 70대 정치인들, 이른바 '제3세대' 지도자 그룹의 시대는 막을 내리고 후진타오를 중심으로 한 '제4세대' 정치지도자 그룹의 시대가 시작된 것이다.

후진타오 신임 총서기는 이날 총서기에 선출된 직후 연설을 통해 미래를 위한 새로운 장을 개척했다고 천명한 뒤 덩샤오핑 최고지도자와 장쩌민 주석으로 이어지는 개혁·개방 노선을 이어받을 것을 선언했다. 그는 또 전당(全黨)과 인민들이 일치 협력해 개혁·개방 및 현대화 건설 사업을 지속적으로 추진해 나가겠다고 밝혔다. 그는 이날 새로 선출된 9인 정치국 상무위원 및 정치국위원 등 새로운 집단지도체제 구성원들이 흔들림 없는 확고한 의지로 당의 방침 및 전국 각 민족이 바라는 바를 정책으로 추진해 나가겠다고 강조했다. 후진타오는 아울러 이날 자신에게 총서기직을 물려준 장쩌민 국가주석이 제창한 '3개 대표론'과 1997년 2월 사망한 '덩샤오핑의 이론'을 떠받들어 나가겠다는 방침도 밝혔다.

그는 장쩌민 주석이 <정치보고>에서 '3개 대표 중요사상'이 요구하는 것들을 전면적으로 관철해야 한다고 강조한 점을 상기시킨 뒤 "이는 21세기 들어 20년간 우리 당과 국가의 투쟁목표이자 경제, 정치, 문화, 국방, 조국통일, 외교 및 우리 당의 건설 등 각 방면의 정책방침을 명확히 밝혀준 것"이라고 말해 '3개 대표 사상' 관철에 역점을 둘 것임을 시사했다. 아울러 당 대표 및 각 기관 종사자들에 대해 "전당 동지들과 인민들의 기대를 저버리지 말자"며 새로운 각오로 출발할 것을 당부한 뒤 "덩샤오핑의 위대한 이론의 기치를 높이 받들고 3개 대표 사상을 관철해 전면적인 샤오캉사회 건설 등 16기 대표들에게 주어진 책무를 다하자"고 역설했다. 이로써 새로 출범한 후진타오를 비롯한 제4세대 신 지도체제는 앞으로 중국 경제 부양에 매진해야 하는 한편, 이른바 사회주의 시장경제를 확산시키는 과정에서 파생된 빈부 및 지역간 격차 등 각종 현안을 해결해야 하는 과제를 안게 되었다.

제2절 장쩌민 친위, 제4세대로 권력이동

중국공산당 16전대에 이어 소집된 16대1중전회에서는 아래와 같이 당 중앙위원회 총서기를 비롯해 새로운 지도체제를 선출 또는 비준하였다(<표 6-1> 참조). 1)

먼저 위에서 언급한 바와 같이 중국공산당 중앙위원회 총서기에 장쩌민이 물러나고, 계획대로 후진타오가 집권하였다.

다음 24명의 중앙정치국위원과 1명의 동 후보위원이 선출되었다. 그 중 9명은 상무위원이다. 15기에 비해 정치국 상무위원과 위원이 각각 2명씩 늘어난 반면, 후보위원은 1명 줄었다. 상무위원의 경우, 후진타오를 비롯한 우방궈·원자바오·자칭린·쩡칭홍·황쥐·우관정·리창춘·뤄간 등 9명이 선출되었다. 후진타오는 유임되었고, 그 밖의 상무위원은 모두 정치국위원에서 승진되었다. 쩡칭홍은 정치국 후보위원에서 2단계 승진한 케이스다. 반면, 장쩌민·리펑·주룽지·리루이환·웨이젠싱 등 이른바 정치 제3세대들은 물러났다.

정치국위원의 경우 이상 9명의 상무위원을 포함한 왕러취안(王樂泉)·왕자오궈·후이량위(回良玉)·류치(劉淇)·류윈산·우이·장리창(張立昌)·장더장(張德江)·천량위(陳良宇)·저우융캉(周永康)·위정성(兪正聲)·허궈창(賀國强)·궈보슝(郭伯雄)·차오강촨(曹剛川)·쩡페이옌(曾培炎) 등 총 24명이 선출되었다. 우이는 후보위원에서 승진한 케이스다. 그리고 후보위원으로 왕강(王剛)이 선출되었다(<표 6-2>). 위원의 경우 상무위원으로 승진한 리창춘·우방궈·우관정·뤄간·자칭린·황쥐·원자바오·쩡칭홍 등 8명을 제외한다면 15기 정치국위원 전원(딩관건·톈지윈·리톄잉·장춘윈·첸치천·셰페이·장완녠)이 물러난 셈이다.2) 리루이환과 리톄잉을 제외한 이들은 모두 70세를 초과한

---

1) 김정계, "후진타오 정권, 중국권력엘리트의 실체," 『大陸戰略』 創刊號(2003), pp.42~51.

<표 6-1> 중공 제16기 지도체제의 변화(2002년)

	중공 제15기 지도체제(97)	중공제16기 지도체제(02)	탈락 또는 퇴임
중앙위원회 총서기	장쩌민	**후진타오**	장쩌민
중앙정치국 상무위원	장쩌민,리펑,주룽지,리루이환,후진타오,웨이젠싱,리란칭	후진타오,**우방궈,원자바오,자칭린,쩡칭훙,황쥐,우관정,리창춘,뤄간**	장쩌민,리펑,주룽지,리루이환,웨이젠싱,리란칭
중앙정치국 위원 <후보위원>	딩관건,톈지윈,리톄잉,우방궈,장춘윈,전가참,셰페이,황쥐(94.9증),리창춘,우관정,츠하오톈,장완녠,뤄간,자칭린,원자바오 <후보위원>쩡칭훙,오의	**왕러첸,왕자오궈,후이량위,류치,류윈산,우이,장리창,장더장,천량위,저우융캉,위정성,허궈창,궈보슝,차오강촨,쩡페이옌** <후보위원>**왕강**	딩관건,톈지윈,리톄잉,장춘윈,전가참,셰페이(99사망),츠하오톈,장완녠
중앙서기처	후진타오,딩관건,웨이젠싱,원자바오,장완녠,뤄간,쩡칭훙	쩡칭훙,**류윈산,저우융캉,허궈창,왕강,쉬차이허우,허융**	후진타오▲,딩관건,웨이젠싱,원자바오▲,장완녠,뤄간▲
중앙군사위 원회	<주석>장쩌민 <부주석>장완녠,츠하오톈 <위원>위융보,푸취안요,왕커,왕루이린	<주석>장쩌민 <부주석>**후진타오,궈보슝,차오강촨** <위원>**쉬차이허우,량광례,랴오시룽,리지나이**	<부주석>장완녠,츠하오톈 <위원>위융보,푸취안요,왕커,왕루이린
중앙기율검사 위원회	<서기>웨이젠싱 <부서기>차오칭쩌,한주빈,허융,저우쯔위,샤짠중,류리잉	<서기>**우관정** <부서기>허융,샤짠중,**리즈룬李至倫,장수톈張樹田,류시룽劉錫榮,장후이신張惠新,류펑옌劉峰岩**	<서기>웨이젠싱 <부서기>차오칭쩌,한주빈,저우쯔위,류리잉

주: 짙은 색 글자체 명은 신임. ▲표는 승진.

2) 『人民日報』, 2002年 11月 15日.

<표 6-2> 중공 16기 중앙정치국위원의 사회적 배경(2002)

이름	생년	본적 (출생지)	학력(전공, 졸업년도)	군대 경험	주요 경력	겸직 (2002-)
후진타오 ★	1942	안후이 (상하이)	칭화대(수리공정,1965)工	-	공청단서기,전국청년연합주석,귀주·티베트서기,서기처서기,국가부주석	국가주석,당총서기,중앙군사위주석
우방궈 ★	1941	안후이	칭화대(무선전자,1966)工	-	상하이전자부품공업공사부사장,상하이서기,중앙서기처서기,부총리	전인대상무위원장
원자바오 ★	1942	톈진	베이징지질대대학원(지질구조,1967)工	-	간쑤성지질국부국장,중앙판공청주임,정치국후보위원,서기처서기,부총리	국무원총리
자칭린 ★	1940	허베이	허베이공대(전력,1962)고급工	-	기계공업부기술원,중국기계설비수출입공사사장,푸젠성장·서기,베이징시장·서기	전국정협주석
쩡칭훙 ★	1939	장시	베이징공업대(자동제어,1963)工	-	상하이부서기,중앙판공청주임,중앙당교교장,서기서서기	국가부주석,서기처서기,중앙당교장
황쥐 ★	1938	저장	칭화대(전기공정,1963)工	-	상하이중화야금공장부공장장,상하이시장·서기	부총리
우관정 ★	1938	장시	칭화대대학원(동력,1968)工	-	우한서기,장시성장·서기,산둥성서기	중앙기율검사위서기
리창춘 ★	1944	랴오닝	하얼빈공대(전기, 1966)工	-	랴오닝시장·서기,허난성장·서기,광둥서기	선전,이데올로기담당
뤄간 ★	1935	산둥	동독푸라이바오야금대工(기계제조,1962)	-	허난서기,노동부장,국무원비서장,중앙정법위부서기,서기처서기,국무위원	중앙정법위서기,중앙보밀위,사회치안종합치리위주임
왕러첸	1944	산둥	중앙당교대학원(경제관리,1986)	-	공청단산둥부서기, 산둥부성장	신장위구르자치구서기
왕자오궈	1941	허베이	하얼빈공대(동력기계,1966)工	-	공청단중앙서기처서기,당중앙판공청주임,서기처서기,중앙통전부장,전국정협부주석	전국인대상무부위원장

주: ★표는 상무위원, 工은 공정사 등 자격자, 짙은 글자체는 신임.

	생년	본적	학력 (전공,졸업연도)	군대 경력	주요 경력	겸직 (2004말 현재)
후이량위	1944	지린	지린성위당교(경제사,1964)	–	지린부성장,후베이부서기,안후이·장쑤서기	부총리
류 치	1942	장쑤	베이징철강대학원(야금,1968)교수,고급工	–	우한철강공사사장,야금공업부장,베이징부서기·시장	베이징서기
류윈산	1947	산시	지린사범학교,중앙당교(1966)	–	공청단내이멍구부서기·부서기,중앙선전부부장	중앙서기처서기,선전부장
우이(여)	1938	후베이	베이징석유대(석유제련,1964)고급工	–	베이징연산석유화공공사부사장,베이징부시장,대외무역경제합작부장,정치국후보위원	부총리,국가위생부장
장리창	1939	허베이	베이징경제함수대(경제관리,1959)	–	톈진강관공장장·톈진시야금국장·시장	톈진서기
장더장	1946	랴오닝	옌벤대(조선어,1975),김일성대(경제학,1980)	–	옌벤대부총장,옌벤주부서기,민정부부부장,지린·저장서기	광둥서기
천량위	1946	저장	해방군후근공업대(건축구조,1963)工,영국공공정책연수	병사	상하이전기공사서기,상하이시장·부서기	상하이서기
저우융캉	1942	장쑤	베이징석유대(석유탐사,1966)교수,고급工	–	석유공업부부부장,중국석유천연가스공사부사장,국토자원부장,쓰촨서기	서기처서기,국무위원,공안부장
위정성	1945	저장	하얼빈군사공정대(유도탄공정,1963)工	–	전자공업부전자계산기공업관리국처장,칭다오시장,건설부장	후베이서기
허궈창	1943	후난	베이징화공대(무기화공,1966)고급工	–	산둥화석유공업청장,지난서기,화학공업부부부장,푸젠성장·쓰촨서기,	중앙서기처서기,조직부장
궈보슝	1942	산시 陝西	해방군대학(1983)	상장	베이징군구부사령관,란저우군구사령관,중앙군사위원	중앙군사위부주석,상무부총참모장
차오강촨	1935	허난	소련포병군사공정대학(1963)	상장	총참모부군무부장,국방과학기술위주임,총장비부장	중앙군사위부주석,국무위원,국방부장
쩡페이옌	1938	저장	칭화대(무선전자,1962)연구원,고급工	–	주미대사관참사,전자·기계공업부부부장,국가계획위원회주임,서부대개발담당주임,	부총리,국무원서부대개발영도소조판공청주임

자들이다. 리루이환(68세)과 리톄잉(66세)은 비록 70세에는 미치지 않았지만, 이미 3차례 이상 정치국의 동일직위(정치국 상무위원 및 위원)에 연임하였다.[3]

그리고 중앙서기처 서기의 경우 상무서기에 후진타오 대신, 장쩌민의 신임이 두터운 쩡칭훙이 서기처의 일상업무를 관장하게 되었고, 그 외의 서기는 류윈산·저우융캉·허궈창·왕강·쉬차이허우·허융 등 전부 신임으로 채워졌다. 이들 서기 중 류윈산·저우융캉·허궈창은 정치국위원을 겸임하고, 왕강은 그 후보위원을 겸임하고 있다. 허융은 중앙기율검사위원회 부서기직을 겸임하고 있다. 후진타오·원자바오·뤄간 등 15기 서기는 정치국 상무위원으로 승진함으로써 사임했고, 딩관건·웨이젠싱·장완녠 등 70세 이상 고령자들은 정치국에서의 퇴진과 동시에 서기처에서도 물러났다.

중앙군사위원회의 경우, 장쩌민(주석)이 유임된 것을 제외하고는 주석단이 모두 교체되었다. 대폭적인 인사교체였다. 츠하오톈·장완녠·푸취안요·위융보·왕루이린·왕커 등이 모두 물러났다. 그들은 모두 70세 이상이다. 반면 부주석에는 후진타오를 비롯해 궈보슝과 차오강촨이 발탁되고 량광례·랴오시룽·리지나이가 위원으로 기용되었다.

중앙기율검사위원회의 경우, 웨이젠싱이 서기직에서 퇴임하고, 중앙정치국 상무위원에 선출된 우관정이 그 직을 이어받았다. 부서기의 경우, 허융만이 유임되고 그 외는 신임으로 채워졌다. 허융은 1940년 허베이성 치안시현(遷西縣) 출신으로 주로 감찰 및 기율검사 부문에서 경력을 쌓은 감찰통이다. 허융은 1958년 12월 고향인 허베이성 치안시현의 청관(成關)중학교 재학 중에 공산당 예비당원이 되었으며, 톈진대학에서 정밀기기와 기계를 전공했다. 1968년 병기를 취급하는 국

---

3) 1982년 <중화인민공화국헌법>은 전국인대 正副위원장, 국가 正副주석·正副총리·국무위원의 임기는 5년으로 하고(60조, 66조), 2회 이상 연임할 수 없다(87조)고 규정하고 있다. 하지만 당 중앙정치국위원의 연임에 관한 규정은 없다.

영 238공장의 기술원을 시작으로 1986년 중앙조직부 부부장으로 자리를 옮길 때까지 병기공업부문에서 일했다. 병기공업부에서 당 중앙조직부 부부장으로 발탁된 것은 당시 중앙조직부장이었던 웨이졘싱이 허융의 능력을 높이 평가하여 총서기였던 후야오방에게 추천하여 이루어진 것으로 알려지고 있다. 중앙조직부 부부장 시절 허융은 당정외사간부국장직을 겸임하면서 당 및 정부의 간부의 선발 및 정치공작 등을 담당했다. 1987년 웨이졘싱이 국무원 감찰부장직을 맡으면서 허융 역시 감찰부 부부장으로 자리를 옮겼다. 이후 웨이졘싱이 중국공산당 정법계통의 막강한 실력자였던 차오스의 후임으로 중앙기율검사위원회 서기에 승진하면서 허융도 중앙기율검사위원회 상무위원이 되었다. 그 후 감찰부장으로 승진하고 중앙기율검사위원회 부서기가 되었다. 당 16대1중전회에서 중앙서기처 서기도 겸직하는 영광을 얻었다.

이상 후진타오를 중심으로 한 제4세대 중국공산당 최고지도층의 특징을 보면 다음과 같다.4)

1. 제4세대 후계그룹의 부각5)

먼저 대폭적인 세대교체가 이루어졌다. 제3정치세대인 장쩌민이 물러나고 제4세대인 후진타오가 중앙위원회 총서기직을 승계함과 동시에 62.5%의 정치국위원(후보위원 제외)이 교체되었다. 제3세대가 제2세대로부터 완전히 정권을 이양 받던 14기와 비슷한 형국이다. 1992

---

4) 전반적인 특징에 관한 분석은 Kim, Jung Ke, "Characteristics of the China's Power Elites in the 21st Century: Continue or Change?" 『대한정치학회보』 제13집 2호(2005), pp.53~68 참조.

5) 중앙정치국위원 중 그 후보위원은 통계에서 제외되었음. 김정계, "후진타오시대 중국정치엘리트의 제도적, 비제도적 배경분석," 『한국동북아논총』 제10권제2호(2005), pp. 46~48 참조.

년 당시에도 70%가 교체되었다. 17기에서 교체된 위원 중 리루이환과 리톄잉을 제외하고는 모두 70세 이상의 제3정치세대다.[6] 반면, 새로 입국한 왕러취안 등 신임은 모두 50대 중후반에서 60대 초중반 세대들이다. 후진타오를 주축으로 한 제4세대 정치지도자들이 권력을 승계한 것이다.

따라서 16기 중앙정치국위원의 연령을 보면, 평균연령은 60.8세로 그 이전에 비해 더욱 젊어지고 있다. 정치국 상무위원의 경우 평균 62세로 거의 60대 초·중반이다. 16기 중앙정치국 상무위원과 그 위원 중 최연소자는 리창춘(58세)과 류윈산(55세)이며, 최고령자는 67세인 뤄간과 차오강촨이다. 그래서 신임 정치국 상무위원 대부분은 차기(2007년)까지, 신임 정치국위원은 차차기(2012년)까지도 연임될 가능성이 높은 연령이다.[7]

중앙위원회의 경우도 정치국 멤버와 마찬가지로 대대적인 교체(71%)가 이루어졌다. 이는 15기와 비슷한 수준이다. 평균연령이 15기(55.9세)로부터 5년이 지났음에도 더욱 낮아진(0.5세 하향) 것을 볼 때[8] 대대적인 세대 이동의 결과라 하겠다. 3세대에서 4세대로, 심지어 제5세대로의 이동까지 이루어졌기 때문인 것으로 풀이된다. 50대 이하가 전체의 20%를 점하는 것이 그것을 입증한다.

---

6) 리루이환의 퇴임을 둘러싼 장쩌민과 리루이환 등 중공 권력내부 갈등에 대해서는 Andrew J. Nathan and Gilley, Bruce, *China's New Rulers: The Secret Files*(New York: NYREV, Inc. 2003).

7) Lyman H. Miller, "China Leadership Transition: The First Stage," *China Leadership Monitor*, 5(Winter 2003), pp. 56.

8) 중앙위원의 경우 평균연령은 55.4세로 15기(55.9세)보다 약간 낮은 편이다. 연구자에 따라 약간의 차이는 있으나(55.2세), 정위원은 58.7세 정도고, 후보위원은 52.9세 정도다. 연령의 하향현상은 70세 이상 제3세대의 전원이 퇴진한 결과다.[1] 중앙위원 중 최고령자는 1937년생(65세)인 당시 중국인민은행장 리구이셴(정협 부주석)과 쉬광디(徐匡迪) 상하이 시장이다(Zhiyue Bo, "The 16th Central Committee of the Chinese Communist Party: formal institutions and factional groups," *Journal of Contemporary China*, 13-9, May 2004a, pp. 223~256).

따라서 연령층의 분포도 '노, 중, 청'이 골고루 결합되어 있던 이전의 정치국9)과는 달리 50대 후반에서 60대 중반의 제4세대에 집중되어 있는 것이 특징이다.

여기서 말하는 제4정치세대라 함은 문혁 전후에 대학을 나와, 문혁기에 공산당에 입당한 후 하방되어 정치를 경험하기 시작한 연령층이다. 그리고 개혁·개방 초기 덩샤오핑의 '간부4화정책'에 의해 차세대 청년지도자로 선발되어 계획적으로 훈련을 받은 정치세대다. 그리하여 이들 세대는 1949년 이전 혁명전쟁기의 경험과 그것을 기억하기는 어려운 혁명 후(post-revolutionary) 세대다.10)

2. 칭화대학 출신 테크노크라트 우세

16기 중앙정치국위원의 학력 상황을 보면, 중화인민공화국 수립이후 현재까지의 역대 중앙정치국위원 중 학력이 가장 높다. 대학 출신자가 완전 100%다. 대학 출신 비율이 14기보다는 10%, 15기보다는 11%나 높다.11) 이는 13기 이후 지속되는 현상으로 16기에 절정을 이

---

9) 김정계(2000), 앞의 책, p. 353.
10) 중국의 정치세대구분에 대해서는 주장이 분분하지만, 일반적으로 약 15년을 간격으로 구분하는데(Cheng Li and Lynn White, "The Sixteenth Central Committee of the Chinese Communist Party: Hu Gets What?" *Asian Survey*, 43-4, 2003, Jul·Aug. p. 564.), 중국공산당 엘리트의 특이한 역사적 경험에 기초한 사건을 중심으로 5세대로 구분할 수 있다. 제1세대는 마오쩌둥을 중심으로 한 대장정(1934~ 35) 혁명 1세대이고, 제2세대는 덩샤오핑을 중심으로 한 중일전쟁(1937~1945) 그룹(80대)이며, 제3세대는 장쩌민을 대표로 건국 전후로부터 1950년대 초 사회주의 전이시기에 입당한 70대 연령층이다. 그리고 제4세대는 후진타오 중심의 문혁기에 청년시기를 보낸 대략 1941년부터 1956년 사이에 출생한 그룹이며, 다음 제5세대는 1980년대 경제개혁기에 정치적으로 성장한 50대 이하 그룹이다(Cheng Li, "A Landside Victory for Provincial Leaders," *China Leadership Monitor*, 5, Winter 2003, p. 79.).
11) 위의 논문, p. 56.

루고 있다. 원자바오·우관정·왕러취안·류치 등 대학원을 나오거나 장더장과 같이 해외유학파를 제외하고는 모두 문혁 전에 대학을 졸업했다. 14기 이후 대학원 출신자도 계속 증가하고 있는 추세다. 14기에 5%에 불과했던 석사학위 소지자가 16기에는 3배가 넘는 16.7%로 증가했다. 원자바오·우관정·류치·왕러취안 등 4명의 정치국위원이 석사학위소지자다.

중앙위원의 경우 역시 교육수준이 역대 최고다. 당의 공식보도에 의하면 거의 99%(98.6%)가 3년제 전문대학 이상의 학력이라고 했다 (4년제 대학 졸업률은 78.8%). 이는 1992년(71%)보다는 15.2% 높고, 1997년 15기(84%)보다는 6.2%가 높다.12) 1982년 12기 때 전체 공산당원 중 전문대 이상 졸업자가 불과 4% 정도였던 것이 2002년 약 23%(6,630만 공산당원 중 1,540만)로 불어난 점을 볼 때, 이는 개혁·개방 이후 간부의 전문화와 더불어 진행되는 고학력화의 추세다. 중앙위원 중 박사학위 소지자는 리커창(李克强, 허난성 당위 서기)·시진핑(저장성 당위 서기)·리위안차오(李源潮, 장쑤성 당위 서기)·류옌둥(劉延東, 당 통전부 부장 겸 정협 부주석)·저우샤오촨(周小川, 중국인민은행장)·왕자루이(王家瑞, 당 대외연락부 부장)·바이춘리(白春禮, 여, 만주족, 중국과학원 부원장)·왕정웨이(王正偉, 회족, 인추안銀川시 당위 서기) 등이다. 이들은 현재의 직위를 보나 그들의 정치적 배경으로 보나 전도가 밝은 제4세대 중국지도자들 중 한 사람이다. 이들 박사학위 소지자 중앙위원 들 중 특히 리커창(1955년생, 공청단, 허난성 당위 서기), 시진핑(1953년생, 태자당, 칭화대, 저장성 당위 서기), 리위안차오(1950년생, 공청단, 장수성 당위 서기)는 주요 지방 성 당위서기로, 연령으로나 교육배경 및 정치적 배경 등으로 보아 차기

---

12) 『人民日報』, 2002年 11月 15日; Cheng Li and Lynn White, 2003, *op.cit.*, p. 578; Cheng Li and Lynn White, "The Fifteenth Central Committee of the Chinese Communist Party: Full-Fledged Technocratic Leadership with Political Control by Jiang Zemin." *Asian Survey*, 38-3(March 1998). p. 248.

정치국 입국이 점쳐지고 있는 엘리트들이다.13) 이들은 젊고, 정치적 야망이 있다. 그래서 그들은 그들 자신과 중국의 미래를 준비하고 있는 사람들이다.

그리고 전공의 경우, 순수한 4년제 대학의 학력배경만 보면 고위지도층일수록 테크노크라트의 비율이 높다. 중앙정치국 상무위원 경우 9명 전원(100%)이 이공계출신 공정사 자격증 소지자다. 상무위원을 포함한 전 위원의 경우 70.8%(17명)가 이공계 대학 출신이고, 상무위원을 제외하면 정치국위원 중 53.3%가 테크노크라트 출신이다.14) 따라서 이공계열의 명문인 칭화대학 출신이 압도적이다. 총서기 후진타오를 비롯해 중앙정치국 상무위원 우방궈·황쥐·우관정과 정치치국위원 쩡페이옌 등이 칭화대학 공학계열 출신이다.

마지막으로 16기 중앙정치국위원의 해외유학 경험을 보면, 그 비율이 이전에 비해 낮은 것이 특징이다. 15기에 비해서는 무려 10%나 낮다. 정치국위원 중 6명만이 1년 이상 해외경험자다. 상무위원 중 뤄간이 동독 푸라이바오대에 유학했고, 황쥐는 일본에서 1년간 경영학을 연수했다. 위원의 경우 정더장이 북한 김일성종합대학을 나왔고, 차오강촨은 소련 포병군사공정대학을 졸업했으며, 천량위는 영국 버밍험대학에서 1년간 공공정책과정을 이수했다. 그리고 쩡페이옌은 1982~1984년 주미 중국대사관에 근무한 경력이 있다. 이렇게 제4세대 지도자들의 해외유학생비율이 낮은 이유는 1950년대 후반 중소관계 악화 이후 1960년대 중반부터 덩샤오핑이 개혁을 시작할 때까지 학생들을 거의 외국에 보내지 않았기 때문이다. 그 결과 이때 대학을

---

13) 16기 중앙정치국위원 인선의 경우를 보면 지방 당위서기 경력은 필수적이다. 24명의 정치국위원 중 10명이 현직 성급 당위 서기로 충원되었다(Cheng Li, *op. cit.*, p. 75).

14) Zhiyue Bo, "China's Political Elites in the 21st Century: Technocrats in Command?" *Asian Profile*, 32-6(December 2004b), p. 514; 김정계, "후진타오시대 중국정치엘리트의 교육배경: 어떻게 변하고 있는가?" 『한국동북아논총』, 제10권제1호, pp. 53-74. (2005), p. 64.

다녔거나 대학원을 진학한 제4세대 지도자들은 청년기에 해외 유학의 기회가 없었다.15)

3. 상하이 중심 동부지역 출신의 우세와 군 세력의 퇴조

경력의 경우 정치국위원 24명 중 10명(41.6%)이 성급 지방 당·정의 현직 지도자다.16) 만약 16차 당 대회 2주전에 중앙으로 이동된 지방 당직자들(충칭의 허궈창·상하이의 황쥐·베이징의 자칭린)까지 포함한다면, 상무위원과 정치국위원 중 지방 당위 서기는 13명(52%)으로 늘어난다.17) 상무위원 8명 중 2명(광둥의 리창춘·산둥의 우관정)을 현직 성급 당위 서기에서 충원했다. 이밖에 16기 정치국위원 문민 엘리트 22명 중 20명(91%)도 성급 지방 지도자 경력이 있는 사람이다. 그들의 지방지도자 경력은 하급 지방지도자 경력을 제외하고 성급 지도자의 경우만 평균 8.7년이다. 자칭린·황쥐·우방궈·리창춘 등 4명의 정치국 상무위원은 16~17년간의 성급 지도자 경력이 있다. 후이량위·장더장·리창춘은 3~4개 성급 지도자를 거쳤다. 후진타오도 구이저우와 시짱자치구 당위 서기를 거쳤다. 후진타오를 합치면 9명의 정치국 상무위원 중 5명이 10년 이상 지방 지도자 경력을 쌓은 자들이다.18) 이는 14기 및 15기와 비교할 때 지방지도자의 경력 없이는 중앙정치국 진입이 어렵다는 결론이 나온다.

16기 중앙위원의 경우도 정치국위원과 마찬가지로 무려 43.5%가

---

15) 중공 17기 정치엘리트의 해외경험에 대한 상세한 내용분석은 위의 논문, pp. 67~70 참조.
16) Cheng Li, *op.cit.*, p. 75.
17) 16대1중전회 이후 2004년 현재까지 이후 성급 당위 서기를 계속 유지하고 있는 사람은 왕러첸(신장), 류치(베이징), 장리창(톈진), 장더장(광둥), 천량위(상하이), 위정성(후베이) 등 6명이다.
18) Cheng Li, *op.cit.*, pp. 72~74.

현직 지방단위 엘리트라는 것은 그것을 더욱 입증한다. 중앙 당·정 조직 대표보다 무려 10% 이상 상회한다.

현직 성급 당위 서기 출신 정치국위원들의 16대1중전회 당시의 출신지역 분포를 보면, 중국을 7개 지역으로 나눌 경우, 수도와 2개 직할시가 포함된 북부지역(베이징·톈진·허베이·산시·내이멍구內蒙古) 출신은 2명(베이징과 톈진의 당위 서기 류치와 장리창)이다. 동북지역(랴오닝·지린·헤이룽장)은 1명도 없는 대신, 동부지역은 상하이 서기 천량위·장쑤성 서기 후이량위·산둥성 서기 우관정(상무위원)·저장성 서기 장더장 등 4명이나 발탁되었다. 중부(장시·허난·후베이·후난)지역은 후베이성 서기 위정성 1명만, 남부지역(광둥·광시·하이난)은 광둥성 서기 리창춘 1명(상무위원), 1개 직할시를 포괄하고 있는 서남부(충칭시·쓰촨·구이저우·윈난·시짱)지역은 쓰촨성 당위 서기 저우융강만이 정치국에 입국했다. 그리고 서북지역(산시陝西·간쑤·칭하이·닝샤·신장)은 신장위구르민족자치구 서기 왕러취안이 발탁되었다. 이는 소수민족지역의 대표성을 상징하는 의미도 담고 있다. 따라서 동부지역은 다른 지역과 비교할 때 평균보다 훨씬 높은 대표성을 확보한 편이다. 동부지역은 안후이성과 푸젠성 당위 서기만 빠지고 모두 입국한 셈이다. 원적지를 포함할 경우 그 비율은 더욱 높다.

지방대표의 급부상에 반비례하여 중앙 당·정기구 엘리트의 발탁이 현저히 줄어들었다. 정치국위원의 경우 중앙 당·정 조직 합계의 대표를 보면 14기에 비해 16.2%, 15기에 비해 무려 19%나 줄어들었다.

중앙 당·정조직의 대표를 다시 당 조직 대표와 정부기구 대표로 구분해보면, 중앙 당료의 정치국 진입율은 14기 22.7%, 15기의 25%에서 16기에는 32%(정치국 후보위원 포함)로 계속 증가되고 있는 반면, 중앙정부기구 엘리트의 중앙정치국 진입율은 14기 45.5%, 15기의 45.8%에서 16기 20%로 감소하고 있는 추세다. 이는 국무원 총리 주룽지의 영향력 약화와 장쩌민이 이른바 '지배 정당(ruling party)의 기능'을 강조하며 그 세력을 견고히 하는 데 전력한 결과라 보여진다. 중앙 당 조직의 경우, 당 중앙 서기처 서기인 후진타오(유)·자칭린·쩽칭훙·황쥐가 정치국 상무위원에 유임되거나 승진되었으며, 당 중앙위 산하 주요 3부서 -조직부(허궈창)·선전부(류윈산)·통일전선부(왕자오궈) 부장이 중앙정치국위원에 승진되고, 중앙판공청 주임 왕강이 중앙정치국 후보위원에 발탁되었다. 이들 중 쩽칭훙·허궈창·류윈산·왕강(중앙판공실 주임 겸직)은 당의 실질적인 사무를 관장하는 중앙서기처 서기를 겸직하게 되었다.

반면, 중앙정부의 경우, 국무원 부총리 원자바오(상무위원, 총리)와 우방궈(상무위원, 전국인민대표대회 상무위원장), 국무위원 뤄간과 우이(후보에서 승진, 부총리)가 유임되거나 승진되고, 국무원 산하 국가발전계획위원회 주임인 쩽페이옌(부총리) 만이 정치국위원에 발탁되었고, 국무원 감찰부장 허융이 중앙서기처 서기 겸 중앙기율검사위원회 부서기에 기용되는 데 그쳤다. 이는 14기 10명, 15기 11명의 중앙정부 자도급 인사가 정치국에 입국한 숫자에 훨씬 못 미친다.

다음, 16기 중앙정치국위원의 군대경력을 보면 역대 중 가장 낮은 비율(8.3%, 후보를 포함할 경우 8%)이다. 14기에는 상무위원 1명(류화칭 장군), 정위원 1명(양바이빙 장군) 도합 2명이 입국했지만, 15기(츠하오톈, 장완넨 장군)와 16기에는 상무위원 없이 위원만 각각 2명이 선임되었다. 정치국 상무위원의 위상을 차치하고도 전체 정치국위원 숫자가 늘어난 점을 감안한다면 현역 군인이 정치국에서 차지하는 비율은 14기의 10%, 15기의 9.1%보다 낮다.[19] 후진타오 정권의 경우 이것은 마오쩌둥과 덩샤오핑의 생전과는 달리 군경험이 없는 그에게는 좀 어려운 문제가 될 수도 있다는 지적이 있다[20]. 하지만, 이는

---

19) 군대의 정치참여 추세에 대한 분석은 김정계, "후진타오시대 중국인민해방군 지도체제: 그 정치적 위상과 성분," 『사회과학연구』 제22집 1호(2006), pp. 279~308 참조.
20) Tony Saich, *Governance and Politics of China*(New York: Palgrave Macmillan, 2004), p. 101.

장쩌민 정권 이후 지속되는 현상으로 크게 우려할 바는 아니라 생각된다. 왜냐하면, 군경험이 없었던 장쩌민이 바로 군사위원회 주석이 되었던 것과 비교해보면, 그래도 후진타오는 15기 이후 중앙군사위원회 부주석직과 당교 교장 및 조직부장 등을 겸임하면서 많은 경험과 인맥을 형성할 수 있었기 때문이다. 16기에는 현역 장성인 궈보슝 상장(중앙군사위원회 부주석)과 차오강촨(중앙군사위원회 부주석 겸 국방부장) 상장 두 사람만이 중앙정치국에 입국했다. 그리고 중앙군사위원인 쉬차이허우(徐才厚) 장군을 중앙서기처의 군사업무를 겸임토록 했다.21) 중앙위원의 경우도 마찬가지로 군 대표가 퇴조하고 있다. 16기 군 대표 중앙위원은 모두 65명(정위원 41명, 후보위원 23명)이다. 전체 중앙위원 중 군 대표의 비율은 점차 낮아지고 있는 현상이다. 14기 22.2%보다는 훨씬 미달되고, 15기보다도 0.1% 줄어 든 18.0%에 불과하다. 22)

4. 장쩌민-쩡칭훙 친위 상하이방의 대거 발탁

이상 중국공산당 16차 대회 최고지도층의 인사를 보면, 비록 후진타오가 총서기에 선임됨으로서 정권을 승계했다고는 하지만, 실제적인 인사는 장쩌민의 영향에 의해 좌우된 것으로 나타났다. 따라서 지금까지 장쩌민 정책에 아킬레스건으로 작용하던 비판적인 세력들은 연령제한 내지 임기제한이라는 제도화의 덫에 걸려 모두 퇴진했다. 결국 16기 중공의 최고지도체제는 개혁개방 이후 지금까지 대립되어 오던 보·혁 간의 권력분배 차원을 넘어 장쩌민의 친위세력으로 채워진

---

21) 쉬차이허우 장군은 2004년 9월 16대4중전회에서 장쩌민이 중앙군사위원회 주석직을 사임하고, 후진타오가 그 뒤를 이어 받자 중앙군사위원회 부주석으로 승진하였다.
22) 김정계(2006), 앞의 논문, p. 15.

것으로 평가된다.

그 이유는 다음과 같다.

먼저 후진타오를 제외한 정치국 상무위원 전원을 교체함으로써 리펑·리루이환·차오스계의 웨이젠싱, 주룽지-리란칭 계열을 최고지도부에서 밀어내는 데 성공했다. 퇴진한 정치국위원들이 70세 이상이라고는 하지만, 리루이환은 70세에 달하지 않았다. 서열 4위였던 리루이환 정협 주석은 장쩌민의 퇴진 압력에 반발하면서 장쩌민의 독주에 제동을 걸던 인물이었다. 리루이환은 최근 정협 회의에서 "모든 권력은 인민에게 속한다. 정부도 인민의 정부이며, 군대도 인민의 군대"라고 강조, 주요 인사안이 밀실에서 결정되어서는 아니 된다는 점을 강하게 토로했다.

둘째 신임 정치국 상무위원의 경우, 후진타오·원자바오·뤄간을 제외한 우방궈·자칭린·쩡칭훙·황쥐·우관정·리창춘 등은 상하이 중심 동부 연해지역 당위 서기 출신으로 장쩌민에 의해 출세의 가도를 걸어온 범 상하이방 장쩌민 친위계열이다. 특히 장쩌민의 오른팔인 쩡칭훙 당 중앙조직부장과 리창춘 우방궈 등의 정치국 상무위원회 진입문제를 놓고, 리펑·주룽지·리루이환 등이 모두 난색을 표했지만 장쩌민의 의도대로 관철된 것이다. 장쩌민은 이들을 상무위원회에 포진시켜 후진타오와 함께 차세대를 이끌도록 하고 자신은 뒤에서 영향력을 행사한다는 구상이었을 것이다. 리펑의 경우 측근인 뤄간을 적극적으로 밀었고, 주룽지 총리는 경제를 잘 아는 원자바오를 강력히 천거한 것으로 알려지고 있다. 이유는 자신의 후임 총리로 발탁하기 위함이었다. 총리 후보로 장쩌민은 우방궈나 리창춘을 의중에 두고 있었다. 따라서 '권력의 핵'인 정치국 상무위원회 상무위원 가운데 우방궈(전국인민대표대회 상무위원장)·쩡칭훙(국가 부주석)·황쥐(부총리)는 상하이 3인방이고, 자칭린과 우관정, 리창춘은 친 장쩌민 계열로 절반 이상이 친 장쩌민 계열이다. 특히 15기 정치국 후보위원이었던 쩡칭훙을 2단계나 승진시켜 정치국 상무위원회 및 중앙서기처에 심어 놓은 것은 후진타오를 견제하기 위한 방략이라고 보겠다.

셋째 신임 정치국위원의 경우, 후술하는 그들의 프로필에서 자세히 알 수 있겠지만, 공청단 제1서기 출신으로 후진타오와 맥을 같이하는 왕자오궈나 리루이환의 적극적 지지를 받고 있는 톈진시 당위 서기 장리창, 주룽지 전 총리가 등용한 우이(부총리)를 제외한 왕러취안·후이량위·류치(劉淇)·저우융캉·위정성·허궈창·쩡페이옌 등은 장쩌민 집권 이후 장쩌민에 의해 요직에 발탁된 인사들이다. 특히 차오강촨·궈보슝과 같이 군부 대표로 정치국에 진입한 지도자의 경우 역시 장쩌민의 총애를 받아온 군부 엘리트다. 정치국 후보위원인 왕강은 중앙서기처 판공청 주임을 겸직하고 있는데, 그는 쩡칭훙이 판공청 주임직에 있을 때 부주임으로 근무한 직계 부하다. 중앙판공청 주임은 당 총서기의 비서실장 격인데, 후진타오 총서기의 비서실장이 쩡칭훙의 직계 부하라는 것은 아이러니컬한 일이다. 이는 비록 후진타오가 총서기가 되었지만 그 주위는 장쩌민-쩡칭훙 세력에 의해 포위되는 형국이라는 것이다.23)

넷째 실질적인 당 행정의 산실인 중앙서기처의 경우 더욱 장쩌민-쩡칭훙 계열의 인물로 짜여졌다. 중앙서기처 서기는 유일하게 유임된 쩡칭훙을 비롯, 류윈산·저우융캉·허궈창·왕강·쉬차이허우·허융 등 7명이다. 허융을 제외한 서기 전원은 장쩌민 혹은 쩡칭훙의 직계이면서 당 중앙 혹은 국무원의 실세 부서를 장악하고 있는 인사들이다. 16차 당 대회 직전에 장쩌민에 의해 각각 당 중앙선전부장과 중앙조직부장에 임명된 류윈산과 허궈창, 공안부장 저우융캉, 군과 당을 연계하는 중앙군사위원회 부주석 쉬차이허우는 장쩌민과 쩡칭훙의 충실한 심복이다. 다만 중앙기율검사위원회 부서기를 겸하고 있는 허융

---

23) 2007년 9월 중앙판공청 주임을 왕강 대신 링지화(令計劃, 56세) 중앙판공청 부주임으로 교체했다. 링지화는 후진타오 총서기의 권력기반인 공청단 출신이다. 후진타오가 1985년 공청단 제1서기에 부임한 후 링지화는 후진타오의 눈에 들어 공청단 선전부장, 공청단 중앙판공청 부주임 등을 역임했다.

만이 웨이젠싱 전 중앙기율검사위원회 서기 계열이다. 현재 부서기로서 서기인 우관정을 보좌하고 있다.

결국 중국공산당 16기 지도체제는 중앙정치국 상무위원회로부터 중앙서기처 서기와 중앙서기처 직속기관 중 핵심 부서인 중앙판공청·중앙조직부·중앙선전부 등에 이르기까지 거의 대부분의 실세 보직을 장쩌민과 쩡칭홍 계열의 인물들로 채웠다.

2003년 3월 제10기 전국인민대표대회에서 개편된 국가지도체제 역시 장쩌민의 영향력이 최대로 반영된 인사였다.

우선, 국가주석의 경우 장쩌민이 퇴진하고, 후진타오(전 부주석)가 새로운 국가 주석이 되었다. 그리고 부주석에는 장쩌민의 심복이며, 정책 참모인 쩡칭홍이 선임되었다.

전국인민대표대회의 지도체제 역시 장쩌민의 친위세력인 우방궈가 그 상무위원장에 선임되었다.

국무원의 경우, 주룽지가 퇴진하고 원자바오가 총리에 선임되었다. 부총리는 정치국 상무위원이며 상하이 당위 서기 출신인 황쥐, 장쩌민의 비서 출신인 쩡페이옌, 장쩌민에 의해 저장성 당위서기에 발탁된 후이량위, 그리고 우이가 선임되었다. 이들 국무원 부총리 중 주룽지 전 총리가 후원하고 있는 우이를 제외한 모두는 장쩌민 직계 인물이다. 우이는 거의 당파색이 없는 여성 지도자다.

국무위원 역시 장쩌민의 직계인 저우융캉(공안부장)과 차오강촨(국방부장), 그리고 상하이방인 탕자쉬안(唐家璇)·화젠민(華建敏, 국무원 판공청 주임 겸직)·천즈리(陳至立)가 선임되었다. 이들은 모두 장쩌민-쩡칭홍과 가까운 인물들이다. 탕자쉬안은 장쑤 출신으로 상하이 푸단대학을 졸업한 상하이방으로 전 외교부장 우쉐첸-첸치천, 그리고 탕자쉬안-리자오싱으로 잇는 상하이 외교인맥의 일원이다. 그리고 화젠민은 장쑤 생으로 장쩌민이 상하이에 재직할 때 그의 비서였다. 천즈리역시 장쩌민이 상하이 당위 서기 시절 직속 선전부장이었고, 장쩌민에 의해 1998년 교육부장에 발탁되었다. 이처럼 국무원 부총리 및 국무위원의 면면을 분석해 보면 대다수가 국가 주석인 후진타오 및 국무원 총리 원자바오와는 거리가 먼 인물들이다. 유일하게 우이 부총리만이 주룽지 전 총리 계열이다. 특히 이들 인물 중에 주목할 인물은 국무원 판공청 주임(비서장)을 겸직하고 있는 화젠민이다. 화젠민이 장쩌민 계열이라면, 결국 원자바오 총리마저 자신의 측근을 비서실장에 임명하지 못했다는 것이다. 이처럼 공산당 조직과 마찬가지로 국무원 조직의 책임자 대부분은 장쩌민-쩡칭훙 계열로 채워져 있다.

마지막으로 군의 경우, 비록 후진타오가 2002년과 2003년 각각 당과 국가의 총서기직과 국가 주석직을 승계하긴 했지만, 중앙군사위원회 주석직은 승계하지 못했다. 거기다 3명의 중앙군사위원회 부주석 및 7명의 위원은 대부분 장쩌민이 집권한 후 진급하거나 요직에 발탁된 인사들이다. 다만 랴오시룽 총후근부장이 1989년 티베트 반란 당시 진압군을 지휘하면서 티베트(시짱)자치구 서기였던 후진타오와 인연을 맺었을 정도다. 그 밖의 모든 중앙군사위원회 부주석 및 위원은 후진타오와 별로 인연이 없다. 요컨대, 당 16차 대회에서 선임된 중국 군사지도자들 거의 모두는 장쩌민이 정권을 장악한 이후에 상장에 진급하고, 군 최고지도층에 진입한 장성들이다. 그리고 장쩌민이 군내 양가장(양상쿤-양바이빙) 세력을 제압하기 위해 실적(정규교육 및 실전 경험 등)을 최우선시하여 배양해 온 지도자들이기 때문에 장쩌민에 대한 신뢰와 충성심은 누구보다도 강하다고 보겠다.

결론적으로 비록 후진타오가 당·정의 최고위직을 승계하고 원자바오가 국무원총리에 올랐다고 하지만, 당과 정부(국무원), 중앙군사위원회 등 중국의 권력핵심부에는 아직도 장쩌민 전 총서기와 쩡칭훙 국가부주석의 세력이 포진하고 있는 상황이었다. 이런 점을 감안할 때 장쩌민 전 주석은 언제든지 마음만 먹으면 얼마든지 국가정책 방향에 영향력을 행사할 수 있는 구도를 갖추고 있었다고 보겠다.

신임 정치국위원의 프로필을 보면 이를 더욱 입증해 준다.

▶ 상하이시 고급간부로 성장한 장쩌민의 심복, 고급 간부의 자제
(태자당) 쩡칭훙

쩡칭훙(曾慶紅, 1936~)은 장시성 지안(吉安)현 출신으로 양친이 다
걸출한 혁명가 원로정치인이다. 부친 쩡산(曾山)은 화둥군정위원회 부
주임을 거친 군 출신으로 상하이시 부시장, 정무원 재경위원회 부주
임, 상업부 부장, 내무부 부장을 역임하는 등 생전에 화둥지구와 중국
공산당의 핵심에 있었다. 모친은 건국 전 당 고급간부의 자녀(현재의
태자당)들을 가르쳤던 덩류진(鄧六金)이다.

쩡칭훙은 베이징공업대학 자동제어과 졸업(공정사)했고, 그 후 문혁
중 잠시 하방되어 노동개조를 받은 것을 제외하고는 줄곧 국방관련
공업계통 및 국가계획위원회, 국가에너지위원회, 석유부 등에서 주로
엔지니어 및 비서공작을 담당했다. 1983~1984년 중국해양석유총공사
연락부 부주임, 석유부 외사국 부국장, 남황해석유공사 당위 서기로
승진하는 등 국가에너지 부문에서 80년대 초기를 보냈다.

1984년 아버지의 정치적인 기반이었던 상하이시 당위 조직부 부부
장·부장, 시 당위 상무위원·비서장을 거치면서 당대의 실력자 루이
싱원 당위 서기와 장쩌민 시장을 가장 가까운 거리에서 보좌하였다.
그 덕분에 루이싱원이 중앙서기처로 진출하고 장쩌민이 상하이시 당
위 서기가 되자 쩡칭훙도 1986년 상하이시 당위 부서기로 승진하였
다.

6.4사태 후 장쩌민이 당 중앙 총서기로 선임되자 쩡칭훙도 당 중앙
판공청 부주임(전임, 바오싱包彤) 겸 정치국 상무위원회 비서(1989~
1993)로 기용되어 장쩌민의 그림자가 되었다. 이어 1993년 당 중앙판
공청 주임(전임, 원자바오), 중앙직속기관공작위원회 서기로 승진하여
당 중앙의 인사와 기밀 등 주요 업무를 요리하였다. 1997년 9월 당
15대1중전회에서 중앙위원 및 중앙정치국 후보위원, 그리고 중앙서기
처 서기에 발탁되었다. 그리고 1999년 3월, 당의 인사권을 장악하고
있는 당 중앙조직부장을 겸직하게 되었다. 당 중앙판공청 주임을 그

의 직속 부주임이던 왕강(王剛)에게 물려 줄 정도로 그의 역량은 대단하다. 장쩌민의 신임이 가장 두터운 중국정계의 실세 중의 실세다.

장쩌민이 쩡칭훙을 그의 사람으로 쓰게 된 이유는 첫째 쩡칭훙이 자신과 마찬가지로 혁명열사의 자제라는 점에서 비슷한 정서를 가지고 있고, 둘째 쩡칭훙을 중용함으로써 혁명원로들의 마음을 살 수 있었던 데 있었다. 쩡칭훙의 부친은 생전에 계속해서 화둥지구와 중국 공산당의 핵심에 있었고, 그의 당시 동료들이나 부하들도 최근까지 요직에 앉아 있었거나(예, 야오이린은 쩡산의 후임자), 혹은 막후로 물러나서 '수렴청정'(예, 화둥인맥의 대부인 천윈)을 하고 있었는데, 이러한 배경은 쩡칭훙의 출세가도에 당연히 유리한 영향을 주었다. 셋째 쩡칭훙이 상하이에서 조직방면에 뛰어난 재능을 보였기 때문이다.

▶ 후진타오 계열 지방 공청단 출신, 신장 당위서기 왕러취안

왕러취안(王樂泉, 1944~)은 산둥성 서우광(壽光)현 출신으로 1966년 공산당에 입당했다. 1966년 서우광현 허우전(候鎭)공사 부사장을 시작으로 1991년 신장위구르민족자치구 부주석 겸 부성장으로 이동될 때까지 산둥성에서만 근무했다. 서우광현 부서기·서기·혁명위원회 주임, 공청단 산둥성 부서기, 랴오청(聊城) 지구위원회 부서기·서기를 거쳐 산둥성 부성장에 올랐다. 1992년 위구르자치구 부서기를 거쳐 1994년 동 자치구 서기 대리, 그리고 1995년 동 당위 서기에 올랐다. 1992년 당 14기 중앙위원회 후보위원이 되면서 중앙정치 무대에 참여하기 시작했다. 15기 중앙위원을 거쳐 16기 중앙정치국위원이 되었다. 왕러취안은 산둥성 근무 중이던 1983~1986년, 중앙당교에 입당하여 석사과정을 이수했다.

신장위구르자치구는 중국에서 면적이 가장 넓고(인도의 절반), 국경선이 가장 길며, 47개 소수민족이 살고 있는 다민족 지역이다. 이들 소수 민족 중 위구르족(언어는 터키어와 유사하고, 종교는 전통 이슬람 수니파)이 총인구(1,700만)의 절반인 800만을 차지하고 있다. 석탄

과 석유 및 천연가스 등 지하자원이 풍부하여 전략적인 요충지다. 최근 들어 민족 분리주의를 요구하는 폭력사태가 자주 일어나고 있다. 따라서 신장자치구의 당위 서기는 신장위구르족의 분리운동을 억제하면서 신장에 대한 통제를 강화하고, 서부 대개발을 토대로 한 경제건설을 추진해야하는 과제를 안고 있는 직책이다.

왕러취안의 신장자치구 파견은 당시 정치국 상무위원 쑹핑이 장쩌민과 차오스에게 추천하여 이루어진 것으로 알려져 있다. 쑹핑은 후진타오의 후견이나 다름없는 당 조직부장 출신이다. 이와 함께 왕러취안이 공청단 산둥성 부서기 출신이라는 점에서 후진타오(공청단) 계열로 분류되기도 한다. 그리고 서부지역의 당위 서기라는 점에서 같은 서부지역 당위 서기 출신인 후진타오와는 통하는 점이 없지 않다고 본다. 현재 중국 최고지도부를 연구자들은 동남연해 지역 근무자와 서부 오지 근무자로 분류하여 대립관계로 보기도 한다.

▶ 공청단 제1서기 출신, 후진타오와 원자바오의 직속 상사 출신 왕자오궈

왕자오궈(王兆國, 1941~)는 허베이성 펑룬(豊潤) 출신으로 1961~1966년 하얼빈공대 동력기계과에서 터빈을 전공한 테크노크라트다. 재학 중인 1965년에 입당했다. 졸업 후 1968년 우한의 중국제2자동차공장(현재의 둥펑東風자동차로 기아와 합작하고 있음)에 배치되어 1982년까지 동 공장의 엔지니어, 정치부 부주임, 당위 제1서기, 부공장장, 당위 서기로 근무했다.

1984년 제2자동차공장 재직 중 시찰 온 덩샤오핑의 눈에 띄어 공청단 중앙서기처 제1서기 겸 중앙 공청단학교 교장에 발탁되었다. 현재의 당 총서기 후진타오와 당 중앙통일전선부장 겸 정협 부주석인 류옌둥은 왕의 직속 서기로 함께 일한 공청단의 트리오다.

1984년 당시 총서기 후야오방의 적극적인 지원으로 당 중앙판공청 주임(전임 차오스)으로 발탁되었다. 그럼으로써 전도유망한 장래의 지

도자로 촉망받기 시작했다. 왜냐하면 당 중앙판공청은 당 총서기의 직속 참모기구로 그곳을 거친 사람 중에 중앙의 최고지도층에 진입하지 못한 사람이 없기 때문이다. 공청단 제1서기직은 후진타오에게 물려주었으며, 중앙판공청에서는 현재의 국무원 총리인 원자바오가 직속 부주임이 되어 함께 근무했다. 말하자면, 오늘의 제1인자인 후진타오나 제3인자인 원자바오 총리는 당시 그의 직속 부직(副職)이었다.

1985년 중앙서기처 서기 및 중앙직속기관 당위 서기를 겸직하면서 총서기 후야오방의 밑에서 개혁정책을 적극적으로 추진함으로써 후야오방 총서기가 가장 총애하는 인물이 되었다. 1980년대 왕자오궈는 이처럼 최고지도자 후보 중의 한 명으로 타의 추종을 불허하며 승진가도를 달리는 청년 엘리트였다. 하지만 1987년 후야오방이 실각된 이후 왕자오궈의 위치도 흔들리기 시작, 권력의 실세로부터 멀어져 갔다.

1987년 푸젠성 부서기로 이동된 후, 1990년까지 부성장·성장을 거쳐, 주요 보직이긴 했지만 권력의 핵심으로부터 벗어난 국무원 타이완판공실 주임이 되어 1996년까지 타이완업무를 담당했다. 그동안 당 타이완판공실 주임·통일전선부장, 정협 부주석 등을 겸직했다. 1996~2002년 정협 부주석 겸 당 중앙 통일전선부장직만 유지하는 등 이른바 장쩌민 시대에 그는 빛을 발하지 못했다. 그러나 장쩌민의 퇴진과 더불어 왕자오궈는 최고지도층에 진입하게 되었다.

부하였던 후진타오와 원자바오보다 뒤늦긴 하지만, 그는 정치국위원 겸 전인대 상무부위원장에 당선되었다. 그리고 노동조합 총연합회의 성격인 중화전국총공회 주석직도 겸임하였다. 그의 인맥은 크게 후야오방 계열의 공청단이며, 그의 하얼빈공대 인맥으로는 리창춘 정치국 상무위원, 루잔공(盧展工) 푸젠성 서기, 리지나이 중앙군사위원회 총장비부장, 장춘셴(張春賢) 교통부장, 옌하이왕(閻海旺) 중앙금융공작위원회 위원 등 다수의 당 중앙위원급 동문이 있다.

▶ 농업행정 전문가, 유일한 소수민족(후이족) 출신 후이량위

후이량위(回良玉, 1944~)는 지린성 위수(楡樹) 출신으로, 1961~
1964년 지린성 농업학교(전문대 수준) 경제관리과를 졸업한 농업행정
가다. 정치국위원 중 유일한 후이족(回族)이다 1964년 위수현 농업국
에 배치된 후, 1966년 공산당에 입당했다.

문혁기간(1968~1969) 동안 위수현 '57간부학교'에 하방되어 노동에
종사했다. 1969년 위수현 조직부 부부장을 맡은 후 1990년 당 중앙정
책연구실 부주임에 발탁될 때까지 지린성 당·정간부로 성장해 왔다.
즉, 위수현 부서기, 바이청(白城)지구 부주석, 지린성 농업국 부국장·
농공부 부장, 지린성 당교 통신연수반 당정간부연수반 연수, 지린성
부성장(1987~1990) 등을 역임했다.

1992년 후베이성 당위 부서기 겸 당 후보중앙위원에 발탁되면서
중앙정치에 참여하는 길이 열렸다. 1994~1999년까지 안후이성 부서
기·부성장·성장·서기로 성장했고, 1999년 장쑤성 서기로 자리를
옮긴 이후 중앙정치국위원에 발탁되었다. 2003년 3월 국무원 부총리
에 발탁되어 농업정책을 담당하고 있다.

장쩌민이 권력을 이양 받은 직후인 1990년부터 1992년까지 2년 동
안 당 중앙정책연구실에 근무한 기간을 제외하고는 중앙에 근무한 경
력이 없다. 당시 그는 당에서 농촌조사연구를 맡았다. 눈을 감고도 북
방 지역에서 생산되는 각종 소맥, 옥수수, 수수, 콩 등 농산물의 품종
과 품질을 구분할 정도로 농업에 밝은 전문행정가다. 후이량위의 정
치국위원 및 부총리 승진은 지린성과 안후이성 등 농업지역에서의 탁
월한 농업행정 실적을 평가받았을 뿐 아니라, 장쑤성과 같은 경제발
전 지역에서 외국자본 등의 유치에 혁혁한 공을 세웠기 때문이라는
평가다. 그의 부총리 승진에는 그의 능력을 인정한 전임 부총리 리란
칭의 적극적인 추천이 크게 작용한 것으로 알려지고 있다.

▶ 베이징 당위 서기, 장쩌민의 신임이 두터운 류치

류치(劉淇, 1942~)는 장쑤성 우진(武進) 생으로 베이징강철대학 야금과 및 동 대학원에서 제철을 전공한 철강 전문가다. 1968년 석사과정 수료 후 우한강철공사 제철소 가스공을 시작으로 1993년 국무원 야금공업부장이 되기까지 줄곧 우한철강공사에 근무한 철강 맨이다. 1975년 입당, 우한철강공사 엔지니어(공정사), 제철소 부공장장·생산부장, 제1부사장 등을 거쳤다.

1993년 야금공업부장이 되어 5년 동안 근무하던 중, 야금공업부가 구조조정으로 일개 국급으로 격하되면서 베이징시 부시장으로 전입되어 당위 부서기를 거쳐 1999년 수도 베이징시의 시장으로 승진했다. 그리고 베이징시 서기 겸 중앙정치국위원에 선임되었다. 그는 장쩌민이 본격적으로 집권하던 시기인 당 14대에서 후보중앙위원이 되고, 이어 1993년 야금공업부장으로 승진한 것으로 보아 장쩌민의 신임을 받고 있다고 보겠다.

또 베이징시장 선임과정에서 현재 사법부장인 장푸선(張福森)과 치열한 경쟁을 벌인 끝에 승리했다. 장푸선은 베이징 출신으로 베이징 당위 및 시 정부에서 일한 정통 베이징 지방행정간부이다. 그럼에도 불구하고, 베이징과는 아무 연관이 없는 류치가 발탁된 것은 장쩌민 당시 총서기와 자칭린 베이징 서기의 지원이 컸던 것으로 전한다. 자칭린은 자신과 라이벌이 될 수 있는 장푸선의 시장 승진을 억제하기 위해 류치를 지원했다. 반면, 장푸선은 후진타오의 칭화대학 동기동창으로 그의 적극적인 지원을 받았던 것으로 알려지고 있다.

▶ 지방공청단 출신 선전 전문엘리트, 장쩌민 계열의 류윈산

류윈산(劉雲山, 1947~)은 산시성 신저우(欣州) 출신으로 1964~1968년 내이멍구 족자치구 지닝(集寧)사범학교를 졸업했다. 잠시 교편 생활을 했지만, 문혁이 시작되면서 여느 공산당 지도자들과 마찬가지로 내이멍구에서 노동에 종사했다.

1969년 내이멍구자치구 투머터요기(土黙特右旗) 당위원회 선전부 간사에 임명됨으로써 당의 선전업무에 발을 들여 놓게 되었다. 1971년 공산당에 입당. 1975~1978년 신화사통신 내이멍구 지사의 기자 생활을 거치면서 한편으로는 중앙당교에서 학습했다(1981년 3월~8월).

당교 수료 후 1982~1984년 공청단 내이멍구자치구 부서기로 재직하면서 공청단과 인연을 맺었다. 후진타오를 비롯한 제4세대 지도부 대부분이 이와 같은 길을 걸었다. 즉, 고학력의 지방 청년간부 당교 연수→수료 후 공청단 배치→지방 고급간부→중앙 중견간부→중앙 및 지방 고급간부 경험(당 중앙위원)→중앙지도층(중앙정치국위원) 진입의 코스다. 이는 덩샤오핑의 구상과 후야오방의 계획으로 실시된 인재배양의 정규과정이다. 류윈산은 당시 실질적으로 공청단 중앙과의 연락 업무를 담당, 당시 공청단 중앙서기처 제1서기 왕자오궈와 공청단 중앙서기처 서기 후진타오, 류옌둥 등 공청단 실세들과 연결되어 있었다. 청년간부 케이스로 1982년 제12기 당 후보중앙위원에 발탁되었다.

그 후 1984~1993년 류윈산은 내이멍구자치구 선전부 부부장·동 부장·동 자치구 당위 서기 비서장·부서기 등으로 성장하였다. 그의 내이멍구에서의 성장은 현재 신화사통신사 사장인 톈충밍(田聰明)의 도움이 컸던 것으로 알려지고 있다. 같은 산시성 출신으로 당시 신화사통신 내이멍구 지사에서 기자로 함께 일했던 톈충밍이 내이멍구 서기의 비서 겸 정책연구실 부주임으로 승진하면서 류윈산을 내이멍구 서기인 저우후이(周惠)에게 추천했던 것이다. 그래서 류윈산은 내이멍구자치구 선전부 부부장에 기용되었고, 그것이 그가 내이멍구에서 고속 승진하는 계기가 된 것이다.

1992년 당 중앙위원에 선출되었으며, 장쩌민이 본격적으로 권력을 장악하던 시기인 1993년에 당 중앙선전부 부부장에 발탁되어 중앙에 진입했다. 당시 중앙선전부 부장은 장쩌민의 상하이 자오퉁대학 후배인 딩관건이었다. 그는 딩관건 밑에서 미디어를 장악하는 임무를 맡왔다. 당 16전대에서 그는 중앙정치국위원에 발탁되었고, 딩관건에 이어 당 중앙선전부장 겸 중앙서기처 서기를 겸직하게 되었다.

공산당 중앙선전부는 중국의 미디어를 장악, 통제하고 있는 부서로 여론 파악과 조장이 주요업무이며 역대 선전부장은 최고위층의 심복이 맡았다. 중앙선전부는 중앙조직부와 함께 당 중앙의 양대 핵심부서다.

중앙선전부 상무 부부장이었던 류윈산과 충칭시 서기였던 허궈창이 각각 2002년 10월 선전부장과 조직부장에 발탁되었다. 두 사람에 대한 인사를 후진타오 총서기가 정권을 승계(11월)하는 시점의 바로 직전에 단행한 것은 극히 이례적인 일이었다. 이는 장쩌민이 자신의 심복을 권력의 핵심 부서에 심어두어 퇴진 이후에도 자신이 조직과 인사 및 미디어업무를 장악하려는 의도로밖에 풀이될 수 없었다.

류윈산은 내이멍구자치구 공청단 부서기를 역임했던 관계로 후진타오 지지세력인 공청단계로 분류되기도 하지만, 과거 공청단에서 일했을 뿐, 실제로는 장쩌민에 의해 승승장구한 인물이다. 중국공산당의 선전계통은 크게 리창춘 정치국 상무위원이 총괄하고, 류윈산은 당의 중앙선전부를, 자오치정(趙啓正)이 국무원 매체담당부서인 국무원 신문판공실 주임직을 맡게 되었다.

▶ 담판 능력이 출중한 단창필마(單槍匹馬), 유일한 여성위원 우이

우이(吳義, 1938~)는 후베이성 우한(武漢)의 지식인 서향문제(書香門弟) 출신으로 양즈강 물을 마시면서 성장하였다. 그녀는 젊은 시절 전형적인 낭만주의 문학소녀였다. 소련 소설을 좋아했고, 『모스크바로부터 멀리 떨어진 곳』을 읽고 감명을 받아 석유공업에 일생을 바치기로 결심을 굳혔다고 전한다. 그는 미혼이며, 정치적 배경이 별로 없는 단창필마(單槍匹馬)로 스스로 노력의 결과 지도자의 반열에 오른 것이다. 그녀는 1956~1962년 서북공학원 국방과와 베이징석유대학 석유제련과(煉油공정 전공)를 졸업(고급공정사)했으며, 재학 중인 1962년

공산당에 입당했다.

졸업 후 1962~1988년, 란저우정유공장(蘭州煉油廠)과 석유공업부, 베이징둥팡홍정유공장(東方紅煉油廠), 베이징옌산석유화공공사 사장 등 주로 석유관련 부서 및 회사의 엔지니어에서 관리자로 성장했다.

1987년 당 13대 후보중앙위원에 당선되고 1988년 베이징시 대외무역담당 부시장이 되면서 지방정부에 몸담기 시작했다. 베이징시 대외무역 담당 부시장으로서의 능력을 인정받은 우이는 1991년 대외경제무역부로 옮겨 부부장이 되었다. 1993년 대외경제무역부가 대외무역경제합작부로 개편되자 부장으로 승진했다. 그녀가 부장이 된 후 중국의 대외무역은 획기적인 성장을 가져왔다. 따라서 당 15차 대회 전후, 한때 그녀의 외교부장 발탁설이 언론에 회자되기도 했다. 1997년 9월 당 중앙정치국 후보위원에 당선되고 이듬해 국무위원에 발탁됨으로써 그녀는 중국의 최고지도층의 한 사람이 되었다. 2002년 중앙정치국위원, 2003년 국무원 부총리로 승진함으로써 그는 정치적 기반을 확고히 했다. 중앙정치국위원 중 유일한 여성위원이다. 주룽지는 평소 그녀의 능력을 높이 평가한 것으로 전한다.

▶ 공청단 계열 톈진시 당위 서기, 리루이환의 심복 장리창

장리창(張立昌, 1939~)은 허난성 난피(南皮) 출신으로, 1958~1960년 톈진야금공업학교를 졸업하고, 재직 중인 1987~1999년 베이징경제통신대학 경제관리과를 졸업했다.

공업학교 졸업 후 1960년 톈진시 Seamless강관공장공청단 부서기를 시작으로 동력과장·부공장장으로 고속승진한 모범노동자였다. 하지만 문혁 중 당권파인 홍위병을 비판한 죄목으로 하방되어 노동개조를 받은 후 현장 주임으로 강등되었다. 다시 기초건설과장·당위 부서기를 거쳐 공장장으로 승진했다. 강관공장의 운영실적을 인정받아 1980년 공장장에서 시정부 간부직인 야금공업국 부국장으로 발탁되었다.

1982년부터 1989년까지 리루이환이 톈진시 시장 및 당위 서기로

재직하는 동안 장리창은 톈진시 야금공업국 부국장에서 국장, 부시장, 부서기 겸 상무부시장으로 승진하였다. 그동안 그는 베이징경제통신대학 경제관리를 전공하는 등 학구열 또한 남의 추종을 불허했다. 그의 고속 승진에는 리루이환의 후광이 컸다. 같은 노동자 출신인 리루이환으로서는 그를 특별히 눈여겨보았고, 배려했던 것이다.

1993년 이후 톈진시 부서기에서 시장, 서기·시장으로 승진했고, 2002년 톈진시 서기 재직 중 16대 정치국위원이 되었다. 그가 톈진시 시장에 재직하는 동안 당 총서기 겸 국가주석인 장쩌민이 한 번도 톈진시를 방문하지 않은 것은 우연의 일치가 아니다. 그가 리루이환의 심복이었기 때문이다. 16대 정치국위원 중 연령이 비교적 많은 편이다.

▶ 조선어 전공한 공청단 출신, 김일성대학에 유학한 친 장쩌민 계열 장더장

장더장(張德江, 1946~)은 랴오닝성 타이안(臺安) 출생으로 부친(장즈이 張志毅)은 지난군구 포병사령관을 지낸 제1세대 군 고위간부였다. 문혁기간에는 홍위병으로 활동했으며, 1968~1970년 지린성 왕칭(汪淸) 뤄쯔거우(羅子溝)공사에서 노동에 종사했다. 1971년 공산당 입당했고, 1972년까지 지린성 왕칭현 혁명위원회 선전조 간사, 공청단 지부 서기를 거치면서 정치적 표현력이 뛰어난 농공병 출신 추천케이스로 옌볜(延邊)대학에 진학했다.

1972~1975년 옌볜대학 조선어과에서 조선어를 전공한 후 김일성대학 경제학부에 유학(1978~1980)했다. 1980년 귀국 후, 1983년까지 옌볜대학 당 상무위원 및 부총장직을 역임했다. 그후 1983~1990년 지린성 옌볜주 옌지(延吉)시 부서기, 옌볜주 상무위원·동 부서기 및 민정부 부부장 등 주로 소수민족 관련 업무에만 종사했다. 그러나 장쩌민이 집권한 이후 지린성 부서기·서기(1990~1998), 당 14기 후보중앙위원, 15기 중앙위원, 저장성 서기(1998~2000) 등을 거쳐 중국 제1

경제 대성인 광둥성 서기가 되었다. 그리고 16기 중앙정치국위원에 발탁되었다.

장더장은 잠시 공청단에 몸 담기는 했지만, 장쩌민 집권 후에 최고 위직 승진을 거듭한 것으로 보아 장쩌민 및 쩡칭훙과 가까운 것으로 알려져 있다. 특히 광둥성은 중앙정부로부터의 독립성향이 강해 장쩌민 집권 이래 측근을 파견해 직접 다스렸던 지역인 점을 감안한다면 그는 장쩌민의 신뢰가 두터운 것으로 이해할 수 있겠다. 그의 전임 서기인 리창춘(16기 정치국 상무위원) 역시 장쩌민이 광둥성 장악을 위해 파견했던 사람이다. 그의 광둥성 서기 임명은 광둥성 장악과 함께 황화화(黃華華) 성장 이후 성 중간 간부들이 후진타오 계열의 공청단 출신으로 구성된 것과 관련, 상호 협조 및 견제의 의미가 있는 것으로 해석되기도 했다.

▶ 상하이방의 진골, 상하이 당위 서기 천량위

천량위(陳良宇, 1946~)는 저장성 닝보(寧波) 출신으로 1963~1968년 해방군후근공정학원 건축과를 졸업했다. 졸업 후 1968~1970년 해방군 6716부대에서 병정생활을 마치고, 1970년~1983년 상하이 펑푸(彭浦)기계공장에서 노동자, 건축설계사, 기초건설과 부과장으로 근무하는 동안 통지(同濟)대학에서 공정구조과 연수과정을 수료했다. 1980년 공산당에 입당했다. 1983년 이후 펑푸기계공장 부공장장, 상하이전기공사 당위 서기 등으로 승진한 후 1985년 상하이시 노간부국 부국장(얼마 안 있어 국장으로 승진)으로 자리를 옮김으로써 정부 간부가 되었다.

1987년부터 상하이 황푸(黃浦)구 부서기, 구청장, 상하이시 당위 부비서장, 부서기, 시장대리, 시장, 부서기, 서기 등으로 고속 승진하였다. 그동안(1992년 1~9월) 영국 버밍햄대학에서 공공정책과정을 이수했다. 2002년 상하이시 당위 서기 겸 시장에 승진함과 동시에 중앙정치국위원에 발탁되었다. 1997년 제15대 후보중앙위원에서 3단계(중앙위원→중앙정치국 후보위원→중앙정치국위원) 승진한 것이다.

그의 상하이시 시장 및 당위 서기 승진은 전임 시장 쉬광디(徐光迪)의 갑작스런 사임과 전임 서기 황쥐의 중앙 진출에 따른 벼락출세였다. 벼락출세만큼 추락의 속도도 또한 빨라 그는 2007년 봄 부패혐의로 축출 당한다.

그는 장쩌민 전 총서기, 주룽지 전 총리, 우방궈 전인대 상무위원장 등이 상하이 당위 서기로 재직할 당시 그들의 하급이었으며, 황쥐가 당위서기로 재임할 때에는 부서기 및 부시장으로 그를 직접 보좌했다. 따라서 그는 출생지로 보나 근무지로 보나 상하이방의 진골이다.

▶ 장쩌민-쩡칭훙의 핵심 측근, 중국 치안 총수 저우융캉

저우융캉(周永康, 1942~)은 장쑤 우시 출신으로 1961~1966년 베이징석유대학에서 물리탐사를 전공했다. 재학 중인 1964년 공산당에 입당했다. 졸업 후 1967년 다칭(大慶)유전 제673공장 지질대 엔지니어(공정사)를 시작으로 1985년 석유공업부 부부장에 승진할 때까지 계속하여 동부지방에서 석유탐사업무에 종사했다. 즉, 랴오허(遼河) 석유탐사국 지구물리탐사처 처장·탐사국 정치부 부주임·부국장·국장, 그리고 랴오닝성 판진(盤錦)시 시장을 지냈다.

1988~1996년 중국석유천연가스공사 부사장을 거쳐 1996년 동 공사 사장 겸 당위 서기에 오를 때까지 런타리무(任塔里木) 유전지휘부 지휘관과 성리(勝利)유전 석유관리국장, 산둥성 둥잉시(東營市) 시장을 겸임하는 등 중국석유개발과 관리의 산 증인이다. 장쩌민이 본격적으로 정권을 장악하던 시기인 1992년 당 14기 후보중앙위원에 선임되었다. 그리고 1998년 국토자원부장에 발탁되었다. 1997년 중앙위원에 당선되고, 1999년 쓰촨성 서기로 승진하여 재임 중인 2002년 당 중앙정치국위원·중앙서기처 서기·중앙정법위원회 부서기, 국무위원 겸 공안부장, 무장경찰부대 제1정치위원 겸 제1서기, 국가마약방지위원회 주임 등을 겸임하게 되었다. 정법위원회는 과거 차오스 계열이 장악

하고 있던 치안·검찰 및 법원을 통제하는 당의 권력기구다. 16기 서기는 정치국 상무위원인 뤄간이다.

저우융캉의 권력은 막강하다. 특히 그는 전국 160만 공안(경찰)의 총수다. 화궈펑 이래 25년만에 처음으로 중앙정치국위원을 겸임한 공안부장으로 막강한 권력을 소유하게 되었다. 쓰촨성 서기에서 이렇게 수직적으로 그의 직위가 상승한 것은 최고 권력자의 후광 없이는 어려운 일이다. 전국의 치안을 맡길 정도로 그는 장쩌민과 쩡칭훙의 핵심측근으로 분류된다. 특히 공안과는 전혀 관계없는 경력의 소유자를 치안 총책으로 발탁한 것은 장쩌민의 핵심측근이 아니고는 불가능하다는 분석이다.

장쑤성 우시 출신이기 때문에 장쩌민과 동향으로 상하이방으로 분류되고, 쩡칭훙과는 1980년대 중반 석유공업부에 함께 근무한 관계로 형제처럼 가까운 사이가 된 것으로 알려지고 있다. 일각에서는 쩡칭훙의 매부라는 소문과 장쩌민의 처조카라는 소문이 무성할 정도로 가까운 사이다. 친 장쩌민 계열 권력 실세인 현 중앙정치국위원 겸 중앙조직부장 허궈창 역시 저우융캉이 쓰촨성 서기를 지낼 시기 충칭시 서기를 맡았던 인연을 갖고 있다.

▶ 진골 태자당 출신, 후베이성 서기 위정성

위정성(兪正聲, 1945~)은 저장성 사오싱(紹興) 출신으로 교육은 공산당 고급간부 자녀들이 다니는 베이징 제4중학(고등학교)을 졸업했다. 대학도 당시 공산당 고급간부의 자녀들이 주로 입학하는 하얼빈 군사공정대학 유도탄공정과를 졸업했다(1963~1968년). 그의 부친 황징(黃敬)은 초대 톈진시장과 제1기계공업부장을 역임했고, 모친 판진(范瑾)은 문혁 초기 베이징 부시장을 역임했다. 그리고 그는 전 국방부장이며 중국 10대 원수 중의 1인인 장아이핑 장군의 사위다. 따라서 위정성은 진골 태자당이다.

부친 황징은 마오쩌둥의 부인인 장칭의 전 남편이다. 황징은 1929

년 칭다오대학에 입학했으나 1930년 공산당 입당 후 베이징대학으로 전학하여 혁명에 참가하면서 류사오치의 지도하에 백구에서 활약했다. 장쩌민이 상하이에서 제1기계공업부로 전근되었을 때 제1기계공업부장이었다. 장쩌민을 발탁한 왕다오한은 당시 제1기계공업부 부부장이었다. 위정성의 장인 장아핑과 장쩌민의 후견인인 왕다오한은 제4야전군 시절의 전우다. 그의 부친과 장칭의 관계로 인해 위정성의 가족은 문혁시기 가장 가혹한 박해를 받은 일가 중의 하나였다. 모친 판진은 반당 반사회주의 분자로 몰려 감옥에 들어갔고, 당시 19세였던 여동생은 정신착란으로 자살했다. 문혁기 1년 동안 위정성의 직계와 방계 가족 중에서 모두 9명이 사망했다.

위정성은 대학 졸업 후 1968~1975년 허베이성 장자커우(張家口)의 무선전기공장에서 기술원 및 책임자로 일했다. 1975~1984년 제4기계공업부(1982년 전자공업부로 조정)로 옮겨 전자기술확산응용연구소 엔지니어·부소장, 전자공업부 처장·부국장 등으로 근무했다.

1984년부터 1년여 간, 중국장애인복리기금을 운영하는 캉화(康華)공사에서 국장 및 이사장으로 일했다. 캉화공사는 덩샤오핑의 장남 덩푸팡이 관여하는 조직이며, 덩푸팡은 위정성의 형 위민성(兪敏聲)의 초등학교 동창이었다.

1985년 캉화공사를 떠나 1997년까지 산둥성 옌타이(煙臺)시 부서기·시장, 그리고 칭다오시의 부서기·부시장·시장·서기 등을 거치면서 지방행정의 경험을 쌓았다. 다른 태자당 출신과 마찬가지로 경력 관리에 도움이 될 수 있는 연해지역의 당·정 지도 경험을 연마했다. 1992년 칭다오 서기 재직 중 당 중앙위원회 후보위원에 선임되었다.

그리고는 제4세대 지도자 배양 코스의 하나인 중앙정부의 건설부 부부장과 부장을 거쳐 2001년 후베이성 서기로 발탁되었다. 그럼으로써 지방 당위 서기 및 성장으로 근무하는 태자당 출신 지방지도자 중 가장 먼저 중앙정치국에 진입한 선두주자가 되었다. 그는 태자당, 고학력자 테크노크라트로 기층근무 경험이 풍부한 이른바 간부 4화정책에 적중한 제4세대 지도자다.

▶ 태자당 출신, 장쩌민-쩡칭훙의 심복, 허궈창

허궈창(賀國强, 1943~)은 마오쩌둥과 동향인 후난성 상샹(湘鄕) 출신으로 1961~1966년 베이징화공대학 무기화학공업과를 졸업했다. 재학 중인 1966년 공산당에 입당, 1967년부터 1980년까지 산둥성 루난(魯南)화학비료공장 엔지니어, 부공장장으로 근무했다. 1980년 산둥성 정부 화학석유공업청 관리실 주임으로 자리를 옮긴 후, 동 부청장·청장을 거쳐 산둥성 상무위원 및 지난시 당위 부서기·서기로 승진하는 등 1991년까지 산둥성에서 기층 공장 및 지방행정경험을 쌓았다.

1991년 중앙정부로 자리를 옮겨 화학공업부 부부장을 거쳐 다시 1996~1999년 푸젠성 당위 부서기·부성장·성장대리·성장으로 승진한 후 1999~2002년 중국 4대 직할시의 하나인 충칭시 당위 서기에 발탁되었다. 그리고 2002년 16차 당 대회 직전 장쩌민에 의해 당 중앙조직부장(전임, 쩡칭훙)에 기용되고, 이어 16기 중앙정치국위원에 발탁됨과 동시에 중앙서기처 서기도 겸직하게 되었다. 1982년 산둥성 석유화학공업청 부청장 시절에 이미 12기 후보중앙위원에 올랐다.

그는 마오쩌둥의 전처인 허쯔전(賀子珍)의 조카다. 허쯔전은 마오쩌둥의 두 번째 부인으로 대장정시절 옌안에서 마오쩌둥과의 로맨스로 유명한 인물이다.

16대 직전에 당 중앙조직부장에 임명된 것으로 보아 장쩌민과 쩡칭훙의 심복으로 보이며, 이는 후진타오에게 비록 당 총서기와 국가 주석직은 물려주었지만 당의 인사와 조직은 장쩌민이 계속 장악하겠다는 의도로 풀이된다. 당 중앙조직부는 당의 조직과 인사를 책임지는 가장 중요한 핵심부서로 역대 중앙조직부장은 최고위층의 직계인물이 맡았다.

쩡칭훙과는 같은 태자당 출신이라는 점에서 의기가 투합하였고, 장쩌민과도 같은 태자당 출신이다. 1997년 15차 당 대회에서 장쩌민의 적극적 지원으로 3차례(12, 13, 14대)나 후보위원에만 머물러야 했던 불운을 딛고 중앙위원에 당선되었다. 푸젠성 성장으로부터 충칭시 서기로 자리를 옮길 때 리펑 전 전인대 상무위원장과 주룽지 전 총리의 강력한 추천이 있었다는 설이 있는 등 장쩌민·리펑·주룽지 등 제3세대 지도부 핵심과 모두 가까운 사이다.

▶ 제4세대 군사 지도자, 기갑작전 전문가 궈보슝

궈보슝(郭伯雄, 1942~)은 산시(陝西)성 리취안(禮泉) 출신으로 1981~1983년 인민해방군 난징군사학원(국방대학의 전신)을 졸업했다. 1961년 입대하여 군 생활의 대부분을 산시성에 주둔하고 있는 육군 제19군 55사단에서 보냈다. 그 기간 동안 사병·분대장·연대 사령부 작전훈련 참모, 19군 작전처 참모·부처장·처장을 거쳐, 1981년 19군 55사단 참모장으로 승진했다. 55사단 참모장 시절 그는 해방군 난징군사학원을 수료했다.

군사학원 교육 중인 1982년 란저우군군 사령부 작전부부장으로 승진하여 1983년 육군 제19군 참모장, 란저우군구 부참모장을 거쳐 1990년 육군 제47집단군 사령관에 승진함으로써 비로소 일선 지휘관이 되었다.

장쩌민 체제가 공고히 되는 과정에서 궈보슝은 수도 베이징군구 부사령관으로 발탁되었다. 그리고 1997년 자신이 성장해 온 란저우군구 사령관으로 금의환향한다. 1999년 장쩌민에 의해 쉬차이허우와 함께 중장 계급장을 달고 파격적으로 중앙군사위원에 발탁되어 해방군 상무 부총참모장이라는 중책을 맡게 되었다. 당 16기 중앙정치국위원 겸 중앙군사위원회 부주석에 당선됨으로써 군대 내 최고 실력자 중의 한 사람이 되었다.

궈보슝은 작전 및 훈련계획 분야 등에서 주로 경력을 닦아 온 참모 출신, 대규모 기갑작전의 전문가로 알려져 있다. 제47집단군 사령관 시절, 신장위구르자치구에서 일어난 분리 독립운동을 무력으로 진압하고 타이완 해협 군사훈련에 참가하여 지휘관으로서 공산당과 지도부에 대한 충성심을 과시한 인물이다. 인민해방군 최고계급인 현직 상장으로서 쉬차이허우 총정치부 주임과 함께 인민해방군 제4세대 지도자 중 선두 주자다.

▶ 소련 포병학교 출신 군사장비 분야의 베테랑, 국방부장 차오강촨

차오강촨(曹剛川, 1935~　)은 허난성 우강(舞鋼) 출신으로 인민해방군 내에서 군수 장비 계통에 가장 밝은 테크노크라트로 알려진 사람이다. 1954~1956년 해방군 난징 제3포병학교, 제1군 기계기술학교 학습 및 교관을 거쳐 1956~1957년 해방군 다롄 러시아어 전문학교에서 러시아어를 공부한 뒤 1957~1963년 소련 포병군사공정대학에서 군사과학기술 분야를 공부했다.

귀국 후 제1포병 군사기술학교 교관·총후근부 장비부 조리원, 총참모부 장비부 참모·부처장·부부장·총참모부 군무부장(1963~1979) 중앙군사위원회 군수품무역판공실 주임(1979~1990), 1988년 소장전급, 해방군 부총참모장(1992~1993), 중장진급(1993), 국방과학기술위원회 주임(1993~1998) 등을 거치는 등 주로 무기와 군사 장비 부문에서 일해 왔다. 부총참모장 시절에는 군사장비 분야의 책임자였으며, 국방과학기술위원회 주임시절에는 군사장비개발과 국무원의 지휘 아래 군수산업 구조조정에 참여했다.

군수품 무역에 관여한 경험으로 보아 차세대 무기 및 군수 장비의 도입 및 현대화의 중심인물임을 짐작케 했다. 차세대 군사기술에 누구보다 조예가 깊은 차오강촨은 군의 전쟁개념을 근본적으로 바꾸고 낙후한 군의 경영에도 새 바람을 불어 넣을 것으로 기대를 모았다. 특히 구소련의 군사기술 및 무기 도입에 있어서 그의 역량(유학경험)은 그 어느 때보다 빛을 발할 때다.

1998년 신설된 해방군 총장비부 부장에 임명된 것으로 보아 최고

지도자의 두터운 신임을 받고 있는 것으로 알려졌다. 왜냐하면 총장 비부는 중국군의 현대화를 위해 신설된 부서로 최고 권력자와 코드가 맞지 않고서는 그 업무를 수행할 수 없었기 때문이다. 1998년 4월 중 앙군사위원에 발탁됨으로써 그의 위상은 더욱 굳건해졌고, 2002년 중 앙군사위원회 부주석 승진과 함께 국방장관(국무위원 겸임)에 임명됨 으로써 군정의 최고 사령탑이 되었다.

천빙더(陳炳德) 지난군구 사령관, 첸궈량(錢國梁) 선양군구 사령관과 함께 월남전 참가 경력을 갖고 있는 소수의 장성 중 한 사람이다. 정 치적 성향보다는 중국군의 현대화와 과학화를 강조하는 중국군 최고 계급인 3성 장군(상장)이다.

▶ 칭화대 출신으로 장쩌민의 비서장을 역임한 서부대개발의 설계 자 쩡페이옌

쩡페이옌(曾培炎, 1938~)은 저장성 사오싱 출신으로 1956~1962년 칭화대학 무선전자과를 졸업했다. 졸업 후 1962년부터 1982년까지 제 1기계공업부 산하 연구소에서 근무했다. 즉, 상하이전기(電器)과학연구 소·시안 개폐정류기(開閉整流器)연구소의 기술원·조장·부주임·부 총공정사 등으로 일했다. 이 기간 1978년 공산당에 입당했다. 늦은 입당이다. 쩡페이옌은 첫 직장인 상하이전기과학연구소에 근무할 당시 부소장이었던 장쩌민과 인연을 맺었다.

1982년 이후 주미 중국대사관 상무참사처 2등 및 1등 비서관으로 근무했다. 이때 또 장쩌민은 국가수출입관리위원회 부주임으로 근무했 으므로 업무상 두 사람의 고리는 지속될 수 있었다. 1984년 장쩌민이 국무원 전자공업부장으로 승진하면서 주미대사관에 근무하고 있던 쩡 페이옌을 불러 들여 장관 비서실장 격인 판공실 주임으로 기용했다. 이후 쩡페이옌은 1992년까지 전자공업부 국장·부부장(1988년 기계전 자공업부로 개편)으로 승진했고, 장쩌민은 상하이 시장과 서기로 승진 되어 갔다. 이 기간 중인 1989년 3개월간 쩡은 중앙당교 연수과정을

마쳤다.

1989년 장쩌민이 총서기에 오른 이후 1992년 중국경제의 실권을 장악하는 조직인 중앙재경영도소조 조장직을 맡으면서 쩡페이옌을 다시 불러들여 그 부비서장(부장급) 겸 국가계획위원회 부주임직을 맡겼다. 1984년 전자공업부장일 당시 판공실 주임이었던 쩡페이옌의 능력을 높이 평가하였기 때문이다.

쩡페이옌은 이후 중앙재경영도소조 조장이 주룽지로 바뀌었지만 그 직을 계속 유지하면서 승진가도를 달렸다. 그것은 능력이 출중했기 때문이다. 즉 그는 중앙재경영도소조 판공청 주임, 국가발전계획위원회 주임, 국무원 정보화영도소조 부조장·정보화공작판공실 주임, 국무원 산샤(三峽)공정건설위원회 부주임, 국무원 서부대개발영도소조 판공실 주임 등을 맡으면서 중국 주요 정책의 대형 프로젝트를 입안했다.

주룽지 중앙재경영도소조 조장시절 부조장은 전인대 상무위원장 우방궈, 국무원 총리 원자바오였으며, 부비서장은 쩡페이옌과 국무위원 겸 국무원 비서장인 화젠민이었다.

2002년 11월 중앙정치국위원에 입국한 데 이어 다음 해 국무원 부총리로 승진한다. 거시경제관리 및 환경정책, 서부대개발과 동북대개발 등을 담당하는 경제 전문가다. 칭화대학 출신으로 그의 능력도 출중하지만, 장쩌민과의 만남이 오늘날 그를 있게 한 주요 배경 중의 하나다.

이상 제1기 후진타오 정권 중국공산당 지도체제를 종합해 보면, 비록 장쩌민이 정치 일선에서 퇴진하기는 했지만, 그의 친위 세력이 쩡칭훙을 정점으로 권력의 핵심에 포진하면서 후진타오의 대항마 역할을 하도록 조직되었다. 구체적으로 장쩌민의 대리인이라 할 수 있는 쩡칭훙을 중앙정치국 상무위원 겸 국가 부주석에 앉히고 중앙서기처 및 중앙당교를 장악케 하여 실질적인 당무(조직과 인사)와 고급간부

훈련 및 인맥관리를 맡겼다.

중국공산당의 실질적인 최고 권력기구인 중앙정치국 상무위원의 경우, 9명의 상무위원 중 6명이 장쩌민 계열의 인물이면서 장쩌민을 정점으로 쩡칭훙과 이해관계를 함께하는 인물들로 진용이 갖추어졌다. 쩡칭훙, 황쥐와 우방궈는 실제상 장쩌민 및 그들 상호간 상하관계에 있던 상하이시 지도급 간부 출신들(상하이방)이다. 베이징시 서기를 지낸 자칭린 역시 장쩌민의 심복으로 알려져 있고, 리창춘도 장쩌민 계열 인물이다. 이들은 각각 국가 부주석, 국무원 부총리, 정협 주석, 이데올로기 및 선전매체 장악 등의 역할을 분담하도록 안배되었다. 그리고 자칭린은 기율검사위원회 서기에 선임되어 전국 공산당 간부의 기율을 총괄하였다.

중앙정치국위원의 경우, 그 상무위원과 후보위원을 제외하면 모두 15명이다. 이들 중 왕러취안, 후이량위, 류치, 류윈산, 장더장, 천량위, 저우융캉, 위정성, 허궈창, 쩡페이옌, 궈보슝, 차오강촨 등 12명이 장쩌민 전 총서기 내지는 쩡칭훙 국가 부주석과 가까운 세력으로 분류된다(위에서 소개한 프로파일 참조). 여기에 정치국 후보위원까지 포함 시키면 13명이 장쩌민-쩡칭훙 계열 인사다. 그리고 중앙서기처의 핵심 부서인 중앙판공청을 비롯해, 중앙조직부, 중앙선전부의 인사 역시 각각 장쩌민과 쩡칭훙의 측근인 왕강, 허궈창, 그리고 류윈산을 앉혀 당의 실질적인 행정과 인사 및 대변인 역할을 하게 했다. 심지어는 당 중앙(총서기 후진타오)의 경호 책임자인 중앙경위국까지도 장쩌민 사람으로 분류되던 요시구이를 앉힐 정도였다.

나아가 2003년 3월에 열린 제10기 전국인민대표대회에서 국가지도체제의 개편이 있었다. 국가 주석의 경우, 후진타오가 당 총서기에 이어 국가 주석직도 장쩌민으로부터 물려받았다. 그 부주석에는 쩡칭훙이 선임되었다. 쩡칭훙은 잘 알려진 바와 같이 상하이시 근무 때부터 장쩌민을 지근에서 보좌한 장쩌민의 최측근 심복이다

전국인민대표대회의 경우, 리펑이 물러나고 우방궈가 당선되었다.

리펑은 2회 이상 연임 불가라는 헌법 규정과 연령 초과로 퇴진했다. 반면 새로 당선된 우방궈는 칭화대학 출신이기는 하지만 상하이시 당위 서기 출신으로 장쩌민을 보좌하며 장쩌민에 의해 중앙 정치무대에 발탁된 지도자다.

국무원 총리에는 주룽지 총리가 물러나고, 부총리였던 원자바오가 선임되었다. 부총리에는 황쥐, 우이, 쩡페이옌, 후이량위 등 4명이 전원 교체, 기용되었다. 이들 중 황쥐는 칭화대학을 나왔지만 상하이 당위 서기 출신으로 장쩌민의 심복이며, 쩡페이옌 역시 위에서 소개한 바와 같이 칭화대 출신이기는 하지만 장쩌민의 신임을 받고 성장한 측근이다. 후이량위도 심복이라고는 할 수 없지만 장쩌민에 의해 발탁된 인사이다. 다만 우이 1인만이 주룽지의 두터운 신임을 받는 정치적으로 비교적 중립적이고 능력있는 간부 출신이다. 국무위원의 경우 저우융캉, 차오강촨, 탕자쉬안, 화젠민, 천즈리 등 5명이 기용되었다. 이들 중 저우융캉은 장쩌민에 의해 정치국위원은 물론, 중앙서기처 서기, 그리고 치안의 총수인 공안부장직에 임명된 장쩌민의 신임이 두터운 인사이며, 탕자쉬안(외교)과 화젠민, 그리고 천즈리(교육)는 상하이에서 성장한 장쩌민 계열의 상하이 인맥이다.

이처럼 중국의 권력과 연계한 인맥이라는 측면에서 국무원 구성원의 면면을 분석해 보면 후진타오 총서기 겸 국가 부석이나 원자바오 총리 계열과는 거리가 멀다. 부총리나 국무위원들뿐만 아니라, 국무원 판공실 주임 겸 국무위원까지도 장쩌민의 측근들을 기용하였다. 국무원 판공청이라 함은 국무원 총리의 비서실장에 해당하는 직으로 당연히 총리와 가까운 측근을 앉혀야 하는 자리다. 그럼에도 원자바오 총리는 그의 측근을 기용하지 못하고, 상하이시 부시장 출신이며 장쩌민(상하이 시장, 당위 서기 출신)의 측근에게 자리를 내어 주었다.

제3절 군사 지도권에 대한 장쩌민-후진타오의 혼전[24]

1. 장쩌민 중심의 군사 지도체제

앞에서 언급한 바와 같이 2002년 16차 당 대회에서는 장쩌민이 당 총서기와 국가 주석직은 후진타오에게 넘겨주었지만, 중앙군사위원회 주석직만은 그대로 유지하고 있었다. 덩샤오핑이 마치 1989년까지 중앙군사위원회 주석직을 고수했던 바와 같은 형국이었다. 하지만 중앙군사위원에 대해서는 역대 최고의 인사 교체가 있었다. 부주석의 경우 후진타오만이 유임되었다. 그리고 궈보슝 상장과 차오강촨 상장은 위원에서 부주석으로 승진했고, 동 위원 쉬차이허우 상장은 그 자리를 유지했다. 그 외의 중앙군사위원을 포함한 주요 군 지도자가 거의 교체되었다. 량광례, 리지나니, 랴오시룽이 신임 중앙군사위원으로 발탁되었다.

역대 가장 큰 폭의 물갈이였다. 1971년 린뱌오의 숙청 때나 1992년 양상쿤-양바이빙 형제의 제거 때에도 이와 같은 대대적인 군사지도체제의 교체는 없었다. 숙청이나 위기감 없이 군 인사가 이루어졌다는 사실은 그만큼 군 인사의 정규화와 전문직업화가 이루어지고 있음을 증명하는 것이다.[25]

중앙군사위원회 부주석에 승진한 궈보슝과 차오강촨은 각각 당 중앙정치국위원에도 선임되어 명실상부한 중국군 최고 지도자는 물론, 중국정치의 최고지도층의 반열에 올랐다. 특히 차오강촨은 국방부장직

---

24) 2004년 9월 중공 16대4중전회 이후의 중국 군사최고지도체제 구성에 대한 상세한 분석은 김정계(2006), 앞의 논문 pp. 298~302 참조.

25) David Shambauh, "The Changing of the Guard: China's New Military Leadership," Chu, Yun-han etc. edited, *The Chinese Quarterly Special Issues New Serirs, The New Chinese Leadership-Challenges and Opportunities after the 16th Party Congress*, 4(2004), p. 89.

도 겸직함으로써 중국군 최고 군정 책임자가 되었다. 쉬차이허우 역시 중앙서기처 서기를 겸직함으로써 그의 전도는 밝을 것으로 점쳐지고 있다.

군사 최고지도층의 인적 특성을 보면 다음과 같다.

먼저, 연령의 경우 장쩌민(76세)과 차오강촨(67세)을 제외한 모든 중앙군사위원이 60세 전후다. 퇴임한 6명의 중앙군사위원은 모두 70세 후반이다. 따라서 중앙군사위원회 구성원의 평균연령은 63세로 14기의 72세, 15기의 68세보다 큰 폭으로 낮아졌다. 7대 군구 사령관의 경우도 선양군구 사령관 첸궈량(1939년생)[26]을 제외하고는 모두 1940년 이후 출생자로 55세에서 60세 전후에 집중되어 있다.[27] 이른바 후진타오와 동 연배인 제4세대와 그 후 세대다. 중앙위원의 경우도 65세에 가까운 군사 엘리트들은 대부분 물러났다. 군 대표 중앙위원의 60%가 신임이다.

다음, 공산당 입당 연대를 보면 대부분이 문혁 전 1950년대 후반에 입당했다. 군 경력의 경우도 차오강촨(1954년 입대)을 제외하고는 모두 50년대 후반 내지 60년대에 입대하여 문혁기에 초급 장교시절을 보내고 개혁기에 군 지휘자로 성장한 인물들이다. 그래서 이들은 중일전쟁이나 국공내전은 물론 한국전을 경험한 앞 세대와는 성장배경이 확연히 다르다. 이념보다는 과학을 중시하는 세대다. 청년기에 문혁의 시련을 거치며 권력투쟁의 악과를 체득한 세대다.

셋째, 출신지역이 다양하다. 중공 15기 중앙군사위원회 및 주요 군사지도체제에 산둥과 장쑤인맥이 다수 포진해 있던 경우와는 달리 16기의 경우 출신지역 분포가 다양한 것이 특징이다(<표 6-4> 참조). 15기의 경우 장완녠과 츠하오톈 군사위원회 부주석이 산둥성 출신이었고, 중앙군사위원 겸 총참모장 푸취안요와 중앙군사위원 왕루이린, 국

26) 첸궈량 선양군구 사령관 역시 장쩌민 퇴진 후인 2004년 12월에 퇴임.
27) 伊銘,『中共第四代權力部署』(香港: 明報出版社, 2002), p.32.

<표 6-3> 중공 16기 중앙군사지도체제의 구성변화(2006년 3월 현재)

		유임	신임	15기(전임) 구성원
당·국가 중앙군사위원회	주석	장쩌민(1926)		
	부주석	후진타오(1942)	궈보슝(1942) ▲ 차오강촨(1935) ▲ **쉬차이허우(1943)**	장완녠(1928) 츠하오톈(1929)
	위원	쉬차이허우(1943)	량광례(1940) 리지나이(1942) 랴오시룽(1940) **천빙더(1941)** **차오칭천(1939)** **장딩파(1943)** **징즈위안**	푸첸요(1930) 위융보(1931) 왕커(1931) 왕루이린(1929)
국방부장			차오강촨(1935)	츠하오톈(1929)
국방과학기술공업위원회주임			장윈촨	류지빈(1938)
공안부장			저우융캉(1955)	자춘왕(1938)
해방군 총부	총참모부		량광례(1940)	푸첸요(1930)
	총정치부		쉬차이허우→**리지나이**	위융보(1931)
	총후근부		랴오시룽(1940)	왕커(1931)
	총장비부		리지나이(1942)→**천빙더**	차오강촨
국방대학교장			페이화이량	나스쭝(1937)
군사과학원장			쩡선샤	류징숭(1933)
해군사령관			장딩파	스윈성(1940)
공군사령관			차오칭천	류순야오(1939)
2포병사령관			징즈위안	양궈량(1938)
무경부대사령관			우수앙짠	양궈핑(1934)
7대군구 사령관	베이징		주치	리신량(1936)
	선양		첸궈량→**창완첸**	량광례
	지난		천빙더→**판창룽**	첸궈량
	난징		주원첸	천빙더
	광저우		류전우	타오보쥔(1936)
	청두		왕젠민	랴오시룽
	란저우		리첸웬	궈보슝

주: 1) 장딩파는 2003년 6월에 해군사령관 승진.

　　2) ▲ 표는 15기 중앙군사위원에서 16기 동 부주석 승진.

　　3) 진한 글자명은 2004년 9월 16대4중전회에서 승진 교체된 자들임.

　　출처: 中國人大新聞, www.npcnews.com.cn·GB·paper6·27(2003, 3, 16);

　　　　人民罔, www.people.com.cn·GB·shizhing(2002, 11, 15).

　　　　http:··news.cn.xinhuanet.com·ziliao(2005, 11, 05).

방대학교장 나쓰중, 동 군사과학원정치위원 장궁, 국방과학공업기술위원회 정치위원 리지나이, 공군사령관 류순야오, 베이징군구 사령관 리신량, 선양군구정치위원 장푸당, 란저우군구 부정치위원 왕마오룬 등이 산둥성 출신 군고위 인사였다. 1994년 베이징에서 출판된 *Who's Who in China: Current Leader*에 게재된 175명의 인민해방군 고위 지도자 중에서 26.3%(46명)가 중국인구의 단 7.2%밖에 차지하고 있지[28]않은 산둥성 출신이었다. 또한 당시 중앙군사위원의 3분의 1이 산둥성 출신이었으며, 7대군구의 14명의 사령관과 정치위원 4명, 해군의 사령관과 정치위원 모두가 산둥성 출신이었다. 그리고 총후근부장 왕커, 지난군구사령관 쳰궈량, 난징군구사령관 천빙더 등은 장쩌민과 동향인 장수성 출신이었다.

넷째, 경력이 다양하고 학력이 높다. 각기 군내 다른 기능적 체계에서 근무한 경력자들이다. 궈보슝, 량광례와 랴오시룽 등 3인은 대군구 사령관으로서 실전경력을 쌓았고, 쉬차이허우와 리지나이는 군내 이데올로기부서에서 일한 정치통이며, 차오강촨은 국방과학기술부문의 베테랑으로 알려져 있다. 차오강촨의 경우, 비록 연령적으로 60세 후반이지만 그의 경력 및 전문성(소련유학, 군사 장비분야 전문가)을 감안, 중국군 장비의 현대화를 위해 국방부장직까지 겸직하게 되었다. 어느 누구도 파격적으로 기용된 인사는 없으며, 6명 모두 각기 자기 분야에서 충실히 한 단계 한 단계 경력을 쌓은 전문가들이다. 그리고 대부분이 대졸 이상의 학력을 갖추고 있다.

다섯째, 이들은 주요 야전군의 사령관으로서 또는 특수 임무수행과정에서 당과 지도자들로부터 그들의 정치적 충성심을 검증 받은 인물들이다. 궈보슝은 1990~1992년 신장자치구의 분리독립운동 진압시 제47집단군 사령관이었으며, 랴오시룽은 라사 폭동 당시 계엄군 부사

---

28) June Dreyer, *China's Strategic View: The Role of the People's Liberation Army*(Carlisle Barracks: Pa. Strategic Studies Institute, US Army War College, 1996), pp. 4~5.

령관으로 그 임무를 성실히 수행했다. 총참모장 량광례는 중국 최정예기계화 보병여단인 제20집단군 사령관과 베트남전에 무용을 떨친 제54집단군 사령관을 역임한 바 있으며, 직접 대 타이완 군사훈련을 지휘한 경험이 있다. 그러나 이들은 15기와는 달리 연령적으로 한국전 참가자(츠하오톈, 푸첸요, 위융보, 왕커 등)는 없다. 차오강촨은 1979년 베트남전에 중국군이 직접 제조한 각종 화포의 실전기술을 점검하기위해, 랴오시룽은 연대장으로서 베트남전쟁에 참전한 경력이 있다. 이밖에 대군구 사령관의 경우도 특수 임무를 띤 합성부대인 집단군의 지휘관 출신 및 실전 경험이 풍부한 장성들로 메워졌다. 베이징 군구사령관 주치(朱啓)는 제14집단군(윈난성 주둔) 사령관으로 베트남전에 참가했고, 란저우 군구사령관 리첸위안(李乾元)은 제1집단군 지휘관 출신으로 외국군 불시 침범에 대항하는 모의 훈련을 지휘한 경험이 있다. 선양군구 사령관 첸궈량 역시 제27집단군 사령관 출신이며, 류전우(劉鎭武) 광저우군구 사령관은 제42집단군 사령관으로 베트남전에 참가한 바 있는 실전 경험이 풍부한 장성들이다.

여섯째, 어느 정도의 계파적 안배가 이루어진 면을 보인다. 그러나 파벌색은 보이지 않는다. 퇴임한 두 장성, 즉 전 중앙군사위원회 부주석 장완녠과 전 해방군 총참모장 푸첸요의 군대 내 인맥이 상당한 영향력을 발휘한 것으로 알려지고 있다. 신임 군사위원 중 궈보슝(장완녠 사령관 휘하 베이징군구 부사령관), 리지나이(장완녠 사령관 휘하 지난군구 근무)와 쉬차이허우(장완녠을 보좌해 당과 군을 연계하는 열쇠 역할)는 장완녠과 군맥을 같이하는 인물이며, 랴오시룽은 푸첸요와 함께 1979년 베트남전에 참가했고, 1989년 3월 티베트자치구 라사에 계엄이 선포되었을 때 청두군구 부사령관으로서 사령관인 푸첸요를 보좌했다. 당시 후진타오는 티베트자치구 당위 서기였다. 따라서 랴오시룽은 후진타오와도 가까운 사이로도 알려지고 있다.[29] 하지만, 13기

---

29) Yongnian Zheng, "The 16th National Congress of The Chineses Communist Party: Institutionalization of Succession Politics," Weixing

전후의 양가장 세력이나 야전군 중심의 군내 파벌(이른 덩샤오핑 중심의 제2야전군 등)은 사라지고 있다.[30] 이미 그들의 수장은 타계했거나 실존한다 해도 영향력을 발휘할 역량이 쇠잔했다.

그러나 마지막으로 새로 발탁된 중국 군사지도자들 거의 모두가 장쩌민이 정권을 장악한 이후에 상장에 진급하고, 군 최고지도층에 진입한 장성들이다. 그리고 장쩌민이 군내 양가장 세력을 제압하기 위해 실적(정규교육 및 실전 경험 등)을 최우선시하여 배양해 온 지도자들이기 때문에 장쩌민에 대한 신뢰와 충성심은 누구보다도 강하다고 보겠다.

2. 후진타오의 군사지도권 승계

군사 지도권에 한해서만은 그렇게도 집요했던 장쩌민이었지만 2004년 9월, 예측보다는 빨리 중앙군사위원회 주석직을 사임했다. 중국문제 전문가들은 적어도 2년 내지 3년은 장쩌민이 군사위원회 주석직에 더 머물 것이라고 보았다.[31] 덩샤오핑의 전례에 따라 비록 당 총서기직은 후진타오에게 넘겨주었지만 군사 지도권만은 장쩌민이 상당기간 유지할 것으로 본 것이다.

2004년 9월 19일, 중공 16대4중전회에서 후진타오는 중앙군사위원

Chen and Zhong Yang edited. *Leadership in A Changing China*(New York: Palgrave Macmillan, 2005), p. 22.

30) Michael Swaine은 1980년대중엽 이후 중국의 군 고위 지도층은 원로가 주도하는 5개의 파벌(덩샤오핑과 훙쉐즈 주도의 제2야전군파, 장아이핑 장군 예하 제3야전군파, 양더쯔 장군 휘하의 제5야전군파, 양상쿤파, 펑전 등의 당 원로파)과 2개의 '임의' 지도층으로 구분되어 있다고 말했다(Michael Swaine, *The Military and Political Succession in China Leadership, Institution, Beliefs.* Santa Monica: Calif. RAND Corporation. 1992, pp. 13~118.

31) Lowell Dittmer, "Chinese Leadership Succession to the Fourth Generation." Gang Lin and Xiaobao Hu. ed. *China after Jiang*(Stanford, California: Stanford University Press, 2003), p. 19.

회 주석직을 승계하였다. 후진타오는 당·정·군을 장악한 명실상부한 중국의 최고지도자가 되었다. 『인민일보』에는 「권력은 인민으로부터 나온다」는 제하의 글이 실렸다. "권력은 총구로부터 나온다"고 한 마오쩌둥의 말이 무색해졌다.

장쩌민 중앙군사위원회 주석의 사임은 당 내외의 공감대 형성과 함께 후진타오 국가주석 세력과의 타협의 산물이라는 것이 일반적 관측이다. 장쩌민은 2003년부터 차오스, 쑹핑 전 정치국 상무위원 등 당 원로들로부터 퇴진 압력을 받으면서 은퇴시기를 저울질해 왔다는 게 정설이다. 특히 덩샤오핑이 정치국 상무위원에서 물러난 2년 뒤 자신에게 군사위원회 주석직을 물려주었던 전례 때문에 장쩌민은 상당한 압박을 받았으며 명예로운 퇴진을 모색해 왔다는 후문이다. 이에 따라 장 전 주석은 7월 말 허베이성 여름 휴양지인 베이다이허에 머물면서 측근들에게 자신의 거취에 대한 의견을 수렴했다고 베이징 소식통들은 전했다. 이 자리에서 일부 측근들이 덩샤오핑의 사례를 따라 이번 4중전회에서 은퇴해야 한다는 의견을 적극 개진했고 이에 반대한 측근들도 적어도 내년 5중전회에는 은퇴할 필요성이 있다고 지적했다는 것이다.

건강 문제도 사임 배경이었다. 장쩌민 전 주석의 가족들에 따르면 만 78세의 고령인 장 전 주석은 1989년부터 심장질환을 앓아 와 더 이상의 활동이 어려웠다는 후문이다. 그의 사임에 대해 권력투쟁의 산물로 보는 관측도 있었다. 그러나 이보다는 후진타오와의 합의에 의해 물러난 것으로 보는 시각이 우세하다. 후 주석이 장 주석의 명예로운 퇴진과 사후 안전판을 보장하면서 군권을 평화롭게 넘겨받는 '명분과 실리'를 주고받는 길을 선택했다는 분석이다.

군권이 당권보다 강력한 중국 특유의 권력구조에서 군사위원회 주석직이 갖는 의미는 매우 크다. 그런 까닭에 그 주석직은 최고지도자가 권력의 최후의 보루로서 끝까지 장악하고 있던 자리였다. 1935년 1월, 준이회의에서 군사위원회 주석에 선출된 마오쩌둥은 1976년 9월 그가 사망할 때까지 이 자리를 지켰다. 1981년 6월 화궈펑에 이어 군사위원회 주석직을 쟁취한 덩샤오핑은 후야오방·자오쯔량 등 후계자(실패한 후계자이지만)들에게 당 총서기직은 물려주었지만, 군사위원회 주석직만은 끝까지 고수했다. 1989년 6.4톈안먼사태 후 곧바로 당 총서기직에 발탁된 장쩌민도 그 해 가을에 가서야 군사위원회 주석직을 덩샤오핑으로부터 넘겨받았다.

16대4중전회에 이어 2004년 3월 제10차 전인대 제3차회의에서 장쩌민은 국가 중앙군사위원회직도 후진타오에게 넘겨주었다. 동시에 군사지도체제(중앙군사위원회)에도 일부 변화가 있었다(<표 6-4> 참조). 후진타오의 중앙군사위원회 주석직 승계에 이어 쉬차이허우 장군이 중앙군사위원회 부주석에 기용되었다. 이는 장쩌민의 최측근인 쩡칭훙(국가부주석)이 발탁될 것이라는 일부 전문가들의 예상이 빗나간 것이었다. 군사지도체제 내에 문민지도자는 후진타오 이외 그 누구도 없게 된 것이다.

당초 장쩌민 전 주석이 물러나면 심복인 쩡칭훙 국가부주석이 군사위원회에 진출, 후진타오 주석을 견제할 것이란 게 일반적 관측이었다. 후진타오가 후계자 후보로 국가 부주석이 되면서 중앙군사위원으로 발탁되었던 점과는 다른 양상이다. 따라서 쩡칭훙의 미래는 한계에 도달했음이나 다름없음이 드러난 것이다. 그리고 쩡 부주석 대신 쉬 상장이 급부상한 것은 후 주석이 의외로 빨리 권력을 장악하고 있음을 보여주는 증거라는 해석이다. 물론 쉬 상장도 장 전 주석의 '애장'(愛將)으로 불릴 정도의 핵심 측근이다. 특히 그는 장 전 주석이 2002년 11월 제창한 '3개 대표이론'의 군내 전파자이기도 했다. 그러나 후 주석 입장에서는 같은 4세대인 라이벌 쩡 부주석보다는 훨씬 편한 상대이다.

쉬차이허우는 랴오닝성 와팡뎬(瓦房店) 시골 마을 출신이다. 그는 1963년에 인민해방군에 입대, 하얼빈군사공정학원에서 전자공학을 공부한 뒤 1971년 공산당에 입당했다. 이후 1972년부터 1994년까지 지

직위	성명	생년	원적	학력(입당)	계급 (입대)	경력	현(겸)직
군위 주석	후진타오★	1942	안후이	칭화대학 (1964)		중앙당교장,군위부주석	당총서기,국가주석
군위 부주석	궈보슝★	1942	산 시 (陝西)	해방군군사학원(1963)	상 장 (1961)	47집단군,베이징·란저우군구사령관,총참모부상무부참모장	해방군선관위주임
	차오강촨★	1935	허난	소련포병군사공정학원 (1956)	상 장 (1954)	군수무역판공실주임,국방과기위주임,총장비부장	해방군선관위부주임,국방부장
	쉬차이허우☆	1943	랴오닝	하얼빈군사공 정 학 원 (1956)	상 장 (1963)	16집단군정치위원,총정치부상무부주임·주임	중앙서기처서기
군 사 위 원	량광례☆	1940	쓰촨	허난대학정치이론전업과정(1959)	상 장 (1958)	54집단군,베이징·선양·난징군구사령관	총참모장
	랴오시룽☆	1940	구이저우	해방군군사학원기본계 (1963)	상 장 (1959)	11집단군,청두군구사령관	총후근부장
	리지나이☆	1942	산둥	하얼빈공대 (1965)	상 장 (1967)	국방공업과기위·총장비부 정치위원	총정치부주임
	천빙더▲☆	1941	장쑤	국방대학 (1961)	상 장 (1962)	1집단군,난징·지난군구사령관	총장비부주임
	차오칭천▲☆	1939	허난	당교,항공학교(1960)	상 장 (1956)	베이징군구부사령관,공군정치위원	공군사령관
	장딩파▲☆	1943	상하이	다롄잠수학원(1960)	상 장 (1960)	북해함대지휘관,해군부사령관,군사과학원교장	해군사령관
	징즈위안▲☆	1944	산둥	포 병 학 교, 군 사 학 원 (1969)	상 장 1963)	제2포병제52기지사령관	제2포병사령관

주: ★표는 중공16기 중앙정치국위원, ☆표는 동 중앙위원임.
　　▲표는 2004년 9월 장쩌민 사임이후 중공 16대4중전회에서 증보. 쉬차이허우는 군사위원에서 동 부주석으로 승진.

출처: 中國人大新聞, www.npcnews.com.cn·GB·paper6·27(2003, 3, 16);
　　　人民罔, www.people.com.cn·GB·shizhing(2002, 11, 15).

32) 김정계(2006), 앞의 논문, p. 300, <표 4>.

린성 군구, 선양군구, 육군 제16집단, 인민군 총정치부 등에서 줄곧 군내 사상공작 업무를 담당했다. 1999년 중앙군사위원에 발탁됐으며 2002년 당 16대1중전회에서 총정치부 주임으로 승진했다.

쉬차이허우가 맡고 있던 인민해방군 총정치부 주임직에는 그 부문의 전문가인 리지나이 총장비부 주임이 이동되었고, 총장비부 주임에는 천빙더 지난군구 사령관이 승진 발탁되면서 중앙군사위원회 위원도 겸직하게 되었다. 동시에 차오칭천(喬淸晨) 공군사령관, 장딩파(張定發) 해군사령관 징즈위안(靖志遠) 제2포병사령관을 중앙군사위원에 증보 발탁했다.33) 이로써 장쩌민 퇴임 이후 중국 최고 군사지도체제인 중앙군사위원회는 주석에 후진타오, 부주석 3명, 위원 7명 등 총 11명으로 새 진용을 갖추게 되었다. 후진타오를 제외하고는 모두 현역 장성이다. 육군 각 전문부문 지휘자 출신에 이어 공군, 해군 제2포병(미사일) 부대 사령관을 중앙군사위원회에 보완하게 된 것이다.

장쩌민 퇴임 후 승진된 신 중앙군사위원 겸 총장비부 주임 천빙더는 제1집단군 사령관 출신으로 1996년 타이완해협 위기고조시 장쩌민에 의해 난징군구 사령관으로 발탁된 뒤, 1999년 12월 지난군구 사령관으로 이동되었고 2002년 상장에 진급했다. 이어 2004년 중앙군사위원 겸 총장비부장에 발탁되었다. 그의 군 경력 대부분은 야전군 참모와 지휘관으로 성장한 직업군인이다.

차오칭천은 공군 항공병(항공학교 출신)으로 입대하여 공군 제4군 부정치위원과 제8군 및 공군 시안전투사령부 정치위원, 지난군구 공군 부정치위원, 베이징군구 부사령관을 역임했다. 공군부사령관 재임 중 전임 공군 사령관 류순샤오(劉順堯)가 암으로 물러나면서 공군 정치위원(1999년 1월 이후)에 승진되었다. 2002년 상장 진급과 동시에

---

33) James Mulvenon, "The King Is Dead! Long Live the King! The CMC Leadership Transition from Jiang to Hu," *China Leadership Monitor*, 13(Stanford, California: Hoover Institution, Stanford University, 2005), pp. 5~7.

공군 사령관에 발탁된 공군 내 정치통 엘리트다.

장딩파는 잠수학교 졸업 후 잠수부대의 잠수정 부함장·함장·부지대장 등을 거쳐 북해함대의 참모장 보좌역(助理)·참모장·부사령관·사령관(지난군구 부사령관 겸직)을 역임하는 등 군대생활 거의 전부를 북해함대 및 잠수부대에서 보냈다. 1998년 중장으로 진급, 2000년 해군 부사령관에 올랐으며, 2002년 군사과학원 원장에 임명되었다.[34] 군사과학원장에 해군 제독이 임명된 것은 이례적인 일로 장딩파가 처음이었다. 이는 해군의 과학화를 촉진하기 위한 일환책으로도 볼 수 있다. 전임 사령관 스윈성(石雲生)은 2003년 6월, 동년 4월에 발생한 잠수함(361호) 승무원 70명의 사망에 대한 책임을 지고 물러났다.

징즈위안은 제2포병, 즉 포병학교를 졸업한 제2포병(미사일부대) 출신이다. 2003년 1월 제2포병 부대의 사령관이 되기 전까지는 그는 안후이성 황산에 있는 제52기지의 사령관을 거쳐 제2포병 참모장을 역임한 외부에는 크게 알려지지 않은 숨은 실력자다.[35] 1996년 3월 타이완 해협에 유도탄 둥펑호(東風號)를 시험 발사했던 815여단이 징즈위안의 휘하 부대다. 제2포병부대는 중앙군사위원회 직속 예하 부대로 지대지 유도탄 부대이며 적군의 대 중국 핵무기 사용의 억제 및 반격을 관장하는 중국군 최정예부대다.

결과적으로 장쩌민 사임 이후 중국공산당 중앙군사위원회는 수적으로 3명이 증보되고, 제도적으로 기능적 직위의 군사엘리트들에 의해 조직되었다. 한 사람의 문민지도자(당 총서기, 후진타오)를 주석으로

---

34) Jingtao Shi, "Hu Flexs His New Military Muscle," *Sunday Morning Post,* September 26, 2004(Hong Kong).
35) 그의 부친은 후베이성 일개 시의 전직 간부였지만, 그의 전도에 큰 영향을 미칠 정도의 인물은 아니었던 것으로 알려지고 있다. 따라서 그는 태자당 출신은 아니며, 다만 그의 젊음과 능력으로 오늘의 위치에 오른 것으로 전해진다 (Yuan, Le-Yi, "Jiang Zhiyuan Promoted to Commander of PLA Second Artillery Corps," Zhonggguo Shibao, January 17, 2003, p. 11).

하여 3명의 부주석은 각각 작전((궈보슝), 장비(차오강촨), 이데올로기 (쉬차이허우) 분야의 전문가들이며, 4총부의 지휘관(량광례 총참모장, 리지나이 정치부 주임, 랴오시룽 총후근부 부장, 천빙더 총장비부 주임)들 역시 그 분야의 전문가들로 다년간 경력을 쌓은 군사 지도자들이다. 그리고 공군·해군·제2포병 등 3군의 사령관(차오칭천 공군사령관, 장딩파 해군사령관, 징즈위안 제2포병 사령관)이 증보되었다. 어느 누구도 파격적으로 기용된 인사는 없으며, 각기 자기 분야에서 충실히 단계적으로 경력을 쌓은 전문엘리트들이다.

이밖에 인민해방군 1선 지도체제라 할 수 있는 7대 군구 및 주요 군사교육기관과 정부 군정 부서의 지휘관 및 교장과 부서장의 경우도 전문성과 정치지도자들의 세대 이동(3세대에서 4세대로)에 따라 부직 (副職, 부사령관 내지 부정치위원 등)에서 자연스럽게 정직(正職, 사령관 및 정치위원 등)으로 승진 발탁되었다. 극히 제도화되고 예측 가능한 인사가 이루어진 것이다. 베이징군구 사령관 주치(상장)는 중월전의 지휘관과 제14집단군 군단장을 거친 야전 지휘관 출신으로 베이징 군구 참모장 및 부사령관을 거쳐 사령관으로 승진했다. 광저우군구 사령관 류전우 상장 역시 제42집단군 군단장(산하 124사단은 중국 최초의 쾌속반격부대), 중월전 참가 등 야전경험이 풍부한 지휘관 출신으로 홍콩주둔부대 초대 사령관을 거쳐 광저우군구 부사령관에서 사령관으로 수직 승진한 경우다. 란저우 군구 사령관 리첸위안은 제1집단군 군단장 출신으로 노산지구 전투의 참전 경험과 외국군에 대항하는 모의 군사훈련을 이끈 야전부대 지휘관 출신이다. 창완취안(常萬全)은 47군 사령관, 란저우군구 참모장-베이징군구 참모장을 거쳐 첸궈량(年老, 1939년생)에 이어 선양군구 사령관으로 승진되었다. 천빙더(군사위원 겸 총장비부장 승진)에 이어 지난군구 사령관이 된 판창롱(范長龍) 역시 선양군구 참모장에서 승진되었다.

그리고 국방대학 교장 패이화이량 소장은 지난군구 부사령관에서 승진했다. 국방대학은 집단군 지휘관들을 훈련하는 기관으로 패이화이량의 배경과 어울리는 보직이다. 군사과학원장 쩡선샤는 공군 참모장, 선양군구 부사령관 및 공군지휘관대학 교장을 거쳐 전임 장딩파가 해군사령관으로 승진하자 그 뒤를 이었다.36) 이밖에 베이징 위수구 정치위원 리원화(李文華) 소장은 베이징군구 정치위원로 승진했고, 광저우군구 참모장 쑹원한(宋文漢), 청두군구 참모장 구이취안즈(桂全智), 란저우군구 참모장 취팡한(曲方桓), 지난군구 참모장 중성친(鐘聲琴) 등은 모두 당해 군구 부사령관으로 승진 발탁되었다. 이어 38군 사령관 가오중싱(高中興)은 베이징군구 참모장으로, 42군 사령관 예아이췬(葉愛群)은 광저우군구 참모장, 14군 사령관 류야홍(劉亞紅)은 청두군구 참모장으로 승진 이동되었다. 참모장급 승진에서는 야전군 지휘관의 경력을 중시하고 있다.37) 장쩌민 사임(중앙군사위원회 주석) 후 후진타오에 의해 이루어진 군 고위급 인사 역시 그 틀을 벗어나지 않고 전문성과 경력을 중시한 흔적이 역력 역력하다. 후진타오는 2004년 12월, 베이징군구 참모장 창완취안을 선양군구 사령관(전임 첸궈량, 1939년생)으로 승진 발탁하는 한편, 란저우 군구 정치위원 류융즈(劉永治)를 총정치부 부주임, 신장자치구군구 정치위원 위린샹(喻林祥)을 란저우군구 정치위원으로, 그리고 선양군구 제39군단 정치위원 천궈링(陳國令)을 광저우군구 부정치위원으로 승진 임명했다.38)

결국 중공 16기 이후 두 차례에 걸친 중국인민해방군 지도체제의 인사를 보면, 과거보다 더욱 제도화되고 전문직업화 되고 있음을 알 수 있다. 특히 사령관인 경우 야전군 지휘관의 경험을 중시하고 있다.

36) David Shambaugh, "The Changing of the Guard: China's New Military Leadership." Chu, Yun-han etc. edited. *The Chinese Quarterly Special Issues New Serirs, The New Chinese Leadership~Challenges and Opportunities after the 16th Party Congress 4*(2004), pp. 103~104.
37) 伊銘, 『中共'第四代'權力部署』(香港: 明鏡出版社, 2002). pp. 33~38.
38) 羅冰, "胡錦濤暗責江治軍錯誤," 『爭鳴』總327期(香港: 2005). p. 6.

요컨대, 장쩌민 퇴임 후 군부 지도체제는 더욱 연소화 되고, 고학력화 되었으며, 군대 내 기능적 분야에서 전문경력을 쌓은 직업군인들로 구성되었으며, 정권수호의 주요 고비마다 당에 대한 충성심을 검증 받은 인물들이다. 이른바 간부 4화정책에 의해 선발된 전문 직업군인들로 과거처럼 연고(파벌)에 의한 벼락 출세자는 찾아볼 수 없다. 따라서 혁명 1·2세대들이 당과 군을 넘나들던 시대와는 달리, 16기 군부 지도체제는 군과 민의 역할이 확연히 구분되는, 전문화된 직업군인 출신으로 구성되었다.

뿐만 아니라, 이들은 혁명 1·2세대 군사 지도자들처럼 공식적인 지위에 관계없이 자신의 목적을 위해서 인민해방군을 동원할 정도로 인민해방군 내에서 지위를 가지지도 못한 것 같다. 류화칭·장전·츠하오톈·장완녠 등 14기, 15기의 중앙군사위원들은 높은 위상과 인지도를 갖고 있었지만 덩샤오핑이나 혁명 1·2세대들이 갖고 있던 권위나 영향력은 갖지 못했고, 정치적 위기 내지 권력승계 문제가 발생했을 때 지도자들의 요청에 의한 정권의 버팀목 역할은 하였지만, 그들의 야심을 정권쟁취와 연결하지는 않았던 것처럼 16기의 군사지도자들 역시 군 본연의 임무에 충실할 순수 무골출신들이다. 그들은 더 이상 자동적으로 그들의 전임자들이 한 것과 같은 방법으로 정치에 끌려 들리지는 않으리라 본다. 그들은 혁명 1·2세대 군사지도자들과는 달리 군대 외에서의 정치경험이 전무하고, 군대생활을 통해 형성된 정치파벌에 의해 생사를 건 권력투쟁에 자동적으로 끌려들 동기도 없기 때문에 더욱 그러하다.

따라서 적어도 후진타오 시대(2010년대 초반)까지의 군부 지도체제는 과거만큼 고급 레벨의 정치에 간여하지는 않을 것으로 보임은 물론, 사회적 안정 및 질서유지의 기능에도 쉽게 끌려 들리지도 않을 것으로 보인다. 현재 사회 질서유지의 기능을 무장경찰의 임무로 넘겨주고 있는 것도 그것을 보증하기 위한 제도적 개혁의 일환이다. 군

지도자들은 그들의 목표를 오직 중국군의 현대화에 맞출 것이고, 당과 국가는 계속하여 대폭적으로 국방예산을 증액시켜 나갈 것이다. 그 결과, 아마도 2010년대 말, 제4세대 및 제5세대가 퇴임할 즈음에는 중국인민해방군은 아주 고도의 첨단 기술로 무장된 현대적인 군으로 변모될 것으로 보인다.

제7장 제2기 후진타오 정권, 새로운 정치세대의 대립과 공생

제1절 후진타오의 '과학 발전관' 지도이념으로 채택

2007년 10월 22일에 열린 중국공산당 제17기 전국대표대회는 장쩌민이 중앙군사위원회 주석직을 사임한 후 처음으로 열린 대회다. 동 대회는 후진타오가 제창한 '과학 발전관'을 당의 지도이념(실천 이데올로기)으로 채택하고, 후진타오를 당 총서기 겸 중앙군사위원회 주석직에 유임시킴으로써 명실상부한 제2기 후진타오 정권이 출범하게 된 것이다.

후진타오가 16차 당 대회 이후 꾸준히 제기해 온 '과학발전관'이 마오쩌둥사상, 덩샤오핑의 개혁개방론, 장쩌민의 '3개 대표론'과 함께 당의 지도이념으로 <당헌>에 명기되었다. 즉 '과학적 발전관'은 중국 사회가 당면한 제반 문제를 해결하기 위한 중국공산당의 사회적·경제적 이데올로기가 된 것이다.1)

17기 <당헌> 총강에서 다음과 같이 과학적 발전관을 천명하고 있다. "중국공산당은 제16차 전국대표대회 이후 당 중앙은 덩샤오핑이

---

1) 과학적 발전관에 대한 시대적 배경 및 의의 등에 대한 종합적인 해설서로는 鮑宗豪 等 共著, 『科學發展論』(上海: 上海社會科學院出版社, 2007) 참조.

론과 3개 대표의 중요 사상을 지침으로 삼고 새로운 발전 요구에 근거하여 전당의 지혜를 집중시켜 인간을 본위로 하는, 전면적이고 균형적이며 지속가능한 발전을 도모하는 과학적 발전관을 제시하였다. 과학적 발전관은 마르크스·레닌주의, 마오쩌둥사상, 덩샤오핑이론과 3개 대표의 중요사상과 맥을 같이 하면서 시대와 더불어 전진하는 과학적 이론이며 우리나라에서 경제와 사회를 발전시킴에 있어서의 중요한 지도방침이며 중국특색의 사회주의를 발전시킴에 있어서 반드시 견지하고 관철해야하는 중대한 전략적 사상이다" 그리고 당 건설에 있어서 반드시 실현해야 할 네 가지 중 첫째 항목에서 "전당은 덩샤오핑이론, 3개 대표의 중요사상과 당의 기본 노선으로 사상을 통일하고 행동을 통일하며 과학적 발전관을 깊이 있게 관철 실시함과 동시에 그것을 장기적으로 동요 없이 견지하여야 한다"고 규정함으로써 '과학적 발전관을 깊이 있게 관철 실시함'을 새로 삽입했다.2)

후진타오는 <정치보고>에서 과학적 발전관의 요지는 발전을 추구한다는 것이고 핵심은 이인위본(以人爲本)이라 했다. 그리고 그것의 기본적인 요구는 지속가능한 발전이며, 근본적인 방법은 여러 방면의 일을 총괄적으로 계획을 세워 돌보는 것(統籌兼顧)이라 했다.3)

지금까지 후진타오가 추구하고자 한 과학 발전관의 핵심은 '화해사회의 구현'으로 중국발전의 초점을 경제성장에서 사회적 균형으로 전환하는 것이다. 즉 성장 일변도의 정책에서 벗어나 경제발전과 함께 빈부격차, 부정부패, 환경오염 등 중국사회가 안고 있는 심각한 문제에 대한 지속 가능한 균형발전을 이룩하겠다는 것이다.

2002년 11월 후진타오 정권 출범 이후 '이인위본(以人爲本)' '화이부동(和而不同)', '화평굴기(平和崛起)' 등 세 가지 전략을 제시한 바 있다. 전략의 요지는 내적 균부(均富)와 외적 성장을 동시에 추구하자는 것이었다. 그러나 내부적으로 중국의 발전수준에 대한 다양한 평

---

2) http://cpc.people.com.cn(검색일: 07. 11. 20).
3) http://politics.people.com.cn(검색일: 07. 11. 20).

가와 이견들, 덩샤오핑의 선부론(先富論)을 지지하는 세력들, 방법면에서 도광양회(韜光養晦)를 유지해야한다는 여론 등 강한 반발에 직면했다. 외부적으로는 평화굴기와 같은 발전지향에 대한 직접적인 표현들이 주변 국가들의 의심을 증폭시켜 중국에 대한 견제심리를 자극했다. 이에 대한 대응으로 후진타오 정부는 일보후퇴로 전략방향을 수정하고 학계와 국내외의 여론을 취합하여 '화해사회(和諧社會) 구현'을 전면에 포진시켰다.4) '화해사회 구현'은 중국의 국가발전을 위한 하나의 모델로 중국이 당면한 경제, 환경 그리고 빈부의 격차 등 사회적 문제들에 대한 종합적인 처방이다. 경제성장의 과실을 성장에 재투자할 것인가, 분배로 전환할 것인가?가 1기 후진타오 정권이 풀어야 할 주요 과제였다면, 후진타오는 중국의 안정적, 지속적인 발전을 위해 후자에 기울어진 것이다.

특히 후진타오의 집권 2기엔 과거보다 인문사회계 출신이 권력 핵심에 많이 진입하고, 중국 공산당은 좀 더 '좌경화된 모습'을 띨 것으로 전망된다. 하지만 '장쩌민 계열'은 성장을 중시하는 개혁개방의 옹호론자들로, 분배와 균형성장을 우선시하는 후진타오 직계들과는 정책성향이 다르다. 후진타오 총서기가 성장의 분배를 강조하면서도, 이번 17기 <정치보고>의 서두에서 '개혁개방의 확대와 심화'를 밝힌 것은 장쩌민계의 영향력 때문이라는 분석이다. 그리하여 화해사회 구현도 과학적 발전관이라는 이름으로 그 범위가 확대되어 <당헌>에 오른 것으로 보여진다.

17기 <당헌> 및 후진타오의 <정치보고>에서 제시한 과학적 발전관은 성장일변도의 경제발전정책에서 한 발 비켜서서, 경제발전과 동시에 빈부경차·부정부패·환경오염 등 성장의 부작용으로 야기된 여러 가지 심각한 문제에 대한 처방도 함께 강구하는 지속 가능한 균형발전을 이룩하겠다는 내용이다. 즉 양적 성장에서 질적인 성장을 추

---

4) 화해사회(調和社會)론의 제기와 상황적 배경 및 수립과정에 대해서는 이정태, "후진타오정부의 조화사회"『대한정치학보』15집 2호(2007), pp. 63~65.

구하고 이를 통해 국민 복리를 균형적으로 향상시키겠다는 의지를 담고 있다.

<표 7-1> 중국공산당 역대 정치이념의 변화

핵심 지도자	모순 (문제점)	최종 목표	당면 정치 목표	중심과업	구체적 방안
마오쩌둥 (1세대)	생산관계 (계급간)의 불평등	공산주의 실현	사회주의 혁명론	계급투쟁(농민 과 노동자 연합)	소유-공유 운영-계획
덩샤오핑 (2세대)	절대적 생산력의 저하	공산주의 사회제도 실현	중국특색의 사회주의 건설	사회주의현대 화와 경제건설 (개혁개방)	1개중심 2개 기본점
장쩌민 (3세대)	경제발전 과 정치 발전의 불균형	공산주의 사회제도 실현	중국특색의 사회주의 건설	사회주의 현대화와 경제건설 (3개 대표론)	공산당은 선진생산가 선진문화, 폭넓은 인민대중의 이익을 대표
후진타오 (4세대)	발전의 불균형	공산주의 사회제도 실현	중국특색의 사회주의 건설	사회주의 현대화와 경제건설 (과학적 발전관)	지속가능한 균형발전 (화해사회 구현)

이처럼 후진타오는 <정치보고>에서 국민경제의 '양질의 빠른 성장(又好又快)'를 강조하며 아래와 같은 8가지 핵심과제를 제시했다.[5]

첫째, 자율적인 혁신능력의 제고를 통한 혁신형 국가건설을 제의했다. 이는 국가 발전 전략의 핵심이며 종합적인 국력을 제고시키는 관건이라고 했다. 따라서 산학연이 결합된 기술혁신체계를 구축하고, 과학기술의 성과가 현실적인 생산력으로 전환되도록 촉진해 나갈 것이

---

5) http://politics.people.com.cn(검색일: 07. 11. 20)

며, 진일보된 혁신환경을 조성하여 세계 일류 과학자와 과학기술인재를 고무하고 배양해 나갈 것을 강조했다. 현실적으로 현재 중국 정부는 미래의 국가경쟁은 인재경쟁이라 보고 해외 우수 유학 과기 인재를 유치하기 위한 다양한 전략을 구사하고 있다.

둘째, 산업구조의 최적화 및 고도화는 국민경제의 전반적인 발전을 위한 긴박하고도 중대한 전략적 임무임을 강조했다. 따라서 향후 제2차 산업 중심에서 제1차, 제2차 제3차 산업이 협동과 균형을 유지하며, IT, 바이오, 신소재, 우주항공, 해양 등 산업을 국제경쟁력을 갖춘 대기업그룹으로 발전하도록 장려해 나갈 것을 제의했다.

셋째, 도·농 균형발전을 통한 사회주의 농촌 새마을(新農村)의 건설을 제의했다. 농촌, 농업, 농민문제를 조속히 해결하여 전면적인 소강사회건설을 강조함으로써 선부정책(불균형적 발전전략)으로 인하여 낙후된 농촌의 발전에 관심을 표명했다.

넷째, 에너지 절약과 생태환경보호를 강화하여 지속 가능한 발전 능력을 증강시켜 나갈 것을 강조했다.

다섯째, 지역균형발전을 통해 국토개발을 특화해 나갈 것을 제의함으로써 서부대개발의 지속적인 추진과 지역간 발전격차를 해소해 나갈 것을 강조했다.

이밖에 시장경제의 기반을 튼튼히 하기 위해 홍합소유제 경제의 지속적인 개선과 재정, 세무, 금융 분야의 체제개혁 및 대외개방을 보다 심화 확대해 나갈 것을 제의했다.

이상과 같이 후진타오의 <정치보고>에 나타난 향후 중국 경제정책의 청사진은 위에서 언급한 화해사회 구현이라는 후진타오 정권의 기본전략 위에서 구축된 것이다. 즉, 성장 일변도 정책으로 인하여 빚어진 부작용을 바로 잡아 지속가능한 발전을 촉진하자는 내용이다.

제2절 제4~5세대 위주의 권력구조 재편

이어서 열린 제1차 중앙위원회 전체회의(17대1중전회)는 아래와 같은 주요 지도급 인사를 선임했다(<표 7-2> 참조).

먼저, 후진타오가 당 총서기 겸 당 중앙군사위원회 주석에 유임됨으로써 그는 명실상부한 집권자로서의 위상을 굳히게 된 것이다.

다음, 17기 중앙정치국의 경우 상무위원 9명과 정위원 16명이 선출되었다. 정치국 후보위원은 선출하지 않고, 정위원 수를 1명 늘였다. 정치국 상무위원에는 당 총서기 후진타오와 함께 우방궈, 원자바오, 자칭린, 리창춘 등 5명이 유임되고, 시진핑·리커창·허궈창·저우융캉 등 4명이 새로 선출되었다. 시진핑과 리커창은 각각 상하이시 당위 서기와 랴오닝성 당위 서기 겸 당 중앙위원에서 중앙정치국위원을 거치지 않고 상무위원으로 수직 승진한 케이스고, 허궈창과 저우융캉은 정치국위원에서 승진했다. 반면 탈락 인사는 4명인데, 그 중 황쥐는 17차 당 대회 얼마 전에 사망했고, 쩡칭훙(68세)·우관정(69세)·뤄간(72세) 등 3명은 모두 연령 초과(68세 이상)로 퇴직했다. 2002년 16기 때 후진타오 1인을 제외한 정치국 상무위원 전원(8명)이 퇴진했던 점과 비교할 때 유임자(5명)가 아주 많은 편이다.

정치국위원은 왕러첸·왕자오궈·후이량위·류치·류윈산·장더장·위정성·궈보슝 등 8명이 유임되고, 왕강·왕치산(王岐山)·류옌둥·리위안차오(李源朝)·왕양(汪洋)·장가오리(張高麗)·쉬차이허우·보시라이(博熙來) 등 8명의 비교적 젊은 엘리트들이 새로 정치국에 진입했다.[6] 그 중 왕강은 후보위원에서 승진한 케이스다. 16기 때 37.5%만이 유임되었던 것과 비교할 때 소폭의 교체(52% 유임)가 이루어졌다.

---

6) 17기 중공 중앙정치국의 경우 상무위원 9명과 정위원 16명이 선출되었다. 17기에는 정치국 후보위원은 선출하지 않고, 정위원 수를 1명 늘였다.

<표 7-2> 중공 제17기 지도체제의 변화(2007년)

	16가 지도체제(02)	17기 지도체제(07)	탈락 또는 퇴임
총서기	후진타오	후진타오	
중앙정치국 상무위원	후진타오,우방궈,원자바오,자칭린,쩡칭훙,황쥐,우관정,리창춘,뤄간	후진타오,우방궈,원자바오,자칭린,**리창춘,시진핑,리커창,허궈창,저우융캉**	쩡칭훙,황쥐(07사망),우관정,뤄간
중앙정치국 위원 < 후 보 위 원>	왕러첸,왕자오궈,후이량위,류치,류윈산,우이,장리창,장더장,천량위,저우융캉,위정성,허궈창,궈보슝,차오강촨,쩡페이옌 <후보위원>왕강	왕러첸,왕자오궈,후이량위,류치,류윈산,장더장,천량위,저우융캉,위정성,허궈창,궈보슝,**왕강,왕치산,류옌둥,리뤼안차오,왕양,장가오리, 쉬차이허우,보시라이**	우이,장리창,차오강촨,쩡페이옌 <후보위원>왕강 ▲
중앙서기처	쩡칭훙,류윈산,저우융캉,허궈창,왕강,쉬차이허우,허융	**시진핑**,류윈산,허융,**리위안차오,링지화, 왕후닝**	쩡칭훙,저우융캉 ▲,허궈창 ▲,왕강 ▲,쉬차이허우 ▲
중앙군사위원회	<주석>후진타오 <부주석>궈보슝,차오강촨,쉬차이허우 <위원>량광례,랴오시룽,리지나이,천빙더,차오칭천,장딩파,징즈위안	<주석>후진타오 <부주석>궈보슝,쉬차이허우 <위원>량광례,랴오시룽,리지나이,천빙더,징즈위안,**창완취안,우성리,쉬치량**	<부주석>차오강촨 <위원>차오칭천,장딩파
중앙기율검사 위원회	<서기>우관정 <부서기>허융,샤짠중,리즈룬,장수톈,류시룽,장후이신,류펑옌	<서기>**우관정** <부서기>허융,장후이신,**마원馬馼,쑨쭝퉁孫忠同,위이성干以勝,장이張毅,황수셴黃樹賢,리위빈李玉賦**	<서기>우관정 <부서기>샤짠중,리즈룬,장수톈,류시룽,류펑옌

주: 1) 짙은 색 글자체 명은 신임. ▲표는 승진.
　　2) 중앙군사위원회는 16대4중전회 체제(04.9)

부정부패혐의로 숙청된 천량위를 제외한, 우이(69세)·장리창(68세)·차오강촨(72세)·쩡페이옌(69세) 등 탈락자는 모두 연령초과(68세 이상)로 물러났으며,[7] 반면, 신임은 모두 50대 초반에서 60대 초반 세대들이다. 중앙서기처 서기의 경우 상무서기에 쩡칭훙 대신, 상하이 당위 서기로 정치국 상무위원이 된 시진핑이 서기처의 일상업무를 관장하게 되었고, 류윈산(정치국위원)과 허용은 유임되었다.

그 외 리위안차오 신임정치국위원을 비롯한 당 중앙판공청 주임에 갓 임명된 링지화(令計劃)와 당 중앙정책연구실 주임으로 당 중앙의 브레인역할을 하고 있는 왕후닝(王滬寧)이 신임서기에 발탁되었다. 전임서기인 저우융캉과 허궈창은 중앙정치국 상무위원으로 승진했고, 왕강과 쉬차이허우 역시 중앙정치국위원으로 승진했다. 쩡칭훙은 정치국 상무위원 퇴임과 함께 서기처 서기직도 사임했다. 신임 서기 중 리위안차오와 링지화는 공청단 출신으로 후진타오의 측근이다.

중앙군사위원회의 경우, 주석에는 후진타오가 유임되고, 부주석에는 궈보슝과 쉬차이허우가 유임되었다. 반면 차오강촨(72세, 국방부장)은 연령초과로 물러났다. 그리고 위원의 경우 량광례(총참모장)·랴오시룽(총후근부장)·리지나이(총정치부주임)·천빙더(총장비부주임)·징즈위안(제2포병사령관)이 유임되고, 창완취안(선양군구사령관)·우성리(吳勝利, 해군사령관)·쉬치량(許其亮, 공군사령관, 57세) 등이 새로 발탁되었다.

---

7) 중국은 1982년 <헌법>과 1982년 2월 20일 제정공포한 <노간부 퇴직 및 휴직 제도에 관한 결정(中共中央於老幹部退休制度的決定)>을 통해 고급 간부의 연령을 제한하고 있다. 당 중앙 및 국가기관의 부장·부부장, 성·직할시·자치구 당위 제1서기, 성장·부성장급, 법원·검찰원의 주요 책임간부들은 일반적으로 정직(正職)은 65세, 부직(副職)은 60세를 초과하지 못한다고 규정하고 있다. 다만 중앙정치국위원에 대해서는 정년과 관련한 명확한 법적 규정은 없으나 68세를 기준으로 삼고 있고(임기의 절반이 도래하기 이전에 70세를 초과하기 때문인 것으로 보임), 총서기의 경우는 정년과 관련한 제약을 받지 않는다(中共中央文獻硏究室 主編, 『十一屆三中全會以來重要文獻選讀』上冊, 北京: 人民出版社, 1987, p. 414).

<표 7-3> 중공 17기 중앙정치국위원의 배경

성명/구분	연령	원적	학력, 전공(졸업연도, 자격)	군대경험	입당연도	주요 경력	겸직(2007.10현재)
후진타오 ★	1942	안후이	칭화대수리공정계(65,工)	-	1964	공청단서기, 티베트서기, 서기처서기, 국가부주석, 중앙군사위원회부주석	국가주석, 당총서기, 중앙군사위원회주석
우방궈 ★	1941	안후이	칭화대무선전자계(67,工)	-	1964	상하이서기, 서기처서기, 부총리	전인대상무위원장
원자바오 ★	1942	톈진	베이징지질대지질구조(65,대학원 석사)	-	1965	중앙판공청주임, 서기처서기, 부총리	국무원총리
자칭린 ★	1940	허베이	허베이공대전력계(62,고급工)	-	1959	중국기계설비수출입공사사장, 푸젠서기, 베이징시장·서기	전국정협주석
리창춘 ★	1944	랴오닝	하얼빈공대전기공정계(66,工)	-	1965	랴오닝서기, 허난성장·서기, 광둥서기	
시진핑 ★	1953	산시(陝西)	칭화대화공계(79,정치학박사)	중앙군위판공청비서	1974	샤먼, 푸저우서기, 푸젠성장, 저장서기, 상하이서기	중앙서기처서기,
리커창 ★	1955	안후이	베이징대법률계(82,경제학박사)		1976	공청단제1서기, 중국공청년정치학원장, 허난성서기·인대주임	랴오닝성서기·인대주임
허궈창 ★	1943	후난	베이징화공대무기화공(66,고급工)	-	1966	지난서기,화학공업부차관, 푸젠성장·쓰촨서기	중앙기율검사위서기,중앙조직부장,
저우융캉 ★	1942	장쑤	베이징석유대탐사계(66,고급工,교수)	-	1964	석유공업부부장,국토자원부장,쓰촨서기,서기처서기	국무위원, 국가공안부장, 중앙정법위서기
왕러취안	1944	산둥	중앙당교졸업반식스과정(86)	-	1966	공청단산둥서기,산둥부성장,신장부서기	신장위구르자치구서기
왕자오궈	1941	허베이	하얼빈공대동력기계(66,工)	-	1965	공청단중앙서기,중앙판공청주임,서기처서기,푸젠성장,중앙통전부장,정협부주석	전인대상무위원회부위원장,중화전국총공회주석
후이량위	1944	지린	지린성농업합작교(64,지린성당교(경제계사)	-	1966	지린부성장,후베이부서기,안후이·장쑤서기	부총리

성명/구분	연령	원적	학력, 전공(졸업연도,자격)	군대 계급(계급)	입당 임당 연도	주요 경력	겸직 (2007.10현재)
류지	1942	장수	베이징강철(장철)대학아드금계석사(고급工)/대학원아드금계석사(64)	-	1975	우한강철공사사장,야금공업부장,베이징부서기,중앙정법위서기·시장	베이징정치서기,베이징징(조)서기,베이징조직위주석,뽀조직위주석
류인산	1947	산시	지닝사범학교(68), 중앙당교	-	1971	공청단네이멍구부서기,내이멍부서기,중앙선전부부장	중앙선기(처서기),선전부장
장더장	1946	라오닝	옌볜대조선어과,북한김일성대경제학과(80)	-	1971	옌볜대부총장,옌볜주서기,민정부부장,지장서기	광둥서기
위정성	1945	저장	하얼빈군사공정대유도탄공정(68,工)	-	1964	칭다오시장,건설부장,후베이서기	상하이서기
귀보슝	1942	산시(陜西)	해방군군사대학(83)	상장	1963	베이징군구부사령관,란저우군구사령관,중앙군 사위원,상무부총참모장	중앙군사위원회부주석
왕강	1942	지린	지린대 철학계(67)	-	1971	중앙판공청주임,서기처서기,정치국후보위원	중앙직속기관공작위서기
왕치산	1948	산시(山西)	시베이(西北)대역사계(76), 고급경제사	-	1983	인민은행부행장,인민건설은행장,광둥부성장,국무원경제체제개혁판공실주임,하이난서기	베이징시장,베이징올림픽조직위집행주석
류옌둥	1945	장수	칭화대공정화학계(70),지린대법학박사	-	1964	공청단중앙서기처서기,중앙통일부부장,전국정협부주석	중앙통일전부부장
리위안차오	1950	장수	푸단대수학계(82),중앙당교법학박사	-	1978	공청단중앙서기처서기,난징서기,장쑤서기	중앙서기처서기,조직부장
왕양	1955	안후이	중앙당교공정기경제학(80),중국과기대공학석사	-	1975	공청단안후이성부서기,국가발전계획위부주임,국무원부비서장	충칭서기,충칭인대 주임
장가오리	1946	푸젠	샤먼대경제통계학(70)	-	1973	선전서기,광둥부서기,산둥서기·성장	톈진서기
시자이허우	1943	라오닝	하얼빈군사공정대무선전자공정(68)	상장	1971	지린군구정치부,지난군구정치위원,총정치부 임,중앙서기처서기	중앙군사위원회부주석
보시라이	1949	산시(山西)	베이징대세계사(79),사회과학원국제신문학석사	-	1980	중앙서기처연구실,다롄서기,랴오닝부서기·성 장	국무원상무부장

주. ★표는 상무위원, 工은 공정사 등 자격자, 집은 금서제는 신임.
출처: 廖蓋隆 主編,『現代中國政界要人傳略大全』(1993); 中共中央組織部·中共中央黨史研究室,『中國共產黨 歷屆中央委員大辭典: 1921~2003』(2004);『人民日報』, 1997年 9月 19日; 2002年 11月 15日; 2007年 10月 15日 기사를 참조하여 필자가 작성.

반면 차오칭천과 장딩파는 역시 연령 초과 등으로 퇴임했다. 쉬치량과 우성리는 2007년 7월에 상장에 진급하고, 17기 전대 직전인 9월에 후진타오에 의해 각각 공군과 해군의 부사령관에서 사령관으로 임명되었다. 2008년 3월, 퇴임한 차오강촨의 후임 국방부장에 량광례가 발탁되었다.

중앙기율검사위원회의 경우, 우관정이 서기직에서 퇴임하고, 중앙정치국 상무위원에 선출된 허궈창이 그 직을 이어받았다. 부서기의 경우, 허융만이 유임(1997년 15기 이후 3연임)되고 그 외는 신임으로 채워졌다. 우관정은 연령관계(68세 이상)로 물러났다.[8]

이상 제2기 후진타오 정권 중국공산당 지도부의 개편을 종합해 보면, 첫째 후진타오(당총서기)-우방궈(국가최고권력기구인 전인대 상무위원장)-원자바오(국무원 총리)-자칭린(대중단체인 전국정치협상회의 주석) 체제가 그대로 유임되고, 둘째 정치국위원의 교체율이 높지 않은 것으로 보아 안정된 체제 속에 기존정책이 지속적으로 추진될 것으로 보여진다. 그리고 퇴임한 자는 모두 연령 초과로 자연스럽게 퇴진하였으며, 다른 특별한 사유가 없는 것으로 보아 지도층의 인사가 제도화되어가고 있음을 보여준다.

구체적으로 제2기 후진타오 정권 지도 엘리트 성분의 특징을 보면 다음과 같다.

1. 제5정치세대의 부각

중공 제17기 중앙정치국위원의 연령을 보면, 평균연령은 61.8세다. 16기보다 1세가 높아졌다. 이는 제4세대 연임 위원들의 자연연령의

---

8) 중앙기율검사위원회 인선은 전국대표대회에서 이루어졌음.

증가에 연유한 것으로 보겠다. 상무위원의 경우 평균 62세로 16기의 평균 연령과 같다(<그림 7-1>참조). 이른바 제5세대 지도자인 시진핑(54세)과 리커창(52세)을 제외한 7명의 상무위원은 모두 60세 중반이며, 위원의 경우도 왕치산(59세)·리위안차오(57세)·왕양(52세)·보시라이(58세)를 제외하고는 거의 대부분이 60대 초중반에 속한다. 17기 중앙정치국위원과 그 상무위원 중 최연소자는 52세인 리커창이며, 최고령자는 67세인 자칭린이다. 그래서 시진핑과 리커청을 제외한 17기 정치국 상무위원 대부분 차기(2012년)에는 연령초과로 교체될 인물들이다.

연령층의 분포도 '노, 중, 청'이 골고루 결합되어 있던 15기 이전의 정치국과는 달리 50대 후반에서 60대 초중반에 집중되어 있는 것이 특징이다(<표 7-4> 참조). 16~17기 중앙정치국위원은 대부분 정치 제4~5세대에 속하는 연령대다. 이른바 '4.5세대'다. 중국의 정치세대 구분에 대해서는 이론이 분분하지만, 17기 중앙정치국위원들의 대부분은 문화대혁명시기에 청소년기를 보내고, 개혁기 이후 공직에 진출한 세대다.9) 따라서 이들 세대는 1949년 이전 혁명전쟁기의 경험과 그것을 기억하기는 어려운 혁명 후(post-revolutionary) 세대다.

시진핑, 리커창, 리위안차오, 그리고 왕양과 보시라이 등 제5세대의 선두 주자들은 2012년 포스트 후진타오시대를 대비해 기용한 인물들이다.

---

9) 중국의 정치세대구분에 대해서는 리청 지음, 강준영 옮김, 『차이나스 리드스』 (예담차이나, 2002), pp. 17~22; Cheng Li and Lynn White, "The Sixteenth Central Committee of The Chinese Communist Party: Who Gets What?" *Asian Survey*, 43~4(Jul.~Aug., 2003), p. 564 참조.

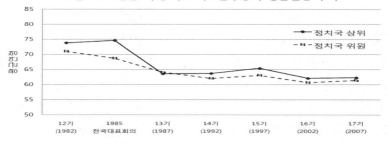

<그림 7-1> 중공 역대 최고 지도간부층의 평균연령 추이

<표 7-4> 역대 중앙정치국위원의 연령층 구성

연령/기	12기 (1982)	13기 (1987)	14기 (1992)	15기 (1997)	16기 (2002)	17기 (2007)
41~50	1	-	-	-	-	
51~55	-	2	2	2	1	3
56~60	-	4	5	5	13	3
61~65	2	3	8	6	8	16
66~70	9	4	3	8	2	3
71~75	6	3	1	1	~	-
76~80	4	1	1	-	-	-
81~90	3	-	-	-	-	-

주: 후보위원 제외.

출처: <표 7-3>의 자료와 같음.

2. 상하이 중심 동부 연해지역 출신 우세

16기 중앙정치국위원의 출신지(원적)를 보면, 상하이를 포괄하고 있는 동부지역 출신이 16기에 이어 단연 우세하다. 북부지역 출신의 진출 역시 현저하다. 양 지역 모두 각각 11명(44%)이 정치국에 진입했다. 후진타오·우방궈·리커창·왕양(안후이성), 저우융캉·류치·류옌

등·리위안차오(장쑤성), 위정성(저장성), 장가오리(푸젠성), 그리고 왕
러취안(산둥성) 등이 동부에 원적을 두고 있다. 그리고 원자바오(톈
진), 자칭린·왕자오궈(허베이성), 리창춘·장더장·쉬차이허우(랴오닝
성), 류윈산·왕치산·보시라이(산시), 후이량위·왕강(지린) 등이 북부
지역 출신이다. 중부 지역 출신은 허궈창(후난성) 단 1명뿐이며, 그밖
에 시진핑과 궈보슝이 산시(陝西)성 출신이다. 전 인구의 15.4%가 살
고, 쓰촨과 충칭(쓰촨성과 충칭시만 전 중국 인구의 9.0% 보유)을 포
괄하고 있는 서남지역과 가장 경제력이 앞서가는 광둥(광둥성만 전
중국 국민총생산액의 10%)을 포괄하고 있는 남부지역에 본적을 두고
있는 위원은 단 1명도 없다.[10] 각 성(省)별로 볼 때 후진타오의 본적
지인 안후이성 출신과 장쑤성 출신이 가장 많다.

역대 중국 정치엘리트의 지역별 출신(원적) 분포를 보면, 흥미롭게
도 마오쩌둥이 권력을 장악하던 시기는 그의 고향인 후난성 출신이
가장 많았고, 린뱌오가 득세하던 시기(9기)는 그의 출신지인 후베이성
출신이 다수를 차지했다. 한때는 덩샤오핑의 고향인 쓰촨성 출신이
높은 비중을 차지 했으며, 장쩌민이 집권(14, 15기)한 이후 넓게는 동
부, 좁게는 화둥(상하이·저장·장쑤)인맥이 막강한 정권실세로 군림
하고 있다. 9기까지 후난 및 후베이 출신이 많았던 것은 지연의 영향
도 있겠지만, 중요한 것은 중국혁명이 주로 중부내륙을 중심으로 점
화되었기 때문에 신중국 건립 이후 그들 중부중심의 혁명1세대들이
집권할 수밖에 없었다고 풀이된다. 그리고 개혁개방 이래 동부 인맥
이 급증한 것은 전통적으로 동부 연해지역, 특히 저장·장수는 어미
지향(魚米之鄕)으로 물산이 풍부하여 인물이 많이 배출되기로 유명한
곳이긴 하지만, 이 지역은 개혁개방의 전초기지 역할을 한 지역이기
때문이기도 하다.

---

10) 인구, 국민총생산액에 대한 통계는 中華人民共和國統計局 編, 『中國統計年
鑑~2005』(2005: 94 및 59) 참조.

3. 칭화대 이공계 출신의 하향과 베이징대 인문사회계 출신의 약진

　먼저 17기 중앙정치국위원의 학력상황을 보면, 중화인민공화국 수립 이후 현재까지의 역대 중앙정치국위원 중 가장 높은 학력이다. 대학 출신자가 완전 100%다. 대학 출신 비율이 14기보다는 10%, 15기보다는 11%나 높다. 이는 13기 이후 지속되는 현상으로 16기 이후 100%가 대졸 출신이다(그림 <7-2> 참조). 제4세대의 경우 대부분 문혁 전에 대학을 졸업했지만, 50대의 제5세대 정치지도자들은 문혁 후에 대학을 졸업했다. 14기 이후 대학원 출신자도 계속 증가하고 있는 추세다. 14기에 5%에 불과했던 석사학위 소지자 정치국위원이 17기에는 무려 36%(25명 중 9명)로 증가했다.

　박사학위소지자도 4명이나 된다. 시진핑은 칭화대학 인문사회대학원에서 정치학을 전공하고 법학 박사학위를 받았으며, 리커창은 베이징대학에서 경제학 박사학위를 받았다. 류옌둥과 리위안차오는 각각 지린대학과 중앙당교에서 법학 박사학위를 받았다. 리커창(베이징대 법률계)을 제외한 이들 박사학위 소지자들은 모두 학부에서는 이공계열을 전공했지만 대학원에서 사회계열로 전공을 바꾸었다. 그리고 원자바오·왕러취안·류치·왕양·보시라이 등 5명은 석사학위 소지자다.

　최종학력(학위)을 기준으로 전공을 보면, 이공계 전공자가 줄어들고 인문사회 전공자가 현저히 증가하고 있는 추세다. 전체 중앙정치국위원의 경우 16기 66.7%(16명)에서 48%(12명)로 줄었으며,11) 정치국 상무위원의 경우만 보면 16기 100%(9명) 전원이 이공계 전공자였으나 77.8%(7명)로 감소되었다. 거꾸로 말하면 17기 들어 인문사회계 전공자가 정치국에서 점하는 비율이 급격히 늘어났다.

---

11) Zhiyue Bo는 중공 16기 중앙정치국위원의 이공계 전공 비율을 46.67%라고 함(Zhiyue Bo, 2004b, *op. cit.*, p. 514).

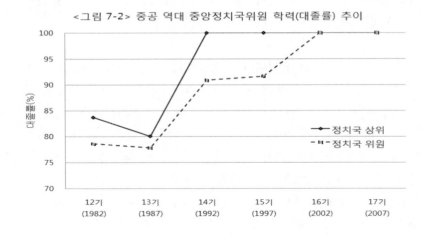

<그림 7-2> 중공 역대 중앙정치국위원 학력(대졸률) 추이

박사학위 소지자의 경우 상무위원 2명(시진핑, 리커창)을 포함해 위원 2명(류옌둥,리위안차오) 모두 법학 또는 경제학 박사다. 석사학위 소지자 5명 중에도 2명이 인문사회계 전공자다. 이는 13기 이후 부단히 증가되어 오던 이공계 출신의 최고지도층 진입이 16기 이후 변화의 조짐이 감지되다가 17기에 와서 본격화 되고 있음을 나타내는 것이다. 이러한 추세라면 2012년 이후는 인문사회계 출신 비테크노크라트(non-technocrats)가 우세하리라 본다.[12] 시진핑과 리커창, 리위안차오·보시라이 등은 연령적으로 2012년에도 연임될 가능성이 높기 때문에 더욱 그러하다.

역대 중앙정치국위원의 전공의 변천사를 보면, 12기에 군사학교 출신자와 인문사회계 대학 출신자가 많았던 이유는 문혁 때 실각되었던

---

12) 차기 또는 차차기 중국정치엘리트(중앙위원 이상) 후보군이라 할 수 있는 55세 이하(1949년생 이후) 省級의 副級 이상 간부 144명을 56세 이상 130명의 그 간부들과 비교한 결과를 보면 이러한 경향은 더욱 뚜렷하다. 연령이 낮을수록 비이공계 현상과 非이데올로기 현상이 뚜렷하다(김정계, "후진타오 중국정치엘리트의 교육배경 : 어떻게 변하고 있는가?" 앞의 논문집, pp. 63~65).

원로(군원로 포함) 그룹이 대거 복권하였기 때문이다. 따라서 학력도 다시 높아졌다. 개혁개방의 본격화(13기) 이후 계속 군사학교 출신이 하락하는 대신 이공계 출신 대졸자의 정치국 입국이 대폭적으로 증가했다(<표 4-7> 참조). 장쩌민·리펑·저우자화·리톄잉·주룽지, 그리고 후진타오·원자바오 등 제3세대 내지 제4세대가 대학을 진학할 당시 중국공산당은 인문사회과학을 부르주아지적 학문으로 보았고 기술전문가 양성을 강조하였기 때문이다. 그리고 개혁개방의 가속화와 성장 드라이브정책의 추진(능률성의 강조)에 따라 이들은 크게 각광을 받게 된 것이다. 하지만 17기에 와서 인문사회계 출신이 현저히 부각되고 있다. 이는 시장화정책의 심화와 함께 제기되는 다양한 행정수요에 부응하기 위한 불가피한 변화라 보겠다.

17기 중앙정치국위원의 출신대학을 보면, 칭화대학 출신이 여전히 우세를 점하는 가운데, 16기 이전과는 달리 베이징대 출신 2명이 정치국에 진출했다. 후진타오(상무위원)·우방궈(상무위원)·시진핑(상무위원)·류옌둥 등 4명의 정치국위원이 칭화대학 출신이며, 리커창과 보시라이가 베이징대학 출신이다. 특이한 것은 칭화대 출신은 모두 이공계열을 전공했고, 베이징대 출신은 두 사람 모두 인문사회계열을 전공한 점이다.

16기와 비교하면 칭화대학 출신이 5명에서 4명으로 줄었다. 즉 황쥐(정치국 상무위원, 부총리)·우관정(정치국 상무위원, 중앙기율검사위원회 서기)·쩡페이옌(정치국위원, 부총리)이 물러나고, 시진핑(정치국 상무위원)과 류옌둥(정치국위원)이 발탁되었다. 최고권력기구인 정치국 상무위원회의 4/9에서 3/9으로 줄었다. 베이징대학 출신의 경우 15기와 16기에 중앙정치국위원 및 그 상무위원에 1명도 없었던 점에 비하면 17기의 2명은 대단한 성과로 보여진다.

칭화대학과 베이징대학 이외 출신대학으로는, 하얼빈공대 및 하얼빈군사공정원 출신이 돋보인다. 정치국위원 중 리창춘(하얼빈공대 정치보도원 출신)과 왕자오궈는 하얼빈공대를 졸업했고, 위정성과 쉬차이허우는 하얼빈군사공정원을 졸업했다. 두 대학 모두 소련기술을 도입하여 아시아 최고의 군사기술교육을 시키기 위하여 설립되었다. 소련식으로 현대화한 대학이다. 특히 하얼빈군사공정원은 동아시아 최대 규모의 군사학교이자 첨단기술을 바탕으로 한 현대식 전쟁에 대응할 최고 군사 간부의 배양을 위해 설립했다. 1953년, 한국전쟁 종결 이후 바로 설립했다. 주로 고급 당지도자들의 자녀(태자당들이 이 학교를 나왔다.[13]

이상 17기 중앙정치국위원의 학력배경을 요약해 보면, 앞으로 중국의 차세대 또는 차차(제6세대)세대 지도자들은 박사학위 소지자 등 고학력 추세가 이어질 것이며, 베이징대 출신이나 인문·사회계 출신이 도약할 것이란 전망이 나온다.

4. 인민해방군 출신의 하향

중공 17기 중앙정치국위원의 군대경력을 보면 16기와 마찬가지로 역대 중 가장 낮은 비율(8%)이다. 중앙군사위원회 부주석인 궈보슝 장군(상장)이 유임되고, 쉬차이허우 장군(상장)이 차오강촨 장군을 대신하여 기용되었다. 17기 당 중앙에는 중앙정치국위원 이외, 중앙서기처에 군인을 1명도 기용하지 않았다. 16기의 경우 현역 군 장성(쉬차이허우)을 중앙서기처 서기에 임명했던 점과 비교할 때, 중국 최고지도층에 군 출신의 진출과 역량이 계속하여 낮아지고 있는 추세다(<표 7-5> 참조). 군 대표 중앙위원 수 역시 16기에 비해 무려 6.7%나 감소한 11.3%에 불과하다. 역대 최하위다(<표 7-6> 참조).

---

13) 리청, 앞의 책, pp. 157~158

<표 7-5> 중공 최고지도부의 해방군 대표

	13기 (1987)	14기 (1992)	15기 (1997)	16기 (2002)	17기 (2007)
중앙정치국 상무위원	-	류화칭	-	-	-
중앙정치국 위원	-	양바이빙	츠하오톈 장완녠	차오강촨 궈보슝	궈보슝 쉬차이허우
중앙서기처 서기	양바이빙 (89.11증보)	-	장완녠	쉬아허우	-

<표 7-6> 중공 지도층 중 현역 군 출신

기(년도)	8기 1956	9기 1969	10기 1973	11기 1977	12기 1982	13기 1987	14기 1992	15기 1997	16기 2002	17기 2007
중앙위원 비율(%)	28.2	44.1	30.4	30.9	21.5	12.6	22.2	18.1	18.0	17.5
정치국위원비율(%)	41.2	52.4	38.1	56.5	44.0	5.9	10.0	9.1	8.3	8.0
정치국 상무위원 (명)	1	1	3	1	1	0	1	0	0	0
중앙서기 처서기(명)	2	폐지	폐지	폐지	2	0	0	1	1	0

주: 1) 정치국위원의 경우 후보위원은 제외.
2) 현역 군 출신이라 함은 1995년 이후 계급 수여자.
출처: <표 7-3>의 자료와 같음.

그리고 중앙군사위원회 구성원들도 기능적으로 전문화된 군 인사들이다. 후진타오를 제외하고는 모두 각 군종(육해공군 및 제2포병) 대표와 작전, 군 정치교육, 후근(수송), 장비 등 군 기능별 대표로 구성된 현역 장성들이다. 과거 양상쿤-양바이빙 형제처럼 정치적 야심을 가진 정치군인 출신은 없다. 따라서 적어도 후진타오 시대(2012년대

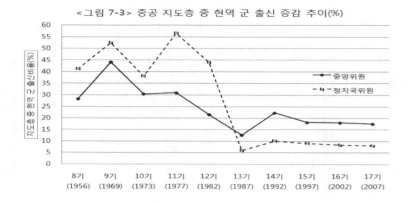

<그림 7-3> 중공 지도층 중 현역 군 출신 증감 추이(%)

중반)까지의 군부 지도체제는 과거만큼 고급 레벨의 정치에 간여하지
는 않을 것으로 보임은 물론, 사회적 안정 및 질서유지의 기능에도
쉽게 끌려 들리지도 않을 것으로 보인다. 현재 사회 질서유지의 기능
을 무장경찰의 임무로 넘겨주고 있는 것도 그것을 보증하기 위한 제
도적 개혁의 일환이다. 군 지도자들은 그들의 목표를 오직 중국군의
현대화에 맞출 것이고, 당과 국가는 계속하여 대폭적으로 국방예산을
증액시켜 나갈 것이다. 그 결과, 아마도 2010년대 말 즈음에는 중국
군은 아주 고도의 첨단 기술로 무장된 현대적인 군으로 변모될 것으
로 보인다. 14)

　　이상 17기 중앙정치국위원의 제도적 배경을 요약하면, 먼저 이들은
문혁기에 입당, 농촌과 공장에 하방되어 현장경험을 익혀 개혁 초기
에 도시로 복귀한 제4세대와 문혁 후 대학에 입학하거나 졸업하여 개
혁기에 입당한 후 1990년대 이후 중앙위원이 된 제5세대로 구성되어
있다. 그리고 이들 대부분은 80년대와 90년대에 성급(省級) 내지 중앙
당정의 부급(副級) 지도자를 거치며 차세기 영도자로 육성된 인물들이
다. 따라서 이들 중 87%가 성급 지방지도자 경험을 갖춘 인물이다.

14) 김정계(2006), 앞의 논문, pp. 294~304.

또한 군 출신의 현격한 저하가 특징 중의 하나다. 이는 문민정치가 제도화되고 있다는 증거다. 다만 아직도 동부지역 출신이 우세하며, 학연으로는 칭화대학 출신이 다수를 점하고 있다는 것이 특징이다.

신임 지도층 인사들의 프로필을 보면 그것이 확연히 드러난다.15)

▶ 태자당, 칭화대, 상하이 서기 출신 법학(정치학)박사 시진핑
시진핑(習近平, 1953~   )은 중국공산당 중앙정치국위원 및 전국인민대표대회 상무부위원장, 전 국무원 부총리 등을 역임한 원로 시중쉰의 장남이다. 원적은 산시성(陝西省) 푸핑(富平)이지만 베이징에서 태어났다. 아버지가 당 간부로 베이징에 거주했기 때문이다.

칭화대학 공정화학과를 졸업한 테크노크라트이지만, 박사학위는 칭화대학 대학원에서 법학 박사학위(정치이론 전공)를 받았다. 1974년 공산당에 입당하고, 1975년 부친의 복권과 함께 베이징으로 돌아온 그는 칭화대학 공정화학과를 졸업한 후 국무원 판공청 및 중앙군사위원회 판공청에서 겅뱌오 부총리 비서로 근무했다. 당시 그는 현역병 신분이었다. 1982년 제대후 허베이성 정딩(正定)현 부서기를 시작으로 20여 년간 지방만을 돌며 기층경험을 쌓았다.

저장성 당위 서기에 승진한 2000년까지 푸젠성 샤먼시 부시장, 푸저우시 서기, 푸젠성 부서기·부성장·성장대리·성장 등으로 승진하는 등 주로 푸젠성에서 30~40대를 보냈다. 2000년 저장성 부서기로 자리를 옮긴 후 부성장·대리성장을 거쳐 2002년 11월 저장성 당위서기에 승진하였다. 그리고 2007년 봄 천량위 상하이 서기가 부정에 연루되어 숙청당하자 중국 제1의 상하이시 당위 서기가 되었다. 1997년 제15기 당 중앙후보위원 및 2002년 제16기 중앙위원에서 일약 2단계나 승진하여 중앙정치국 상무위원에 오른 포스트 후진타오 시대

15) 중공 17기 최고지도층의 상세한 프로파일은 김정계, 『후진타오정권 중국의 권력구조와 파워 엘리트』(대구: 중문, 2008), pp. 227~325 참조.

의 대표 주자다.

40대 후반의 나이에 중국에서 가장 부유한 푸젠성 성장과 저장성 서기를 지낸 경력이나, 경제적으로 중국의 숨통이라 할 수 있는 상하이 당위 서기에 선임된 것으로 보아 그의 능력은 물론, 정치적 배경은 비범한 것으로 보여진다. 그는 청장년 시절 개방지구의 최일선이라 할 수 있는 샤먼, 푸저우, 푸젠성, 저장성 등의 지도자로 단련된 점으로 보아 개혁의지가 뚜렷하고 성장정책에 익숙한 정치인으로 보여진다. 특히 타이완 해협을 사이에 두고 있는 푸젠성 성장으로 재임하는 동안 타이완 자본을 유치하는 데 큰 공헌을 한 것으로 알려지고 있다. 그의 아버지가 1979년 광둥성 서기에 재임할 때 덩샤오핑에게 개혁개방의 본격적인 추진을 위해 광둥성에 경제특구를 설치해야 한다고 건의했다는 점을 상기할 때 시진핑 역시 개혁개방의 열의가 그의 피 속에 흐르고 있다고 보겠다.

그의 아버지 시중쉰은 1913년 산시성 출신으로 고향에서 중학을 졸업한 후 공청단에 입단함으로써 혁명 활동을 시작하였다. 15세에 공산당에 입당, 1930년대 초에는 동향인 류즈단·가오강 등과 섬감변구(산시·간쑤陝邯邊區)소비에트를 건립하였고, 허룽·가오강·펑더화이(1야전군) 장군 등의 휘하에서 활약하면서 서북지방의 해방에 공헌한 바 크다. 건국 후 당 중앙선전부장, 국무원 비서장·부총리(46세)를 역임하는 등 성장일로에 있었으나 1964년 라이벌이었던 캉성의 시기로 '류즈단사건'의 주모자로 몰려 당내의 모든 직무로부터 해임되었다.[16)]

이후 그는 문혁 때 또 한 번 혹독한 비판을 받고 18여 년간 비참한 생활을 하였다. 그의 군력을 보면 제1야전군계의 류즈단·펑더화

---

16) 류즈단 사건은 캉성 등 극좌파가 시중쉰이 그의 상사인 류즈단의 위업을 기리는 소설 『류즈단』(류즈단의 동생 류징판(劉景範)과 그의 처 리졘퉁(李建同) 공저)을 통하여 류즈단의 공적을 선전함으로써 '펑더화이-황커청사건'을 합리화하고 '펑더화이 사건'을 번복시키려는 음모가 깔려 있다고 주장하며 시중쉰을 공격한 사건이다.

이·허룽 등과 밀접한 관계가 있으며, 특히 내전 중 서북군 시절에는 펑더화이(사령관)와 시중쉰(정치위원)은 운명을 함께하는 관계에 있었다. 따라서 펑더화이의 숙청은 바로 그의 운명을 결정지을 수밖에 없었다. 1979년 복권되어 광둥성 성장 및 동 제1서기를 거쳐 중앙서기처 서기, 중앙정치국위원(1982년)에 중용되었다. 하지만 간부의 연소화정책에 밀려 전인대 상무부원장직을 끝으로 정계를 은퇴하였다. 당 13전 대회 전야에는 한때 당 총서기설까지 나돌기도 했다[17]

시진핑은 시중쉰의 장남으로 태자당으로 분류되긴 하지만 어린 시절 아버지가 4인방의 박해로 조사, 수감, 하방 생활을 한 탓에 오히려 고통스럽게 지냈다. 15세 때엔 산시(陝西)성 농촌 오지에서 농민 생활을 하기도 했다. 이로 인해 고위간부 자제이면서도 서민적 정서를 갖고 있으며 스스로도 자신을 다른 고위간부 자제와 비교당하는 것을 싫어한다. 당시 하방된 베이징의 청년 지식인 가운데 처음으로 농촌 대대 서기가 되는 등 두각을 나타냈다.

시진핑의 확실한 인맥은 드러나지 않고 있지만, 당 원로 시중쉰의 아들이라는 점에서 같은 태자당 출신인 장쩌민과 쩡칭홍의 도움을 받아 상하이방의 일원(상하이시 당위 서기)에 흡수되었다는 설도 있으며, 칭화대학 출신임과 함께 공청단 출신인 시중쉰의 아들이라는 점에서 후진타오와의 관계 또한 나쁠 이유가 없는 것으로 알려지고 있다. 어찌 되었던 시진핑이 인구 1400만의 '중국의 경제수도' 상하이 당위 서기에 발탁되었던 점으로 볼 때는 상하이방 및 태자당의 배후인 장쩌민 및 쩡칭홍과 칭화방 및 공청단의 리더인 후진타오의 양해와 협조 없이는 불가능한 일이라 생각된다.

그래서 2007년 봄 시진핑이 상하이 당위 서기가 된 것은 중국공산당 내 정파들 간의 타협의 산물이라는 것이 가장 설득력 있는 배경으로 보여진다. 그의 정치국 상무위원 선임 역시 같은 논리로 해석되겠

---

17) 『明報』, 1988年 3月 28日.

다. 중국의 관영 및 반(半)민영 미디어들은 당 총서기 후진타오가 선호하는 리커창 랴오닝성 당위 서기와 리위안차오 장쑤성 당위 서기의 지방 행정 업적을 자주 보도하는 등 이른바 '양리(兩李, 두 이씨)'를 미래의 지도자로 띄워왔다. 두 이씨는 모두 후진타오 계열의 공청단 출신으로, 경제학과 법학박사 학위를 받은 수재들로 16기 당 대회 때부터 포스트 후진타오 최고지도급 리더로 점쳐온 인물들이다.

시진핑의 상하이 서기 발탁은 바로 이러한 후진타오 중심의 공청단 계열의 독주를 견제해야겠다는 상하이방들의 뜻이 크게 반영된 것으로 보여진다. 그는 저장성 서기로 재직한 5년간 저장성을 전국에서 민간기업의 비율이 가장 높은 성으로 끌어 올린 성적표가 말해 주듯이 그는 경제발전 우선론과 개방경제를 강력히 지지하는 인물이다. 즉 장쩌민, 우방궈, 자칭린, 쩡칭홍, 황쥐 등 상하이방과 정치적 견해를 같이해 온 인물이다. 후진타오는 경제가 낙후된 서북 내륙지역 성·자치구 지도자 출신으로 빠른 성장보다는 균형발전을 추구하는 쪽이다.

시진핑(54세)과 리커창(52세), 리윈차오(57세) 등 1950년대 생들이 벌이는 정치경쟁이 중요한 이유는 이들이 오는 2012년 시작되는 포스트 후진타오 시대를 이끌어 갈 가장 강력한 후보들이기 때문이다. 후진타오를 중심으로 한 1940년대 생 지도자 그룹을 제4세대 지도자라 한다면 이들 1950년대 생들은 제5세대 정치지도자다. 시진핑은 리커창과 함께 2007년 17기 중앙정치국 상무위원에 발탁됨으로써 중국 최고지도층의 반열에 진입하였다. 쩡칭홍에 이어 중앙서기처 상무서기직과 중앙당교 교장직까지 겸임하게 되었고, 또 국가 부주석 자리까지 올라 2012년 포스트 후진타오 시대에 바짝 다가서고 있다. 특히 그의 군대 경력은 인민해방군 지도자들의 호감을 얻고 있다. 어찌 되었던 그는 중앙정치국위원을 거치지 않고, 중앙위원에서 바로 중앙정치국 상무위원으로 직행한 점으로 보아 그의 능력 또한 탁월하다고 보겠다.

그의 처는 중국의 국민가수인 펑리위안(彭麗媛. 45)이다. 펑리위안
은 인민해방군 총정치부 소속 가무단원이자 베이징대 겸임교수다.

▶ 공청단계의 핵심인물, 랴오닝 당위 서기 출신 베이징대학 경제
학 박사 리커창

리커창(李克强, 1955~   )은 리위안차오와 함께 공청단의 대표주자
다. 안후이성 딩위안(定遠) 출신으로 후진타오 총서기와는 동향이다.
1974년 17세에 고등학교를 졸업하고 고향의 펑양(鳳陽)현 인민공사
다먀오(大廟)대대에 배치되어 농업에 종사하며 대대 당 지부 서기로
일했다. 1976년 중국공산당에 입당했다.

1978년 문혁이 종결되고 대학입시가 부활되자 23세의 나이로 베이
징대학 법학과에 입학했다. 그가 고등학교를 졸업할 당시, 문혁 말기
에는 대학 입학시험이 폐지된 상태였기 때문이다 대학생활 중에는 학
생간부로 활동하였다. 1982년 졸업 후 모교에 남아 대학의 공청단위
원회 서기 겸 전국학생연합회 비서장으로 근무했다.

전국학생연합 비서장 근무 중 그는 공청단 중앙서기처 서기 후치리
에 의해 공청단 중앙서기처 학교부 부장에 발탁되었다. 당시 후치리
는 명문대학교 학생지도 간부 중에서 공청단 간부요원을 선발하고 있
던 바, 리커창이 기용된 것이다. 그때 리커창의 나이 28세였으며, 이
후 16년간 공청단 간부로 일했다. 당시 공청단 중앙서기처 제1서기는
후진타오였다. 이때부터 리커창은 후진타오와 연을 맺게 되었다. 그의
명석한 두뇌를 인정한 후진타오는 리커창을 1983년 공청단 중앙서기
처 후보서기에 임명하고, 1988년 서기로 승진(당선)시키는 데 큰 힘이
되었다. 1992년 후진타오가 중앙정치국 상무위원에 진입한 후 리커창
은 후진타오의 지원으로 1993년 공청단 중앙서기처 제1서기에 당선되
었다. 이 기간 중 그는 베이징대학에서 경제학 석사 및 박사과정을
이수했다.

1998년 허난성 당위 부서기에 발탁될 때까지 위와 같이 그는 16년

간 공천단에서만 근무했다. 1999년 허난성 성장을 거쳐 2002년 허난성 당위 서기에 승진함으로써 지방행정가로서의 경험을 쌓아갔다. 허난성 성장에 임명될 당시 그의 나이 불과 45세로 전국 최연소 성장이었으며, 최초의 박사학위 소지자 성장이기도 했다. 2004년 12월 후진타오에 의해 랴오닝성 당위 서기로 자리를 옮긴 후 2007년 10월 중앙 정치무대에 진입한 것이다. 그리고 2008년 3월 국무원 상무부총리에 선임되었다. 국무원 상무부총리는 수석 부총리로서 재정부와 국가발전개혁위원회를 관장하면서 중국의 경제발전계획을 입안하고, 식품안전 및 위생분야도 담당한다. 경제학 박사로서 전공을 살린 부문이다.

그의 허난성 성장 파견은 정치지도자로서의 중대한 전기가 되었다. 그는 허난성 성장 재임(1999~2003) 중 전국 21위였던 허난성의 GDP를 18위로 끌어올렸다. 허난성 서기에 승진한 이후에도 그는 부유한 동부지역의 자본을 끌어들여 서부지역으로 진출한다는 동인서진(東引西進)정책을 강력히 추진, 중부지역인 허난성의 공업화와 도시화 및 농업현대화를 강조하면서 중원지역의 여러 도시를 하나로 묶는 경제부흥벨트를 구축하는 데 총력을 기울였다. 또 인재 확보를 강조하면서 2004년 초반 허난성에서 380명의 박사 및 1,820명의 석사급 인재를 영입, 공무원의 고학력화를 추진하였다. 그의 랴오닝성 당위 서기 이동도 공업 대성이지만 경제가 낙후한 랴오닝성을 발전시켜 후진타오와 원자바오가 추진하는 동북진흥전략에 기여하라는 임무를 부여한 것으로 해석되었다. 동북 진흥 및 국유기업 개혁이라는 두 과제를 안고 랴오닝성으로 옮겨온 그는 그동안 뚜렷한 성과가 없다는 비판을 받기도 했으나 2007년 들어 랴오닝성의 경제성장률을 13년만에 최고치로 끌어올리며 비판을 무색케 했다. 특히 랴오닝성의 숙원과제였던 주택난 해결을 위해 중앙정부의 지원을 받아 주택 120만호를 공급함으로써 랴오닝성 주민들로부터 절대적인 지지를 받았다.

어찌 되었던 그는 공청단에서 잔뼈가 굵었고, 또 그것을 기반으로 성장의 가도를 걸을 수 있었다. 물론 일류대학 출신 박사학위 소지자로의 그의 능력 또한 출중함에는 틀림이 없다. 그의 박사과정 지도교수는 저명한 경제학자인 리닝(勵寧) 교수다. 리커창은 <중국경제의 3대 구조>라는 논문을 발표하여 '쑨예팡(孫冶方) 경제과학학상'을 수상하기도 했다. 공청단 경력만 16년으로 공청단 내부의 기반이 튼튼하고, 인맥관계가 넓은 것으로 정평이 나 있다.

리커창은 인간적으로 두 가지 특성을 갖추고 있다. 첫째로 절대 화를 내지 않고 몸가짐을 흐트러뜨리지 않는다. 이 부분은 후진타오와 비슷한 유형이다. 다른 하나는 남과 시비를 가리지 않고 뒤에서 남을 비난하지 않는다. 이처럼 리커창은 '적조차도 친구로 만드는'(化敵爲友) 친화력이 두드러진 장점을 갖추고 있어 후진타오 이후의 대표주자로 손색이 없는 인물이다. 다만 국무원 경력이 없어 중앙정부의 움직임을 익히는 것이 그에게는 주요 과제다.

포스트 후진타오 시대의 가장 강력한 주역 경쟁자인 시진핑과 비교해 보면, 첫째 시진핑이 고위 간부의 자제인 태자당 출신인데 비해 리커창은 평민가정 출신이며, 둘째 시진핑은 중국 양대 대학 중의 하나인 칭화대학 정치학 박사 출신인 반면, 리커창은 베이징대학 경제학 박사 출신이다. 셋째 시진핑이 주로 경제개방지역인 연해 지역 근무로 잔뼈가 굵었다면 리커창은 비교적 경제가 낙후된 허난성과 랴오닝에서 정치적으로 성장했다. 그리고 계파적으로 시진핑은 저장성 및 상하이 당위 서기를 역임하는 등 상하이방과 가까운 인맥을 유지했다면, 리커창은 공청단 출신이며 후진타오와는 동향으로 친 후진타오 계열의 공청단계 인물이다. 따라서 정책성향도 시진핑이 개방지구 출신답게 성장드라이브 정책에 관심이 크다면, 리커창은 빈곤 지역 당위 서기 출신답게 분배정책에 역점을 두는 경향을 보이고 있다.

▶ 칭화대, 태자당 및 공청단 출신 법학 박사 여성 정치인 류옌둥

류옌둥(劉延東, 1945~)은 장쑤성 난퉁(南通) 출신이다. 1964년 중국공산당에 입당했다. 1970년에 칭화대학 화공학과를 졸업하고 대

학에서 정치보도원을 거쳐 1970년 허베이성 탕산시 카이펑 화학공장 엔지니어로 사회공작에 첫 발을 들어놓았다. 이후 재직 중 중국런민대학(中國人民大學)에서 사회학 석사(사회이론과 방법 전공) 학위와 지린대학(吉林大學)에서 법학박사(정치학이론 전공) 학위를 받았다.

이후 문혁 중인 1972년부터 1980년까지 베이징시 화공실험공장 엔지니어 및 공장 당위원회 부서기로 근무했다. 덩샤오핑 등장 이후인 1980년부터 베이징시 당위 조직부 간부로 자리를 옮긴 이후, 베이징시 차오양구(朝陽區) 당위원회 부서기 등을 역임하는 등 수도의 지방 당무에 종사했다. 1982년부터 1991년까지 공청단 중앙서기처 서기, 전국청년연합회 부주석 및 주석을 역임하는 등 청년조직 지도공작을 담당했다. 그가 공청단 서기로 재직할 당시 동 제1서기는 현재 중앙정치국위원인 왕자오궈였다. 두 사람은 손발이 맞은 상하관계였다.

1991년 류옌둥은 공청단을 떠나 당 중앙통일전선부로 자리를 옮겨 동 부비서장 및 부부장, 그리고 부장으로 승진하는 등 2003년까지 당 중앙의 지도업무를 경험하게 된다. 그가 통일전선부의 부비서장으로 자리를 옮길 당시 부장은 장쩌민의 상하이 자오퉁대학 후배이며 덩샤오핑의 오른팔이었던 딩관건이었으며, 부부장 때에는 왕자오궈가 부장이었다. 그리고 왕자오궈가 2002년 당 제16기 중앙정치국위원에 발탁되자 류옌둥은 왕자오궈의 후임 중앙통일전선부장이 되었다. 통일전선부 재임 중, 그녀는 중국런민대학과 지린대학에서 각각 사회학박사(사회이론과 방법 전공)과 법학박사(정치이론) 학위를 받은 학구파다.

통일전선부는 중국공산당 중앙 직속기관으로 각 민주당파 및 무당파 대표, 소수민족 및 각종 종교단체 등 다양한 정치집단들과의 합작을 추구하면서 해외 통일전선공작을 통해 통일을 촉진하고, 중국의 상공인 연합 및 홍콩·마카오·타이완 등 해외 화교 기업인들과의 연계와 단결을 모색하는 것이 주요 임무다. 따라서 류옌둥은 통일전선부에 일하면서 풍부한 경험과 광범위한 인맥을 형성, 특히 홍콩과 마카오에 다양하고 폭넓은 인적 네트워크를 구축할 수 있었다.

류옌둥은 2002년 쑹칭링 기금회 부주석을 겸임한 데 이어 2003년에는 정협 부주석을 겸임했고, 2003년 9월부터는 중국광차이(光彩)사업촉진회 회장도 맡았다. 광차이사업은 중화전국상공인연합(中華全國工商聯)에서 추진하는 빈곤지역 돕기 운동을 관리하는 단체다. 따라서 여기서 류옌둥은 민간 기업인들과의 유대를 강화하는 바탕을 마련했다.

류옌둥은 명문 칭화대학 출신으로 공청단에서 지도자적 자질을 익혔으며, 그의 혈통 또한 중국공산당 원로로 농업부 부부장을 지낸 류루이룽(劉瑞龍)의 딸이다. 류의 부친인 류루이룽은 상하이 출신이 주축을 이루던 제3야전군 출신으로 문혁 이전 상하이 당위 서기의 비서장을 지냈으며, 그 후 농업부 부부장에 오른 상하이 인맥과 밀접한 관계가 있는 사람이다. 특히 류의 부친은 장쩌민의 양부인 장상칭의 권유로 혁명대열에 참가한 것으로 알려져 있다. 따라서 장쩌민과도 그 연이 두텁다고 보겠다. 하지만 계파별로는 후진타오-왕자오궈가 이끄는 공청단계의 여걸이다.

2007년 17기 예상대로 유일한 여성 정치국위원이 되었다. 중앙통전부장은 같은 공청단 출신인 두칭린(杜青林) 쓰촨성 서기에게 넘어갔다. 2008년 봄 국무위원에 선임되어 교육, 관광, 체육 분야를 담당하게 되었다.

▶ 공청단 대표 주자, 후진타오의 신임이 두터운 장쑤성 서기 출신 법학박사 리위안차오

리위안차오(李源朝, 1950~   )는 장쑤성 롄수이(漣水) 출신이다. 1978년 중국공산당에 입당하고, 1982년 32세 때 명문 상하이의 푸단대학 수학과를 졸업했다. 문혁 말기에는 대학입학시험이 없었으므로 문혁 종결 후에 대학에 입학했기 때문이다. 대학 입학 전에 그는 상하이 난창(南昌)중학과 루완(盧灣)구 직업공업전문학교에서 교원을 거쳐, 졸업 후 푸단대학 행정직원으로 일했다. 푸단대학 근무 중 공청단

의 푸단대학위원회 부서기 및 상하이시 부서기를 역임했다.

1983년 능력을 인정받아 공청단 중앙서기처 서열 4위서기로 발탁되어 1990년까지 중국소년선봉대공작위원회 주임, 국무원판공실 1국장으로 근무했다. 동 기간 공청단 중앙서기처 제1서기였던 후진타오와 인연을 맺었다. 1984년 후진타오가 담당하던 선전업무 일부를 이어 받아 활동했으며, 2000년 장쑤성 당위 부서기로 자리를 옮길 때까지 전국청년연합 부주석, 당 중앙 대외선전협력실 부주임, 국무원 신문판공실 부주임, 문화부 부부장 등 주로 선전·문화 부문에서 근무했다. 국무원 신문판공실은 대 언론관계를 담당하는 부서로 한국 참여정부의 국정홍보처와 유사한 기관이다.

재직 중인 1988년 베이징대학에서 경제관리 석사학위를 받고, 1998년 중앙당교에서 법학박사학위를 취득했다. 2001년 장쑤성 부서기 겸 난징시 당위 서기로 재직하는 동안 지방행정 지도자로서의 경력을 쌓기 시작하여 2002년 후진타오가 당 총서기가 되면서 바로 장쑤성 당위 서기에 올랐다. 장쑤성은 중국에서 가장 부유한 성이며, 인재가 많이 배출되는 성이다. 따라서 후진타오의 그에 대한 신임을 읽을 수 있는 인사였다. 당 17차 대회에서 중앙정치국위원에 발탁된 후 당 중앙의 일상 업무를 장악하고 있는 중앙서기처의 일원(서기)이 되어 베이징에 입경했다. 당 중앙후보위원에서 일약 중앙정치국위원이 된 것이다.

그리고 당 중앙의 핵심부서인 중앙조직부장도 겸직하게 되었다. 중앙조직부는 당·정·군 및 지방 성급의 조직 및 고위급 간부의 인사를 관장하는 부서로 권력의 핵심 중 핵심이다. 장쩌민 시대에는 그의 심복인 쩡칭훙이 맡아 고위 간부의 인사를 좌지우지하면서 인적 네트워크를 형성했고, 심지어 제1기 후진타오 정권 기간(2002~2007)에도 장쩌민은 그의 심복인 허궈창을 임명(후진타오 집권 직전에 임명)하여 권력의 끈을 놓지 않으려 했던 부서다. 그러한 점을 고려할 때 리위안차오의 위상은 총서기 후진타오의 오른팔이나 다름 없는 위치다.

과거 중국을 움직인 덩샤오핑, 후야오방은 물론 차오스, 웨이젠싱, 쑹평 등이 중앙조직부장을 역임한 실력자들이다.

리커창과 함께 떠오르는 공청단의 대표주자다. 하지만 직설적이고 곧은 성격 때문에 타인과의 마찰 또한 적지 않은 편이라는 평가도 있다.

▶ 베이징대 출신 태자당, 충칭시 당위 서기 보시라이

보시라이(薄熙來, 1949~   )는 산시(山西)성 딩샹(定襄)현 출신으로 베이징 제4중학교(고급간부 자제들이 다닌 고등학교)와 베이징대학을 졸업했다. 중앙정치국위원 및 국무원 부총리를 역임한 보이보의 차남이며, 역시 국무원 부총리를 역임한 구무의 사위로 급부상하는 태자당 출신 정치인의 한 명이다.

1968년 이후 베이징시 제2경공업국 5금속기계수리공장에서 노동단련을 받았다. 1978년 문혁이 종결된 후에 베이징대학 역사과에 입학했으며, 대학 3학년 때 중국사회과학원 석사과정에 동시에 등록, 국제신문학을 연구하여 석사학위를 받은 엘리트다. 졸업 후 1980년에 공산당에 입당한 후, 1980년대 중반까지 중국공산당 중앙서기처 연구실과 중앙판공청에서 국장급으로 근무했다.

1992년 다롄시장 대리가 될 때까지 개방구인 랴오닝성 진셴(金懸)현 부서기·서기, 다롄시 경제기술개발특구 부서기·서기, 다롄시 상무위원·부서기·서기 등으로 성장했다. 그의 연해지역 개방구 전출은 아버지 보이보가 중앙에서는 핵심 요직으로 승진할 기회가 적고, 고급간부로 성장하려면 지방근무가 필수 코스이기 때문에 당시 국무원 부총리 쑹평에게 부탁하여 이루어진 인사로 알려지고 있다. 쑹평은 후진타오를 간쑤(甘肅)성에서 발탁한 인물이다. 쑹평이 칭다오, 다롄, 샤먼 등 3개 개방도시를 추천한 가운데 다롄을 선택, 먼저 지방 현의 서기를 거쳐 시급 지도자로서의 수업을 받는 등 여느 예비 지도급 엘리트와 마찬가지로 기층 행정의 경험을 쌓았다.

현재 부각되고 있는 태자당 출신 정치인은 대부분 동부 연해지역 개방도시 시장 출신이다. 보시라이가 다롄시장, 정치국위원인 위정성은 옌타이 및 칭다오시장, 시진핑은 샤먼시 부시장 및 푸저우시장을 역임한 후 성급 지도자를 거쳐 중앙무대로 진출한 케이스다.

이처럼 태자당 출신 제5세대 정치인들을 동부 연안의 개방도시 시장을 거치게 한 이유는 경제특구로 경제성장률이 높고 잠재력이 크기 때문에 쉽게 경제적 성과를 얻을 수 있고 이들 도시 시장을 거치면 자동적으로 부성장·성장 대리 혹은 부서기의 직위로 승진할 수 있으며, 처음 임명할 때 지방 인민대표대회나 당 대표대회의 선거를 거칠 필요가 없기 때문이다. 하지만 이러한 부정적인 이유 이외에도 이들 태자당 출신을 고위 간부로 육성하기 위해서는 무엇보다도 개혁개방의 의지를 키우고, 그것을 경험하게 하는 것이 중요한 과정의 하나로 생각했기 때문인 것으로도 해석할 수 있겠다.

보시라이가 1993년 다롄시장에 승진하고 1999년 다롄시 당위 서기가 되었을 때 이미 외국의 관측통들은 중국의 떠오르는 별 중의 한 사람이라고 보도한 바 있다. 약 10년 동안 다롄시장을 역임하는 기간 다롄을 중국에서 '가장 아름다운 도시'로 가꾼 시장으로, 또 다롄을 자유무역지구로 선정 받아 눈부신 경제발전을 이룩한 시장으로 평판을 받았다. 2001년 이후 랴오닝성 부성장·성장대리·성장으로 승진하면서 지방 지도자로서의 기반을 다진 후, 2004년 국무원 상무부장에 발탁되어 중국의 대외 경제 및 무역의 사령탑 역할을 했다. 그러던 중 17기 중앙정치국위원에 선임되었다. 물론 예견된 인사였다. 17차 당 대회 전야까지만 해도 정치국 상무위원의 이름에 거론되었지만, 결국 정치국위원에 머무르고 말았다.

그가 임명된 국무원 상무부는 대외경제무역부(전임 부장, 우이)와 국가경제무역위원회를 합병하여 만든 중국경제의 개방과 세계화에 있어 중요한 기능을 담당하는 부처다. 그는 부장에 임명된 이후 한중 무역관계 개선을 위해 서울을 방문한 바도 있다.

그의 급성장에는 아버지 보이보의 후광은 물론, 장쩌민의 힘이 컸던 것으로 알려지고 있다. 보시라이의 아버지 보이보는 장쩌민 전 총서기의 집권에 결정적인 역할을 했기 때문이다. 보이보는 덩샤오핑 주임 아래에서 중앙고문위원회 부주임을 지냈으며, 톈안문 사태 무렵 국무원 부총리를 역임했다. 주로 재정 및 계획부문을 지도한 원로로 그의 정치적 역량은 직위 이상이었다. 그는 1995년 장쩌민이 정적인 천시퉁을 제거하는 데 일조하였으며, 1997년 당 15기 전국대표대회에서 장쩌민의 라이벌이었던 차오스를 밀어내고 장쩌민을 핵심인물로 부상시키는 데 결정적인 역할을 한 인물이다. 이후 장쩌민은 보이보를 그의 정치적 은인으로 생각하고 보시라이를 적극적으로 이끌어 주었다.

보시라이의 장인 구무 역시 보이보가 국가경제위원회 주임시절 부주임으로 일했으며, 국무원 부총리를 역임했다. 개혁개방 초기 중국연해 경제특구 및 개발구 조직을 담당한 경제관료였다. 구무가 국가수출입위원회 주임에 재직할 때 장쩌민은 그 부주임직에 있었다. 따라서 친가는 물론, 처가도 장쩌민과 깊은 연이 닿는 집안이다. 보시라이는 장쩌민은 물론, 장쩌민 계열의 후계인인 쩡칭훙과 가까운 사이인 것으로 알려지고 있다. 공산당 고급간부의 후예(태자당)라는 점에서 의기가 투합될 수 있었으리라 보여진다.

이상과 같이 보시라이는 이른바 중국의 최고위 간부의 집안 배경을 갖고, 최고위 지도자의 적극적인 도움 하에 벼락출세의 길을 걸었다. 하지만 그를 견제하는 세력도 만만찮았다. 특히 1997년 중공 제15차 당 대회 때 총서기 장쩌민은 보시라이를 중앙후보위원에 추천했지만 그의 근거지라고 할 수 있는 랴오닝성의 도시 대의원들로부터 반대표가 많이 나와 실패했다. 결국 그의 본적지인 농촌의 산시(山西)성 대표로 바꾸어 중앙위원회 진입에 성공했다. 이처럼 그에 대한 반대세력이 많은 것은 태자당에 대한 견제세력의 증가와 더불어 그의 과거의 족쇄 때문이기도 하다. 그의 과거의 족쇄란 문혁시 베이징 제4중학(태자당 출신이 많이 다닌 고교)에 재학 중이던 그는 홍위병으로 활약하면서 문혁의 전위대 역할을 했기 때문이다.

그의 정치적 성장에 대해서는 평가가 엇갈린다. 전적으로 정치적 배경 덕분이라는 사람들이 있는가 하면, 그의 능력 또한 출중하다고 평가하기도 한다. 하지만 대체적인 여론은 전자에 더 무게를 두는 듯하다. WTO가입 후 상무부의 중요성이 강조되는 시기에 상무부장을 맡아 지방경제 건설경험과 함께 중앙의 경제발전 및 대외경제협상 및 담판 능력을 배양할 기회를 가졌었지만, 17차 당 대회 이후 부총리 또는 국무위원직을 맡지 못하고 4개 직할시의 하나인 충칭시 당위 서기로 밀려났다. 결국 이는 그의 능력이 전문성을 강조하는 정부 요직을 전담하기에는 부적격 판정을 받았기 때문이 아닌가 생각된다. 만약 그가 부총리 내지 국무위원을 맡았다면 전문성으로 나누어 볼 때 대외경제 담당밖에 없었는데, 결국 그의 능력은 전임자인 우이에 못 미쳐, 금융전문가인 왕치산에게 밀렸다고 보겠다. 장쩌민의 후광으로 국무원 상무부장에 발탁될 때만 해도 관측통들은 그를 차기 국무원 부총리 내지 국무위원으로 점쳤다. 어찌 되었던 그에 대한 일반 민중의 여론은 좋은 편이 아니다.

그의 후임 상부부장에는 과거 쑤저우시에서 싱가폴의 외자를 유치하는 데 혁혁한 공을 세우고, 국가발전계획위원회 부주임직에 있던 천더밍(陳德銘)이 기용되었다.

▶ 현역군 정치통 3성 장군, 중앙군사위원회 부주석 쉬차이허우

쉬차이허우(1943~)는 랴오닝 와팡뎬(瓦房店)현 출신으로 하얼빈군사공정학원 전자공학과를 졸업한 군사엘리트다. 문혁 중인 1971년 중국공산당에 입당했다. 그가 졸업한 하얼빈군사공정학원은 군 고급기술 간부의 양성을 목적으로 소련의 군사기술 지원 하에 설립되었으며, 당정 및 군의 고급간부의 자제들이 주로 입학한 명문대학이다. 정치국위원이 된 태자당 출신의 위정성은 쉬차이허우의 동기동창이다. 하

지만 쉬차이허우는 정치적 배경이 없는 평범한 가정 출신이다.

1968년 대학 졸업 후 1970년까지 군에서 운영하는 육군 제39 군사 농장에 하방되어 노동에 종사했다. 이어 1970~1971년 지린성 군구 독립사단 병사로 근무하다가 린뱌오사건 후 군 간부 대조정이 있던 1972년 지린성 군구 정치부 간사로 장교대열에 진입했다. 이후 1985년 육군 제16집단군 정치부 주임에 발탁될 때까지 선양군구 산하 부대에서만 근무했다.

문혁 이후 재중 한인(조선족) 출신으로 총후근부 부장과 정협 부주석까지 역임한 자오난치(趙南起) 장군의 눈에 띄었던 것이 승승장구하는 계기가 되었다. 쉬차이허우가 지린군구에 근무할 당시 자오난치는 지린성 군구 정치부 주임이었고, 마침 덩샤오핑에 의해 추진된 간부 4화정책에 따라 군 간부의 지식화를 강조하던 때라 명문 하얼빈군사공정학원을 졸업한 쉬차이허우는 자오난치의 눈에 돋보일 수 있었다. 자오난치는 쉬차이허우를 지린군구 정치부 부처장으로 승진 발탁하고, 해방군 정치학원 훈련반 연수생(1980~1982)으로 추천했다. 당시 정치학원 연수반은 간부4화에 적합한 청년지식간부를 발탁하여 훈련시킨 뒤 중견 간부로 육성하기 위해 마련된 프로그램이었다.

훈련을 마친 뒤 귀대하여 역시 자오난치의 추천으로 지린성 군구 정치부 간부처 처장 겸 퇴역군인 판공실 주임으로 임명되었다. 1980년대 기술관료 우대정책에 따라 하얼빈군사공정학원과 군간부 엘리트 양성 코스인 정치학원을 거친 쉬차이허우는 자오난치가 군구 제1정치위원, 지린성 당위 서기로 승진하자 자오의 후원으로 쾌속 승진의 길을 걷게 된다. 즉 1983년 지린성 군구 정치부 부주임에 승진된 데 이어 1984년 선양군구 정치부 대중공작부 부장 으로 승진했다.

이후 자오난치 장군이 홍쉐즈(인민해방군 총후근부장) 장군의 후원으로 인민해방군 총후근부 정치위원으로 발탁되면서 쉬차이허우를 당 중앙에 추천, 군단급 정치위원으로 발탁했다. 그리하여 1985년부터 1992년 총정치부에 진입할 때까지 육군 제16집단군 정치부 주임 및 정치위원으로 근무했다.

1992년 인민해방군 총정치부 주임 보좌역(助理)으로 기용되면서부터 중국군 수뇌부의 군사정치엘리트로 자리를 다져갔다. 이후 2002년까지 지난군구 정치위원으로 자리를 떴던 기간을 제외하고는 줄곧 총정치부에서 성장했다. 해방군보 사장, 총정치부 부주임, 총정치부 상무부주임을 거쳐 2002년 총정치부 주임에 올랐다. 이 기간 동안 중국군 최고계급인 상장에 진급(1999)했고, 중국인민해방군 최고 수뇌부의 일원인 중앙군사위원을 겸임했으며, 중국군의 비리와 부패를 감찰하는 중앙군사기율검사위원회 서기 및 당과 군을 연계하는 당 행정의 최고 권력실세인 중앙서기처 서기(2000)를 겸직하는 등 중국군 최고 실세의 자리에 올랐다. 특히 총정치부 주임은 작전(총참모부)과 정치가 분리된 중국 군대에서 군의 당 조직 및 인사권을 총괄하는 요직이다. 따라서 그는 군대의 당 조직 및 인사에 가장 영향력을 발휘할 수 있는 위치에 있었다고 하겠다.

2004년 9월 중공 16대4중전회에서 장쩌민으로부터 후진타오(부주석)가 중앙군사위원회 주석직을 승계함에 따라 쉬차이허우는 공석이 된 중앙군사위원회 부주석직에 오르게 되었다. 2007년 당 17대1중전회에서 중앙군사위회 부주석에 연임됨과 동시에 중앙정치국위원에 올랐다. 궈보슝과 함께 후진타오시대 중국인민해방군을 이끌어갈 톱 중의 한 사람이다. 그의 청년 시절 그를 도왔던 자오난치는 한국의 충남 조치원에서 태어나 지린성에서 성장한 한국인 교포(조선족)로 중국인민해방군 최고 계급인 상장에 올랐고, 중국인민해방군 4총부 중의 하나인 총장비부 부장 겸 중국군 최고 지도기관인 중앙군사위원회 위원을 역임한 인물이다.

▶ 장쩌민-쩡칭훙의 심복 왕강

왕강(王剛, 1942~)은 지린(吉林)성 푸위(夫餘)현 출신으로 지린대학 철학과를 졸업했다. 1971년 공산당에 입당했다. 1967년 건설공업부 제7국 8공사(간쑤성 소재) 선전과 간사를 출발로 1977년까지 10년간 간쑤성에서 일했다. 그리고 또 1977~1981년까지 신장위구르자치구 당위 판공실 비서로 근무하는 등 젊음을 서북지방 오지에서 보냈다.

1981년 비로소 중앙으로 진출, 1985년까지 당 중앙 대(對)타이완 판공실에서 처장급으로 일했다. 이때부터 왕강은 중앙의 실력자들과 연결고리를 만들 수 있었다. 당시 당 중앙 대타이완판공실은 대외비(對外秘)로 운영되던 타이완공작영도소조의 상설기구로 구성원은 주로 당 중앙 조사부, 통일전선부 및 해방군 총참모부, 총정치부 등에서 차출된 간부들이었으며, 기본 업무는 당·정·군의 지도를 받아 관련 정보를 수집, 분석하는 당의 핵심 정보 부서였다. 왕강은 이 기구의 비서였기 때문에 정치적 감각과 역량을 키울 수 있었으며, 그때 정보 업무를 수행한 경험은 훗날 비밀문서 및 기밀을 담당하는 부서로 진출할 수 있는 자산이 되었다.

그러한 경험을 바탕으로 1985년 당 중앙의 핵심부서인 중앙판공청으로 자리를 옮겨 신방국(信訪局, 민원국) 부국장이 되었다. 신방국은 인민 대중이 서신과 방문을 통하여 당에 요구하는 의견이나 불만을 청취하여 해결해 주는 민원부서다. 이곳에서 5년 동안 근무하고 비밀문서를 보관하는 당 중앙 문서보관소(檔案館) 관장 겸 국가 문서국(檔案局) 국장을 거쳐 중앙판공청 부주임으로 승진했다. 당시 중앙판공청 주임은 쩡칭홍이었으며 이때부터 쩡칭홍의 측근이 되어 갔다.

1999년 왕강은 쩡칭홍의 적극적인 추천으로 그의 후임 중앙판공청 주임이 되었다. 또 2002년 11월, 당 16대1중전회에서 쩡칭홍의 뒤를 이어 당 중앙정치국 후보위원에 기용되었다. 동시에 중앙서기처 서기가 되어 중공 내 일상 행정업무 및 부서간의 업무 조정 역할을 담당했다. 이밖에 당 중앙 직속기관공작위원회 서기와 중앙보밀위원회 주임, 당 총서기의 신변보호를 위한 경호실인 중앙경위국의 정치위원직도 겸임하였다.

중앙판공청 주임은 당 총서기의 비서실장직으로 총서기의 심복이 맡는 보직이다. 즉 왕강은 후진타오 총서기의 비서실장직을 맡고 있었다. 이는 장쩌민-쩡칭훙이 자신들을 대신해서 후진타오에 대한 감시와 견제를 위해 취한 인사로 풀이될 수밖에 없다. 그만큼 왕강은 장쩌민-쩡칭훙의 심복 중의 심복이다.

2007년 17차 당 대회 직전, 중앙판공청 주임은 왕강으로부터 링지화(令計劃)로 교체되었다. 링지화는 후진타오의 권력기반인 공청단 출신, 정치심복으로 중앙판공청 부주임에서 승진되었다.

왕강은 후진타오, 원자바오와 동갑내기로 대학 졸업 후 비슷한 시기에 간쑤성에 배치되었지만, 후진타오는 총서기가 되고, 원자바오는 총리가 되었지만, 왕강은 겨우 막차로 중앙정치국 탑승의 티켓을 잡는 운명이 되었다. 그 이유는 후진타오와 원자바오는 막강한 권력 실세인 쑹핑의 후원을 얻게 된 반면, 왕강은 몰락하는 지도자(왕펑, 汪鋒)의 지원을 받았기 때문이었다. 그나마 막차를 놓치지 않은 것은 쩡칭훙의 막강한 후광 때문인 것으로 보여진다. 물론 그 뒤에는 장쩌민이라는 버팀목이 있었다.

▶ **공청단 출신 친 후진타오 계열, 광둥성 당위 서기 왕양**

왕양(汪洋, 1955~　)은 안후이성 수저우(宿州) 출신이다. 1975년 8월 중국공산당에 입당하였다. 1972년 6월 공작에 참가한 후 1999년 9월 국가발전계획위원회 부주임에 발탁될 때까지 안후이성에만 근무한 안후이성 토박이다. 후진타오와는 동향 출신이며, 공청단 지방간부 출신으로 후진타오의 정치적 측근이다.

1972년부터 안후이성 수셴(宿县)지구 식품공장 노동을 시작으로, 1979년까지 안후이성 수셴지구 '57간부학교'에서 교원・교학연구실 부주임・당위 위원으로 근무했다.

1979년 3월부터 1980년 9월까지 2년 6개월간 중앙당교 이론선전간부반에서 정치경제학을 전공했다. 중앙당교 수료 후 안후이성으로 복귀하여 1981년 10월까지 안휘성 수셴지구 당위 당교의 교원으로 일했다. 그리고 1981년 10월 공청단 안후이성 수셴지구 부서기가 되면서 공청단계와 인연을 맺기 시작했다. 이후 공청단 안후이성 선전부장·동 부서기 등을 거쳐 안후이성 체육위원회 부주임·주임, 그리고 안후이성 퉁링(銅陵)시 당위 부서기·시장대리·시장 등으로 승진했다. 재직 중 중앙당교 함수학원 본과반 당정관리과정을 수료했다.

1992년 8월 중앙당교 교육을 수료한 후 안후이성으로 복귀하여 1998년까지 안후이성 계획위원회 주임, 성장 보좌역, 부성장 등을 역임했다. 동 기간 중 중국과기대학 대학원에서 관리과학 전공으로 공학 석사학위를 취득했다. 이어 중앙당교 성·부급 간부 진수반(進修班)을 수료하고 1998년 안후이성 부서기 겸 부성장에 임명되었다. 이처럼 그는 1999년 9월 말 국가발전계획위원회 부주임(차관급)으로 자리를 옮길 때까지 안후이성 당정간부로서만 잔뼈가 굵었다. 그동안 재직 중 교육을 통해 공학 석사학위를 취득하는 성실한 면모를 보이기도 했다.

1999년 국가발전계획위원회 부주임으로 영전, 중앙정부의 행정을 경험하게 된다. 동 기간 중앙정신문명건설지도위원회 위원, 중앙암호(密碼)공작 영도소조 성원, 중앙보건위원회 위원 등을 겸직하는 한편, 2001년 9월~2001년 11월 중앙당교 성·부급 간부진수반에서 학습했다.

2003년 3월 후진타오가 국가주석이 된 후 그의 후광으로 국무원 부비서장(장관급)에 발탁되어 국무원 판공청의 상무 업무를 담당(기관 당조 부서기, 국무원산샤三峽공정건설위원회 위원 겸직)하다가 2005년 12월 충칭시 당위 서기로 승진했다. 이어 17대1중전회에서 대망의 중앙정치국위원에 발탁되고 이어 중국의 경제 대성인 광둥성 서기로 자리를 옮겼다. 충칭시 당위 서기는 국무원 상무부장이며 정치국위원인 보시라이가 승계했다. 충칭시 당위 서기로 선임될 때 이미 왕양의 정치국 입국은 기정사실화 되었다. 중국의 4개 직할시 당위 서기는 거의 당연직 중앙정치국위원으로 발탁되기 때문이다. 왕양은 중공 제16기 중앙후보위원에서 일약 2단계(중앙위원-중앙정치국위원)나 뛰어 오른 보기 드문 승진 케이스다. 그는 후진타오와 동향이며 공청단 계열로 후진타오의 후광을 크게 받은 것으로 알려지고 있다.

▶ 태자당 출신 금융통, 베이징시장 출신 왕치산

왕치산(王岐山, 1948~   )의 원적은 산시(山西)성 톈전(天鎭)이지만 칭다오(靑島)에서 태어났다. 그의 부친은 지식인으로 명문 칭화대학 교수였다. 왕치산은 문혁 중 산시(陜西)성 옌안(延安)으로 하방되어 인민공사에서 일했다. 하방 이후 그곳에 남아 성립(省立) 박물관에 근무하면서 시베이(西北)대학 역사과를 졸업했다. 그곳에서 아내를 만났다. 아내는 후에 중앙정치국 상무위원 및 국무원 부총리가 된 야오이린의 딸이다. 그래서 왕치산은 태자당 출신으로 분류되기도 한다. 장인인 야오이린은 특히 후진타오 현 당 총서기를 발탁한 원로 쑹핑(후진타오의 정치적 후견인)과 긴밀한 관계를 갖고 있기 때문에 후진타오와도 연결고리를 형성하고 있다. 야오이린과 쑹핑은 칭화방의 대부로 1980년대 후반 중국의 당정을 좌지우지한 실력자다.

왕치산은 전공을 따라 1979년 중국사회과학원 근대사연구소로 자리를 옮겨 일하던 중, 1982년 장인 야오이린이 국무원 부총리로 승진하자 국무원 농촌발전연구센터 및 당 중앙 농촌정책연구실 처장에 발탁되었다. 1986년에는 일약 중국정부의 싱크 탱크인 국무원 발전연구센터 주임이 되었다. 당시 당원이 아니었음에도 정부와 당의 최고 싱크 탱크에서 일할 수 있었던 것은 장인의 후광 때문이었던 것으로 전해진다.

왕치산은 야오린의 사위(태자당)라는 점에서 장쩌민-쩡칭훙 계열과도 정서가 통하는 성향이다. 그래서 베이징시장도 쩡칭훙의 추천에 의해 이루어졌다는 소문이 있다. 아버지가 칭화대학 교수였고 칭화대 출신 장인의 후광은 물론, 금융통인 주룽지의 도움으로 급성장한 점

등을 들어 칭화방으로 분류하기도 한다.

2003년 4월 베이징에 만연했던 SARS발생에 책임을 지고 물러난 멍쉐농(孟學農)의 후임으로 하이난성(海南省) 당위 서기에서 일약 수도 베이징의 행정책임자로 발탁되었다. 막강한 배후가 없고서는 상상하기 어려운 파격적인 인사였다. 사스에 대한 책임을 지고 후진타오 계열(공청단 출신) 멍쉐농 베이징시장과 쩡칭훙계열의 장원캉(張文康) 위생부장이 동시에 물러나게 되자 왕치산과 우이(16기 정치국위원 겸 국무원 부총리)가 각각 베이징시장과 위생부장에 발탁된 것이다. 주룽지의 강력한 추천이 있었던 것으로 전한다. 물론 우이는 정치국위원으로서 장관급이 격에 맞지는 않았지만, 올림픽대회를 앞두고 중국의 위생문제가 세계의 관심사로 부각되었기 때문에 취해진 처방적 인사였다고 보겠다. 왕치산은 주룽지의 추천도 있었지만, 위와 같이 장쩌민-쩡칭훙, 그리고 후진타오와의 관계 역시 원만하였기 때문에 무리없이 인사가 이루어졌다.

하이난성 당위 서기가 되기 전에 광둥성 부성장을 거치는 등 지방행정의 경험을 쌓기는 했지만, 원래 그는 정책기획통 내지 금융인으로 성장한 금융전문가이기도 하다. 왕치산은 1988년 이후 국무원을 떠나 중국농업투자신탁공사 사장에 발탁되면서 금융계로 자리를 옮기게 되었다. 현재 중국 4대 국유은행 중의 하나인 중국인민건설은행(건설은행의 전신) 부행장과 중국의 중앙은행인 중국인민은행 부행장을 거쳐 중국투자신탁은행 이사장, 국제금융공사 이사장 등 금융계의 요직을 두루 섭렵하였다. 그가 금융계에 일하고 있을 당시 중국 경제, 특히 금융은 주룽지와 그의 측근들(저우샤오촨 중국인민은행장, 쩡페이옌 국무위원, 저우지 교육부장 다이샹룽 전 인민은행장 등)에 의해 좌우되었다. 따라서 왕치산도 주룽지의 측근이 되어 갔으며, 특히 주룽지가 원장으로 겸직하고 있던 칭화대학 경제관리학원 석사과정 겸직교수로 일함으로써 칭화방의 일원이 되어갔다.

왕치산은 위기에 강한 인물이라는 평이다. 1988년 그가 광둥성 부성장에 발탁될 당시 광둥성은 금융위기에 직면해 있었다. 그는 당시 파산 신청을 한 홍콩 자회사인 광신(廣信)공사 문제를 해결함으로써 중국 전체의 경제 위기를 차단할 수 있었고, 사스의 만연으로 베이징 시장이 된 그는 생명의 위협을 느끼며 다들 쉬쉬하고 있을 때 시민 수만 명을 격리시키고 사스 전용 병동을 대폭 늘리는 등 몸을 아끼지 않고 사스 진압에 대처하는 민첩성을 보였다. 이때 그는 '특급 소방수' 라는 별명을 얻었다. 따라서 왕치산은 주변 사람들로부터도 좋은 평가를 받고 있다. 이들은 "만약 위기의 상황에서 최선을 다하고 물러서지 않는 왕치산과 같은 사람이 중국을 이끌어간다면 시민들의 삶의 질이 더욱 높아질 수 있을 것"이라며 입이 마르도록 칭찬한다.

2007년 대망의 중앙정치국위원에 발탁되었다. 사실 시장이 정치국위원이 된 것은 극히 이례적인 인사다. 거기다가 2008년 3월 제11기 전인대에서 국무원 부총리에 선임되었다. 전임 부총리 우이가 담당하던 금융업무와 대외무역 투자분야를 담당하면서 '미 · 중 전략적 경제 대화' 등 각종 대외협상을 지휘하게 된다. 그의 금융 근무경험을 십분 발휘할 수 있는 자리다. 따라서 베이징 시장직은 사임했다. 후임 베이징시장에는 궈진룽(郭金龍, 전 안후이성 당위 서기)이 승계했다.

▶ 광둥성에서 성장한 톈진시 당위 서기

장가오리(張高麗, 1946~   )는 푸젠성 진장(晉江) 출신이다. 1970년 샤먼(厦門)대학 경제학과를 졸업했다. 재학 중 학생회 회장을 맡았다. 1973년 공산당에 입당했으며, 졸업 후 1985년까지 마오밍(茂名) 석유공사에서 근무했다. 공사의 생산지휘부 비서, 석유공사 공청단 부서기, 석유공장 서기, 계획처장, 관리인 등을 거치면서 기업경영의 경험을 쌓았다.

1985년 42세 때 광둥성 당위 위원 겸 경제위원회 주임으로 발탁되면서 관계에 입문했다. 이후 2001년까지 광둥성의 부성장 · 상무 부성장 · 부서기, 중국 최대의 경제특구인 선전시(深圳市)의 당위 서기 · 동

경비구 제1서기·동 인민대표대회 주임 등으로 승진하는 등 16년간 광둥성에서만 보냈다. 1999년부터 칭화대학 초빙교수, 샤먼대학 관리학원 원장(학장) 및 교수직을 겸임하기도 했다.

2001년 산둥성 부성장으로 자리를 옮긴 후 2007년 톈진시 서기로 이동할 때까지 산둥성 성장 대리, 성장, 당위 서기 겸 동 인민대표대회 주임 등을 역임했다. 제15기 중앙 후보위원에 기용된 이후 16기 중앙위원을 거쳐 17기에 대망의 정치국위원이 되어 중앙정치무대에 진입하였다.

정계의 인맥 관계는 광둥성 서기를 역임한 리창춘 정치국 상무위원과 비교적 친밀한 관계로 알려지고 있다. 1998년 리창춘이 광둥성 당위 서기로 부임하면서 부성장에서 광둥성 부당위 서기 및 선전시 당위 서기로 승진했다는 점에서 그러한 추론이 가능하다. 그러나 그는 일반적으로 장쩌민계 인물이면서 상하이방 및 태자당의 좌장 역할을 하는 쩡칭훙과 가까운 인물로 분류된다. 그러나 그는 계파적 배경보다는 그의 선전특구의 경험이 높이 평가되어 산둥성 및 톈진시 당위 서기로 발탁된 데 이어 중앙정치국 진입이 가능했다고 보겠다.

이밖에 신임 서기처 서기의 프로파일을 보면 다음과 같다.

▶ 후진타오 계열 공청단 출신, 당 중앙판공청 주임 링지화

링지화(令計劃)는 1956년 산시성 핑루현(平陸縣) 출신으로 후난대학 공상관리학원에서 공상관리학과를 졸업하고 재직 중 모교에서 공상관리학(경영학) 석사학위를 받은 엘리트다. 1976년 공산당에 입당했다. 그의 경력을 보면 1978년 지방의 공청단 간부가 된 이후 공청단 중앙의 중견간부를 거쳐 당 중앙판공청 간부로 일해 온 것이 특징이다.

그가 공청단 중앙의 중견간부로 일할 당시 현 당 총서기 후진타오 및 정치국위원인 왕자오궈, 류옌둥 등은 공청단을 이끄는 지도자였다. 특히 링지화는 후진타오가 공청단 중앙서기처 제1서기로 근무할 당시 그의 비서였다. 그리고 링지화가 당 중앙판공청 조사연구실에 근무할 당시 중앙판공청 주임은 현 국무원 총리 원자바오였다. 아무튼 그는 든든한 상관들의 음덕을 크게 입은 사람 중의 한 사람이 된 셈이다.

당 중앙판공청은 당 중앙의 행정을 총괄하는 부서로 그곳 주임을 거친 자 중 중앙정치국위원이 되지 않은 사람이 없을 정도로 중요하고도 막강한 핵심 부서이다. 현임 총리 원자바오를 비롯해 현 정치국위원인 왕자오궈 및 왕강, 그리고 전 정치국위원으로 현재도 막강한 세력을 형성하고 있는 쩡칭훙은 모두 중앙판공청 주임 출신이다. 왕년의 군부실력자로 국가주석을 역임한 양상쿤, 마오쩌둥의 최측근 왕둥싱, 덩샤오핑의 측근인 야오이린과 후치리 및 차오스 등은 모두 중앙판공청 주임을 거친 후 중앙정치국위원 또는 그 상무위원 자리에까지 올랐으며, 최고 권력자의 심복 역할을 했다.

링지화는 공청단 계열로 후진타오의 최측근 중의 한 사람이다. 장쩌민이 후진타오에게 총서기직을 승계하면서도 그의 세를 놓지 않으려고 심복인 왕강을 중앙판공청 주임으로 임명할 때 그 밑에서 부주임 역할을 묵묵히 수행하면서 후진타오에게 충성을 다한 인물이다. 연령적으로 젊기 때문에 2012년에는 중앙정치국에 입국될 가능성이 누구보다도 높은 인물 중의 한 사람이다. 특히 중국 고위급 간부의 충원 방향이 이공계 출신 테크노크라트로부터 법학, 경영관리 등 사회과학 부문으로 전환되고 있다는 점에서 더욱 그러하다. 그는 경영학 석사 소지자다.

▶ 상하이 푸단대학 교수 출신, 당 중앙정책연구실 주임 왕후닝

왕후닝(王滬寧)은 1955년 산둥성 라시현(來西縣) 출신으로 푸단대학 대학원에서 국제정치학을 전공하여 석사학위를 받은 국제정치학자다. 1984년 공산당에 입당했다. 푸단대학의 전임으로 출발하여 법과대학 학장을 역임했다. 1995년 당 중앙정책연구실 정치조장에 발탁되어 그 부주임이 된 것으로 보아 그의 배경이나 능력이 비범한 것으로 보여

진다. 중앙정책연구실은 이름 그대로 당 중앙의 정책연구를 주도하는 부서다.

미국대학의 방문교수를 경험하였기 때문에 미국을 비롯한 국제정치에 대한 식견이 비교적 풍부한 개방형 정책통이다. 상하이에서 대학을 나와 그곳에서 교수생활을 하다가 장쩌민 정권 전성기에 당 중앙으로 자리를 옮긴 점 등으로 미루어 상하이방의 일원으로 보기도 하지만, 당 중앙의 정책연구실을 맡아 연임되었을 정도라면 당 총서기인 후진타오의 신임 없이는 불가능했으리라 본다. 연령적으로 젊은 세대이기 때문에 2012년을 기대해 볼 만한 인물이다.

이상과 같이 중앙정치국위원의 성분 및 신임 정치국위원 및 중앙서기처 서기들의 프로필을 살펴보았다. 엘리트 구성의 큰 흐름을 보면 16기 정치국보다는 덜 계파적이고, 덜 장쩌민 친위세력으로 짜여 졌다고 볼 수 있겠다.

16기에는 장쩌민이 비록 정치 일선에서 퇴진하기는 했지만, 그의 친위 세력이 쩡칭훙을 정점으로 권력의 핵심에 포진하면서 후진타오의 대항마 역할을 하였다. 구체적으로 장쩌민의 대리인이라 할 수 있는 쩡칭훙을 당 중앙정치국 상무위원 겸 국가 부주석에 앉히고 중앙서기처 및 중앙당교를 장악케 하여 실질적인 당무를 좌지우지하게 했다. 중앙서기처의 핵심 부서인 중앙판공청, 중앙조직부, 중앙선전부에 각각 장쩌민과 쩡칭훙의 측근인 왕강, 허궈창, 그리고 류윈산을 앉혀 당의 실질적인 행정과 인사 및 대변인 역할을 하게 한 것이다. 국무원의 경우도 마찬가지였다. 총리에 원자바오가 선임되었지만, 상무 부총리에는 상하이시 당위 서기 출신인 황쥐를 기용하고, 그 판공청 주임에는 장쩌민의 측근을 포진시켰다. 국무원 판공청이라 함은 국무원 총리의 비서실장에 해당하는 직으로 당연히 총리와 가까운 측근이 앉아 있어야 하는 자리다. 그럼에도 원자바오 총리는 그의 측근을 기용하지 못하고, 상하이시 부시장 출신이며 장쩌민(상하이 시장, 당위 서기 출신)의 측근에게 자리를 내어 주었다. 심지어는 당 중앙(총서기 후진타오)의 경호 책임자인 중앙경위국까지도 장쩌민 사람으로 분류되던 요시구이를 앉힐 정도였다.

이처럼 제1기 후진타오 정권(중공 제16기)에서는 비록 후진타오·원자바오가 당정의 최고 책임자가 되었지만, 권력의 핵심부에서는 아직 장쩌민 전 총서기와 쩡칭훙 부서기 겸 국가 부주석의 세력이 권력의 요직을 대부분 차지하고 있었던 셈이다.

하지만 제17차 당 대회의 인사에서는 장쩌민의 심복인 쩡칭훙이 퇴진하고, 서기처의 주요 핵심 보직도 후진타오의 측근과 친 장쩌민 계열을 골고루 포진시켰다. 실질적인 권력이동의 징표다. 즉, 후진타오가 육성한 공청단 계열의 리위안차오, 링지화 등이 중앙서기처 서기에 발탁되면서 각각 중앙조직부장과 중앙판공청 주임에 임명되었고, 장쩌민 계열의 류윈산은 중앙선전부장직에 유임시켰다.

한편, 국가체제의 경우 국가주석과 전국인민대표대회 상무위원장 및 국무원 총리와 정협 주석 등 주요 네 명도 직위는 모두 제1기 후진타오 정권에서 유임되었다. 다만 국무원의 경우 부총리 대부분이 교체되었다. 후이량위(농업 담당)만 유임되고 그 외 상무 부총리에 후진타오 계열 공청단 출신 정치국위원인 리커창이 선임됨과 동시에 장더장과 왕치산(정치국위원)이 새 부총리로 발탁되었다. 후이량위와 장더장은 전술한 바와 같이 장쩌민의 도움으로 성장한 친 장쩌민 인사다. 국무위원 역시 류옌둥, 량광례, 마카이, 멍젠주(孟建柱), 다이빙궈(戴秉國)로 교체되었다. 류옌둥은 원로 간부(태자당)의 자제이지만, 칭화대학을 나와 후진타오 계열 공청단에서 성장한 여성 엘리트다. 량광례는 전문적인 군사 전략가로 비교적 중립적인 순수 무골 출신이며, 멍젠주는 상하이시 당위 부서기 출신(상하이방)이다. 그리고 다이빙궈는 토가족(土家族) 출신의 전문 외교가다. 국무위원이면서 국무원 판공실 주임에 임명된 마카이(馬凱)는 상하이 생으로 공산당 원로 집안 출신(태자당)이지만, 원자바오 총리의 최측근이다.

군대의 경우도 친 장쩌민 일변도에서 어느 정도 후진타오 친정체제의 구축으로 방향을 전환하고 있다. 후진타오가 중앙군사위원회 주석직에 유임됨과 동시에 이미 2008년 9월에 인민해방군 총참모장에 천빙더 총장비부장을 전진 배치했다. 총참모장은 군사작전의 최고위 지휘체계다. 천빙더 장군(상장)은 난징군구 사령관을 거쳐 지난군구 사령관 재임 중인 2004년 후진타오가 중앙군사위원회 주석직 취임 이후 총장비부장에 발탁된 인사로 선저우(신주) 6호 발사 프로젝트를 총지휘한 군대 내 후진타오의 직계 인맥으로 꼽힌다. 천빙더와 함께 마샤오톈(馬曉天) 국방대학교장을 부총참모장으로 승진시켰다. 또 쉬치량 공군부사령관을 공군사령관으로, 우성리 해군부사령관을 해군사령관으로 발탁함과 동시에 중앙군사위원에 기용했다. 국방부장 역시 장쩌민에 의해 군사 지도자로 성장하긴 했지만, 비교적 중립적이며, 전문적인 분야에서 성장한 량광례 총참모장을 승진 기용시켰다. 그리고 현재 32명의 현역 상장 중 15명은 후진타오가 중앙군사위원회 주석이 된 후에 승진한 장군들로 후진타오 주석의 지지자가 되어 있다. 앞에서 이미 언급한 바와 같이, 군 지도층은 이미 제도화된 인사에 의해 전문적인 색채를 띤 엘리트들이 충원되고 있기 때문에 과거보다는 계파색이 옅어지고 있다.

이상과 같이 제2기 후진타오 정권에서는 장쩌민의 심복인 쩡칭훙의 후퇴와 세대교체 및 전문인사의 발탁 등으로, 16기와 같이 당정의 실질적인 요직을 장쩌민-쩡칭훙 계열이 거의 독식하던 체제는 사라지고 있다. 하지만, 아직도 그 후광을 업고 성장한 지도자들이 또 다른 비공식 집단을 형성하고 있음은 부인할 수 없다. 특히 17차 당 대회를 앞두고, "이번 대회에 정치국 상무위원 수가 7인이 되면 후진타오 주석이 권력을 완전 장악했다는 것이며, 9인 체제를 유지하면 계파간 타협의 시스템이 계속 작용하는 것으로 보아야 한다"[18]는 말이 회자된 점을 상기한다면, 향후 5년 중국 정치체제는 집단지도체제를 유지하면서 비공식적 그룹간의 대립과 타협의 정치가 지속될 것으로 보인다.

제3절 상하이방-태자당과 칭화방-공청단의
제휴와 대립

연고우선주의(nepotism)는 중국을 포함한 유교문화권 국가의 전통적인 정치행정행태의 특징 중 하나다. 특히 일당독재체제 하의 중국 정치체제에 있어서 모든 정책결정은 파벌(派系, faction)간의 흥정과 연합에 의해서 결정되어졌고, 그 계파는 비공식적 인간관계인 연고를 바탕으로 형성되었다. 혁명 1-2세대의 경우 장정 및 혁명대열에 참가한 부대를 중심으로 계파가 형성되었고, 그것을 통해 권력투쟁이 전개되기도 했다.

하지만 노인정치의 종말과 새로운 제4정치세대의 등장 이후 중국정단에는 야전군세력간의 투쟁도, 보·혁간의 대립도, 신·구 엘리트간의 갈등도 아닌 새로운 비공식적 조직이 이합집산 되고 있는 양상이다. 그 대표적인 조직은 학연을 중심으로 한 인맥인 칭화방, 정치적 성장지역(지연)을 통해 형성된 상하이방, 권력을 통한 관시망인 공청단, 그리고 공동운명(혈연)을 통해 연계된 태자당 등이다. 그리고 서부 낙후지역 근무자와 동남부 연해 발전지역 근무자 간에 나타나는 상이한 집단화 현상 등이 그것이다.

흥미로운 분석은 이들 제 세력은 그들이 공유하고 있는 특성에 의해 친화적인 집단 간에 제휴관계가 형성되고 있다는 것이다. 바로 칭

---

18) http://news.media.daum.net(검색일: 2007. 10. 07).

화방-공청단-서부지역 근무경험자 간의 제휴와 상하이방-태자당-동부 연해지역 근무경험자 간의 제휴가 그것이다. 재미 중국인 학자 리청 (Li Cheng)은 전자를 '대중연합(populist coalition)'이라 하고, 후자를 '엘리트 연합(elites coalition)'이라 명명, 그들 간에는 자연스럽게 상이한 정책 성향을 나타내고 있다고 주장했다.

하지만, 리청 교수의 이러한 주장은 겉보기에는 상당한 설득력을 가지고 흥미를 끌 수 있겠지만, 실제적으로 그 구성원의 비제도적 소속을 분석해 보면 꼭 그런 것만은 아님을 알 수 있다. 왜냐하면 중공 제16기 최고지도층의 비제도적 배경(비공식 조직, imformal group)을 분석해 보면, 과거의 정치계파(派系, faction미 group)와는 달리 그 구성원이 상당히 중복되어있기 때문이다.19)

1. 상하이방

중국공산당 14기 이후 정치엘리트의 정치적 성장 지역을 보면 상하이 출신이 현저하다. 상하이 경력을 정치성장의 발판으로 성장한 정치엘리트 집단을 일반적으로 '상하이방'(上海幇)이라 부르며, 반드시 상하이가 원적이 아니더라도 상하이에서 정치적으로 성장한 인물군을 지칭한다.20) 상하이방은 1989년 6.4사태 이후 장쩌민이 당 총서기 (1992)가 됨으로써 급부상했다. 장쩌민(시장, 서기)-주룽지(시장, 서기)-우방궈(서기)-쩡칭훙(부서기)-황쥐(시장, 서기)-천량위(시장, 서기)를 잇

---

19) 중공 16기 정치엘리트의 비공식적 배경에 대한 연구에서 그것은 증명되고 있다. 김정계, "후진타오시대 중국정치엘리트의 제도적, 비제도적 배경분석," 앞의 논문집, pp. 56~62 참조.
20) 실제로 1990년대 중반 상하이방 멤버 중 상하이 출신은 없었다는 연구결과도 있다(Zhiyue Bo, "The Provinces: Traing Ground for National Leader or Power in Their Own Right?", Finkelstein David M. and Kivleham Maryanne, ed., *China's Leadership in the Twenty-first century: The Rise of the Fourth Generation*. Armink, N.Y.: M.E. Sharp, 2003, pp. 66~117).

는 상하이 당위 서기 및 시장 출신이 연속적으로 중국 정계의 주요인물이 되었다. 2007년 17기에도 상하이 당위 서기 시진핑이 포스트 후진타오 시대를 예고하며 중앙정치국 상무위원이 되었다. 상하이방의 결속력은 다른 조직에 비해 강하다. 장쩌민 집권 이후, 쩡칭훙이 당 중앙조직부장(조직, 인사 담당) 및 당교 교장(고급간부육성)에 재임하는 동안 인사원칙을 깨면서까지 양성한 조직이다.21)

상하이방의 기준은 다음 세 가지로 요약된다. 첫째 그들은 그들의 정치경력을 상하이에서 장쩌민 및 쩡칭훙과의 제휴를 통해 성장시켰다. 둘째 다수가 상하이를 중심으로 한 저장, 장쑤 출신이다. 그리고 그들은 주룽지(전 상하이시장, 당위 서기)보다도 장쩌민과 쩡칭훙에 가깝다.22)

17기 정치국 상무위원의 경우 우방궈(유임 전인대 상무원원장)와 시진핑(전 부총리 시중쉰의 아들)이 상하이방이다. 16기의 3명(우방궈, 쩡칭훙, 황쥐)에서 2명으로 줄었다. 그리고 천량위(전 상하이 당위 서기 겸 정치국위원)가 숙청되고, 쩡페이옌 정치국위원이 퇴임함으로써 16기보다는 약화되었다. 국무위원 겸 공안부장인 멍졘주 역시 상하이시 당위 부서기 출신으로 상하이방에 속한다. 상하이가 원적이며 정치적으로 상하이와 장쑤성에서 성장한 국무원 과기부장 완강(萬鋼, 상하이 퉁지대학 총장 역임)과 상무부장 천더밍(陳德銘, 쑤저우사 서기에서 일약 산시성 성장을 거쳐 중앙에 진출)도 상하이방에 가까운 인물이다. 우방궈와 시진핑도 상하이방이라고는 하지만, 둘 다 후진타오와 동문인 칭화대학 출신이며, 또 시진핑은 전 국무원 부총리 시중쉰의 아들로 이른바 태자당에 속하는 인물이기도 하다. 결과적으로 장쩌민과 쩡칭훙 퇴임 후 상하이방은 그 세가 약화되어가고 있다고 보

---

21) 예를 들자면 상하이방에 대한 제동을 피하기 위해 다른 지역으로 이동시켰다가 중앙으로 기용한다든가, 순환근무 등의 인사원칙을 깨면서까지 상하이 고급간부(상하이시 정·부 당위서기 및 정·부 시장)를 상하이에 계속 근무하게 한 점 등을 들 수 있다.

22) Cheng Li and Lyne White, 2003, *op. cit.*, pp. 591~592.

겠다.

2. 칭화방

중국정치체계에 있어서 출신대학별 엘리트 분포를 보면 칭화대학이 단연 우위에 있다. 칭화대 출신 정치인맥을 '칭화방'(淸華幇)이라 한다.

1911년 설립된 칭화대학은 중국의 MIT로 가장 명성이 높으며, 공산화 이후 중국의 인력배양정책과 맞아떨어져 중국에서 최대의 정치적 학연네트워크를 형성하고 있다. 제3~4세대가 대학에 재학하던 시기, 특히 소련기술자가 철수한 1950년대 중·후반부터 중국은 과학기술인력의 수요가 급증하였고, 이에 부응한 칭화의 교육정책은 중국이 필요로 하는 인재를 양성해 냈다.

당시(1952년~1966년) 총장이던 장난샹(전 공청단서기)은 칭화대학을 '이념적 엔지니어들의 요람'-중국의 정치적, 기술적 권력의 주요 원천-으로 만드는 데 전력을 다했다. 그는 소위 '이중 간부'- 기술감독과 정치지도자로서 능력을 발휘할 수 있는 사람을 양성해야 한다고 생각했다. 그래서 대부분의 우수한 학생들을 전공이수와 동시에 대학 내 정치보도원으로서 정치공작의 경력을 쌓게 함으로써 과학기술정치간부로 양성했다. 그래서 당시 대학도 6년제였다. 정치보도원제도의 주요 기능은 공식적으로 대학생과 교직원들의 정치적 이데올로기적 교육을 강화하는 데 있었고, 그들의 주요 임무는 새로운 공산당원과 공산주의청년단원을 선발하는 일이었다. 그들은 이념과 전문성을 겸비(紅專)한 정치세력으로 성장하였고, 바로 오늘날 중국 현대화의 견인차 역할을 하는 제4 정치세대의 주요 멤버다.

현 중국 최고지도자 후진타오는 바로 장난시양의 교육방침대로 성장해 온 지도자다. 후진타오는 1964년 칭화대학 재학 중 정치보도공작에 종사했다. 현 정치국 상무위원인 우관정도 이때 칭화대학 정치보도원을 거쳐 대학원에 진학한 케이스다. 후진타오는 졸업 후 간쑤성으로 발령, 근무 중 칭화대학 선배인 쑹핑(당시 간쑤성 당위 제1서기)과 그의 처(천순야오 陳舜瑤, 장난시양 교장시절, 칭화대 당무공작 근무)를 만나게 되고, 그들의 추천으로 공청단의 간쑤성위 서기로 승진하는 한편, 중앙당교 청년간부 양성반에 입교할 기회를 얻게 된 것이다.

청년간부양성반은 차세대에 대비한 지도자를 양성하기 위해 당 중앙(총서기 후야오방)이 심혈을 기울여 훈련자를 선발하고, 교육시킨 특수과정이다. 후진타오는 중앙당교에서 칭화대 재학시절 총장이었던 장난시양을 중앙당교 상무제1부교장으로서 만나게 되고, 장난시양은 그를 수료와 동시에 제1순위로 공청단 중앙의 청년간부로 추천했다. 후진타오는 공청단 중앙 근무 얼마 후, 또 다시 송핑(국가계획위원회 주임)의 추천으로 당 총서기 후야오방(전 공청단 중앙위 서기)을 알게 되었고, 공청단 중앙위 제1서기 왕자오궈(현 중앙정치국위원)가 중앙판공실 주임으로 발탁되자 그 뒤를 이어 공청단 중앙위 제1서기가 된다. 공청단의 대부인 후야오방의 계속적인 지원으로 후진타오는 최연소(42세) 구이저우성 당위서기가 되어 기층지도자의 경험을 다지게 된 것이다.[23] 결국 후진타오는 칭화인맥과 공청단의 줄을 타고 최고 지도자에 오를 수 있었다.

1980년까지 중국 지도자들의 출신대학 분포를 보면, 칭화대학 출신이 전체 조사대상 28개 대학 407명의 지도자 중, 93명을 차지해 1980년까지 중국전체 지도자의 22.85%이었다.[24] 중앙정치국위원의 경우, 1982년 제12기 당대회 때 정치국에는 후차오무 1인뿐이었다. 그러나 1987년 13기 때 야오이린, 송핑, 리시밍, 후치리(베이징대 출신이나 칭화대에서 공작) 등이 정치국에 입국한 후 이들은 칭화방의 전통을 후배들에게 넘기는 데 중요한 역할을 했다. 그리하여 1992년

---

23) 김정계(2000), 앞의 책, pp. 297~301.
24) 리청, 앞의 책, pp. 128~129.

덩샤오핑 남순강화 이후 개혁이 다시 불붙기 시작한 14기 때 주룽지(정치국 상위 겸 제1부총리), 후진타오(정치국 상위 겸 서기처 서기), 우방궈(상하이시 서기) 등이 최고지도자의 반열에 오르며 정치국에 진입했고, 15기에 이어 16기에도 5명의 칭화맨이 중국의 최고권력자가 되었다.

17기에는 숫자상으로 볼 경우, 5명에서 4명(후진타오, 우방궈, 시진핑 등 상무위원과 류옌둥 위원)으로 줄어 15~16기의 세력에 미치지 못하지만, 칭화 맨(후진타오)이 중국의 실질적인 최고권력자로 그 권위를 확고히 다지고 있다. 국무원 교육부장 저우지(周濟)와 중국인민은행장 저우샤오촨도 칭화대학 출신이다. 물론 이들 중 우방궈와 시진핑은 창화대학 출신이긴 하지만, 상하이시 당위 서기를 거친 인물로 오히려 장쩌민(상하이방의 대부이며, 태자당)과 쩡칭훙(상하이방이며, 태자당)의 비호 하에 성장한 인물이다. 따라서 이들 2명 칭화대 출신 정치국 상무위원은 상하이방과 태자당에 가까운 인물이다. 단한 사람 류옌둥(여)은 칭화대학 출신으로 공청단에서 성장한 친 후진타오 계열 칭화방이다. 류옌둥 역시 전 농업부 부부장 류루이룽의 딸로 태자당에 속하기도 하이다. 인민은행장인 저우샤오촨도 전 건설부 부부장 저우젠난(周建南)의 아들로 태자당으로 꼽히기도 한다.

중앙위원의 경우도 14기 때 칭화대학 출신이 전체 중앙위원 319명 중 29명(9.09%)이나 차지해 절정을 이루었고, 그 후 15기 때도 베이징대학(11석), 런민대학(11석)을 제치고 총 344명 중 24석(6.97%)을 차지했으며, 16기에는 20석(5.61%)을 차지해 대학 중 가장 많은 중앙위원을 배출했다. 하지만 14기 이후 그 비율은 점점 줄어들고 있다. 이유는 당 전국대표대회의 특권집단에 대한 견제 때문인 것으로 풀이된다. 차액선거제도 도입 후 고급간부의 자제(태자당)에게도 마찬가지 현상이 일어나고 있다.[25] 그러나 더 큰 이유는 후술하는 바와 같이

---

25) Zhiyue Bo, 2004b, p. 243.

중앙위원의 전공의 경우, 14기를 고비로 이공계 출신 및 테크노크라트의 비율이 낮아지는 것과 일맥상통하는 것이라고 보겠다. 칭화대학이 1952년 순수 이공계를 지향하면서 베이징대학에 넘겨주었던 법학원(법과대학)을 1999년 정식으로 부활시킨 것도 이와 맥을 같이한다고 볼 수 있다. 현재 중국이 법제 정립을 강화하고 있음을 고려할 때 이는 중요한 움직임이 분명하다.

3. 공청단-퇀파이(團派)

퇀파이는 '공청단(중국공산주의청년단의 약칭)'을 중심으로 한 관시망을 말한다. '공청단(중국공산주의청년단의 약칭)은 중국 제4세대 지도부내의 대표적인 관시망(關係網)이다. 공청단은 1922년 5월 광저우(廣州)에서 '중국사회주의청년단' 제1차 전국대표대회를 개최하여 정식으로 '사청단(SY)' 및 그 중앙위원회를 조직하였다. 그리고 설립 목표를 '초기공산주의 사회' 건립을 위해 분투하는데 두고, 단원의 연령을 15~18세로 정하였다.[26] '사청단' 해외 지부조직으로 프랑스유학생들이 '여구(旅歐)중국공산주의청년단'을 1923년 파리에서 건립했다. 저우언라이가 서기직을 맡고, 덩샤오핑이 기관지 『붉은 빛』(赤光)의 편집을 맡았다.[27]

1925년 1월 '사청단'은 '중국공산주의청년단(공청단)'으로 이름을 바꾸고 "아주 용감하게 우리 공산주의의 진면목을 보여주자"는 선언을

---

26) 공청단의 역사는 정식으로 창당된 중국공산당의 역사보다 오히려 앞선다. 중국공산당의 창당기념일은 1921년 7월 1일이다. 그 이전에 이미 광저우 등지의 지방에서는 중국사회주의청년단이 조직되어 있었고, 최초로 조직된 것은 상하이공산주의소조의 통제 하에 있던 '상하이사회주의청년단'이다. 경비 조달의 어려움으로 각 지방의 사청단은 1921년 5월 해산되었다(鄭洸 主編, 『中國共靑團簡史』(北京: 中國靑年出版社, 1992), p. 8.

27) 中共中央文獻硏究室 編, 『周恩來年譜(1898~1949)』修訂本(北京: 中央文獻出版社, 1998), pp.61~66; 『人民日報』, 2004年 8月 13日.

했다. 장정을 거치면서 공청단은 중국공산당의 대중조직으로 성장했고, 또 중일전쟁 및 국공합작 및 내전을 거치면서 공청단은 '서북 구국 중국사회주의 청년단'(1937~1945), 중국해방구 민주청년연합회(19451~1949)로 이름을 바꾸며 활동했다. 건국 이후 중국신민주주의 청년단(1949~1957)으로 개칭했지만, 1957년 다시 중국공산주의청년단으로 이름을 바꾸어 오늘에 이른 공산당 후비(後備) 조직이다. 28)

후야오방이 1952~1966년 공청단 중앙서기처 서기를 맡으면서 조직이 활성화되었지만, 이로 인해 문혁기간에는 조직이 해체되는 위기를 맞기도 했다. 후야오방은 공청단이 만들어 낸 첫 중국공산당 총서기(1980~1987)로, 그가 퇴진할 때까지 6년 이상 많은 공청단 간부를 차세대 엘리트로 배양하는 데 힘을 기울였다.29) 바로 그때 공청단 중앙서기처 서기 및 제1서기(1982~1985)를 역임한 후진타오가 이제 중국공산당 총서기가 됨으로써 중국정계에서 공청단 조직은 다시 이목을 끌게 된 것이다.

공청단은 오랫동안 중국 정치, 경제, 행정 분야 엘리트 등용의 주요 채널이다. 특히 현 후진타오 국가주석 겸 당 총서기 출범 이후 새로운 고위 관료 인사에서 공청단 출신들을 요직에 전진 배치해 친정체제를 굳히고 있다.

공청단의 단원이 되기 위해서는 소학교(초등학교)때부터 타의 모범이 되어야 한다. 소학교 2학년이 되면 각 학교에서 모범적인 어린이

---

28) 공청단 조직의 명칭 변천에 대해서는 丁望, 『胡錦濤與共靑團接班群』(香港: 當代名家出版社, 2005), pp.21~25.
29) 후야오방의 리더십 하에 파벌(faction)을 형성한 증거는 어디에도 보이지 않음은 물론, 다른 공청단 리더도 공청단파(CCYL faction)의 리더로서 그러한 활약을 한 흔적은 없다(Zhiyue Bo, 2004a, op. cit., p. 250)고 하는 학자도 있지만, 그것은 사실과 다르다. 이 책 전반부, 후야오방 편을 보면 후야오방이 공청단계를 대량 기용하고, 원로들을 제거함으로써 결국 많은 적을 만들어 그의 파멸을 초래하였음이 그것을 입증한다. 논거는 밝히고 있지 않지만 김재철도 같은 입장인 듯하다(김재철, "중국의 '제4세대 지도부': 새로운 정치엘리트," 이면우 편 『정치 엘리트 연구, 2002: 중국, 일본, 러시아를 중심으로』 세종정책총서 2002~5. 세종연구소, p.45.

들이 빨간 머플러를 목에 두르고 다니는 소년선봉대원이 된다. 이 소년선봉대원들이 중학교에 진학하면서 다시 선발절차를 거쳐 공청단에 가입하게 되는데 이때부터 공청단원들은 일반학생들과는 다른 계급사회에 들어가게 되는 것이다. 이후 성인이 된 후 공청단에 남아 계속 관련활동을 하거나 본격적으로 공산당원이 되어 중앙 정치무대로 들어가게 된다. 즉 많은 우수한 테크노크라트들이 산업이나 과학연구 분야에서가 아닌 행정부문의 업무습득을 통해 정치 경력을 쌓아 나가는 장이 되고 있다. 현재 공청단원은 약 8천만 명 정도로 알려져 있으며, 이 중 3,500여 만 명이 학생이다. 전국적으로 21만 여개의 기본조직이 있고 295만 개의 공청단 지부가 구성되어 있다.

공청단 출신은 15기 이후 중공지도부 내 가장 막강한 조직으로 부상하고 있다. 15기 중앙정치국위원의 경우 공청단 출신은 2명(후진타오와 리루이환)뿐이었지만, 후진타오가 집권한 16기 이후 급속히 증가하고 있다. 16기의 경우 당 총서기 후진타오를 비롯해 우관정(전 칭화대 공청단 지부 서기), 왕자오궈(전 공청단 총서기), 류윈산(전 공청단 내이멍구자치구 부서기), 왕러취안(전 공청단 산둥성 부서기), 장더장(전 공청단 지린성 지부 서기)이 공청단 출신 중앙정치국위원이다. 이들 중 우관정만이 퇴임하고, 그 외 5명은 17기에 그대로 유임되었다. 그리고 또 리커창, 류옌둥, 리위안차오, 왕양 등 4명의 공청단 간부 출신이 정치국에 새로 진입했다. 따라서 17기 정치국의 겨우 2명의 상무위원(후진타오, 리커창)과 7명의 위원이 공청단 출신이다.

왕자오궈(제10기 전국인민대표대회 상무위원회 부주석 겸임)는 후진타오의 전임 공청단 중앙서기처 제1서기로 후진타오를 후임으로 적극 추천한 사람이다. 17기정치국 상무위원이 된 리커창이나 위원인 류옌둥·리위안차오·왕양 등은 후진타오의 적극적인 후원 하에 공청단 간부가 된 사람들이다. 반면 장더장이나 류윈산은 비록 공청단 출신이긴 하지만, 후진타오와는 인연이 별로 없고, 오히려 장쩌민에 의해 중용된 사람이라는 점에서 친 상하이방으로 분류된다.

이밖에 당 중앙통전부장 두칭린과 국무원 국가민족사무위원회 주임 양징(楊晶, 멍구족), 민정부장 리쉐쥐(李學擧), 사법부장 우아이잉(吳愛英), 문화부장 차이우(蔡武), 그리고 국무원 교무(僑務)판공실 주임 리하이펑(李海峰), 공상행정관리국장 저우보화(周伯華), 신문출판총서장 류빈제(柳斌杰), 국가체육총국장 류펑(劉鵬), 국가안전생산감독관리총국장 뤄린(駱琳), 국가종무(宗務)사무국장 예샤원(葉小文) 등 국무원의 부장 급 및 직속기구 지도자의 다수가 공청단 출신이다. 그리고 당 중앙위원 및 그 후보위원, 그리고 국무원 부부장급 및 지방 성급 지도자들 중 상당수가 공청단 출신이다. 이는 중공간부의 일반적인 승진 코스(후보중앙위원→중앙위원→정치국위원 →정치국 상무위원)로 보아 차세대에도 가장 막강한 권력을 유지할 수 있음을 확인해 준다. 군의 경우 리지나이 중앙군사위원회 위원 겸 인민해방군 총정치부 주임, 신장군구 사령관 장칭리(張慶黎) 등이 공청단 출신 군 실력자다. 이들 은 모두 1950년대 초반 출생으로 후진타오가 공청단 제1서기로 재직 하고 있을 당시 배양된 공청단 간부 출신이다.

4. 태자당

중국에서 일반적으로 고위급 간부의 자녀(高幹子弟)들을 '태자당'(太子黨)이라 부른다. 여기서 말하는 태자당이란 전직 고위 공산당 간부들의 자녀와 그들과 혼인을 통해 맺어진 혈연 중 중국의 고급 엘리트 군에 진입한 자들을 의미하다.[30]

1980년대 초부터 태자당 출신이 등장된 데에는 두 가지 중요한 정치적 이유가 있었다. 첫째, 1982년 중공 12기 이후 문혁때 숙청되었다가 복권된 원로간부들의 퇴진을 종용하는 대가로 그들의 혈육에게

---

30) 태자당의 형성과 발전과정 및 인맥에 대해서는 何頻·高新, 김규영 옮김, 『포스트 등소평시대의 파워 엘리트, 태자당』(도서출판 삼일, 1997) 참조.

특혜를 주게 된 것, 둘째, 혁명동지의 2세는 정치적으로 믿을 수 있는 혈통이라는 신념 때문이었다[31]. 그리고 다른 하나의 이유는 그들은 어릴 때부터 특수학교에 보내지거나 외국유학을 보내어 엘리트교육을 시켰기 때문에 능력도 갖추고 있다. 리펑(혁명열사 리쉬쉰과 자오췬타오의 아들이자, 저우언라이의 양자), 장쩌민(혁명열사 장상칭의 아들), 리톄잉(혁명군의 원로 리웨이한의 아들), 저우자화(혁명열사의 아들이자 예젠잉 장군의 사위) 등은 제3세대 태자당의 대표적인 인물들이며, 그들은 어릴 때부터 옌안자연과학원이나 상하이 자오퉁대학 등을 졸업하고 바로 소련이나 동구에 유학, 중국의 차세대를 대비해 계획적으로 훈련된 인물들이다.[32] 제4세대 태자당들도 1940년대와 1950년대에 출생, '이념적 엔지니어'가 되는 필요한 최고 교육을 받았으며, 또 문혁을 거치면서 이른바 '주자파' 부모로 인해 정치투쟁의 쓰라린 경험도 맛본 자들이다. [33)

최근 들어 태자당이 더욱 크게 부각되고 있는 것은 다음 세 가지 근거에 연유한다. 첫째 이유와 둘째 이유는 물론 위에서 지적한 바와 같이 그들은 당이 거센 도전을 받을 때 가장 믿을 수 있고 충성심이 있는 사람들이고, 다수의 태자당은 그들 자신이 그들의 현재 직위를 지킬 수 있는 능력이 있음이 증명되었기 때문이다. 실적주의 역시 그들에게도 적용된다. 고급간부의 자제들은 훌륭한 가정배경에서 자랐기 때문에 상대적으로 출중한 경력과 자격을 갖추었으며, 업무능력과 정치실적도 손색이 없는 인물들이라고 당이 인정하기 때문이다. 그리고 둘째 이유는 덩샤오핑 생전과는 달리, 혁명1세대 원로들이 거의 사망함으로써 그들 자제의 등용을 놓고 정치적으로 예민한 반응을 보이며

---

31) 한 예로 리펑을 정치국위원으로 발탁할 때 그의 양모인 덩잉차오가 믿을 수 있는 피라고 당 중앙에 호소했고, 장쩌민이 6.4사태 이후 최고지도자로 등장할 때, 리셴녠(李先念) 등이 홍색가문의 자제임을 강조한 바 있다(김정계, 1990, 앞의 책, 이붕, 강택민 편).
32) 김정계(2000) 앞의 책, pp. 279~280.
33) 리청, 앞의 책, p. 150.

충돌하던 불상사는 더 이상 일어나지 않는 상황이기 때문이다.[34]

15기 정치국의 경우 장쩌민(당 총서기), 리펑(국무원 총리), 리테잉과 쩡칭훙(정치국후보위원) 등 4명이 태자당 출신이었다. 그리고 16기 중앙정치국 멤버 중 정치국 상무위원 쩡칭훙과 정치국위원 위정성이 태자당 출신이었다. 17기에 와서는 시진핑(칭화방)을 비롯해 위정성, 왕치산, 류옌둥(공청단, 칭화방), 그리고 보시라이 등 5명이 태자당 출신이다. 16기의 2명(쩡칭훙, 위정성)보다 3명이 더 늘어났다. 시진핑은 전 부총리 시중쉰의 아들이며, 위정성은 톈진시장과 국무원 제1기계공업부장을 역임한 황징(본명 류치웨이劉啓威)과 베이징 부시장을 역임한 판진(어머니)의 아들이며, 장아이핑 장군(전 국방부장)의 사위다. 왕치산은 전 부총리 야오이린의 사위이며, 류옌둥은 전 농업부 부부장 류뤼룽의 딸이고 보시라이는 전 정치국 상무위원 보이보의 아들이다.

이밖에 전 건설부 부부장 저우젠난의 아들 저우사오촨 중국인민은행장(칭화방), 당 조직부 부부장 리테린(전 조직부장 리웨이한의 아들, 칭화방), 전 국무원 문화부장 황전(黃鎭)의 사위 국무위원 다이빙궈, 국무원 홍콩·마카오 판공실주임 겸 정협 부주석 겸 국무원 홍콩마카오 판공실주임인 랴오후이(전 정치국위원 랴오청즈 장군의 아들), 혁명원로의 아들인 마카이 국무위원 등이 태자당 출신이다. 랴오후이는 정치국위원 위정성과 함께 혁명원로들의 자제들이 많이 진학한 하얼빈군사공정원 유도탄공정계 출신이다.

이상의 분석을 통해 17기 중국정치엘리트의 비제도적 배경을 볼 때, 과거의 정치파벌(political faction)과는 달리 그 구성원이 상당히 중복되어있음을 알 수 있다(<표 7-7> 참조). 정치국위원 중 상당수가 칭화방과 태자당이 공청단계와 상하이방 조직에 중복되어 있다.

---

34) 丁望(2003), 앞의 책, pp. 220~222; Younian Zheng, *op. cit.*, p. 21.

<표 7-7> 17기 중앙정치국위원의 계파 분포

직위	성명	균형발전 강조				성장정책 강조			장-청 계열	
		칭화방	공청단	내륙, 후진지역근무	**후진타오 계열**	상하이방	태이즈당	연해, 발전지역근무	장쩌민	쩡칭훙
정치국 상무위원	후진타오	O	O	O	●					
	우방궈	O				O			◐	
	원자바오			O	◆					
	자청린							O	◐	
	리창춘							O	◐	
	시진핑	O					O	O		◐
	리커창		O	O	●					
	허궈창			O			O	O		◐
	저우융캉			O						◐
	합 계				3					
정치국 위원	왕러취안		O	O	●				3	3
	왕자오궈		O		●			O		
	후이량위			O				O		
	류치			O				O	◐	
	류윈산		O	O					◐	
	장더장			O			O	O	◐	
	위정성			O			O	O		
	궈보슝									
	왕강									◐
	왕치산						O	O		
	류옌둥	O	O		●		O			
	리위안차오			O	●			O		
	왕양		O	O	●					
	장가오리							O		
	쉬차이허우									
	보시라이						O	O		◐
	합계				5					
합계					8				6	5

참고: ●표는 친후진타오 계열, ◆표는 중립적이면서 후진타오에 가까운 사람

　　　◐표는 친장쩌민계열이면서 쩡칭훙과도 가까운 사람,

　　　◑표는 친쩡칭훙계열이면서 장쩌민과도 가까운 사람,

따라서 중공 16기 이후 비교적 연대가 강한 비제도적 집단을 든다면 상하이방-태자당과 공청단 엘리트군을 든다. 그 외, 칭화대학 출신은 자신의 정치적 성장배경이나 가족배경에 따라 정책성향이 형성된 것이지 상하이방이나 공청단처럼 동일한 조직배경 하에 성장한 것은 아니다. 따라서 그 결속력도 상하이방 및 태자당이나 공청단 만큼 강하지 않은 것으로 보여진다.

중앙정치국위원을 포함한 중공 17기 정치엘리트군의 경우, 15기-16에 비해 상하이방과 칭화방은 그 세가 줄어 든 반면, 공청단계와 태자당은 늘어났다. 그러나 중요한 사실은 그 숫자 면에서 상하이방이나 공청단 중 어느 집단도 정치국이나 중앙위원회를 단독으로 장악할 수는 없지만, 투표의 경우 타 집단과의 정책흥정을 통해 정책결정에 영향을 미칠 수는 있는 집단이 된 것이다.

따라서 집단지도체제가 견고히 뿌리내리고 있다고 보겠다. 후진타오 주석은 5년 임기에 연임됐지만 독주체제가 아니고 지도자이되 9인 중의 가장 앞선 1명일뿐이란 사실이 감지된다. 마오쩌둥에서 덩샤오핑에 이르기까지의 1인 카리스마에 의한 독주시대가 끝나고 장쩌민시대를 거쳐 후진타오 체제로 접어들면서 집단지도체제가 완전히 자리를 잡은 것으로 관측된다. 원자바오 총리를 친 후진타오 계열로 보아도 우방궈 전인대 상무위원장과 자칭린 정협 주석, 리창춘 이데올로기·선전 담당 상무위원은 친 장쩌민 계열의 상하이방이며, 신임 4명의 상무위원 중 후진타오 총서기 직계는 리커창 1명뿐이라 할 수 있다. 서열 6위에 올라 리커창과의 차기 후계자 경쟁에서 일단 한 발자국 앞선 시진핑은 상하이방(상하이 서기) 및 태자당 출신이며, 허궈창은 장쩌민에 의해 쩡칭훙에 이어 중앙조직부 부부장에서 부장에 기용된 태자당 출신이다. 저우융캉도 장쩌민에 의해 국가공안부장에 기용되었으며, 그와 허궈창은 쩡칭훙 전 국가부주석과 막역한 사이로 알려져 있다. 따라서 중앙정치국위원의 구성을 보면 후진타오 계열 3명, 장쩌민 계열 3명, 그리고 쩡칭훙 계열의 태자당 3명으로 안배되어 있어, 세력을 균점하는 형국이 된 것이다. 특히 장쩌민을 중심으로 한 상하이방과 쩡칭훙을 대표로 하는 태자당 출신은 거의 중복되어 있기 때문에 정치국 상무위원회 내에서의 그 세력은 후진타오 계열의 공청단을 능가하고 있다.

따라서 일부 관측자들은 중앙정치국 상무위원회 및 중앙정치국위원의 구성에 있어서 후진타오가 장쩌민-쩡칭훙에게 밀렸기 때문에 후진타오 정권이 불안할 것이며, 향후 권력투쟁이 격화될 것이라는 전망을 내놓기도 한다. 특히 정치국 상무위원(9명), 정치국위원(25), 중앙군사위원(11명) 수의 증가가 그대로 유지(16기와 동일)된 점 등을 들어 권력배분에 난항을 겪었고, 후진타오의 권력 장악력이 약화되었다는 주장을 하기도 한다.

하지만 그것은 그렇게 우려할 사항이 아니라고 본다. 이유는 다음과 같다. 첫째 후진타오는 16기 이후 그가 줄기차게 주장해 왔던 화해사회 구현을 비록 과학적 발전관이라는 이름으로 변형되긴 했지만 그것을 <당헌>에 올렸다는 사실이다. 장쩌민의 경우 그가 주창한 '3개 대표론'을 보수파들의 반대에 부딪쳐 그의 임기 내에 <당헌>에 올리지 못했던 점과 비교할 때, 후진타오의 권력 장악은 큰 문제가 없다고 보인다.

둘째 17기 중앙군사위원회 상무위원 구성을 보면 주석인 후진타오와 현역 군 대표를 제외하고는 문민지도자가 한 사람도 포함되지 않았다는 점과 현역 군 장성들 역시 과거 양상쿤-양바이빙 세력과 같은 정치적 야심을 가진 사람은 없으며, 모두 기능적으로 전문화된 군인들이다.[35] 특히 당 조직과 해방군 인사에 깊이 관여해 영향력을 지녔던 쩡칭훙의 퇴임으로 후진타오에 대항할 만한 지위나 인맥을 갖고 있는 정치국 상무위원은 아무도 없다.[36] 그리고 후진타오는 장쩌민과

---

35) 장쩌민과 후진타오 간의 중앙군사위원회 주석직 승계 및 군지도부의 배경에 대해서는 김정계(2006), 앞의 논문, pp. 279~308 참조.
36) 쩡칭훙은 장쩌민 집권 이후 당·정·군의 주요 인사를 담당하는 당 중앙조직

는 달리 1999년 이후부터 중앙군사위원회 부주석직을 맡아왔기 때문에 그의 군내 인맥은 장쩌민이 집권 할 당시의 군내 인맥 보다 훨씬 두텁다. 후진타오는 중앙군사위원회 주석이 되기 전에 이미 5여 년간 부주석직을 맡아왔다.

셋째 전술한 바와 같이 후진타오 제1기 집권 이후 중앙 당정은 물론, 지방 성급 당·정지도자 중 후진타오 계열의 공청단 출신이 급진적인 증가세를 보이고 있다. 2002년 11월 16기 전국대표대회 당시 전체 성급 당위 서기 중 공청단 출신은 3명에 불과했지만, 2007년 9월 현재 10명으로 늘어났다. 따라서 후진타오 정권에 위협을 가할 세력은 없다고 본다.

그러나 최고지도층 구성에 있어서 절묘하게 각 비공식 집단이 견제와 균형을 유지하도록 진용이 구축되어있다. 그 결과, 후진타오 총서기는 집권 2기에도 상하이방-태자당 출신 등 장쩌민-쩡칭훙 계열과 인사는 물론, 정책노선을 타협하면서 처리할 수밖에 없을 것으로 보인다. 물론 그들 조직 간에 있어 당이나 정부의 주요 정책을 놓고 상호 대립과 경쟁을 벌일 수도 있겠지만, 이들 비공식적 그룹의 인적 구성자체가 과거의 파벌(派系)과는 달리 상호 중복되거나 연계되어 있기 때문에 배타적인 갈등보다는 협조적인 경쟁관계를 유지할 수밖에 없다고 본다. 특히 그들 중 4.5-5세대 지도자들은 연령으로 보아 2012년까지 안정적으로 정권을 유지하는 것이 그들 조직이나 개인의 현실적인 목표(차기 집권)가 될 수 있기 때문에 더욱 그러하다.

부장과 고위 지도층 진입을 위한 예비 교육을 담당하는 중앙당교 교장, 그리고 당 중앙의 행정을 총괄하는 중앙서기처 서기를 역임하면서 당정은 물론 군대 내 많은 인맥을 형성했다.

【찾 아 보 기】

[저자 약력]

타이완 국립정치대학 정치연구소 정치학박사
중국 베이징대학 및 중국사회과학원 연구교수
미국 위스콘신대학(매디슨) 정치학과 연구교수 역임
현 창원대학교 행정학과 교수

[저서]

『중국의 최고지도층; Who's Who』(1990)
『중국의 권력구조와 파워 엘리트』(1994)
『중국정치론』 공저(1997)
『21C 중국의 선택』(2000)
『중국의 권력투쟁사』(2002)
『중국의 중앙과 지방 관계론』(2008) 등 다수

중국의 권력투쟁사 · 2
-개혁개방 이후부터 후진타오정권까지

2009년 8월 25일 초판 1쇄 인쇄
2009년 8월 30일 초판 1쇄 발행

지은이/ 김정계
펴낸이/ 이정옥
펴낸곳/ 평민사

주소/ 서울시 서대문구 남가좌2동 370-40
전화/ 02)375-8571(영업)·02)375-8572(편집)
fax/ 02)375-8573
e-mail/ pyung1976@naver.com
http://blog.naver.com/pyung1976

등록번호/ 제10-328호

값/ 18,000원